Perigosas & Fascinantes

Editora Appris Ltda.
1.ª Edição - Copyright© 2023 da autora
Direitos de Edição Reservados à Editora Appris Ltda.

Nenhuma parte desta obra poderá ser utilizada indevidamente, sem estar de acordo com a Lei nº 9.610/98. Se incorreções forem encontradas, serão de exclusiva responsabilidade de seus organizadores. Foi realizado o Depósito Legal na Fundação Biblioteca Nacional, de acordo com as Leis nºs 10.994, de 14/12/2004, e 12.192, de 14/01/2010.

Catalogação na Fonte
Elaborado por: Josefina A. S. Guedes
Bibliotecária CRB 9/870

E744p
2023
	Escher, Jovi
	  Perigosas & fascinantes / Jovi Escher. – 1. ed. – Curitiba : Appris, 2023.
	  441 p. ; 23 cm.
	
	  ISBN 978-65-250-4545-0
	
	  1. Ficção brasileira. 2. Literatura brasileira – Romance. 3. Cultura.
	  I. Título.
	
	                                                                        CDD – B869.3

Appris editora

Editora e Livraria Appris Ltda.
Av. Manoel Ribas, 2265 – Mercês
Curitiba/PR – CEP: 80810-002
Tel. (41) 3156 - 4731
www.editoraappris.com.br

Printed in Brazil
Impresso no Brasil

Perigosas & Fascinantes

Jovi Escher

Appris editora

FICHA TÉCNICA

EDITORIAL	Augusto V. de A. Coelho
	Sara C. de Andrade Coelho
COMITÊ EDITORIAL	Marli Caetano
	Andréa Barbosa Gouveia - UFPR
	Edmeire C. Pereira - UFPR
	Iraneide da Silva - UFC
	Jacques de Lima Ferreira - UP
SUPERVISOR DA PRODUÇÃO	Renata Cristina Lopes Miccelli
ASSESSORIA EDITORIAL	Letícia Gonçalves Campos
REVISÃO	Katine Walmrath
PRODUÇÃO EDITORIAL	Bruna Holmen
DIAGRAMAÇÃO	Yaidiris Torres
CAPA	Lívia Weyl

Dedico este livro à minha mãe, que nunca permitiu que eu desistisse dos meus sonhos, sempre dizendo que eles valem a pena!

E para todos os leitores! Que estas palavras os ajudem de alguma maneira, seja dando um impulso de esperança ou contribuindo com conhecimento.

Agradecimentos

Agradeço principalmente a Deus.

À professora de português das séries iniciais e finais Marlí Prigol Rosalen, que me motivou a escrever, mostrando o quanto é importante desenvolvermos o hábito da leitura, assim como a escrita, colocando no papel nossas ideias e sentimentos. Com essa aprendizagem, desenvolvi esta obra literária fictícia com cunho cultural.

Às minhas amigas (Maiara; Cheila; Sabrina; Eloisa; Janaina; Gabriele; Bruna; Miquieli; Adriane; Aldynéia; e a Rosane, que não está mais entre nós) que fazem parte desta obra, que inclusive escolheram os seus perfis fictícios.

Agradeço imensamente a todos que me incentivaram de alguma forma!

Obrigada por terem feito parte da minha Vida!

Caros Leitores e Amantes da Leitura

O que fazer quando o coração dói por alguém que você nem sabe se te ama?

Ele disse que te amava. Mas te deixou.

E agora nem ao menos pede se você está bem. Faz de conta que nada aconteceu. Mas você sabe tudo o que aconteceu e o que faltou também.

A vida segue. Temos que seguir.

Em algum momento da sua vida, você se encaixa neste prólogo!

Infelizmente há duas certezas na Vida:

1ª) você com certeza um dia sofrerá por Amor; e

2ª) um dia você morrerá.

Mas fiquem tranquilos. Todo sofrimento apenas é uma fase. Na vida TUDO é feito de fases.

Todos os obstáculos que você terá são degraus para crescer e evoluir.

Não persista nos mesmos erros. Isso é como se estivesse indo sempre para o final da fila em tudo.

Errou, conserte e aprenda para não cometer o mesmo erro. Acerte na segunda. Se não der, acerte na terceira. MAS TENTE.

Arrisque às vezes. Lute pelos seus sonhos.

Trabalhe muito no que for para poder trabalhar no que realmente gosta.

Ser feliz é uma Dádiva!

Claro que não é fácil. Se fosse não teria um gostinho bom... Um prazer enorme de satisfação quando se alcança o que se deseja.

Lute por VOCÊ, pelos seus sonhos e objetivos. Mas sem derrubar nem ferir os outros, pois a felicidade à custa deles não será merecida nem tão prazerosa assim. Mais dia, menos dia a culpa te será companhia. Aí é que o "bicho" pega.

Seja firme e positivo. Nada na Vida se conquista sem esforço.

Leia essas histórias de moças comuns que sofreram, mas nunca desistiram.

Se for do sexo oposto, coloque-se no lugar de alguma delas. Troque o nome da personagem enquanto ler se preferir.

Tudo é possível na vida. Basta crer em si mesmo, e respeitar os outros seres.

O Respeito É Para Todos!

Prólogo

Eu queria tanto ser diferente no meu livro.

Poder fazer coisas que sempre sonhei e que nunca pude realizar, por estar fora do meu alcance ou por não ter coragem o suficiente para fazer.

Para realizar um dos meus sonhos escrevi este romance de ficção fantástica, ou seja, é um romance com ficção.

Nesta história conto sobre doze meninas que existem na vida real e que em algum momento fizeram parte da minha Vida, se tornaram mulheres incríveis.

No livro cada uma delas tem poderes especiais que eu chamo de Dons. Alguns desses dons nascem com elas, outros apenas se desenvolvem quando recebem um medalhão, cada uma receberá de um modo diferente.

Todas se reunirão para combater crimes se intitulando:

"AS GATAS"

Ao aceitarem fazerem parte dessa nova equipe, terão que enfrentar casos fáceis, e crimes perversos. Cada uma das meninas em determinados momentos terá que enfrentar uma missão sozinha, onde desenvolverão plenamente seus dons e assim evoluindo ao último nível.

Para adicionar um pouco de cultura a este pequeno romance fictício, foram incorporadas histórias de 12 cidades e suas culturas, cujas informações sobre cada uma das cidades e suas culturas são verídicas. Elas se encontram dos capítulos 22 ao 33. Nessas missões solo, elas enfrentarão seus próprios medos.

E para você leitor darei o prazer de uma leitura fictícia romanceada, cheia de conhecimentos culturais nas missões delas. Se seus sonhos vierem do coração, sinta-se capaz de realizá-los.

Aproveite a leitura!!!

Sumário

ATO 1

Capítulo 1 - Rumo Diferente 14
Capítulo 2 - Novo Destino 29
Capítulo 3 - Visual Renovado.................................. 43
Capítulo 4 - Mudança de Planos 52
Capítulo 5 - Uma Visão da Origem.............................. 55
Capítulo 6 - Nova Perspectiva 61
Capítulo 7 - Livro dos Signos.................................. 65
Capítulo 8 - As Meninas....................................... 72
Capítulo 9 - Angella Freguéllys Fahim......................... 76
Capítulo 10 - Susan Moreno.................................... 87
Capítulo 11 - Dricka Müller................................... 91
Capítulo 12 - Gaby O'Connel................................... 97
Capítulo 13 - Bianca Romano.................................. 103
Capítulo 14 - Mia Dubois..................................... 113
Capítulo 15 - Maysa Decker................................... 120
Capítulo 16 - Lana Jackson................................... 128
Capítulo 17 - Victória Chang................................. 138
Capítulo 18 - Patrícia Megalos............................... 148
Capítulo 19 - Mônica Dias Smith.............................. 157
Capítulo 20 - Carol Dias Smith............................... 163

ATO 2

Capítulo 21 - As Missões Começam 172
Capítulo 22 - Victória em Xangai na China 180
Capítulo 23 - Lana em Oxford na Inglaterra 186
Capítulo 24 - Mia em Èze na França 197
Capítulo 25 - Patrícia em Atenas na Grécia 207
Capítulo 26 - Gaby em Carmel na Califórnia 214
Capítulo 27 - Dricka em Colônia na Alemanha 219
Capítulo 28 - Susan em Córdoba na Espanha 229
Capítulo 29 - Bianca em Florença na Itália 237
Capítulo 30 - Carol em Lisboa em Portugal 243
Capítulo 31 - Maysa em Amsterdã na Holanda 248
Capítulo 32 - Angella em Alexandria no Egito 257
Capítulo 33 - Mônica em Adelaide na Austrália 267
Capítulo 34 - Ela Mora Ali 279
Capítulo 35 - Viagem Espiritual 292
Capítulo 36 - Uma Fusão Muito Louca 306
Capítulo 37 - Vida, Incrível Vida 314
Capítulo 38 - Testemunhando 324
Capítulo 39 - Minha Vida É Um Sonho? 333
Capítulo 40 - Um Conto de Páscoa 337
Capítulo 41 - A Natureza e as Amizades 344
Capítulo 42 - Resgatando Um Passado 355
Capítulo 43 - Produzindo Algo Excepcional 362
Capítulo 44 - Gênio Difícil 366
Capítulo 45 - O Amor que Complica? 377

ATO 3

Capítulo 46 - Mãe Biológica 388
Capítulo 47 - A Florista 398
Capítulo 48 - Baile de Máscaras 408
Capítulo 49 - Amor Antigo 414
Capítulo 50 - Sofhy 424
Capítulo 51 - Pedido Inusitado 430
Capítulo 52 - As Escolhas Continuam 433

Referências 439

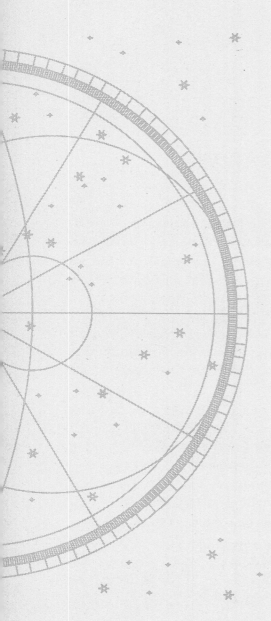

ATO 1

Capítulo 1
Rumo Diferente

Andando por uma rua qualquer sob a luz das estrelas pensando na loucura que aconteceu hoje e como isso mudará drasticamente a minha vida.

Ouvindo música de fone seguindo pela rua principal, que iria dar no lado direito da Praça de Bosquelon. Chegando lá parei e procurei com meus olhos um banco onde a luz da lua cheia não transpassasse as folhas das árvores, onde poderia sentar-me sem que ninguém percebesse a minha presença. De longe avistei nos fundos da praça o que procurava. Chegando sentei-me, percebi o quanto já era tarde. Mas isso não era importante. Senti que o cansaço começou a me dominar, resolvi deitar procurando a mais bela estrela.

Quase adormeci; foi quando uma voz soou em minha mente; assustada sentei-me depressa, olhei à minha volta e não vi nada, não consegui identificar o dono daquela voz. Deitei-me novamente. Olhei para o céu, vi três estrelas cadentes, não sei se foi coincidência, mas assim podendo fazer três pedidos. O 1º pedido: conseguir melhorar de vida; o 2º pedido: encontrar o amor da minha vida; e o 3º pedido: ser uma guardiã.

Tentei novamente não dormir, mas como estava exausta, cochilei.

Estranhamente começou a se formar uma figura em minha mente, abrindo os olhos consegui perceber um homem em minha frente, não consegui ver o seu rosto. Ele estava totalmente vestido de preto, até com luvas e sobretudo, isso começou a me incomodar.

Antes que eu falasse, ele pediu:

— Por que está aqui?

Como demorei em responder, ele perguntou novamente:

— O que fazes aqui sozinha?

Fiquei olhando. Por que será que ele queria saber disso?

— Posso sentar-me ao seu lado?

Percebi então que ainda estava deitada, sentei-me rápido e disse:

— Claro, pode sentar-se.

— Ah! Você fala, achei que não.

— Claro que eu falo. Só fiquei assustada por você ter aparecido do nada.

— Desculpe! Não foi minha intenção assustá-la. Só achei que você estava precisando conversar.

Logo após ter falado, ele olhou-me e então pude ver seu rosto, ele era lindo.

Apesar de não o conhecer, senti que podia confiar, então contei tudo o que havia acontecido naquela noite. Ele escutou-me sem dizer uma palavra. Após terminar de falar, ele pediu:

— Acha certo o que está fazendo?

— Não. Mas preciso decidir a minha vida sozinha.

Levantei-me. Pensei em dar uma volta na praia, foi quando quase caí, mas o homem segurou-me e ajudou a me sentar. Comentei:

— Ainda não comi nada, devo estar com fome. Vou até o cachorrão comer alguma coisa. Quer ir comigo?

Após convidá-lo me senti uma tola, o que eu estava pensando? Um cara totalmente estranho, como pude querer mantê-lo perto? Estou mesmo ficando louca.

— Sim, eu vou, se por acaso precisar de mim...

O cachorrão ficava exatamente na rua oposta de onde vim. Chegando lá, entrei e pedi:

— Quanto tempo demora em fazer um cachorrão?

O balconista me olhou e disse:

— Uns cinco minutinhos, até esquentar a chapa.

— Então pode fazer um para mim e enquanto espero me faça um drink, com Martini e Sangalo.

— Que idade você tem?

Respondi que estava fazendo dezoito anos e mostrei minha identidade. Só então ele me entregou a bebida. Ao pegar a bebida, tomei tudo em um só gole.

Ele fez o pedido e perguntou-me se eu queria mais alguma coisa. Olhei-o e pedi onde ficava a toalete, ele olhou-me quase rindo e respondeu:

— O banheiro fica ali ao lado, assim que você sair.

— Obrigada!

Chegando lá fora, percebi que aquele homem não havia saído da porta, fitei-o e lhe pedi:

— Quer comer alguma coisa, ou beber?

— Não obrigado, só vim para acompanhá-la.

Pedi licença e saí. Só fui ao banheiro para lavar o rosto. Uns cinco minutos depois, eu voltei ao bar, notei que ele estava sentado na frente do balcão, sentei-me ao seu lado.

— Senhorita, seu cachorrão já está pronto, quer levar ou comer aqui?

— Para levar. Por favor!

O balconista entregou-me e pediu novamente:

— Deseja mais alguma coisa?

— Quero que coloque em um litro cinco tragos iguais ao primeiro.

— Não é muito nova para fazer o que está pensando em fazer? — *falou enquanto me servia.*

Fitei-o indignada pelo atrevimento. Respondi secamente:

— Não, por quê?

— Por nada, é só o que penso. — *Colocando o litro no balcão.*

— Guarde para você os seus pensamentos. Coloque tudo em uma sacola que eu vou levar.

Paguei, peguei a sacola, virei e saí. Sem que eu percebesse, aquele homem já havia saído e estava me esperando. Ele chamou tirando-me de meus pensamentos.

— Você está ouvindo?

Balancei a cabeça positivamente, apesar de não ter escutado o que ele havia falado. Ele continuou:

— Não tenho nada contra. Mas tenho certeza de que está de cabeça quente e poderá fazer alguma besteira. Eu me preocupo com você e não quero que faça nada de errado.

Fitei-o e percebi que ele estava mais perto. Fitou-me e com isso senti um arrepio e um leve frio na barriga. Estava pronta para sentir seus beijos. Foi quando uma van preta estacionou ao nosso lado, nos distraindo, o motorista abriu o vidro e pediu:

— Boa noite! Você mora aqui? Estamos procurando uma casa e não estamos encontrando, talvez conheça.

— Sim, moro, quem seria?

— A encomenda é para Angella Freguéllys?

— Sou eu. Que encomenda?

— Temos duas entregas para a senhorita. Onde quer que deixemos?

— São pequenos?

— Um sim é pequeno, mas o outro é médio e pesado. Onde seria sua casa para levarmos?

Não tenho casa, a partir de hoje moro na rua. Foi o que eu pensei em dizer. Mas pensando bem, dei o endereço de uma amiga.

— Por favor, fale a ela que guarde lá até eu conseguir um lugar para colocá-lo.

— Sim, eu falarei.

— Ah! Dê-me o pequeno, que vou levá-lo comigo.

Assim que me entregou, ele saiu. Quando peguei o embrulho na mão, senti um arrepio, seguido de uma tontura, deixei-o cair. Mas o homem que estava junto a mim segurou-o e falou:

— Ao pegar este embrulho, senti algo estranho. Acho melhor não o abrir por enquanto.

Ele falou sem saber que eu era a escolhida; bom, nem eu sabia. Ele fitou-me e pude sentir um alívio por tê-lo ao meu lado. Sem pensar falei:

— Obrigada! Por estar aqui ao meu lado.

Depois que falei, senti meu rosto ferver, decerto por me sentir uma tola indefesa. Tentei corrigir:

— Desculpe! Não costumo me sentir fraca, ou depender de algum homem para me ajudar.

Mal terminei de falar, um bêbado, que sei lá de onde veio, surgiu e perguntou se eu havia falado com ele, nervosa falei que não havia só ele ali.

Ele repetiu:

— Tieem ciertezza qui num falou coom ieuu?

— Não. Já falei que não, agora dá o fora.

Ele me encarou assim que eu falei, e resmungou irritado:

— Nu...nuum priecisa si instriesaa cumm miiigü, môça, já tô iiinduu imbóóra, tááá.

E foi embora, logo após dizer:

— Depooiis eeu queee beebuu. — *Vendo que eu falava sério, resolveu parar de beber, pelo menos naquela noite, pois achou estranho não ver ninguém ao meu lado.*

Não entendi o que ele quis dizer, mas deixa para lá. Voltei a olhar o homem, que ainda estava rindo do bêbado, ao olhar-me viu que não estava gostando de nada disso, ficou sério. Desconfiada perguntei-lhe:

— Por que ele achou que eu deveria estar falando com ele, se você está aqui, ao meu lado?

— Bom, como posso te explicar? — *pensando alto sem querer falou.*

— Fala logo de uma vez, por favor.

Estava começando a perder a paciência. Ele ficou em silêncio por alguns minutos e então falou, secamente:

— Só você pode me ver e sentir.

Fiquei perplexa com o que eu escutei. Sem reação, fiquei totalmente sem palavras, até que percebendo que não o estava seguindo, virou-se e pediu:

— Vai ficar aí a noite toda?

Resolvi acompanhá-lo, sem saber certo para onde ele estava indo. Uns seis minutos depois, estávamos chegando à praia, chegando parei-me ao seu lado. Sem tirar o olhar das ondas enormes, ele falou:

— Desde que moro aqui, nunca pude ver este lindo e imenso azul, com o brilho da luz da lua lhe atingindo e o fazendo arrancar suspiros de sua imensa plateia, nós. Angel, como eu nunca percebi que o azul do mar era tão deslumbrante?

Olhei-o sem falar nada, não entendi o porquê de ele admirar tanto o mar, mas como se lendo meus pensamentos:

— Deve ser porque nunca notei, por ele ser tão simples, mas tão majestoso. Ele mostra para todos o seu esplendor, mas poucos o notam. Hoje eu o notei, amanhã outro alguém irá notá-lo.

Comecei a entendê-lo. Sem avisar, tirando-me dos meus pensamentos, a mesma tontura. Teria caído se ele não tivesse me segurado. Então me ajudou a sentar naquela areia geladinha da praia. Falei antes que ele fizesse outro comentário:

— Ainda não comi nada.

Sentando ao meu lado e observando-me retirar o cachorrão da sacola, sem dizer uma só palavra, voltou a olhar o imenso azul à sua frente.

— Quer um pedaço?

— Não, obrigado! Não posso comer.

Após terminar de comer, retirei o litro da sacola, ao sentir o sabor, percebi que não era o que havia pedido, está certo que acerola é meu suco preferido, mas não foi o que eu pedi. Irritada sem querer falei:

— Não acredito, vou ir reclamar pela troca. Quero minha bebida de volta.

Ia levantando-me, quando o homem me puxou e disse que ele fez com que o balconista trocasse.

— Não adianta ir cobrar, pois pagou o valor certo do suco.

Fiquei admirada, minha raiva aumentou, mas no instante que o encarei, ela desapareceu completamente. Deitei-me na areia, olhei as estrelas, elas pareciam estar brilhando mais do que o comum, pensando alto:

— Por que seu brilho é tão diferente das outras noites?

Deitando ao meu lado ele complementou:

— Deve ser porque nunca as observou com o espírito, apenas de corpo.

Não entendi o que ele quis dizer. Mas mesmo assim resolvi perguntar outra coisa:

— Agora que estou mais calma, o que realmente você é?

— Sou a escuridão, mas para você sou a luz. Vim para lhe ajudar, pois, após abrir o pequeno embrulho, deverá precisar de ajuda. Depois que controlar, então deverá me ajudar.

Fiquei realmente assustada, sentando-me rápido, fitei-o e indignada retruquei:

— Deve estar brincando com a minha cara, não está?

Encarando-me, ele sorriu e disse:

— Por um lado estou, mas por outro não.

— Como assim, não estou entendendo.

— Simples, não sou a escuridão, nem sua luz, mas vou lhe ajudar.

— Ainda não estou entendendo.

— Se me deixar terminar, talvez compreenda. Posso terminar?

Sem paciência quase ia alterar-me, mas me controlei.

— Pode, mas não enrola, fala de uma vez.

— Bom, se quer que eu fale logo sem enrolar, então tudo bem. Sou uma alma. Meu corpo está em coma, enquanto isso estou aqui para lhe ajudar.

— Ok! Agora entendi. Disse-me que depois que eu controlasse algo eu lhe ajudaria. Como?

— Isso só depende de ti, como eu não sei. Mas sei que é a única pessoa que pode me ajudar a tirar-me do coma. Não está assustada em estar falando com um espírito?

— Não. Vejo espíritos desde criança. Só nunca pude tocar ou conversar, é o primeiro. Ok! Como não sabe. Tudo bem. E quando, sabe?

— Quando certinho eu não sei, mas sei que precisa ter paciência e estar calma para poder me ajudar. Mas antes disso acontecer deverá dominar o poder que lhe espera, no embrulho menor, que lhe deram. Precisa estar só quando abrir. Eu estarei junto ao meu corpo. Se precisar de mim, saberá como chegar até mim.

E em um piscar de olhos ele desapareceu, deixando-me só. Resmungando baixinho falei.

— Eu estou calma, mas tenho medo do que pode ser.

Como a curiosidade é maior do que o medo, peguei o embrulho e abri. Rasguei o papel que o envolvia, dentro tinha uma bolsinha de veludo preto com um cordão dourado fechando-a, ao abrir pude sentir uma energia que me envolveu. Coloquei a mão ao pegar e puxar, vi que era um colar, ao retirá-lo completamente brilhou intensamente. Comecei a repará-lo após diminuir o brilho, era muito lindo, com o cordão negro, uma argola redonda, a segunda era uma argola em formato de pingo d'água invertido, na ponta uma pedra preciosa verde-água, no centro um círculo com o símbolo do meu signo. Não resisti e quis colocá-lo. Mas ao erguer o colar vi minha aliança de noivado. Como num passe de mágica, comecei a lembrar-me como vi meu noivo pela última vez:

"...ele ali deitado naquela cama de hospital, após ter sofrido um acidente de moto, ele repetia e me fazia jurar:

— Angel, eu te amo. E vou levá-la em meu pensamento. Mas agora eu quero que me prometa que se eu morrer jamais vai me esquecer.

Chorando muito falei:

— Prometo, meu amor, prometo também que jamais tirarei este anel que me deu. Não quero que morra. Quero morrer antes de você, por favor, não vá.

Ele pegou em minha mão e, com um brilho encantador em seu olhar, sorrindo pediu:

— Quero que me prometa que vai ser feliz com ou sem mim.

Olhei para baixo enquanto ele falou. Com a outra mão, ergueu minha cabeça, fazendo-me encará-lo e insistiu:

— Por favor, prometa, por mim.

Ia negar. Mas o brilho encantador dos seus olhos e o seu sorriso fascinaram-me, e como negar aquele pedido?

— Prometo! Prometo, meu amor!

— Angel, me dê o nosso último beijo, que servirá para selar o começo e o fim do que aconteceu entre nós até agora!

— Já disse que não quero que morra, vamos nos casar assim que sair daqui, eu te prometo.

Desesperada abracei-o com fervor, então o fitei, novamente pediu-me:

— Dê-me o nosso último beijo! Por favor! Só assim poderei partir em paz.

Relutante não quis beijá-lo. Mas percebi que ele não iria aguentar por muito tempo, então o beijei por um longo tempo. O beijo parecia ter vida própria. Era como se ele fosse especial, e era. Olhando-o declarei-me:

— Eu te amo, e nunca vou te esquecer, nunca, viu?

— Também te amo, mas não se esqueça da promessa que me fez.

Fechou os olhos e adormeceu para nunca mais acordar. Deixando-me só e desprotegida.

Hoje já faz mais de um ano. Ainda cumpro a promessa que eu lhe fiz, de não tirar o anel do dedo, e não me esquecer dele."

Voltei à realidade desse instante e percebi que estava chorando. Sequei as lágrimas e, ao olhar o colar, que já não estava brilhando como antes, havia um bilhete dentro do saquinho. Peguei e comecei a ler:

> "Angel!
> Este Medalhão vem sendo passado de geração em geração, entre as Guardiãs. Luna lhe escolheu.
> Após colocar este colar, não poderá tirá-lo. Com o medalhão, você desenvolverá alguns poderes, como voar, ler mentes, transformar-se em outro ser vivo, teletransportar-se a qualquer lugar que desejar. Terá a força de cinquenta homens durante a noite, e de vinte homens durante o dia. Entre outros poderes, que irá adquirir com o tempo. E desenvolverá os que nasceram com você.
> O colar só será visível se assim quiser. Alguns de seus poderes não funcionarão durante o dia, como voar. Apenas as guardiãs poderão saber de seus poderes (deverá confiar sua vida a elas).
> Se precisar é só chamar, de seu servo:
> *Noite*'"

Achei estranho ter sido escolhida, e por quê? Mas isso não importa nesse instante, o problema agora é ajudar a alma, mas onde. Uma voz soou em minha mente:

— Pense em quem quer encontrar e irá até lá.

Enfiei tudo na sacola, menos o saquinho de veludo e o bilhete, que coloquei no bolso da calça, o resto coloquei no lixo. Fechei os olhos e pude sentir uma energia radiante à minha volta que me fazia subir cada vez mais. Abri os olhos, olhei para baixo, estava realmente flutuando, a uma altura esplêndida, fechei os olhos e desejei estar junto à alma, em um piscar de olhos lá estava eu, junto a ela e ao lado de um corpo que estava estatelado, sem vida naquela cama à minha frente, ligado a vários aparelhos.

— Vejo que conseguiu dominar seus poderes, que bom. Então realmente é a escolhida.

— Sim. Eu só não entendi uma coisa, como sabia, e pelo jeito já desconfiava, não é? Diga como? Pois até agora só eu e o noite sabemos disso. Fala.

— Angel, eu não sou o Noite.

— Ok! Isso dá para perceber. Explica-me como sabia dos meus poderes, e que eu iria adquiri-los após abrir o pequeno embrulho, hein?

— Simples, eu ainda estou fora do meu corpo, isso quer dizer que ainda não sou humano, sou uma alma.

— E como ficou sabendo em alma?

— Após o meu acidente, em que meu corpo ficou em coma, procurei em muitos lugares alguém que pudesse me ajudar, até que fui levado a Luna. Então ela explicou-me que outra pessoa iria assumir o seu lugar e essa pessoa teria poderes para ajudar.

Ele fez uma pausa, e então continuou:

— As únicas coisas que eu sabia era que o escolhido era uma mulher, que iria receber os poderes à noite no dia do seu aniversário de dezoito anos. E que ela morava na mesma cidade que eu, onde nasceu e cresceu. Mais alguma coisa, senhorita?

— Sim. Quando estávamos na praça. Como sabia que eu era a escolhida?

— Bom! Eu vi que precisava de ajuda e resolvi tentar ajudar. Além disso, você tem um brilho diferente na sua aura, é muito mais forte. Comecei a achar que era porque conseguia me ver e ouvir, pois não tem muitas pessoas com esse Dom por aí. Mais alguma pergunta, senhorita?

— Não. Desculpe-me ter duvidado, mas eu mal o conheço, e minha vida não anda muito boa. Desculpe, acabei descontando em você.

— Tudo o que eu sei sobre o Noite é que ele serve ao escolhido infinitamente, até o dia de sua morte, aí então ele começa a servir a nova escolhida.

— Obrigada! Tem me ajudado muito.

Após dizer isso, percebi que estava quase amanhecendo. Senti uma tontura e muito cansaço. Resolvi deitar-me na cama ao lado do corpo que pertencia à alma. Quase adormecendo, com os olhos entreabertos, pude notar que a alma me cobria com um lindo e fofinho cobertor. Na manhã seguinte, senti um odor de sopa de legumes.

Com muita relutância, consegui acordar-me, abrindo os olhos pude ver uma enfermeira ao meu lado, percebendo que eu havia acordado perguntou-me:

— Você está bem?

Balancei a cabeça positivamente, e ela continuou:

— Desculpe-me, mas não tem nenhuma ficha médica. O que fazes aqui?

Meio confusa, sentei-me e vi o corpo, e ao seu lado a alma. Foi quando comecei a recordar o que havia acontecido e então explicar:

— Eu vim aqui por causa dele. Só que de repente senti uma tontura, fiquei fraca. Desculpe-me se fiz mal, não era a minha intenção.

— Então quer dizer que é a responsável pela melhora dele.

— Como assim?

— Assim que chegou aqui, ele tem demostrado melhoras incríveis. Desculpe perguntar, mas o que é dele?

Olhei confusa para a alma, então disse a verdade, não toda a verdade.

— Bom, nem eu sei. Preciso esperar ele acordar, para saber o que ele quer comigo.

Logo após que expliquei a ela, perdi-me em meus pensamentos. Só voltei à realidade quando a enfermeira foi até a porta. Virou-se e pediu:

— Está com fome?

— Sinceramente estou.

— Vou ver o que consigo arrumar para comer. Aguarde alguns minutos.

— Sim. Muito obrigada.

Respirando fundo, levantei e fui até a janela do quarto. Admirando a vista, pude reparar que estávamos no oitavo andar, mas não me lembro daquela parte da cidade. Olhando bem vi um lugar aberto entre algumas árvores, um cemitério. De repente deu-me uma vontade enorme de ir até lá.

— Senhorita?

Tirando-me repentinamente de meus pensamentos. Virei e vi que era a enfermeira com algo na mão.

— Sim?

— Trouxe algo para comer.

— Muito obrigada!

Ela veio em minha direção, entregando-me o pequeno embrulho.

— Precisa de mais alguma coisa?

— Sim. Que cemitério é aquele entre as árvores?

Ela olhou para ele ao horizonte e comentou que estava superlonge dali. E pediu-me.

— Como consegue vê-lo?

Rindo falei que tinha visto antes de vir para cá, o que era mentira, mas não podia deixar que ela desconfiasse de alguma coisa.

— Interessante, não acha?

— Como assim, se interessa por um cemitério abandonado?

Quase rindo falei:

— Não. É que gosto de investigar coisas, e eu gostaria de saber por que ele está abandonado.

— Entendi! O cara em coma tem um apartamento lá perto, ele deve saber.

— Obrigada por me informar, assim tenho mais um motivo para esperar ele acordar.

Já saindo ela falou:

— Se precisar de algo é só chamar. Agora vou cuidar dos outros pacientes.

Assim que ela saiu, fui até perto do corpo, respirando fundo, olhei-o e notei que ele é muito bonito. Meu estômago começou a reclamar de fome, então me sentei na cama e comi o lanche. E após comer, levantei-me e fui em direção ao cara em coma. Uma voz feminina soou em minha mente:

— Respire fundo, feche os olhos e sinta os batimentos, a pulsação dele.

Ela ajudou-me a me concentrar, e com isso a energia começou a crescer mais e mais, meus lábios desejaram o leve toque de seus lábios, meus olhos se fecharam, nossos corações aceleraram, formando um só. Inclinando-me pude sentir os seus lábios, e como um flash a energia que estava aprisionada em mim cresceu ao máximo e explodiu. Com isso pude sentir uma sensação de liberdade, de leveza, que aflorou em minha alma. Ao abrir os olhos, ainda com meu rosto junto ao dele, porém um pouco afastada, vi uma luz energizante cercar seu corpo, fazendo-o reagir. Comecei a desinclinar-me para observar com atenção o que estava acontecendo. Como um milagre, senti suas mãos tocarem em meu pescoço e em minha cintura, puxando-me de volta e beijando-me com muita energia, tirando meu fôlego. Um beijo doce e mágico ao mesmo tempo inesquecível. Ao parar de beijar-me, abrimos os olhos no mesmo instante, olhando-me pude ver seus olhos brilhando como se vivessem por conta própria, seu sorriso tímido e ao mesmo tempo provocante. De repente ele começou a chorar. Sem dúvida eram lágrimas de alegria, simples e singelas. Ele parecia um ser frágil, delicado, precisando de carinho, de atenção.

Alguém me chamou, quebrando totalmente o clima de amor que havia se formado entre nós dois.

— Angel?! O que fazes aqui?

— Susan! Que bom que me encontrou, estava pensando em ti.

— O que aconteceu para estar pensando em mim?

— Nada de grave, é que ontem dei o seu endereço a um cara, para levar uma caixa até a sua casa. Está lá?

— Sim, claro que está. Só que há um problema...

— Que problema?

— Eu não abri para olhar...

— Como? Não abriu? Você que é megacuriosa, não abriu a caixa?

— Não.

— Me explica isso.

— É que eu li no bilhete que está pendurado na fechadura da caixa uma coisa sinistra.

— Fale exatamente o que diz no bilhete.

Ela ficou em silêncio por alguns instantes, depois falou:

— "Cuidado! Frágil. Não toque a não ser que você seja a escolhida." Ah! E, além disso, tem um cadeado "enorme", de uns cinco centímetros.

— Nossa, que grande!

Começamos a rir. E já havia me esquecido do corpo da alma que ressuscitou após vários meses em coma. Olhei-o, ele estava olhando-me, com os olhos marejados de lágrimas, e com um sorriso lindo falou-me:

— Me sinto maravilhosamente bem, e sei que é graças a você.

Olhei-o no fundo de seus olhos e senti como se estivéssemos às sós. Precisava disfarçar e não deixar Susan descobrir, ela era minha amiga de confiança, mas não podia lhe contar. Disfarçando lhe disse:

— Desculpe, mas preciso ir, tenho que achar um trabalho. Precisa descansar. Ah! Me chamo Angella! Até!

Assim que falei, saí. Ele olhou-me sair e sentiu que estava perdendo seu grande amor. Mas ele não iria desistir tão fácil de reencontrar e conquistar aquela linda mulher (foi o que ele pensou). Suspirando ele desabafou:

— Angella! Um nome magnífico, charmoso, mas ao mesmo tempo meigo e delicado. Preciso vê-la novamente.

Pensando em algum jeito de encontrá-la, acabou adormecendo.
Voltando ao início da noite anterior...

Angel e Susan em suas horas de folga trabalhavam de voluntárias no centro escolar comunitário da cidade. Elas leem, brincam e ensinam o que sabem às crianças e adolescentes.

No centro as turmas são divididas pela faixa etária. Mas antes de dormirem, meninos e meninas são separados. Meninos na ala direita e meninas na ala esquerda. Em cada ala, há um corredor espaçoso e grande, onde foram colocados sofás e pufes. É ali onde as meninas se juntam para ouvir histórias para depois irem dormir.

Nesse dia Angel contou a história. Todas ouviram em silêncio e com muita atenção.

Dricka, que estava entrevistando a diretora para um trabalho do jornal, também se sentou para ouvir. Após a história, cada uma foi para casa.

Antes de ir para casa, Angel ficava um tempo na praia ouvindo as ondas do mar e refletindo sobre a vida sempre que podia. Muitas vezes perdia a noção do tempo.

Como sempre chegava tarde em casa e seus pais ficavam irritados e preocupados, eles queriam que ela fosse estudar em outro país. Ela queria continuar no mesmo lugar que nasceu, não sabia o porquê. Mas sabia que precisava ficar. Então Angel criou coragem e desabafou:

— Estou cansada disso. Sempre que estou em casa, é só briga, se não estou em casa tem mais briga. Não posso fazer nada do que eu gosto ou o que eu quero, vocês querem que eu seja outra pessoa. Às vezes acho que não temos nada em comum, pois sempre discordamos.

A mãe não aguentou mais, então jogou a verdade na cara de Angel:

— Isso é porque você não é nossa filha, nós te adotamos.

Angel não entendeu.

— Pai, do que a mãe está falando?

O marido completou calmamente:

— Desculpa sua mãe, ela está estressada com muita coisa. Infelizmente é verdade, nós te adotamos ainda bebê, quando sua mãe biológica te deixou na frente de nossa porta, em um bilhete pediu para te adotarmos, porque havia descoberto que tinha dois tumores malignos em locais de difícil acesso e que nenhum médico queria operar, estava à beira da morte. Então nós te adotamos.

Angel, pasma com o que acabara de ouvir, se sentindo ainda mais estranha e perdida que nunca, saiu correndo porta afora dizendo que não iria mais voltar. Quase chegando à rua, Matheus a chamou e disse:

— Tem certeza que quer sair assim? Sabe que a mãe é assim desse jeito durona e mandona, mas ela te ama.

— Eu preciso de um tempo longe para saber o que fazer. Não vou abandonar vocês. Só preciso ter meu lugar, meu espaço. Amanhã, quando ela for para o pilates, venho buscar algumas coisas.

— Apesar de não ser minha irmã de sangue, sempre vou te amar. Pegue esse dinheiro para alguma emergência. Sei que tem algum guardado, mas não gasta. Te cuida!

— Obrigada, meu irmão! A gente se encontra por aí.

— Me liga ou manda mensagem todos os dias. Quero saber como você está. E assim que achar seu espaço, vou te visitar. Ordem de irmão mais velho.

— Tudo bem, mano. Obrigada! Até!

Voltando para o momento presente...

Capítulo 2
Novo Destino

No lado de fora do hospital, Susan perguntou-me alguma coisa, mas eu estava distraída lembrando-me do que aconteceu e nem escutei. Então ela chamou-me, tirando-me dos meus doces pensamentos.

— Angel?
— Sim!
— Escutou o que eu falei?
— Sim... Não... O quê?
— Como sempre, no mundo da lua. Volta para Terra.
— Estava pensando. Como me achou lá no hospital?
— Não sei. Eu estava passando em frente ao cemitério abandonado, e de repente como se eu estivesse sendo guiada, vim até aqui, e te encontrei aqui beijando aquele gato. Quem é ele?
— Susan!!! Não perde nenhuma oportunidade, né?
— Fazer o quê? Não sou de ferro como alguém aqui. Às vezes eu acho que seu coração é de pedra.
— É, Su, às vezes muito sofrimento transforma a vida das pessoas.
— De que sofrimento está falando. Não me vem dizer que é pelo seu ex-noivo ainda?
— Bom se fosse só isso.
— Então é o quê?
— Descobri que eu sou filha adotiva. E que meus pais biológicos me abandonaram.

— Nossa! Vai tentar descobrir quem são eles?

— Não sei.

— Está brava com eles, por terem te abandonado?

Nesse instante estávamos chegando à portaria do prédio onde Susan morava. Pensativa e com um pouco de esperança, de que o que eu iria falar era verdade, respondi:

— Meu pai disse que no bilhete ela dizia que estava muito doente, não sei se ainda está viva ou não, nem sei se tem mais alguém da minha família biológica. Acho que não, pois se tivesse talvez ela não tivesse me "doado" a outra pessoa. Mas tenho esperança que minha mãe tenha achado uma solução e esteja bem, e que um dia vou encontrá-la.

No elevador percebi que Susan estava quase a ponto de chorar, então resolvi mudar de assunto imediatamente.

— Su! Eu posso pousar aqui contigo? Só até eu achar outro lugar!

— Claro! Só que tem pouca comida, temos que sair para comprar.

— Tá, posso dividir a comida e o aluguel contigo.

— Deixa de besteira, se é assim então eu vou fazer as compras e você fica aí com essa sua caixa misteriosa, tá?

— A casa é sua. Você é quem manda.

Começamos a rir novamente. O elevador parou, saímos, e com mais alguns passos e chegamos ao apê da Su. Ao entrarmos ela disse:

— Não tive tempo essa semana para arrumar, estava procurando outro emprego.

— Como assim, outro emprego?

— Eu ganho pouco, eu preciso de um salário melhor, quero comprar a minha própria casa, estou cansada de viver em hotel.

— Concordo! Mas há um problema.

— Que problema?

— Vai ter que dividir a casa comigo!

— Que problemão, hein?

— É, fazer o quê, né?

— Ah, eu aguento.

Começamos a rir novamente.

— Fique à vontade, eu vou, mas já volto.

— Vou aproveitar e ligar para o meu mano para dizer que estou bem e que vou ficar aqui por um tempo.

— Ótimo, ele sempre se preocupa muito contigo. É um irmãozão!

Ela pegou o dinheiro, enfiou no bolso e saiu.

Após falar com ele e dizer que está tudo bem, que vou ficar morando com a Su por um tempo, resolvi ver o que tinha de tão misterioso dentro da caixa.

— Vamos ver o que tem para me mostrar.

No instante em que peguei no cadeado, lembrei-me que não tinha a chave.

— Como será que eu vou abrir essa caixa? Luna, como eu a abro?

— Só abrirá quando realmente conhecer seus poderes e precisar utilizar o conteúdo da caixa. Saberá quando chegar a hora.

— Como me escutou?

— Quando precisar é só chamar por mim.

Fiquei um bom tempo pensando no que a Luna havia falado. Resolvi sentar-me, pois estava exausta. Quase me joguei no sofá, ao deitar me senti mais leve. Fechei os olhos e pude ver o rosto do corpo da alma. Imaginei o que poderia ter acontecido se Susan não tivesse quebrado o clima.

— Angel?

— Sim, Susan! — *falei com uma voz melodiosa.*

— Perdida novamente em seus pensamentos.

— Sempre.

As duas gargalharam.

— Voltando ao assunto. O que comprou para comermos?

— Nada.

— Como assim? Depois eu que fico no mundo da lua.

— Sim, é você. Eu só esqueci que estamos em um hotel três estrelas e não precisa sair para comprar comida, é só ligar que eles trazem até aqui. Vou pedir.

— Também esqueci que se mudou há um mês. Que bom que tem comida aqui, é bem mais prático para ti.

— Sim, facilita um monte nessa minha correria. Bom! Vou ligar e pedir a comida.

Meia hora depois, bateram na porta. Tive que ir atender, pois Susan estava tomando banho. Ao abrir a porta.

— Nossa que gato! — *Deixei escapar sem querer.*

— Obrigado! Mas apenas vim trazer o almoço, senhora.

— Senhora? Não sou tão velha assim.

— Desculpe-me, por favor, são regras do trabalho.

— Tudo bem, se não me chamar mais de senhora. Entre e coloque na mesa, por favor.

— Onde está a moça do quarto?

— Tomando banho.

— Desculpe pedir, mas qual é o seu nome?

— Angella, mais conhecida como Angel.

— Engraçado?!

— O quê?

— Você tem o mesmo nome da minha irmã.

— Que legal, que idade ela tem?

— Não me lembro, pois faz tempo que eu não a vejo, mais ou menos uns dezoito anos.

— Por que não foi visitá-la?

— Eu fui, mas me disseram que minha mãe foi embora e não disse para onde, procurei por anos, até que acabei desistindo de procurá-las.

Olhando para ele, senti como se eu já o conhecesse há muito tempo. Estava olhando pela janela, enquanto terminava de ajeitar a comida em cima da mesa. Nesse momento Susan saiu do banheiro falando:

— Bah, Angel! Tem que ver que gato é o garçom. Acho que estou um pouco a fim dele.

Ao terminar de falar, ela viu o garçom e paralisou.

— Susan, vai se trocar de roupa, precisa ir trabalhar depois, vai se atrasar.

— Tô... tô indo?!

Ela saiu correndo para o quarto. E eu percebi que ele gostou muito de saber o que ela havia acabado de falar.

— Qual é o seu nome?

— É Carlos.

— Não dê bola, Carlos, ela às vezes é expressiva demais.

— Eu gostei de saber, pois também estou a fim dela. Só que ela não percebe isso.

— Então eu vou ajudar. Se quiser, é claro.

— Sim, claro que eu quero, mas como vai fazer isso?

— Bom, isso é segredo de profissão. Quando poderemos conversar?

— Eu trabalho até às duas e meia.

— Antes de sair, me traga alguma coisa, pode ser... um sorvete. Aí saímos para conversarmos, pode ser?

— Sim, claro! Tenho que vir buscar a louça.

Ao vê-lo sair, senti novamente como se o conhecesse, ele de certa forma me passava uma segurança, um afeto.

— Angel?

— Quê?

— Ele já foi?

— Sim.

— Que vergonha. O que ele disse?

— Ele só ficou vermelho, mas não disse nada.

— Meu Deus, como eu vou olhar para ele agora?

— Com os olhos.

— Tô falando sério!

— Larga de besteira e vem almoçar.

Eu já estava sentada, quando ela se sentou à minha frente. Começamos a comer, após um longo silêncio lembrei-me:

— Não consegui abrir.

— Abrir o quê?

— A caixa.

— Por que não?

— Não tenho a chave.

— Chama o chaveiro.

— É meio estranho o cadeado, então a chave também deve ser estranha. Mas vou chamá-lo. Acho que vou dar uma volta depois que ele vier.

— Deixe um bilhete se for demorar.

— Não vou demorar, antes das nove estou de volta.

Terminamos de almoçar, ela levantou-se e foi se arrumar. Depois saiu. Uma meia hora ou mais, bateram na porta. Era o Carlos com meu sorvete.

— Entre, a porta está aberta.

— Desculpe a demora, é que a Susan foi me pedir desculpas.

— Tudo bem, sem problemas.

— Só vou levar a comida até a cozinha e tirar o uniforme, aí nós podemos ir.

— Certo! — *Enquanto ele arrumava os pratos no carrinho, eu fui colocar o sorvete na geladeira.*

Descemos juntos, o esperei por alguns minutos. Ele voltou e então pedi se ele queria dar uma volta. Ele aceitou. Começamos a conversar, ele ia me contando sobre o que ele sabia que a Susan gostava.

— Vamos até a praça, para sentarmos e conversarmos?

— Pode ser.

Enquanto íamos até a praça, eu ia pedindo o que ele gostava de fazer, de comer, de beber, bom, tudo sobre ele. E quanto mais ele falava, mais eu sentia que o conhecia. Chegando à praça, fomos sentar no mesmo banco onde eu havia sentado ontem à noite, continuamos a conversar, contei tudo o que eu sabia da Susan, do que ela gostava e do que não gostava, ele absorvia todas as informações com bastante atenção. Um tempo depois, começou a escurecer, olhei no relógio e vi que já eram quase oito horas.

— Carlos, falei a ela que estaria antes das nove no hotel, amanhã depois do seu serviço continuamos a conversar, tudo bem?

— Sim, por mim tudo bem. Moro do lado oposto do hotel, mas posso te acompanhar.

— Não precisa. Posso ir sozinha, ainda quero passar nos meus pais para pegar algumas coisas. Até amanhã!

— Até amanhã!

Levantamos e saímos um para cada lado. Aproveitei que a mãe estava no pilates a essa hora e o pai certamente estaria esperando-a, pois adorava caminhar e conversar, a temperatura estava bem agradável. Fui até em casa pegar algumas roupas e acessórios, o mano estava em casa, conversamos um pouco.

— Tenho que ir, quero evitar confusão.

— Tudo bem, o pai vai querer saber onde está, vou contar só para ele.

— Pode sim, mas não deixa a mãe saber por enquanto. É bem capaz de ela ir lá para me fazer entender que eu estou errada.

— Quase certo. Se cuida, maninha.

— Você também, mano. Tchau!

— Tchau!

Após chegar ao hotel, Susan ligou dizendo que precisava fazer hora extra e ia voltar lá pelas três da madrugada. Resolvi descer e comer algo. Uma hora depois, pedi a conta e o garçom falou-me que não precisava pagar. Pois a despesa ficava na conta do quarto, era acertado mensalmente.

— Qual é o número do quarto?

— 505!

Ao chegar à recepção, pedi:

— Por favor, se a Susan ligar, avisem que fui dar uma volta pela cidade.

— Sim, senhorita!

— Muito obrigada!

Ao sair senti que a noite estava com um ar pesado, olhei para o céu e vi que estava nublado, mesmo assim continuei a andar, sem rumo.

Senti como se alguém desejasse a minha companhia, caminhei em direção a essa força que me puxava. Ao chegar percebi que estava em frente ao cemitério abandonado. Resolvi entrar. Certo alívio invadiu minha alma, o tempo começou a mudar, as nuvens evaporaram dando lugar para a lua cheia que começava a mudar de fase.

— Angel?

— Quem está aí? Como sabe quem sou?

— Por que a surpresa se sabe que fui eu quem a chamou?

— Luna?

— É, sou eu. Como se sente?

— Meio esquisita, e surpresa também.

— Surpresa por quê?

— Por que fui escolhida?

— Porque desejou.

— Eu, quando?

— Não se lembra. Em seus sonhos pedia com tanto fervor, também fez um pedido.

Comecei a lembrar-me de meus sonhos. Sem perceber sentei em cima de um túmulo.

— O que fazes aqui, garota?

Olhei assustada em direção da voz, linda voz.

— Você? Como? Já melhorou?

— Também me surpreendi, mas os médicos me deixaram sair.

— Vai dizer que mora aqui?

— Aqui não, moro ali.

Lembrei-me. A enfermeira já havia me falado.

— Sabe meu nome, mas eu não sei o seu.

— Meu nome é Maykel Draykylls, sou empresário, solteiro. Prazer em conhecê-la!

— Bom, já que estamos nos apresentando, meu nome é Angella Freguéllys, sou desempregada e encalhada. O prazer foi meu, senhor.

— É o quê? Encalhada?

— Por acaso está brincando com a minha cara?

— Não, é claro que não. Só apenas acho que é muito bonita para estar solteira.

— Obrigada! Mas é por opção. Pois ainda estou recuperando meu coração.

Olhei no relógio e percebi que já era muito tarde, e então lhe disse que eu deveria ir, pois já estava muito tarde.

— Eu te levo até em casa.

— Não precisa. Não é muito longe.

— Eu insisto. Ou vai negar que eu fique mais um tempinho em sua companhia.

— Não, se acha a minha companhia boa.

Bom, para encurtar o assunto: nós conversamos até chegarmos no hotel. Pediu-me para esperar, saiu e deu a volta para abrir a porta para que eu saísse.

Ele olhou-me bem fundo nos olhos, era como se o seu corpo me chamasse, levantei-me, e juntos nos aproximamos. E um beijo aconteceu. Era maravilhoso, desejei que esse momento fosse para sempre. Então uma voz soou em minha mente.

"— Angel, cuidado com o que deseja, sei o que digo."

Resolvi deixar que o tempo decidisse o que era melhor para mim.

Esperou no carro até que eu entrasse no hotel, aí ele saiu.

No outro dia bem cedo a campainha tocou, eu estava sonolenta, mas fui atender, pois Susan havia chegado de madrugada e estava em sono profundo, acho.

Ao abrir a porta, vi que era o Carlos, ele então falou:

— Bom dia! Desculpe-me acordá-la tão cedo. Mas pediram-me para lhe entregar isto logo.

— Bom dia! E muito obrigada! Poderia, por favor, trazer o café da manhã?

— Sim. E a Susan?

— Ainda dormindo, pois está muito cansada.

Logo que ele saiu, fechei a porta e com muita curiosidade saí correndo e fui sentar no sofá para abrir o embrulho. Ao abrir vi que era um celular e embaixo dele tinha um bilhete. Li e fiquei perplexa, mas muito emocionada. Estava escrito assim:

> "Angel!
> Precisa de um emprego e eu de uma secretária. Pense a respeito que te ligarei para saber a resposta. Se aceitar não se preocupe com os gastos, a empresa pagará os cursos necessários.
> P.S.: Quer namorar comigo?
> Atenciosamente: Maykel D."

Sem querer gritei e Susan toda sonolenta e assustada veio ver o que aconteceu.

— Su! Arranjei um emprego, e com ele um namorado.

— Como assim, An?

— Sabe aquele cara do hospital?
— Sim, sei. O que tem ele?
— Ele pediu se eu gostaria de trabalhar como sua secretária.
— Legal, e o que isso tem a ver com o namoro?
— Simples, ele também me pediu em namoro.
— O quê?
— É isso o que escutou. E Su?
— Sim.
— Fazia tanto tempo que não me chamava de An.
— Sério?! Nem percebi.

Nisso bateram na porta. Era uma moça trazendo o café.
— Oi, Luci! Vi que se lembrou de trazer duas xícaras. Obrigada!
— De nada, Susan.

Luci saiu. Tomamos café, depois saímos para dar uma volta. Susan saía para caminhar todas as manhãs.
— An, tenho que te levar numa lojinha que abriu essa semana. Você vai enlouquecer. É um antiquário.
— Então vamos já.

Rimos. Após alguns minutos, chegamos à loja. Era fascinante. Tinha um pouco de tudo, tinha até espadas de samurai. A senhora disse que eram só para enfeite.
— São de família, passadas de geração para geração.
— São lindas! Sou apaixonada por facas, adagas e espadas, a catana é a minha favorita!
— Quer segurar uma?
— Posso?

Ela balançou a cabeça positivamente e foi até as espadas, fechou os olhos e passou as mãos sobre cada uma, de repente parou e disse:
— Essa! Perfeita seria para você, se fosse uma guardiã. Segure, abra. Olhar fio navalha e escritas. Bonitas entalhações.

Peguei-a e senti um tremor no braço seguido de um sentimento de segurança misto com poder. Ao desembainhar a espada, a lâmina brilhou e apareceram outras escritas, não consegui ler, mas era linda.

— Su, viu isso?

— Vi o quê?

— O brilho.

— Não. Deve ser coisa da sua cabeça. Preciso ir. Vem junto?

— Sim, eu vou. Obrigada, senhora. É mesmo muito linda.

Embainhei a espada com cuidado e devolvi à senhora.

— Outra hora volto com mais tempo para olhar tudo.

— Sim. Sei. Demorar voltar. Mas voltar.

Susan estava estranha, como se algo tivesse acontecido sem eu perceber.

— O que aconteceu para mudar seu humor drasticamente?

— Não sei explicar. Alguma coisa mudou dentro de mim enquanto estava lá no antiquário. Uma certeza de pertencer àquele lugar. Mas não quero pertencer a um lugar com tantas coisas velhas.

Comecei a rir.

— Não é engraçado.

— É, sim. Tá, parei. Lá não tem só coisa velha. Muitas pessoas lembram-se de seus avós quando vão lá. Provavelmente foi esse o motivo.

— Pode ser.

Chegamos ao hotel. Antes de subir, Su já pediu para levarem o almoço, pois já era meio-dia e cinco. Não havia percebido as horas passarem. Ao chegar sentei-me no sofá e peguei o celular para mexer. Chegou a comida, almoçamos e Su saiu para trabalhar. Deitei no sofá, acabei cochilando.

"Tiririm... Tiririm..."

Acordei assustada, olhei em volta e vi que era o celular que estava tocando.

— Alô?

— Oi! Gostaria de saber se já decidiu do emprego?

— O emprego?!... Ah, sim. Eu aceito.

— E o que me diz da outra pergunta?

— Acho que não...

— Não? Por que não?

— Calma! Eu ia dizer que não antes de fazer esses cursos. Mas eu aceito namorar você. Se aceitar assim.

— Ótimo! Precisa estar no aeroporto amanhã às dez horas da manhã. Eu estarei lhe esperando na portaria do seu prédio vinte minutos antes para levá-la.

— Amanhã? Já?

— Estou ansioso pela sua volta.

— Está certo então. Nove e meia estarei pronta.

Desliguei o celular e fiquei alguns minutos olhando pela janela. A porta abriu. Saltei e olhei assustada. Era Susan.

— Voltei. Como fiz muita hora extra ontem, me liberaram hoje para repor as energias. Que cara é essa?

— Se eu contar vai surtar.

— Então não conta.

Fiquei surpresa com a resposta. Su é megacuriosa. O que será que está acontecendo com ela?

— An?

— Sim.

— Me conta mesmo assim.

— Ufa! Voltou ao normal.

Contei o que Maykel havia falado há poucos minutos.

Ela caiu sentada no sofá ao meu lado e disse:

— Não acredito. Vai para onde? Fica quanto tempo? Que cursos são esses? Para ter que sair daqui? Tem ótimos cursos aqui.

— Calma, Su. Ele disse que vai me explicar tudo isso amanhã enquanto vamos até o aeroporto. Te ligo antes de embarcar.

Quando olhei em seus olhos, percebi que estava prestes a chorar.

— Su, eu não vou ir para sempre, só vou viajar.

— Eu sei, mas e agora como eu vou ficar?

— Vai ficar bem, o Carlos te faz companhia.

— O quê?

— O Carlos está caidinho por ti.

— Não acredito. Tem certeza?

— Absoluta. Só que ele tem vergonha de chegar para falar que está a fim.

— Bom! Eu não tenho vergonha.

40

— Isso eu sei.

— Vou investir nele.

— Boa sorte!

Susan ajudou-me com as minhas coisas. Não tivemos muito trabalho, já que mal tinha desfeito a mala. Ela me emprestou mais algumas coisas que julgou serem necessárias. Olhei no relógio, já eram cinco e meia. Ela saiu e foi até um caixa retirar dinheiro para me emprestar.

— A caixa.

Fui até ela, analisei meticulosamente para tentar descobrir o que havia dentro. Mas nada. Nenhum sinal ou escrita que eu pudesse decifrar. Nisso Su chegou, acabei me esquecendo da caixa.

— Liga lá em casa e vê se tem alguém.

— Ok! An.

Após alguns minutos.

— Só tem o teu irmão. Teus pais estão trabalhando.

— Vamos comigo buscar algumas coisas.

— Claro!

Peguei só o necessário. Contei para o mano o que tinha acontecido. Claro que não tudo. Então ele disse que só iria me deixar ir se conversasse com o tal cara que quer levar a maninha para longe.

— Ok! Vamos ligar e pedir se podemos ir lá.

Ele ainda estava no trabalho. Conversamos todos juntos. Claro que Su não iria deixar-nos. Maykel explicou e mostrou a planilha de cursos e aperfeiçoamentos, cada detalhe da viagem.

— Sobre ser longe. É o único lugar que forma boas funcionárias em pouco tempo. Tem horário integral, incluindo sábado de manhã e uma tarde a cada quinze dias.

— Será que eu dou conta com tudo isso?

— Claro que sim! — *responderam os três juntos.*

Tudo esclarecido até nos mínimos detalhes. Maykel levou Su e eu para o hotel. O mano foi dar uma volta. Chegando:

— Bom! Vou subir e pedir o jantar. Não demora.

— Que figurinha essa minha mana.

Troquei alguns beijos. Então subi para jantar com minha mana mais ciumenta. Ri sozinha no elevador ao lembrar-me da cena. Jantamos. Fui dormir com a Su, conversamos por horas até que ela dormiu. Não estava conseguindo dormir, estava muito ansiosa. Mas o cansaço venceu e eu apaguei. Dez horas do dia seguinte já estava sentada dentro do avião. Muito prestativo ele foi comigo. Acomodou-me no hotel, mostrou-me tudo. E depois voltou para casa.

Capítulo 3
Visual Renovado

Alguns meses depois... precisamente oito meses depois, voltei a Bosquelon.

Peguei um táxi no aeroporto mesmo, falei o endereço do hotel. Ao chegar em frente à porta, meu coração acelerou. Bati, e para minha surpresa quem abriu a porta foi Carlos.

— Oi, o que deseja?

Ele não me reconheceu. Bom, não o julgo por isso. Estou bem diferente desde quando estava aqui pela última vez. Falando nisso, acho que ainda não contei como eu era: usava maquiagem e roupa escura, óculos de leitura que não tirava nunca e aparelho nos dentes, cabelo sempre amarrado. Agora tirei o aparelho (até que enfim, depois de anos usando) e os óculos (apenas uso para ler), o cabelo uso solto, fiz algumas mechas para dar um toque diferente e especial. Sobre a maquiagem, quase não uso, o pouco que uso são tons leves e delicados, hoje estou usando vestido floral (antigamente era impossível usar vestido, muito menos roupas florais).

— O que é isso, Carlos? Não posso estar tão diferente.

— Angel?!

— É, sou eu!

— Como está diferente! Entre.

Sentamos no sofá. Estava me contando que tinha noivado, foi quando Susan chegou do trabalho para almoçar, e me viu.

— Carlos? Quem é essa aí? Por que ela está no meu apartamento?

Comecei a rir, e rir muito.

— Do que está rindo? O que está achando engraçado?
— Você!
— Espera aí. Eu conheço essa voz.

Su deu a volta no sofá ficando de frente para mim. Então falei:

— É claro que conhece. Sou eu, sua boba.
— Angel?!

Mal disse que sim e ela pulou no meu pescoço. Começamos a rir. E o Carlos ficou olhando sem entender nada.

— Nossa, Su, nunca pensei que fosse tão ciumenta.
— Não sou ciumenta, só um pouco desconfiada.
— Claro que sim.
— Mudando de assunto. Que visual é esse?
— Gostou?
— Claro! Está uma gata!
— Já estava na hora de tirar o aparelho. E sobre os óculos uma colega de um dos cursos me fez consultar com o pai, para ver o que podia fazer, pois eu era muito bonita para usar aquele tipo de óculos fora de moda e que não era necessário usar todo o tempo já que minha lente era fraca. O doutor disse que, como eu usava direto, tinha diminuído já, não precisava mais usar sempre, apenas para descanso.
— Nunca te vi de vestido, de cabelo solto. E essa maquiagem, ou falta dela?
— Chega uma hora que temos que mudar.
— Você era muito bonita, An! Mas agora está deslumbrante!
— Ah, Su!

Nesse momento tocou o interfone. Era o detetive. Pedi que o deixasse subir.

— Oi, Angella! Soube que tinha chegado, vim lhe entregar o resultado.
— Ok! Obrigada!
— Ótimas notícias, não as que esperava. Mas pelo que vejo irá gostar.
— Entre!
— Não posso. Tenho outro trabalho. Continuarei com a outra parte. Assim que tiver notícias, lhe procuro.

— Certo. Tchau!
— Tchau!
Su me olhou assustada.
— O que é isso?
— Eu pedi para ele achar minha família biológica.
Agora não sei se quero saber. Me deu medo.
— Estamos aqui, An. Para te apoiar. Abra logo isso.
Carlos comentou:
— Tinha que me apaixonar pela mulher mais curiosa do mundo.
Nós três rimos, quebrando um pouco a tensão.
— Abra para mim, Carlos. Por favor, pois não tenho coragem.
— Está bem.
Ele abriu, leu, e olhando-me começou a chorar.
— O que foi, Carlos?
— Veja você mesma.
Depois de ler, caí sentada no sofá. Comecei a chorar. Olhei para ele e sorri. Ele levantou-se e veio me abraçar.
— Gente! Que está dizendo aí? Pelo amor de Deus!
— Su!
— Quê?
— Não poderá mais ser minha mana.
— Como assim? Por que não?
— Por que é minha... cunhada.
— O quê?
— Nesse papel diz que Carlos é meu irmão.
— Que loucura! É muita coincidência.
— Não existem coincidências. Sabe disso.
— Sei... Sempre diz que nada na nossa vida acontece por acaso.
— Isso! Mas o que será que aconteceu com a mãe. Aqui diz que ele não achou nenhuma pista.
— Será que ela morreu?
— Espero que não.

Ficamos um tempo em silêncio. Então Susan falou:

— Mudando de assunto, o Carlos já lhe disse que somos noivos?

— Já sim, um pouco antes de chegar e ter um ataque de ciúmes. Por quê?

— Porque queremos que seja nossa madrinha de casamento. Aceita?

— Claro que sim! Mas tem um problema.

— Que problema?

— Não pediu a mão dele para a irmã.

— Está certo! Angel, você me dá a mão de seu irmão em casamento?

— Me deixa pensar.

O Carlos olhou-me e disse:

— Acho que sou o mais velho, por isso não pode negar que eu me case.

— Ah! Então eu digo que não...

Os dois disseram juntos:

— Angel!!!

— O quê? Eu ia dizer que não... tem problema.

Começamos a rir juntos. Logo depois o interfone tocou, Susan foi atender.

— Angel, o teu príncipe encantado está lá embaixo. Pedi que ele subisse.

Ela veio sentar do meu lado, ficou me olhando, com cara de alegria.

— Que cara é essa?

— Vou conhecê-lo.

— Como assim, já o conhece, lembra que no dia antes de ir viajar, foi comigo e com o mano lá no trabalho dele. E o encheram de perguntas.

— Ah é, verdade.

Quando ele bateu na porta, eu disse sorrindo:

— Vou abrir a porta.

Ao abrir ele ficou me olhando e pediu:

— Oi! A Angella está? Conhece-a?

— Mais do que ninguém. Entre.

Eu ri discretamente.

— Deixe que eu te apresente minha cunhada Susan, e já deve conhecer meu irmão Carlos.

— Sim. Prazer em revê-los. Como tens uma irmã bonita! Sinto que já a conheço há muito tempo.

— Nos dê licença, preciso falar com a Susan.

— Sim, claro.

— O que foi, Angel?

— Ele não me reconheceu quando abri a porta. Achei que iria saber quem eu era.

— Calma! Já reparou o quanto está diferente. Era meio tipo Fiona misturada com vampira, sempre usava roupa escura e moletom, agora virou uma princesa e até vestido está usando.

Enquanto isso...

— Se a Angel ouvisse o que falou sobre minha irmã, iria ficar com ciúmes. Sente-se, Maykel.

— Obrigado! Mas ela não precisa, pois é só um elogio. Mas ainda sinto algo estranho. Tenho certeza que já conheço sua irmã.

— Claro que conhece — *falei entrando na sala.*

— Angel?! Está ainda mais linda.

— Alguns meses fora fazem a diferença.

— Espero que só tenha mudado por fora.

— Infelizmente, sim.

— Não acho que seja infelizmente, pois eu me apaixonei pelo que se tornou para mim, e não pelo que seu corpo representa.

Olhamo-nos, e é claro que nos beijamos. Foi aí que pensei: "Não existem contos de fadas", quer dizer, "está bom demais para ser verdade. Mas vou aproveitar enquanto dura". Como sempre a Susan consegue interromper o momento.

— Não querendo interromper, já interrompendo, eu e o Carlos queremos que aceite ser nosso padrinho de casamento com a Angel. Aceita?

— Se ela quiser que eu a acompanhe, claro que aceito!

Todos me olharam, e por mais incrível que pareça eu fiquei vermelha. E é claro que respondi sim.

— Su? Não está com fome?

— A janta. Quase me esqueci, vou ligar e pedir.

— Não. Nós dois já combinamos que iremos jantar fora.

— Aonde vamos? — *Susan pediu.*

— Pizzaria!!!

Eu quase gritei. Os três começaram a rir. Fiquei vermelha de novo. Retruquei:

— O quê? Só porque amo pizza!

— Vamos?

— Sim, Su, vamos!

Descemos, fomos até a pizzaria do centro. Depois Carlos e Su resolveram caminhar um pouco. Nós dois ficamos mais um pouco, conversamos sobre muitas coisas, mas a principal foi sobre eu ter encontrado meu irmão biológico.

— Mudando de assunto. Angel, acho que deveria morar aqui comigo. Tenho um quarto para você. Sem falar que irá ficar mais perto de mim, e eu vou poder te ver todos os dias.

— Maykel, eu acho que ainda é muito cedo para morarmos juntos.

Um mês depois... estava morando na mansão Draykylls. Só o que nos separava era um corredor de uns seis metros de distância por dois de largura, fora isso não havia mais nada.

No decorrer dessa semana, ele me ensinou tudo sobre a empresa, sobre cada um que trabalhava lá, e o mais importante: como agir perto de cada um deles.

No mês seguinte, comecei a trabalhar na empresa. Já havia esquecido, não falei a vocês que Maykel é advogado e herdou a empresa de advocacia do pai. Mas não foi fácil, ele teve que provar que era melhor do que seu pai, para assim poder assumir seu lugar como presidente da empresa.

Alguns meses depois... O serviço aumentou e tivemos que contratar mais duas secretárias. Uma era morena, linda e sensual, a Rachel, não gostei muito dela, ela era do tipo de mulher que dá em cima do patrão só para subir na vida; a outra era ruiva, bonita, muito inteligente, a Sthéfani, eu gostei dela. Ela era muito eficiente.

Alguns dias depois, peguei a Rachel se insinuando para o presidente. Para o meu Maykel. Quase fiquei louca, mas me controlei.

— Senhor Maykel. Preciso que assine esses papéis. E a senhorita, o que fazes aqui? Sua mesa é lá na frente.

— É que estou com dor de cabeça e vim pedir para o chefinho me liberar mais cedo.

— Em primeiro lugar, é senhor Maykel; em segundo lugar, deve pedir a mim; e em terceiro lugar nunca abandone sua mesa.

— Tá, desculpe, chefona.

— Querida Rachel, se eu pudesse lhe mostraria mais respeito, mas estou vendo que não tem capacidade para isso. Agora vai para a sua mesa. Depois passo lá para te dar um remedinho para a sua dor de cabeça.

Assim que ela saiu, olhei furiosa para ele e disse:

— Bem que estava gostando. Não sei por que interrompi.

— Não estava gostando não. Angel?

— Quê?

— Está com ciúmes?

— Eu?!... Estou.

— Que boba, sabe que eu te amo e não te trocaria por ninguém.

Deixei que ele me beijasse, mas "só daquela vez". Até parece que era verdade, eu amo esse cara e nunca deixaria de beijá-lo.

No outro dia. Ao chegar ao escritório, vi uma loira no lugar da morena, fui até ela e pedi:

— Olá! Quem é você?

— Oi! Meu nome é Carolina, fui contratada para trabalhar no lugar da Rachel.

— Você sabe por que ela foi demitida?

— Fiquei sabendo que foi porque ela deu em cima do seu chefe.

— Bom! Carolina. Desejo que seja bem-vinda. Meu nome é Angella, mas pode me chamar de Angel.

— Muito obrigada. Senhorita Angel, o senhor Maykel está lhe esperando, se a senhora preferir me chame de Carol.

— Obrigada, Carol.

Ao entrar ele pediu para ela fechar a porta.

— Sei que não preciso lhe provar meu amor, mas quero que aceite isso.

Quase desmaiei de alegria, é claro. Era uma aliança de noivado. Trocamos as alianças e nos beijamos.

— Me desculpa?

— Por que, meu amor?

— Por não ser em um lugar especial, e em um momento especial.

— Maykel! Seja onde for, para o momento ser especial para mim só precisa ter você ao meu lado.

Beijamo-nos novamente, logo depois voltei a trabalhar.

O trabalho era ótimo, o meu patrão era lindo, e o mais importante: era meu noivo, claro que só fora da empresa, mas mesmo assim eu gostava muito de trabalhar na companhia dele, era divertido e emocionante.

Aos poucos fui aprendendo a resolver os casos em que ele trabalhava. Ele me ensinava como agir, como resolver, e como descobrir se o cliente era culpado ou não, para assim poder saber o que falar e como falar. Sem querer comecei a me interessar por advocacia.

Decidi me especializar. Estudando muito, durante a faculdade fiz estágio de 20 horas em outra empresa de advocacia, para não mostrar favoritismo. Queria ser reconhecida pelo meu trabalho independentemente de quem fosse meu noivo. No início ele não gostou muito, afinal estava trabalhando com a concorrência. Mas no fim ele entendeu meu ponto de vista e concordou que eu deveria ter experiência com outras empresas.

Uns cinco anos depois... tornei-me uma advogada em que todos confiavam e admiravam. Uma das mais novas a entrar nesse ramo.

No início trabalhava como auxiliar dos grandes advogados da empresa, aprendendo muito com a experiência. Aos poucos fui pegando causas cada vez mais complexas. Eu amava trabalhar em casos mais difíceis, era como montar um quebra-cabeça, peça por peça, até chegar ao final e tudo se encaixar. Mas no fundo sentia que estava faltando alguma coisa.

Passando um tempo, comecei a ter enxaquecas horríveis, tive que ir algumas vezes para o plantão. Por um tempo passava, mas não demorava muito a voltar. O médico disse que era por causa do estresse, sugeriu que eu tirasse uma folga. Parando para pensar... fazia muito tempo que não tirava férias completas.

Maykel, uma semana depois do diagnóstico do médico, me surpreendeu quando me deu um envelope, dentro tinha duas passagens para Fernando de Noronha em Pernambuco, a família dele tinha uma casa lá. E fazia anos que eles não iam para lá.

— Gostou da surpresa?

— Claro, amor, vai ser incrível passar lá só nós dois.
— Na verdade, meu pai também vai, espero que não se importe.
— De maneira alguma. Vai ser ótimo trocar conhecimento com ele.
— São férias, An, nada de falar em trabalho.
— Ok! Vou tentar.
— Vou lhe ajudar.
— Obrigada!

Após a linda viagem, em que passamos momentos incríveis juntos, descansamos e nos divertimos muito. As dores de cabeça começaram a passar, que alívio. É como o médico disse, por mais que amemos o que fazemos, temos que tirar um tempo para nos conectarmos e relaxarmos para recarregar as baterias.

Voltando das férias, tinha muitos casos pendentes para trabalhar, entrei com tudo para pegar o máximo de casos possíveis, assim "desentulhando" a pilha.

Capítulo 4
Mudança de Planos

Estava tudo indo bem. Tudo perfeito...

Mas não vim contar mais um conto de fadas. Vim para contar sobre as guardiãs.

Angel estava tão feliz aparentemente... até que um dia sentiu uma forte dor no peito e desmaiou. Acordou no hospital com Susan chorando. Achou tudo estranho, diferente. Estava ali flutuando no canto superior do quarto. Então entendeu que seu corpo estava em coma, mas do quê? Por quê?

— São muitas perguntas, mocinha.

— Quem está aí?

— Sou o protetor das guardiãs. Chamam-me de Noite.

— Por que estou tendo essa experiência?

— Vou tentar te explicar de uma forma simples. Nasceu com muitos dons, só que não os está usando. Não está descarregando todas essas energias, então seu corpo não aguentou e teve.... Como posso dizer.... Um blecaute ou colapso.

— E o que devo fazer agora?

— Você terá várias missões no decorrer da sua vida. Eu estou aqui com o único propósito de lhe ajudar a cumprir. A sua primeira missão será enquanto espírito aprender sobre as guardiãs e quando voltar ao plano terrestre terá que achar uma a uma as outras guardiãs e ajudá-las a desenvolver seus Dons. E a partir daí combater o mal.

— Ok! E meus amigos que estão sofrendo agora? E o meu amor?

— Vai ficar tudo bem. Mas terá que esquecer por enquanto o Maykel. Ele será um atrapalho para sua missão. Voltam a ficar juntos mais para a frente.

— Não posso fazer os dois?

— Precisará de todo o seu tempo e forças para resolver as missões.

— Noite? Promete cuidar bem deles?

— Claro! Estou aqui para isso.

— Quando voltar, vai perceber que ainda não conheceu o Maykel como conhece agora, vai esquecer que Carlos é seu irmão. Susan não vai ter se apaixonado por ele ainda.

— Como assim? Que confuso.

— Vai voltar no tempo. Depois de ajudar o Maykel, após sair do hospital, não o verá até completar sua missão.

— Está pronta para aceitar essa nova vida?

Angel pensou por uns instantes, então disse:

— Vou aceitar. Será divertido me apaixonar de novo por ele.

Todos vão acreditar que sofreu um colapso por causa do estresse, que vai ficar em sonoterapia absoluta. Então, a partir do momento em que estiver pronta para voltar, todos irão esquecer e retroceder. Ah! Sobre a caixa grande, nela estão os outros medalhões, que deverá entregar às outras meninas.

— Feche os olhos que te levarei ao lugar onde deverá aprender sobre sua missão.

Após alguns segundos.

— Pode abrir os olhos. Estamos em uma das cidades do plano astral. Irá gostar daqui.

Estavam em frente a um portão com um murro alto. Ao se aproximarem, o portão se abriu.

— Maravilhosa!!!

— Vamos direto à casa das ancestrais das guardiãs.

Caminharam vários metros por uma rua calçada de pequenas pedras bem-dispostas como um quebra-cabeça, na lateral esquerda um campo com muitas árvores e alguns bancos espalhados, na lateral direita um lindo jardim com incontáveis espécies de flores, parecia uma colcha de retalhos bem colorida. Continuaram por mais uns minutos até chegarem às casas. Pararam diante de uma casa cor azul-celeste com portas e janelas salmão-claro.

Bateram na porta e uma senhora atendeu.

— Olá, caros amigos! Aguardava suas companhias.

Entraram e sentaram-se no sofá. A casa por dentro era azul-claro. Seus móveis em tons pastéis.

— Angel, essa é Estela, ou Estrela, como era chamada a partir de seu primeiro batizado terreno. Ela será sua mestra. Ouça tudo o que ela tem a dizer e aprenda com sabedoria.

— Não ficará conosco, Noite?

— Não. Preciso cuidar das outras meninas. Até mais! — *E foi.*

— Poderá ficar aqui, mas sua primeira tarefa será ir à biblioteca e pesquisar sobre as guardiãs e seus poderes.

— Onde fica a biblioteca?

— Calma, minha pequena. Terá muito tempo. Agora precisa repor as energias. Venha, vamos ao seu quarto. Poderá ficar com o quarto da Luna, ela está na Terra auxiliando uma das meninas. Descanse. Amanhã a chamo para irmos ao centro.

Angel nem tinha consciência do quanto estava cansada, assim que deitou apagou. Durante a noite teve um sonho...

Capítulo 5
Uma Visão da Origem

Há muitos séculos, muitas mulheres eram queimadas vivas em fogueiras em plena praça pública como bruxas. Qualquer curandeiro era morto pelos que não compreendiam sua real intenção, e por isso tinham medo. Só que muitas vezes o medo pode ser traiçoeiro e perverso. Muitos inocentes foram mortos.

Era nessa época que o início de um milagre iria acontecer. Mas por sorte ou destino foi bem longe desse povo traiçoeiro, dessa "cultura" errada, que nasceu a origem do poder das guardiãs. Em uma pequena tribo, no meio da floresta Amazônica, vivia um senhor e sua família. Ele era o curandeiro da tribo. Ele era muito respeitado por todos e foi em parte por medo que suas duas filhas mais velhas puderam viver tanto tempo. Muitas tribos não aceitavam pessoas deficientes ou com algum problema pelo qual não fossem "normais".

Ele casou-se cedo, como de costume a segunda filha do chefe foi prometida a ele desde a infância, casamentos arranjados pelo líder da tribo. Ela, cujo nome significa "Luz da Lua", casou-se com o curandeiro, ele era chamado de "O Senhor das Ervas". Já no primeiro ano nasceu um menino que desde novo foi treinado para ser um dos caçadores da tribo. No decorrer dos anos, nasceram mais três meninas. E é aí que começa a mudar o destino daquela família, e da tribo inteira.

A mais velha das três nasceu quase cega, podendo só enxergar vultos e tons de preto e branco, ela foi batizada de "Lua". A filha do meio, chamada de "Estrela", nasceu um ano depois da mais velha, mas também tinha um "problema", não ouvia nada. A caçula, batizada de "Luz do Dia", nasceu perfeitinha, loirinha dos olhos verdes. Muitos não gostaram, pois nasceu bem diferente de todos. Mas com o passar dos anos seu cabelo e seus olhos escureceram ficando castanho-escuros, então ficou tudo normal, até seu quinto aniversário. "Dia" parou de crescer. Então seus pais decidiram não deixar nenhuma das três saírem.

Estava tudo indo bem, até que um dia, exatamente o do aniversário de 15 anos da Lua, as três resolveram sair escondido para passear perto do riacho. Havia uma clareira onde pararam para descansar. De repente a Lua, que estava sentada em um tronco, gritou, Dia fez sinal para Estrela, que veio e a pegou no colo e foram para perto da Lua ver o que havia acontecido, então viram que ela havia sido picada por uma cobra. Estrela largou Dia e pegou uma pedra pontiaguda e cortou e chupou o veneno, mas na hora se assustou com um movimento num arbusto à sua frente e engoliu o veneno. Nesse momento os pais acharam-nas, fora a mãe que havia mexido no arbusto, pois tinha prendido a saia de palha. Dia relatou os fatos, o pai ficou apavorado, a mãe quase desmaiou. Lua pegou a mão do pai e disse:

— Pai! Precisa curar! — *Então se virou e sorriu para a mãe.*

O pai levantou e foi procurar algumas ervas para tentar cortar o efeito do veneno. Lua estava deitada gemendo, então ele mastigou algumas ervas, pois não tinha nada para moer, pôs em uma folha e virou em cima da picada e amarrou com um cipó fino para ficar firme. Se voltou para Estrela, pegou uma folha e a fez mastigar. Pediu para a mulher pegar água, deram a Estrela. Mas já parecia tarde e não estava fazendo efeito. Foi nesse momento que repararam que Dia estava sentada numa pedra conversando. Ao perceber que estavam olhando, sorriu, levantou-se e foi até o pai.

— Esse senhor me disse que está na hora de eu começar a lhe ajudar.

Dia pegou a mão do pai e foram para junto da Lua, ela posicionou as mãos dele sobre a ferida e colocou suas mãos sobre as dele, então disse para pedir aos espíritos da floresta para ajudarem. Fechou os olhinhos e começou a rezar numa língua antiga, que seu pai reconheceu, ele aprendera de seu avô. Dia, sem abrir os olhos, foi para perto da cabeça da irmã e sussurrou:

— Hoje é um novo dia, deve descansar, ao acordar deverá ver o mundo com outros olhos. Use esse Dom sabiamente ou o perderá novamente.

Abriu os olhos e fez o sinal para o pai segui-la, a alguns passos parou diante de Estrela, novamente pegou as mãos do pai e posicionou sobre o tórax e a barriga da irmã, então fechou os olhos e fez a mesma oração. Depois foi até o ouvido da irmã e disse:

— Hoje é um novo dia, deve descansar, ao acordar deverá ouvir o mundo com o coração. Use esse Dom com sabedoria ou o perderá novamente.

Abriu os olhos, sorriu e andou até a mãe e disse:

— Preciso descansar, mamãe. Leva para casa cuida do meu sono?

Então a mãe a abraçou e sorriu com lágrimas nos olhos, levantou-se com a filha no colo.

— Mãe! Espera! Preciso falar para o papai.

— Eles já vêm para ajudar. Ficar tranquilo. Só precisamos de uma noite de descanso. Vou agora com a mãe.

Então as duas foram; assim que desapareceram atrás das árvores, do outro lado, houve vozes. Eram os caçadores.

Logo o curandeiro reconheceu seu filho "Sol". Eles se aproximaram e pediram o que havia acontecido. O pai contou apenas o necessário, sem querer expor a pequena filha. Pediu que o ajudassem a levar as duas para casa.

Após uma linda noite, iluminada pela luz da lua cheia, em que as três dormiam tranquilamente sob os cuidados da mãe, o pai relatou ao filho o que realmente havia acontecido, e lhe pediu sigilo. O filho olhou-o e disse:

— Nasci para proteger a tribo. Mas acima disso para proteger a minha família.

Logo iria amanhecer, então Sol foi dormir, o pai foi deitar-se ao lado das filhas. Todos acabaram dormindo.

Ao amanhecer a mãe viu que Lua havia se levantado, como de costume já havia preparado o café, ovos fritos de ganso, e leite de cabra, estava esquentando num fogo de chão, sobre uma pedra, em vasilha de barro. Ao chegar perto da filha, pediu:

— Está tudo bem, Lua?

— Sim, mamãe! Está com uma cor pálida, deve estar com fome.

— Está me vendo, filha?

— Sempre vi, mama. Só nunca colorida.

Houve risos, o pai acordou e veio até elas. A mãe contou a novidade e ele gritou de alegria, foi quando Estrela chegou e disse:

— Que barulheira, não consigo dormir.

Então, assustou-se e começou a chorar, soluçando disse:

— Eu estou ouvindo, esse é o som da minha voz!

Sol acordou assustado, olhou a cena sem entender nada.

— O que aconteceu?

— Um Milagre! — *disse a mãe.*

— Um não, Dois! — *concluiu o pai.*

— Eu estou vendo tudo em cores e Estrela está ouvindo.

Luz lembrou-se da caçula e foi até ela. Mas ao vê-la saiu correndo e, apavorada, não conseguindo falar, só balbuciava:

— Dia... Dia...!

Todos foram até a pequena. Ao chegar viram que já não era mais tão pequena. Ali deitada estava uma moça dormindo tranquilamente.

Acordou com os cochichos. Ao ver todos à sua volta, sorriu e disse:

— Estavam me esperando para o café?

— Filha! Está se sentindo bem? — *perguntou o pai.*

— Sim, papai.

— Não está se sentindo estranha? — *perguntou a mãe.*

— Não, mamãe! Só com um pouco de frio nos pés.

Então Dia percebeu que já não tinha mais um pequeno corpo. Olhou a todos e disse:

— Finalmente vou poder fazer as coisas sozinha!

Houve muitos risos. Foram todos comer. Depois o pai pediu a Sol que chamasse o Chefe. Após umas horas, o Chefe chegou, o curandeiro pediu que ele entrasse sozinho, para conversarem. Então relatou todo o acontecido. O Chefe era o único fora da família que conhecia a história das meninas. E ao ver a caçula surpreendeu-se. No final do relato, ele sorriu e olhou para o curandeiro e disse:

— Sua família foi abençoada com três Dons. O Dom de Ver, o Dom do Ouvir e o Dom da Cura.

Como ninguém disse nada, ele continuou:

— Há muito tempo, uma história foi passada de pai para filho, de geração para geração. E fico honrado que aconteceu enquanto estou vivo.

Todos se entreolharam, menos Dia, que parecia já saber, ela disse:

— O Senhor que sempre me acompanha me disse que eu mudaria o destino de muitas pessoas, e que eu tenho mais nove missões. Ao total são 12. Já foram duas, mais a minha evolução. E quando tiver realizado as 12 deverei passar às outras 11 a incumbência de achar outra pessoa para passar nossos dons e ensiná-las como prosseguir.

— Então você, Dia, é o elo da corrente. É você quem deverá unir novamente as Guardiãs.

"A História que vem sendo contada é que há muitos anos, onde havia muita discórdia e brigas, Deus resolveu enviar 12 soldados de luz para acabar com os problemas. Esses soldados eram espíritos de luz, anjos que desceram até a Terra para ajudar a raça humana. Mas um a um foram corrompidos, sobrando apenas um, que era justamente o elo da corrente. Ela lutou bravamente contra as injustiças, tentando também recuperar seus companheiros. Não conseguindo, teve que tomar uma triste decisão. Recorrendo ao Pai Todo Poderoso, disse que o mundo havia corrompido os outros 11 e que não conseguiu trazê-los de volta.

— Pai misericordioso, lhe ofereço a minha vida para que possa salvá-los.

O Pai então colocou a mão sobre sua testa e disse:

— Deverá dormir por alguns anos e retornar num corpo humano. E quando chegar o momento saberá o que fazer e como encontrar seus companheiros, que também irão nascer em corpos humanos. Então começará um novo ciclo, cada um quando chegar a hora passará seu Dom a um escolhido. Para lhe ajudar e para que nunca se sinta sozinha, lhe darei outro Dom, conseguirá ver e ouvir os espíritos. Agora durma, minha pequena luz. E assim que dormiu os outros 11 também adormeceram. E num plano superior foram trazidos e tratados e reeducados para sua nova missão. Durante esse processo, aconteceu o dilúvio sobre o planeta Terra."

— Essa é a história que os ancestrais vêm passando. Só tenho a agradecer que tenha sido nesta minha vida que vocês espíritos de luz tenham começado a despertar. Agora deverão se preparar e ir em busca dos outros.

Então os anos se passaram e os quatro irmãos saíram de casa à procura dos outros. O irmão mais velho recebeu a ordem de proteger as irmãs, mas se algo desse errado deveria cumprir sua missão até o fim.

E foi o que aconteceu. Conseguiram encontrar os outros nove espíritos. Juntos, quando chegou a hora de passar seus Dons, resolveram criar um medalhão, que era a fonte de energia do portador, e junto resolveram criar uma proteção, para que o escolhido não fosse corrompido e seguisse o seu destino.

Ao final da sua missão, Sol pediu ao Pai Todo Poderoso que gostaria, se pudesse, de continuar protegendo o "Elo". O Pai Concordou. Sol subiu ao plano superior e treinou muito para poder seguir com a incumbência de certificar-se de que de maneira sutil todos os escolhidos aprendessem a se defender sozinhos.

A filha mais velha, Lua, após terminar sua missão, também pediu ao Pai para continuar ajudando. Então ela subiu ao plano superior e recebeu treinamento e pôde escolher outro nome, escolheu "Luna", que significa "Luz do Luar", e suas forças se renovaram.

Os dois irmãos então continuaram trabalhando juntos. Ela, Luna; Ele, o "Noite", sempre protegendo o Elo que unia as Guardiãs.

Capítulo 6
Nova Perspectiva

Ao acordar sentiu-se estranha, mas tão bem, como se tivesse tirado um véu de seus olhos, enxergava as coisas com mais clareza. Podia sentir tudo ao seu redor diferente. Levantou-se e foi até a cozinha. Estela estava ali parada ao lado da mesa servindo duas xícaras.

— Dormiu bem?

— Acho que sim. Estela, tive um sonho... não sei como lhe explicar.

Estela sorriu e disse:

— Não precisa. Eu sinto que está diferente. Teve uma visão em seu sonho. Sobre o quê?

— Não tenho certeza, mas acho que foi sobre a origem das guardiãs. Na visão sempre fiquei ao lado da "Dia", sentindo tudo o que ela sentia.

— Incrível! Podemos dispensar a biblioteca. Agora só falta aprender sobre os medalhões.

Estela pediu que Angel esperasse. Foi ao quarto e voltou com um livro.

— Este é o livro dos medalhões.

Então se sentou junto de sua aprendiza, olhando o livro com um sorriso e um brilho no olhar que parecia duas miniestrelas.

— Minha pequena, lhe emprestarei este livro para que possa aprender tudo sobre os medalhões. Foi Luna que o escreveu, pensando que assim ajudaria mais as guardiãs do elo. No caso agora, você.

— Como assim?

— Minha pequena, és a escolhida de Luna para ser o elo que une as meninas. Sua missão é a mais importante, pois é com a sua ajuda que as outras antecessoras encontram as meninas. Mas também é a mais difícil, que é mantê-las unidas. Sei que é muito para aprender, aos poucos vai entender tudo.

— Ok! Já posso começar a ler?

— Ainda não. Quero que vá dar uma volta. E quando achar um lugar tranquilo, onde se sinta em paz, então comece a ler.

— Certo! Obrigada!

Angel saiu para caminhar, lembrou-se que na tarde anterior havia passado por um jardim, foi até lá.

Havia vários caminhos de pedras brancas que iam até o meio do jardim. Bem no centro, havia uma pérgula com lindas flores que desciam como minicascatas, glicínias brancas, lilases e cor-de-rosa. No caminho havia tantas flores, que nem sabia dizer se conhecia todas as espécies. Havia nas bordas as menores e mais delicadas, aumentando gradativamente, mas nenhuma ultrapassava a altura de sua cintura. Flores de tantas cores que nem sabia que existiam. Parecia um lugar mágico. Tão perfeito, cada flor combinava com a do lado, parece que foram milimetricamente planejadas. Mas todas floridas ao mesmo tempo, que loucura mais linda.

Olhando de longe parecia um arco-íris. Chegando à pérgula, viu uma fonte com várias flores-de-lótus de cores variadas.

Estava tão entretida com tanta beleza que nem reparou uma linda mulher alta, loira, com olhos azuis, corpo esbelto bem esculpido, se aproximando, quase deixou o livro cair.

— Desculpe assustá-la. Sou Luna, sua antecessora.

— Olá! Desculpe-me, estava tão entretida olhando as flores que me perdi em pensamentos, tentando descobrir o nome delas.

— Normal! Isso acontecia com certa frequência comigo.

— Comigo é a mesma coisa.

Muitos risos entre as duas.

— Prazer em conhecê-la, Luna!

— Que bom que consegui um tempo para conversar contigo. Podemos nos sentar?

— Claro! Mas onde?

— Pode ser ali no canto?

— Nossa, me empolguei tanto com tudo que não reparei que tinha uma mesa com bancos.

— Tudo bem! Acontece!

Foram até lá e sentaram-se. Angel colocou com carinho o livro sobre a mesa.

— Minha pequena aprendiza. Vamos começar... este livro escrevi para ajudar com os medalhões. Mas precisa aprender também a controlar os seus poderes e como passar alguns deles aos medalhões quando chegar a hora. Receberá ajuda das antigas guardiãs para entregar à pessoa certa. Sempre que precisar, eu também a ajudarei.

— Já conheceu minha verdadeira identidade hoje, mas já me conhece de outro jeito.

— De onde a conheço?

— Do antiquário.

— Nossa, como é diferente. Lá se parece com uma senhora de uns 60 anos.

— Ninguém acha estranho uma senhora idosa cuidando de um antiquário. Isso é proposital para não chamar atenção.

— Continuando, não vou poder treiná-la pessoalmente. Mas terá um ótimo professor, o Noite. Antes, porém, vou lhe passar algumas dicas, e lhe contar algumas coisas. Sei que será ruim voltar ao passado e perder o seu grande amor. Mas saiba que ele voltará para a sua vida. Poderá viver ao lado dele depois que completar a sua principal missão, só que ele jamais poderá saber sobre as guardiãs. Essa mentira será um fardo que deverá carregar, por isso a maioria de nós prefere viver sem se entregar ao amor.

Luna respirou fundo esperando ouvir protestos. Mas só sorriu compadecida quando viu Angel com o olhar triste. Então continuou:

— Voltará do coma, como se tivesse sido logo após ajudar o Maykel. Na mente dos seus amigos, você foi atropelada e socorrida por um motoqueiro depois que saiu do hospital, ele não a viu quando saiu da frente da ambulância.

— Meus amigos vão acreditar, sou um pouco distraída, nem vão culpar ele.

— Como bateu a cabeça forte, lhe induziram ao coma para que melhorasse sem nenhum dano posterior.

— Que bom! Foi pensado em tudo.

— Sim. Quando for para casa, vou lhe inspirar para que possa abrir a caixa, pois será o início de sua missão. Primeiro irá se mudar para o antiquário, terei que me ausentar para ir atrás de uma das guardiãs que está tendo problemas. Tudo bem para você?

— Sim! Vai ser muito bom ter um lugar onde eu possa ficar sozinha por um tempo.

— Ótimo! A caixa contém os medalhões. Terá que entregar os colares de modos diferentes, e o mais importante, sem que elas te vejam. Saberá como na hora certa, também será treinada e ensinada como proceder. Começará seus treinamentos aqui, mas continuará quando voltar. O Noite será sua sombra, estará sempre por perto. Ele lhe ajudará em tudo. Preciso dizer-lhe que, por opção dele, não o verá nitidamente por enquanto, ele vai aparecer como um vulto. Isso faz parte do seu treinamento. Outra coisa, algumas das antigas guardiãs são difíceis de lidar, então peço, desde já, respire fundo e se acalme para falar, ignore algumas coisas. Meditar uns minutos por dia ajudará a ter mais calma, e poderá ajudar a ter e ver as coisas com mais clareza. Sua missão não será fácil. Mas sem dúvida conseguirá realizar.

— Vou sim!

— Durante sua missão, terá muitas surpresas. Algumas das meninas que serão escolhidas são conhecidas suas, isso facilitará muito também. Mas cuidado para não falar sobre nós, nem todas estão preparadas para saber tudo. E outras pessoas nem pense em comentar, pois muitos são céticos e nunca acreditaram, poderiam condená-la. Tome muito cuidado. Agora tenho que ir. O Noite virá só amanhã para treiná-la, preste muita atenção ao que ele lhe ensinará. Aproveite para ler, que tenha uma boa leitura! Até!

Assim que saiu, Angel focou o livro.

Capítulo 7
Livro dos Signos

O livro é de capa dura da cor marrom com traços entalhados em preto e dourado, olhando bem a gravura, se parece com o colar e o medalhão. Abrindo, na primeira página diz:

"Olá, guardiã! Você será o elo que unirá todas as guardiãs. Elas possuirão vários poderes. Alguns desses poderes já nascem com elas, os outros você ficará incumbida de repassar por meio do medalhão. Alguns permanecerão com você, outros não. Esses poderes lhe ajudarão a saber, e sentir quem é a escolhida. Não se preocupe, um dos seus dons é saber como agir com as pessoas, é o dom da união. Sempre saberá o que dizer para unir todas.

Cada guardiã tem sua antecessora, que a treinará e a aconselhará. É a única que poderá ver e ouvir todas, pois nasceu com esse dom, ouvir e falar com espíritos. Além disso, sempre terá a ajuda do pretor, o Noite.

São 12 medalhões em formato de pedras preciosas que ao longo dos anos foram transformados em colares, antes disso eles já tiveram várias formas e tamanhos. Mas... foi escolhido como colar por ser mais prático de usar e assim poder sempre estar junto à sua portadora.

Cada um é formado por metais e com a pedra talismã que estão interligados aos 12 signos do zodíaco. Assim sendo, está ligado intimamente com a personalidade de cada uma.

Cada guardiã deve receber o medalhão de forma diferente e separada. Deverá entregar o colar em ocasiões relacionadas com a profissão. Assim elas não irão estranhar, nem se apavorar. Algumas nasceram com alguns dons, mas a maioria só os desenvolverá completamente ao receber e aceitar o medalhão. Terá ajuda direta das antecessoras.

Agora precisa aprender sobre a personalidade e os dons de cada signo:

Áries:

Colar trançado em dois metais: Ferro e Aço. O pingente com pedra de Ametista.

<u>Elemento:</u> Fogo.
<u>Planeta:</u> Marte; Plutão.
<u>Cores:</u> Vermelho; Preto; Dourado.
<u>Pedras:</u> Diamante.
<u>Metais:</u> Ferro; Aço.
<u>Talismãs:</u> Ametista.
<u>Perfumes:</u> Madressilva; Violeta; Sândalo e fragrâncias com leve toque masculino.
<u>Incensos:</u> Lírio; Rosas.
<u>Anjo:</u> Samuel. "De nada adiantará sonhares, se não tiveres em ti a força e a coragem para fazer de teus sonhos realidade." Incenso: Patchouli.

<u>Orixá:</u> Ogum.
<u>Qualidades:</u> Cautela {Cardeal (= atividade).
<u>Personalidade Psicológica:</u> Cheia de energia e disposição, não perde uma festa nem deixa de ir atrás do que deseja. <u>Seu jeito de ser:</u> Determinação e força de vontade não faltam. Quando quer algo, corre atrás e luta com todas as forças para conseguir. É corajosa, sincera, amiga leal e sonha com um amor eterno.
<u>Virtudes:</u> Energia física abundante, coragem, honestidade, independência, autoconfiança.
<u>Medos:</u> Seu maior medo é passar vários anos no mesmo emprego. Cumprindo a mesma tarefa todos os dias. Ela é uma pessoa determinada, audaciosa e ousada. Precisa constantemente de novos estímulos e desafios para ser feliz.

Na tentativa de agradar os outros, às vezes, fica remoendo até que ponto vale abrir mão do que quer. Então pensa muitas vezes antes de dizer sim para alguém, para não se arrepender depois.
<u>Necessidades mais profundas:</u> Ação.
<u>Características a evitar:</u> Precipitação, impetuosidade, excesso de agressividade, imprudência.
<u>Adora:</u> Novidades e agitos.
<u>Detesta:</u> Monotonia e mau humor.

Touro:

Colar trançado em três metais: Cobre Estanho e Bronze. O pingente com pedra de Ágata.

<u>Elemento:</u> Terra.
<u>Planeta:</u> Vênus; Lua.
<u>Cores:</u> Verde; Marrom.
<u>Pedras:</u> Coral; Esmeralda.
<u>Metais:</u> Cobre; Estanho; Bronze.
<u>Talismãs:</u> Ágata.
<u>Perfumes:</u> Amêndoa; Verbena; Lavanda; perfumes com notas verdes, cítricas ou doces.
<u>Incensos:</u> Mirra; Sândalo.
<u>Anjo:</u> Anael. "Em tudo o que criares, coloca a força de teu coração e verás que as sementes plantadas germinarão plenas de luz e esplendor." Incenso: Verbena.

<u>Orixá:</u> Oxóssi.
<u>Qualidades:</u> Flexibilidade {fixa (= estabilidade).
<u>Personalidade Psicológica:</u> Sensual e paciente, não tem pressa para conquistar quem deseja. <u>Seu jeito de ser:</u> Como é persistente, não tem medo de enfrentar os desafios para conquistar seus sonhos. Tem força e determinação de sobra em tudo o que faz.
<u>Virtudes:</u> Resistência; Lealdade; Paciência; Estabilidade; Boa disposição.
<u>Medos:</u> Seu maior medo é perder o emprego e enfrentar problemas financeiros, não ter como pagar suas dívidas e passar por qualquer tipo de dificuldade. Necessita ter segurança e estabilidade para viver bem e em paz.
<u>Necessidades mais profundas:</u> Conforto; Segurança material; Riqueza.
<u>Características a evitar:</u> Rigidez; Teimosia; Tendência à possessividade e ao materialismo.
<u>Adora:</u> Segurança e Fidelidade.
<u>Detesta:</u> Inconstância e Gente Superficial.

Gêmeos:

Colar trançado em dois metais: Mercúrio e Ouro. O pingente com pedra de Cristal.

Elemento: Ar.
Planeta: Mercúrio.
Cores: Amarelo; Preto.
Pedras: Topázio; Granada.
Metais: Mercúrio; Ouro.
Talismãs: Cristal.
Perfumes: Alfazema; Lavanda; Verbena; perfumes cítricos e florais.
Incensos: Orquídea; Lírio.
Anjo: Rafael. "Purifica tua mente com pensamentos elevados, para que possas transmitir ao mundo somente o melhor que houver em ti." Incenso: Lavanda.

Orixá: Ibejis.
Qualidades: Profundidade de pensamento, pouca superficialidade {mutável (=flexibilidade).
Personalidade Psicológica: Alegre, inteligente e muito charmosa, sabe como brilhar nas conversas. Seu jeito de ser: Comunicativa, não tem dificuldades em mostrar o que deseja. É alegre, divertida e amiga. Está sempre disposta a aprender e dividir os seus conhecimentos com todos à sua volta. Mas é inconsciente e muda de humor com facilidade.
Virtudes: Grande habilidade comunicativa; Pensamento ágil; rápida capacidade de aprendizagem.
Medos: Não suporta a ideia de ter uma vida monótona ou, pior, de ficar por fora dos acontecimentos, das conversas e das rodinhas.
Necessidades mais profundas: Comunicação.
Características a evitar: Tendência a fofocas e a magoar os outros com palavras ásperas; Superficialidade; Uso da oratória para desinformar ou desviar de assuntos.
Adora: Alto-Astral e Diversão.
Detesta: Monotonia e Cobranças.

Câncer:

Colar trançado em dois metais: Prata e Alumínio. O pingente com pedra de Esmeralda.

Elemento: Água.
Planeta: Lua; Júpiter.
Cores: Branco; Branco.
Pedras: Pérola.
Metais: Prata; Alumínio.
Talismãs: Esmeralda.
Perfumes: Jasmim; Acácia; Violeta; aromas florais doces e suaves.
Incensos: Erva-Doce; Maçã.
Anjo: Gabriel. "Abre o teu coração para o amor e deixa que uma nova vida surja em ti, plena de graça e alegria." Incenso: Jasmim.

Orixá: Oxum.
Qualidades: Controle das variações de humor {Cardeal (=atividade).
Personalidade Psicológica: Sensível e romântica, sonha em poder realizar todos os seus sonhos e ser feliz para sempre ao lado de todos que ama. Seu jeito de ser: Dedicada e carinhosa, faz tudo para proteger quem ama. É bastante sensível, verdadeira e sempre coloca o bem-estar da sua família em primeiro lugar.
Virtudes: Sensibilidade emocional; Tenacidade; Capacidade de cuidar.
Medos: Nada mais a abala do que a possibilidade de ficar sozinha, perder as pessoas queridas ou, principalmente, ser ignorada por eles. Precisa se sentir amada, protegida e cuidada para ser feliz. Não tolera mentiras e traições.
Necessidades mais profundas: Harmonia no lar e na vida familiar.
Características a evitar: Hipersensibilidade; Estados depressivos.
Adora: Carinho e Romantismo.
Detesta: Instabilidade e Segredos.

Leão:

<u>Colar trançado em um metal:</u> Ouro. O pingente com pedra de Rubi.

<u>Elemento:</u> Fogo.
<u>Planeta:</u> Sol.
<u>Cores:</u> Laranja; Vermelho; Amarelo.
<u>Pedras:</u> Quartzo Aurífero.
<u>Metais:</u> Ouro.
<u>Talismãs:</u> Rubi.
<u>Perfumes:</u> Bergamota; Incenso; Almíscar; Nerol; Sândalo; Violeta; florais marcantes e extravagantes.
<u>Incensos:</u> Alecrim; Canela.
<u>Anjo:</u> Miguel: "Quando de fato acreditas em teu poder, esta fé protege tua mente contra o medo e, deste modo, afasta a ameaça do mal." Incenso: Sândalo.

<u>Orixá:</u> Xangô.
<u>Qualidades:</u> Humildade
<u>Personalidade Psicológica:</u> Seu charme e seu carisma são tão grandes que consegue ser o centro das atenções onde estiver. <u>Seu jeito de ser:</u> Charmosa e bastante sedutora, sabe como ninguém ser o centro das atenções, conquistando olhares e admiradores por onde passa. É criativa, talentosa e líder nata, destacando-se no trabalho.
<u>Virtudes:</u> Fixa (=estabilidade).
Capacidade de liderança, amor-próprio, autoconfiança, generosidade, criatividade, jovialidade.
<u>Medos:</u> Seu maior medo é passar despercebida, ser ignorada e ter que se submeter às ordens de alguém "inferior". Como é vaidosa e autoritária, precisa ser o centro das atenções para ser feliz.
<u>Necessidades mais profundas:</u> Divertimento; Elevação espiritual; Desejo de se fazer notar.
<u>Características a evitar:</u> Arrogância; Vaidade e Autoritarismo.
<u>Adora:</u> Elogios e Presentes.
<u>Detesta:</u> Mau humor e Reclamações.

Virgem:

<u>Colar trançado em três metais:</u> Mercúrio, Ouro e Bronze. O pingente com pedra de Jaspe.

<u>Elemento:</u> Terra.
<u>Planeta:</u> Mercúrio.
<u>Cores:</u> Azul-Escuro; Verde; Branco.
<u>Pedras:</u> Jade; Quartzo.
<u>Metais:</u> Mercúrio; Ouro; Bronze.
<u>Talismãs:</u> Jaspe.
<u>Perfumes:</u> Alfazema; Lavanda; Jasmim; além de fragrâncias de frutas ou de florais suaves.
<u>Incensos:</u> Mirra; Cravo da Índia.

<u>Anjo:</u> Rafael. "A perfeição é a essência da criação Divina. Aprende, pois, a reconhecer em teu ser a manifestação do poder de Deus." Incenso: Benjoim.
<u>Orixá:</u> Obaluaiê.
<u>Qualidades:</u> Amplitude de visão; {mutável (=flexibilidade).
<u>Personalidade Psicológica:</u> Determinada e um pouco tímida, prefere conhecer bem a pessoa antes de entregar seu coração e a sua amizade. <u>Seu jeito de ser:</u> A organização é a sua característica mais marcante. No trabalho ou em casa, é prática, séria e sabe lutar para chegar onde quer. No amor, é sincera, emotiva e muito carinhosa com o par.
<u>Virtudes:</u> Agilidade mental, Capacidade de análise; Meticulosidade; Poder curativo.
<u>Medos:</u> Racional, disciplinada e perfeccionista, nada a apavora mais do que a possibilidade de errar ou ser reprovada em alguma avaliação. É exigente, está sempre tentando se superar e detesta receber qualquer tipo de crítica.
<u>Necessidades mais profundas:</u> Ser útil e produtiva.
<u>Características a evitar:</u> Mania de criticar destrutivamente.
<u>Adora:</u> Fidelidade e Carinho.
<u>Detesta:</u> Instabilidade e Aventura.

Libra:

Colar trançado em três metais: Bronze, Cobre e Estanho. O pingente com pedra de Diamante.

Elemento: Ar.
Planeta: Vênus; Saturno.
Cores: Rosa; Branco.
Pedras: Quartzo.
Metais: Bronze; Cobre; Estanho.
Talismãs: Diamante.
Perfumes: Verbena; florais adocicados; Violeta.
Incensos: Limão; Erva-cidreira.
Anjo: Anael "Aprenda a perceber a harmonia existente em toda a natureza e verás que ela também está presente dentro de ti." Incenso: Rosas.

Orixá: Oxumaré.
Qualidades: Noção do eu; Autossuficiência; Independência. Cardeal (=atividade).
Personalidade Psicológica: Viver um romance especial é seu maior sonho. Tem diplomacia de sobra para se dar bem na vida. Seu jeito de ser: Charmosa e alegre, conquista amigos com facilidade. É sincera, compreensiva e acredita que a verdade deve prevalecer sempre.
Virtudes: Encanto Social; Charme; Tato; Diplomacia.
Medos: Se tem uma coisa que tira o sono dela é uma discussão. Além de detestar situações tensas e polêmicas, morre de medo de magoar ou desagradar às pessoas. Não tolera injustiças em hipótese alguma.
Necessidades mais profundas: Amor; Romance; Harmonia social.
Características a evitar: Violação de Princípios (para ser socialmente aceito).
Adora: Elegância e Romantismo.
Detesta: Grosseria e Cobranças.

Escorpião:

Colar trançado em três metais: Plutônio, Aço e Ferro. O pingente com pedra de Topázio.

Elemento: Água.
Planeta: Marte; Plutão; Urano.
Cores: Pink; Amarelo.
Pedras: Granada; Ônix.
Metais: Plutônio; Aço; Ferro.
Talismãs: Topázio.
Perfumes: Flor de cerejeira; Sândalo; Violeta e fragrâncias sensuais.
Incensos: Patole; Tomilho.
Anjo: Azrael. "Aceita a mudança sem resistência, pois cada ciclo que termina traz em si a semente de uma nova vida." Incenso: Lótus.

Orixá: Nanã.
Qualidades: Amplitude de visão {fixa (=estabilidade).
Personalidade Psicológica: Seu magnetismo e sua sensualidade garantem o seu sucesso onde estiver. Mas exige fidelidade! Seu jeito de ser: Uma mulher envolvente e intensa. Assim pode ser definida. Sabe ser amiga, carinhosa e, ao mesmo tempo, possessiva e misteriosa. Quando quer algo, seja no amor ou na vida profissional, é persistente e luta sem medo.
Virtudes: Lealdade; Concentração; Determinação; Coragem; Profundidade.
Medos: Morre de medo de ficar vulnerável ao "ataque" ou às maldades alheias. Por isso, esconde suas emoções a sete chaves. Vai ao desespero quando sente que podem estar falando mal dela ou espalhando seus segredos. Se isso acontecer, vira uma "fera".
Necessidades mais profundas: Recolhimento íntimo e Transformação.
Características a evitar: Ciúme; Desejo de vingança; Fanatismo.
Adora: Carícias Intensas e Fidelidade.
Detesta: Superficialidade e Traição.

Sagitário:

Colar trançado em dois metais: Estanho e Ferro. O pingente com pedra de Rubi.

Elemento: Fogo.
Planeta: Júpiter.
Cores: Azul; Marrom.
Pedras: Turquesa; Topázio.
Metais: Estanho; Ferro Forjado.
Talismãs: Rubi.
Perfumes: Cravo; Violeta; Jasmim e os com notas orientais.
Incensos: Mirra; Sândalo.
Anjo: Saquiel. "Nenhum poder do mundo pode ser maior que a tua fé. Se a cultivares com devoção, nada jamais te faltará." Incenso: Cedro.

Orixá: Iansã. Qualidades: Mutável (=flexibilidade). Atenção aos detalhes, organização, senso administrativo. Personalidade Psicológica: Animada e de bem com a vida, sabe como atrair amigos com o seu jeito divertido e alto-astral. Seu jeito de ser: Sempre em alto-astral, vive cercada de amigos e admiradores. Otimismo e alegria não lhe faltam no dia a dia. No amor, é sincera, carismática e gosta de resolver os problemas com diálogo.

Virtudes: Generosidade, Honestidade, Mente Aberta, Poder de Visão.

Medos: Como gosta de experimentar coisas novas e diferentes, não gosta nem de imaginar que algo ou alguém pode impedi-la de aventuras por aí para "desbravar o mundo". Para ela o melhor da vida é justamente não saber o que está por vir.

Necessidades mais profundas: Expansão mental.

Características a evitar: Excesso de otimismo; Exagero; muita generosidade com o dinheiro alheio.

Adora: Carícias Intensas e Fidelidade.
Detesta: Superficialidade e Traição.

Capricórnio:

Colar trançado em três metais: Chumbo, Cromo e Antimônio. O pingente com pedra Ônix.

Elemento: Terra.
Planeta: Saturno.
Cores: Marrom; Verde; Dourado.
Pedras: Safira Escura; Ametista.
Metais: Chumbo; Cromo; Antimônio.
Talismãs: Ônix.
Perfumes: Magnólia; Jasmim; Verbena e fragrâncias com notas verdes.
Incensos: Manjericão; Pêssego.
Anjo: Cassiel. "Aceita os desafios do destino com a certeza de que terás sempre um mensageiro de Deus para amparar-te na jornada." Incenso: Mirra.

Orixá: Omulu.

Qualidades: Calor humano; Espontaneidade; Espírito de diversão {cardeal (=atividade).

Personalidade Psicológica: Embora seja meio fechada, acaba se soltando quando confia de verdade. Seu jeito de ser: Determinada, sabe o que quer e onde pode chegar. É ambiciosa, realista e persistente na profissão. No amor, é paciente e romântica. Expressa os seus sentimentos com carinho e está sempre a ajudar.

Virtudes: Senso de dever; Organização; Perseverança; Paciência; Capacidade de enxergar em longo prazo.

Medos: Tudo em sua vida deve ser milimetricamente planejado e calculado mentalmente. Nada mais a assusta do que a possibilidade de fracassar ou perder o controle das situações. Em todos os setores.

Necessidades mais profundas: Gerir; Encarregar-se; Administrar.

Características a evitar: Pessimismo; Depressão; Materialismo e Conservadorismo excessivos.

Adora: Compromisso e Confiança.
Detesta: Vulgaridade e Infidelidade.

Aquário:

Colar trançado em três metais: Chumbo, Rádio e Urânio. O pingente de Safira Azul Céu.

Elemento: Ar.
Planeta: Urano; Saturno.
Cores: Lilás; Amarelo; Vermelho.
Pedras: Turmalina.
Metais: Urânio; Rádio; Chumbo.
Talismãs: Safira Azul Céu.
Perfumes: Azaleia; Gardênia.
Incensos: Rosas; Violeta.
Anjo: Uriel. "Busca Deus a cada momento e verás que nas dificuldades se ocultam tuas maiores lições." Incenso: Violeta.

Orixá: Oxalá.
Qualidades: Calor; Sentimento e Emoção {fixa (=estabilidade).
Personalidade Psicológica: Ousadia e irreverência marcam o seu estilo. Só não abre mão da liberdade. Seu jeito de ser: Original e criativa. É assim que é vista pelos outros. Com uma alegria contagiante e inteligência, conquista grandes amores. Vive inovando e de olho nas novidades que surgem. É curiosa e tem determinação.
Virtudes: Capacidade intelectual; Facilidade de compreender; formular e transmitir conceitos abstratos; Amor ao novo; Vanguardismo.
Medos: Tirar a sua liberdade ou invadir a sua privacidade é como cortar as asas de um pássaro ou prendê-lo numa gaiola. Ela simplesmente não suporta ter que seguir regras, horários ou ordens. Busca independência como fonte de vida.
Necessidades mais profundas: Conhecer o novo e implementá-lo.
Características a evitar: Frieza; Rebeldia gratuita; Ideias fixas.
Adora: Animação e Criatividade.
Detesta: Cobranças e Regras.

Peixes:

Colar trançado em três metais: Estanho, Lítio e Platina. O pingente com pedra de Crisólita.

Elemento: Água.
Planeta: Netuno; Júpiter; Vênus.
Cores: Verde Mar; Anil; Amarelo.
Pedras: Água Marinha.
Metais: Estanho; Lítio; Platina.
Talismãs: Crisólita.
Perfumes: Lótus; Madressilva; Acácia e aromas doces e suaves.
Incensos: Almíscar; Madeiras do Oriente.
Flores: Rosa; Amor-perfeito; Violeta.
Anjo: Asariel. "Manifesta os dons que o Criador te concedeu e deixa que Ele se revele através de ti." Incenso: Almíscar.

Orixá: Iemanjá.
Qualidades: Estruturação; Capacidade de lidar com forma {mutável (=flexibilidade).
Personalidade Psicológica: Romântica, sensível e sonhadora, busca viver um conto de fadas e não tem medo de se entregar. Seu jeito de ser: Sensível e romântica. Emociona-se diante das dificuldades e sofre com os problemas, mesmo que não sejam seus. É intuitiva, carismática e bondosa. Sempre ajuda o próximo.
Virtudes: Sensitividade psíquica; Sensibilidade; Abnegação; Altruísmo.
Medos: Como costuma ver a vida como um grande conto de fadas, em que as pessoas são boas, tudo é belo, e no fim, todos serão felizes, morre de medo de se decepcionar e ter que admitir que não seja bem assim.
Necessidades mais profundas: Iluminação espiritual; Liberação.
Características a evitar: Escapismo; Procura de más companhias; Estados psicológicos negativos.
Adora: Carinho e Atenção.
Detesta: Frieza e Independência.

Capítulo 8
As Meninas

Agora vou lhes contar um pouco sobre as meninas, claro que com um pouco de suspense, pois não revelarei seus nomes ainda. Nos próximos capítulos, vou lhes apresentar cada uma, como ganharam os seus medalhões e quais serão seus dons. Para não se perderem e não me perder... coloquei-as em ordem conforme vão entrando para as Guardiãs. Agora com vocês como é a personalidade de cada Guardiã. Elas se intitularam "As Gatas", pois cada uma delas tem uma beleza rara.

♥ O que dizer da gata de Áries: simpática, meio louquinha, tem o pé pesado para dirigir. Aonde chega é só alegria, ninguém consegue ficar sério ao seu lado, ou está rindo com ela, ou está bravo com ela, mas esse último é pouco quando não raro. Sempre foi muito confusa sua vida.

Deixada em um convento por ser "diferente". Sua mãe sofreu imensamente, pois não achava sua menininha estranha. "Era Especial. Deus a fez diferente e única", toda vez que May estava triste, era isso que sua mãe lhe dizia. A separação foi dura e cruel para ambas. Mas tudo na vida tem uma explicação. Pode não ser na hora que você quer. Um dia sem esperar a resposta vem e vai saber exatamente para qual pergunta. Ela é a alegria da casa.

♥ O que dizer da gata de Touro: meiga, sempre sincera, atenciosa, gentil, protetora, curiosa com as coisas do mundo. Mas com uma dúvida cruel... Era forte, sabia que deveria proteger a todos que ama, sempre. Mas quem iria protegê-la, tentou conhecer alguns homens fortes, sábios, atraentes. Nada lhe prendia a atenção por muito tempo.

Um dia conheceu uma pessoa legal, carinhosa, atenciosa e muito meiga, e ao mesmo tempo durona. Era bela e atraente. Viraram melhores amigas, confidentes. Elas não percebiam. Mas uma fora feita para a outra. Muitos tabus para derrubar. Mas o Amor sempre vence. Tinham muitas amigas para ajudar e dar forças. Todas chiparam #PaPri: Patrícia e Priscila. Por que não? Cada uma ama quem o coração quiser. Ela é a força da casa.

♥ O que dizer da gata de Gêmeos: simpática, conservadora, generosa e muito competente. Às vezes feliz e do nada fica triste, isso é o mal do signo. Moça inocente, que acredita que o mundo tem salvação, que ainda crê que a humanidade pode mudar.

Curiosa em relação a culturas, histórias dos povos antigos. Religiões e suas crenças. Fez muitas pesquisas. Debatia com duas amigas da casa que também são fascinadas por conhecimento, principalmente com a de Sagitário e a de Peixes. As três ficavam horas trocando conhecimento. Às vezes as outras meninas participavam. Na maioria das vezes, apenas ouviam. Ela é a curiosa da casa.

♥ O que dizer da gata de Câncer: extrovertida, com ela não tem tempo ruim, ama ouvir música, conversar por horas é sua paixão. Gosta muito de ler e contar sobre o que leu. Fica chateada se não ganha atenção. Sonhadora, meiga, tímida, gentil, com dupla personalidade algumas poucas vezes. Sonha em ter uma família grande.

Quer encontrar um verdadeiro amor. Quando conhecia alguém interessante, já ia imaginando como seriam se os dois casassem, se daria certo morar ali, ou lá. Coisas desse gênero. Ficava triste quando não dava certo. Mas logo esquecia, pois conhecia outro alguém com quem poderia ficar ou namorar, talvez até casar. Muitas vezes ficava só na amizade e nada mais. A vida é assim. Sempre pregando peças amorosas, para aprendermos e evoluirmos. Ela é a encantadora da casa.

♥ O que dizer da gata de Leão: introvertida, gosta de ficar no canto dela, mas quando sai gosta de ser o centro das atenções, muito festiva, adora uma balada para curtir com as amigas. Durona, com tanto sofrimento se fechou. Mas, aos poucos, suas amigas com muito carinho trouxeram a alegria e a confiança de volta. Carinhosa, atenciosa, ama ouvir música para tudo. "Rock na veia"!!! É o que estava escrito do lado de fora de sua porta lá na casa comunitária dos signos. Jeito carinhoso como se referia à sua nova casa.

Sofreu com a família, perdas de parentes e amores. Ficou mais forte. Demorou a entender. Mas descobriu que todos vão completar sua missão, de um jeito ou de outro. Ela é a durona da casa.

♥ O que dizer da gata de Virgem: um pouco tímida, não curte muito sair, prefere fazer algo em grupo, tipo fritas e filmes com as amigas. Ama seu trabalho, mas ama ainda mais sua privacidade. Louquinha, impaciente, gentil e graciosa. Como é possível? Nem nós sabemos...

Um amor de pessoa. Sonhava desde pequena em ser modelo. Lutou muito até conseguir realizar. Acreditou em seu próprio potencial e assim conseguiu que seu sonho se tornasse realidade. Ela é a tímida da casa.

♥ O que dizer da gata de Libra: mãezona da casa, ama cuidar de todas, adora ouvir. Sempre muito quieta, ouvia sempre muito mais do que falava. Tímida, sincera, atenciosa e muito romântica. Não deixava transparecer, mas sonhava em formar uma família simples e harmoniosa. Conseguiu isso após mudar. Com as meninas, aprendeu a se soltar mais. Valorizar seu corpo como ele é. Se sentir bela todos os dias.

Todos devem se amar primeiro para depois amar alguém. Ela é a psicóloga da casa.

♥ O que dizer da gata de Escorpião: extrovertida, ama uma festinha, adora sair com as amigas para farrear. Seu lema é diversão. Durona, séria, apreensiva, cuidadosa, carinhosa e delicada com crianças e doentes. Sua vocação aflorou desde nova.

Aprendeu a sorrir mais, cuidar as palavras para não ferir, ser mais gentil. Não foi fácil. Mas com muito esforço e otimismo se consegue mudar. Desde que sua índole tenha sempre sido boa. Não estou dizendo que pessoas más não possam mudar. Podem, só precisam ter muita perseverança e força de vontade para não voltar ao que era antes. Isso é muito difícil, não impossível. Para Deus nada é impossível. Ela é a centrada da casa.

♥ O que dizer da gata de Sagitário: calada, crítica consigo mais do que com os outros. Estudiosa, curiosa, sincera. Adora sair com as amigas para a balada. Sua maior paixão são os gatos. Aprendeu a entrar em personagens. Isso a ajudou mais do que previa. Depois de fazer teatros, descobriu um dom, que poucos desenvolvem. Percepção: se colocar no lugar do outro e conseguir sentir o que o outro sente. Julgar é fácil, difícil é entender o outro.

Ama livros, filmes, séries e música. Conhecimento nunca ocupa espaço! Ela é a crítica da casa.

♥ O que dizer da gata de Capricórnio: carinhosa, autêntica, sensível e muito curiosa. Tímida e maluca, diverte a todos com suas histórias, todos a amam. Tem muita capacidade. Ama ensinar. Com o dom de ler mentes que ganhou após estar preparada, sua curiosidade diminuiu. Muitas vezes era melhor não saber o que os outros pensam.

Deixar cada um com suas crenças é mais difícil do que se possa imaginar. Missão dificílima. Não impossível. Ela é a mente genial da casa.

♥ O que dizer da gata de Aquário: sensual, carismática, extrovertia. Louca, biruta, mas com bom coração. Sempre disposta a ajudar quando achava necessário. Ama conversar sobre animais, se pudesse teria um haras com vários cavalos e cachorros. Ama mais que tudo sentir-se amada e desejada. Aprendeu com o tempo que o amor com sinceridade é muito mais importante do que o desejo.

Amor e amizade se conquistam aos poucos, não se impõem. Nada dura quando não vem de um coração sincero e puro. Ela é a poderosa da casa.

♥ O que dizer da gata de Peixes: meiga, carismática, extrovertida. Ama livros, séries e filmes, adora falar sobre isso com os outros. Na verdade, ama falar. Vive no mundo da Lua. A mais travessa, no entanto, a mais responsável. Prega pequenas peças nas amigas. Mas é capaz de virar uma fera para protegê-las. Ai de quem a tire do sério. Aconselho a não tentar ver até onde o limite dela vai.

Uma verdadeira caixinha de surpresas. Ama conhecimento. Bastante eclética, ama ouvir música, menospreza as de baixo calão que não têm nada cultural ou emocional a oferecer. Mitologia é seu forte. Conhecimento nunca é demais. Seu lema é: "A única coisa que se leva depois da morte é o conhecimento". Ela é a sonhadora da casa.

Cada pessoa tem a sua história. Sua origem. A sua verdade. Isso que nos torna especiais. Ninguém é igual, todos somos diferentes. Essa é a beleza da VIDA!

Começam agora as 12 histórias que estão interligadas a um só destino.

Capítulo 9
Angella Freguéllys Fahim

Apelido: Angel.
Data de Nascimento: 13 de março (Peixes).
Idade: 22 anos.
Peso/Altura: 65 kg/1,75 m.
Cabelos: Pretos com mechas loiras, cacheados, longos até o quadril.
Olhos: Verde-claros.
Esportes: Vôlei; Handebol; Natação; Hipismo.
Manias: Se olhar no espelho; ouvir música sempre.
Estilo: Cat Girl.
Comidas: Lasanha; Pizza; Massas diversas.
Doces: Beijinho de coco de colher; Quindim.
Bebidas: Suco de acerola; Coquetéis.
Hobbies: Ler; Escrever; Passear; Dançar; Cantar.
Lazer: Festas e amigos.
Guardiã Antecessora: Luna.

Esta é a história de uma garota que nasceu em um bairro pobre da cidade.

Ela era muito conhecida na sua rua, pois nunca se viu uma bebê tão graciosa e meiga, era conhecida como Angella.

Seu pai, Jhúlius Fahim, trabalhava como taxista. Um taxista com pouca sorte, pois seguidamente era assaltado e perdia tudo o que havia conseguido com tanto suor. Ele não tinha medo, e foi por isso que perdeu sua vida cruelmente.

Sua mãe, Martha Fahim, era uma simples costureira, que tirava o sustento costurando para a vizinhança. Mas não era fácil, pois ela trabalhava dia e noite. Todos a admiravam, ela era forte e determinada, fazia de tudo para não faltar comida na mesa depois que o marido havia partido. E foi na morte do marido que descobriu estar grávida de Angel.

O filho quase nunca parava em casa, pois vivia trabalhando. Mas ninguém sabia onde. Até que certo dia sua mãe pediu para uma vizinha segui-lo. E foi o que ela fez. Ao descobrir voltou apavorada. Pois para ela, que o amava, era o fim do mundo e não podia acreditar que ele estava trabalhando naquele lugar.

Quando ela voltou, foi direto à casa da mãe dele. Mas não tinha coragem para contar a verdade, pois sabia que seria uma decepção enorme para a mãe. Pediu um tempo para pensar e alguns minutos depois resolveu contar-lhe toda a verdade sobre Carlos.

— Martha! Seu filho trabalha em uma boate de strip-tease.

— Não acredito, meu filho tirando a roupa na frente de um bando de mulheres. É muito vergonhoso para mim.

Quando Carlos chegou em casa, viu que em sua cama tinha duas malas com todas as suas roupas. Ele achou estranho, resolveu procurar sua mãe, para saber o porquê. Procurou por toda a casa, e não achou. Então se lembrou de que sua mãe poderia estar na casa de sua vizinha, foi até lá procurar.

Quem atendeu à porta foi a mesma moça que o seguiu.

— Tânia, viu minha mãe e minha irmã?

— Sim, elas estão aqui.

— Gostaria de falar com elas, posso?

— Acho melhor não.

— Por que não?

— Sua mãe já sabe onde você está trabalhando, e não quer vê-lo tão cedo, pois a envergonhou. Não sei se vai perdoá-lo.

— Não. Isso não pode estar acontecendo. Foi você que contou a ela?

— Ia esconder dela até quando?

— Não sei. Até que ela não precisasse mais de dinheiro para poder trazer comida para nós.

— É melhor ir embora.

— Eu vou pelo bem delas. Mas nunca vou perdoar você pelo que fez, ou acha que não sei por que está fazendo isso?

— Não sei do que está falando.

— Sabe, sim. E vai carregar a culpa disso para o resto da sua vida, inclusive se acontecer alguma coisa a elas. Vai ser sempre sua responsabilidade.

— Adeus, Carlos!

Ele sentiu uma enorme dor no peito, percebeu que, ao fechar a porta, uma lágrima em seu rosto correu. Era como se nunca mais as fosse ver. Resolveu dar um tempo. Procuraria um outro trabalho e voltaria para ver como estavam.

Sua mãe sentiu-se muito mal, mas nada falou, e logo para casa voltou.

O motivo dessa cena que Martha fez foi um plano triste por um motivo trágico. Tudo aconteceu um mês antes, quando ela sentiu uma dor fortíssima, e resolveu ir ao médico. Depois de fazer exames, e outra consulta, descobriu que tinha dois tumores, um perto do coração, e outro na cabeça. Os médicos a alertaram que poderiam ocorrer sérios danos ao tentar tirar os tumores, pois estavam muito perto, do coração e do cérebro, até o momento nenhum médico tinha aceitado fazer as cirurgias, ainda mais por alguém que não tinha dinheiro, foi o que a maioria deles pensou.

Seu filho já era adulto, sabia se cuidar. Mas sua pequena, o que seria da sua filha, depois que ela se fosse? Foi aí que, em um momento de desespero, vários planos começaram a se formar.

Depois que chegou em casa, decidiu entregar sua filha, mas para quem ela não sabia. Teria que ser alguém que a amasse e cuidasse bem. A resposta veio no outro dia.

— Martha! Ficou sabendo que um casal está procurando uma casa para comprar? Eles se interessaram por aquela casa linda e bem cara a oito quadras daqui.

— O que eu tenho a ver com isso? Não vê que estou com meu serviço atrasado?!

— Ok! Desculpa, estou indo embora.

Tânia não percebeu nada, mas a vizinha sabia exatamente o que fazer, e o que era melhor para sua filha.

Os Freguéllys compraram a casa, então Martha decidiu investigá-los para saber se seriam a família certa para Angella. Por uma semana, observou os dois e concluiu que eram perfeitos para criarem sua filha, ainda mais que ficou sabendo, com algumas amigas que moravam perto deles, que tinham um menino e queriam ter uma menina. Na manhã seguinte, ela falou para suas vizinhas que iria viajar, e não sabia se ia voltar. Alguns dias depois, escreveu um bilhete, esperou escurecer e levou Angel numa cesta até a porta da casa do casal. Deu uma última olhada para sua filha, ela parecia saber o que estava acontecendo, mas não chorou.

Martha apertou a campainha três vezes seguidas, colocou o bilhete em cima do cobertor que cobria a bebê e saiu correndo o mais rápido que podia. Ao perceber que não iria conseguir se esconder a tempo, foi atrás de outra casa, e pôde assim ver a reação do casal.

Dentro da casa.

— Allan! Atende a porta, por favor, tenho que colocar o bolo no forno.

— Já estou indo, amor!

Chegando à porta, sentiu uma alegria imensa, mas não sabia o porquê. Então resolveu abrir logo a porta. Ao olhar não viu nada, deu um passo para a frente e sentiu alguma coisa, olhou e viu aquela coisinha fofa, abaixou-se e notou que havia um bilhete, pegou-o e leu. Ao terminar de ler, sentiu que seu sonho havia se realizado.

— Bárbara, meu amor, venha correndo até aqui.

Sua mulher, assustada, desceu o mais rápido que pôde. Ao chegar perto do seu marido, não entendeu o porquê de ele estar ajoelhado e olhando para baixo. Imaginou uma coisa horrível.

— Allan, o que fazes no chão?

— Contemplando a realização do nosso sonho.

Ela se aproximou e sorriu, imaginando o que Matheus iria dizer de sua nova irmã.

— O que essa coisinha linda está fazendo aqui?

— Essa coisinha linda se chama Angel e pelo jeito veio para ficar.

— Como assim? Ela não tem mãe, ou parentes?

— Diz aqui neste bilhete, resumidamente, que a mãe dela tem dois tumores que não têm cura e são inoperáveis, por isso ela pede que adotemos essa coisinha fofa com carrinha de anjo. Pediu para mantermos em segredo, pois não quer que sua filha vá para um orfanato ou para uma família que a maltrate.

Martha chegou em casa chorando, mas — com a certeza de que fez a coisa certa —começou a arrumar as malas para partir na mesma noite. Não sabia para onde, mas sabia que ali não podia ficar.

Contaremos agora um pouco da vida de Angel antes de ela saber a verdade sobre seus pais.

Angella é uma garota carinhosa, amável e extrovertida. Seu coração é grande, por isso ama a tudo e a todos. No fundo ela queria trabalhar no que gostava. Mas o que queria mais do que tudo na vida era ser amada. Todas as noites sonhava com seu príncipe encantado, só que nunca conseguia ver o seu rosto. Ela não tinha pressa para encontrá-lo, pois sabia que o futuro já estava escrito. Ela nem imaginava que sua estrada seria muito difícil, mas com o tempo tudo se resolveria.

Angel sempre gostou de investigar, desde pequena investigava sobre tudo. Tinha muita curiosidade sobre artefatos antigos e sobre as artes históricas. Então juntou os dois e descobriu a sua grande vocação: Arqueologia. Mas não foi tão simples assim. Ela fez vários cursos, estudou muito e quase sobre tudo até descobrir o que realmente gostava de fazer.

Sua mãe, Bárbara, era dona de casa. E seu pai, Allan, um grande executivo, trabalhava em uma grande empresa multinacional de essências e perfumes. Angel sempre gostou de ser independente. Mas seus pais faziam questão de pagar os vários cursinhos que fez, eles diziam que apenas o conhecimento é eterno.

Aos dezesseis anos, Angel trabalhou na loja *Filmes & Músicas*, do Sr. Wilson. Ela gostava muito de trabalhar lá, era o seu primeiro emprego. Na loja vendiam CDs, DVDs, K7s e até discos. Com o tempo, Angella aprendeu tudo sobre os filmes e conhecia todos os tipos de músicas. O que ela mais gostava de fazer era ficar horas e horas escutando música, e seu patrão achava engraçado, pois ela nunca cansava de escutar várias vezes a mesma música, um de seus passatempos preferidos era escolher músicas para as pessoas, encontrou a música perfeita para cada amiga. Tinha uma música para cada momento da sua vida.

Várias pessoas chegavam à loja e diziam o que gostavam ou o que preferiam, se era ação, terror, romance etc. Sempre sorridente ouvia com atenção e aí levantava, ia até uma das estantes e trazia algumas opções. Ao chegar ao balcão outra vez, explicava o tipo e quem fazia o filme. Aí a pessoa decidia o que iria levar. E assim era com todos os clientes que solicitavam a sua ajuda para escolher algum filme para assistir. O mesmo acontecia com as músicas.

Uma vez chegou uma senhora de uns quarenta e oito anos, tinha olhos verdes e cabelos tingidos de castanho-claro, era alta, magra e bem cuidada, pois aparentava ter menos da idade mencionada. Ela lhe parecia estranhamente familiar. Mas achou que fosse o cansaço, pois estava trabalhando, estudando, fazendo horas voluntárias na escola e já fazia algumas noites que não dormia direito por causa dos pesadelos. A senhora chegou e falou que queria ver um filme legal. Angel olhou para ela e pediu:

— Oi! A senhora já tem cadastro de locação?

— Não, ainda não. Mas o meu marido tem. Vou pegar no nome dele.

— Ok! Que tipo de filme a senhora gosta?

Ela pensou um pouco e disse:

— Não sei, ainda não descobri. Pode me ajudar?

— Claro que sim! Eu vou te explicar os tipos de filmes que temos e poderá escolher o que mais lhe agradar. Certo?

Ela concordou com a cabeça. Então An começou a explicar:

— Nos filmes de terror, há violência, muitas mortes e bastante suspense. Já os filmes de comédia são para rir muito, ou simplesmente achar engraçado. Os filmes de romance muitas vezes têm um pouco de aventura, muito amor e quase sempre têm final feliz, como as histórias de princesas e príncipes. Já os de aventura têm bastante suspense e muita emoção, e tem alguns em que há lutas e discussões. E tem os filmes de ficção científica, que geralmente fogem da realidade, mostrando monstros, alienígenas e coisas que sabemos que não existem, ou que achamos que não existem. Então, qual vai escolher?

A senhora olhou meio apavorada e disse:

— São tantos, e todos diferentes. Como vou saber de qual eu gosto?

Angel sorriu e falou que ela podia levar um de cada para casa, então pediu licença e buscou alguns filmes não muito fortes para que ela assistisse em casa e escolhesse o qual ela mais havia gostado.

— Como é sua primeira retirada de filmes, tenho que lhe explicar, temos valores para um dia, dois dias, até uma semana. Sugiro levar por uma semana, que assim poderá ver tranquilamente todos.

— Pode ser uma semana!

Ao pegar os filmes, a senhora sorriu e agradeceu pela simpatia, pagou e foi ansiosa para casa.

Uma semana depois, a senhora trouxe os filmes e disse:

— Gostei de todos. Mas o que mais me chamou atenção foi que, ao assistir ao filme de comédia, fiquei rindo o resto do dia. Ao assistir o de terror, fiquei com medo durante o resto do dia. E a cada filme meu humor ou pavor ficava diferente, às vezes só no resto do dia, mas às vezes acordava conforme o filme que assistia antes de dormir. E então decidi que quero ficar feliz e apaixonada por muito tempo, ou até querer algo diferente.

Angel achou muito interessante, pois o que a senhora falou de certa forma é verdade. E então resolveu que deveria assistir filmes divertidos antes de dormir, pois assim acordaria alegre e feliz.

Teve um dia que ficou na memória de todos que estavam na loja, foi um dia pavoroso e ao mesmo tempo de glória. Foi nesse dia que a vida de Angel começou a mudar.

No dia do assalto... Angel estava atendendo uma senhora; no mesmo instante em que ela saiu, entraram dois homens, um deles parecia suspeito. Angel teve um péssimo pressentimento e justo no dia em que ela estava sozinha na loja. Mas sabia que se acontecesse alguma coisa já estava preparada para agir. Um dos homens se aproximou do caixa e o outro saiu, mas ficou cuidando do lado de fora. E então o que havia se aproximado gritou:

— É um assalto! Fiquem todos parados e não se mexam, senão furo a bala.

O bandido pegou o senhor que estava próximo ao balcão e falou:

— O tiozinho aqui vai ser meu escudo. E tu, gostosa, passa toda a grana do caixa, depressa.

Benício era amigo dela e a conhecia muito bem. E deixou escapar:

— Cara! Não deveria ter chamado a minha amiga assim, ela vai ficar furiosa.

— E eu com isso. Cala a boca senão tu fica furadinho que nem peneira.

Angel queria agir, mas havia muitos clientes. Aproveitou que o bandido estava virado de lado para ela e distraído discutindo com seu amigo. Num impulso pulou por cima do balcão em cima do bandido, que no susto acabou deixando cair a arma e soltando o senhor. Nesse instante o segundo bandido assustou-se e saiu correndo. Ela dominou o bandido e pediu para que Ben fosse à sala do chefe e pegasse as cordas que estavam lá. Ele logo voltou, então amarraram o bandido. An falou:

— Ligue para a polícia. Vou precisar que aguardem a chegada deles para testemunhar.

Não demorou muito até a viatura chegar. O que demorou foi a espera até que todos fossem interrogados. O senhor de quem ela de certa forma havia salvado a vida foi o último a sair. Ele se aproximou e disse:

— Muito obrigado! Serei eternamente grato por ter me tirado das mãos daquele bandido. Sou dono da clínica de médicos que fica a duas quadras daqui, se algum dia precisar de um trabalho ou de qualquer coisa que eu possa ajudar é só me procurar. Aqui está o meu cartão.

— Obrigada! Senhor?

— Daniel. Muito prazer!

— O prazer é todo meu!

— Desculpe o meu atrevimento. Mas qual é a sua idade?

— Tenho dezessete anos.

— Onde aprendeu a lutar?

— Meus pais tinham muito medo de que eu saísse sozinha à noite para estudar e então me matricularam em um curso de autodefesa, assim eles ficaram um pouco mais calmos.

— Eles devem te amar muito. Tenho que ir embora. Então vou deixá-la trabalhar. Tchau!

— Tchau! Volte sempre!

Algumas semanas depois, ninguém mais comentava sobre o assunto.

Quem mais sentiu quando a loja teve que fechar foi o dono, pois estava perdendo uma funcionária simpática e eficiente, o que era muito difícil de encontrar hoje em dia. O motivo pelo fechamento foi porque o dono ficou muito doente e acabou gastando até o que não podia para se curar. Mas não adiantou nada, alguns meses após ter fechado a loja, acabou falecendo, pois não tinha mais forças para lutar.

    Angel gostava muito de trabalhar na loja, também adorava o Sr. Wilson, ele era um ótimo patrão e a tratava como filha. Mas no fundo o grande sonho que Angel guardava desde criança era trabalhar como arqueóloga, trabalhar com objetos de milhares de anos, fazer pesquisa de campo, encontrar objetos valiosos, não só financeiramente, mas também sentimentalmente. Com o tempo, acabou deixando de lado esse sonho. Mal sabia que no futuro muita coisa podia mudar e finalmente seu sonho se tornar realidade. Mas a sua preocupação agora era outra, ela estava desempregada. A solução para esse problema veio no dia seguinte.

— Minha filha! Seu pai me contou que o Doutor Draykylls está precisando de uma secretária?

— Não sabia disso. A senhora conhece o Draykylls?

— Só de vista, por quê?

— Será que ele é muito chato ou bravo?

— Isso não importa, já que está desempregada.

— Obrigada por me lembrar. Vou lá agora. Tchau, mãe!

— Vê se consegue esse emprego.

— Tá ok, mãe!

Chegando lá Angel pediu à recepcionista como se inscrever para a vaga de secretária. E ela disse que era só preencher a ficha e entregar que o próprio Dr. Draykylls iria escolher. E desejou boa sorte, pois ela tinha sido a única candidata simpática que havia preenchido as fichas. Ela agradeceu, preencheu a ficha ali mesmo e já a entregou.

    Terminado o prazo de inscrições. As fichas foram levadas para ele examinar e escolher. Ao ver a ficha de inscrição de Angel, parou de ver as outras e chamou a recepcionista.

— Deise! Se puder ligue para a Angella Freguéllys e diga a ela para vir amanhã no meu escritório, quero falar pessoalmente com ela.

— Mais alguma coisa, Dr. Daniel?

— Não, era só isso, pode ir para casa assim que fizer o que pedi. Obrigado!

Deise achou muito estranho, pois ele nunca lhe agradecia depois de mandá-la fazer algo, e dessa vez ele pediu e agradeceu em vez de mandar e gritar como era de costume. Mas gostou muito, e imaginou que podia ser sempre assim, pelo menos o dia não ficava tão tenso quando ele ficava bravo com algo que não saía como ele planejava. E então resolveu ir até a sala novamente e ver se ele realmente não precisava de alguma coisa, claro que após ter feito o que ele pediu.

— Com licença, Dr. Daniel. Ela estará aqui às nove horas da manhã.

— Obrigado, Deise! Lembra que algum tempo atrás fui pego de refém por um assaltante?

— Sim, senhor! Lembro-me. Saiu em todos os jornais na época.

— A moça que ligou é a mesma que me salvou naquele dia. Além disso, tem ótimas referências e é muito simpática.

— Que bom que o senhor poderá retribuir.

— Bom, Deise, agora vamos encerrar o expediente, já está tarde.

— Sim, senhor.

No outro dia, Angel foi ao escritório e falou com a recepcionista:

— Olá! Sou Angella Freguéllys.

A secretária a viu e lembrou-se da sua simpatia, pediu licença e foi até a sala do Dr. Daniel. Com o seu currículo e o respeito do dono da empresa, foi contratada. E foi assim que Angel começou a trabalhar como secretária no escritório dos doutores. Gostava de trabalhar como secretária, ficou um pouco mais de um ano, mas acontecimentos futuros fizeram com que sua vida mudasse bruscamente, então teve que pedir demissão para se dedicar a outro trabalho...

Ser guardiã em quase tempo integral. Trabalhava em meio período como garçonete em um grande restaurante para as despesas pessoais.

Quando aceitou seu destino e foi morar no casarão, que graciosamente apelidou de república, recebeu a tal chave da caixa. Lógico que a primeira coisa que fez após a mudança foi abrir ela. Dentro da caixa de madeira enorme, havia um baú. Em mogno escuro com arabescos intercalados em prata e dourado, dentro dele havia 12 caixinhas de quatro cores diferentes, três de cada cor. Na sua tampa, o símbolo de cada signo desenhado. Pegou a do seu signo e abriu. Estava vazia.

— O seu medalhão, era isso que tinha aí dentro. Depois que todas receberem os medalhões, o baú com as caixinhas irá de volta para a casa das guardiãs.

— Interessante. Obrigado, Luna!

Fechou o baú, e foi dar uma volta pela casa.

Falando nos acontecimentos futuros, em um deles conhecerá sua história antes da adoção, assim decidindo adotar seu sobrenome Fahim, que até então ela desconhece.

Capítulo 10
Susan Moreno

Apelido: Su.
Data de Nascimento: 9 de fevereiro (Aquário).
Idade: 25 anos.
Peso/Altura: 50 kg/1,72 m.
Cabelos: Pretos, levemente ondulados, longos até o quadril.
Olhos: Pretos.
Esportes: Vôlei; Natação; Corrida; Equitação; Hipismo.
Manias: Escutar música a toda hora; enrolar uma mexa de cabelo.
Estilo: Esportiva; Sensual.
Comidas: Polenta; Massas; Panqueca.
Doces: Pudim; Chocolate; Brigadeiro.
Bebidas: Cerveja; Coquetéis; Sucos.
Hobbies: Andar a cavalo; passear com as amigas.
Lazer: Leitura; Jardinagem.
Guardiã Antecessora: Sara (Sá).

Nasceu em uma pequena cidade do interior. Seu pai trabalhava no campo com gado e com a maior paixão dela, os cavalos. Desde pequena disse que queria ser veterinária. Sua mãe trabalhava em casa de família. Susan desde criança conseguia tudo o que queria, sempre faziam o que esperava que fizessem. Tinha um irmão mais velho, que saiu cedo de casa para trabalhar. Era muito dedicada, participativa e extremamente extrovertida. Ninguém ficava triste ao seu lado. Não tinha tempo ruim para ela. Seu Dom da Sedução começou a se desenvolver mais na adolescência, quando usava seu charme para fazer o que quisesse com os meninos, sendo malvada às vezes. Foi aí que Sara interveio.

Estava andando a cavalo sozinha como de costume pelos campos que o pai cuidava, quando Sara apareceu.

— Olá, Susan! Podemos conversar?

— Não te conheço, o que quer de mim?

— Sou Sara, sua antecessora, vim para conversar e alertá-la.

Susan ficou curiosa, como se não fosse curiosa. Desceu do cavalo e o amarou em uma árvore perto, então pediu:

— Alertar do quê?

— Está usando seu dom de maneira desmedida, poderá perdê-lo.

— Que dom?

— Vai dizer que não percebeu que todos fazem o que deseja? Você possui o dom da sedução. Se usar de maneira errada, vai perder.

— Ok! Isso significa?

— Não posso te contar tudo agora. Só posso dizer que será muito importante. E fará diferença no mundo, desde que use o seu dom com sabedoria.

— Certo! Prometo tentar.

— Vai cumprir, pois estarei sempre por perto e de olho. Precisa se controlar para ter um futuro grandioso.

Assim que terminou de falar desapareceu.

— Sara?

Uma voz soou em sua mente, "estarei sempre por perto". Susan ficou um pouco apavorada.

No mesmo ano, mudou-se de cidade com seus pais, pois não havia como continuar estudando lá, já que só tinha até a quarta série. Então, escola nova, amigos novos. Foi aí que conheceu Angel. Ficaram tão amigas que começaram a se chamar de irmãs.

Quando fez 21 anos, se formou como veterinária, a melhor da cidade. Carinhosa e amorosa com os bichinhos. Um dia estava de bobeira, o que era milagre. Escutou o barulho da porta, um rapaz entrou e veio em sua direção sorrindo.

— Bom dia, Susan!

— Bom dia, Artur! Como vai a Malu e os filhotes?

— Muito bem, graças a você. Sobre isso que vim falar. Salvou a vida da minha cachorrinha ao ajudar a dar à luz os filhotes. Como agradecimento eu e minha mãe resolvemos te dar um presente. Então, enquanto estávamos andando pela cidade, ela viu em uma loja esse colar e achou perfeito para ti. Gostaria muito que aceitasse. A moça da loja disse que é um amuleto da sorte que é para usar sempre.

Ele lhe entregou o pacote. Susan o abraçou e disse que não podia aceitar. Ele fez uma cara de desapontado, que cortou o coração mole dela, e então disse:

— Tudo bem! Eu aceito, afinal é um presente.

Ele sorriu e saiu. Ela abriu e viu uma bolsinha de veludo preta, com um cordão dourado, pegou, abriu e se encantou. Era de aquário, seu signo. Imediatamente colocou em seu pescoço.

— Nunca mais vou tirá-lo.

Sara surgiu em sua frente.

— Oi, Gata!

— Que susto, Sá! Precisa aparecer assim de supetão.

— É legal.

— Valeu! — *respondeu sarcasticamente.*

— Ok! Vim por outro motivo além de te assustar. A partir de agora, com a ajuda desse medalhão, outro dom seu vai começar a se desenvolver. Já o usa com a Angel. A telepatia, com ela sente que sabe o que está pensando só de olhar, conseguem conversar só com os olhares, certo?

— Sim, correto. Somos irmãs.

— É, digamos que sim. Poderá usar com as outras dez meninas também. Lembra-se da história que a Angel contou um tempo atrás para as meninas do internato?

— Sim, sobre as guardiãs?

— Isso mesmo, essa história. Ela é real! Eu sou sua antecessora, és a escolhida para ficar no meu lugar e continuar a dar vida à lenda.

— Uau! A Angel iria amar saber.

— Bom, ela sabe! Ela foi a primeira a ganhar o medalhão, és a segunda.

— Ela nem para me contar.

— Não pode. É feito um juramento quando se recebe o amuleto, ela ainda não sabe que seria uma guardiã, eu pedi para entregar o colar ao homem sem dizer para quem era. Ah! Falando nisso, ela fala com espíritos, é um dos dons dela. Você tem o dom da sedução, o dom da telepatia, que funciona somente com as guardiãs, que são 12 ao todo, e o dom da participação, que será muito útil quando todas estiverem juntas. Terá a missão de ajudar as outras a se ajustarem. Entendeu tudo?

— Sim! Tudinho! Posso falar com a Angel sobre isso, agora?

— Pode! Mas vá com calma. Até mais ver!

E Sara sumiu mais uma vez.

Susan fechou tudo, ligou para Angel, que estava no antiquário, e foi até lá. Ao chegar, não sabia como contar, ficou andando para lá e para cá.

— Su! Tô ficando tonta, dá para parar.

— Ok! É que eu tenho uma coisa para contar...

— Ela é uma guardiã!

Sara surgiu entre as duas.

— Era para ela que pedi para enviar o medalhão.

— Obrigada! Estraga prazeres!

— Você nem iria conseguir.

— Oi, Sá! Obrigada pela ajuda! Susan é uma guardiã, que bom poder dividir isso com alguém.

Elas se abraçaram e Sara sumiu.

— Faz um tempo que sou guardiã. E não podia falar com ninguém. É tão maravilhoso que seja uma também.

— Incrível! Manas em tudo!

Muitas risadas, ficaram tempo conversando, até que uma emergência tirou Susan dali.

Capítulo 11
Dricka Müller

Apelido: Dri.
Data de Nascimento: 1º de janeiro (Capricórnio).
Idade: 20 anos.
Peso/Altura: 46 kg/1,62 m.
Cabelos: Pretos, lisos, longos até o meio das costas.
Olhos: Castanho-escuros.
Esportes: Vôlei; Golfe; Natação; Corrida; Ciclismo.
Manias: Falar gírias, e rir quando está nervosa.
Estilo: Esportiva.
Comidas: Tudo.
Doces: Chocolate; Brigadeiro.
Bebidas: Sucos; Coquetéis.
Hobbies: Escrever; Escutar Música.
Lazer: Música.
Guardiã Antecessora: Johanna (Jô).

  Ela sempre foi meiga, doce e com uma capacidade para inventar cada história... Sempre sorridente e prestativa. Descobriu que tinha talento para ser professora logo cedo. Sempre gostou de ensinar. Ficava tão feliz quando podia resolver algo com que alguém estava tendo dificuldade na escola.

Sempre achava fascinante quando contava histórias para as crianças e elas todas quietinhas prestando atenção. De origem humilde, sempre batalhou pelo que queria. Tinha mais um irmão, que nasceu alguns minutos depois dela. Mas o mais curioso é que cada um nasceu em um ano. Calma, vou explicar. Dricka nasceu no dia 31 de dezembro a poucos minutos da virada, seu irmão nasceu depois da virada do ano. Assim cada um nasceu num ano diferente. Seu pai fez questão de registrar assim.

Desde bebê sabia o que o irmão estava pensando, achava normal, até começar a ir para a escola e descobrir que só ela podia ouvir o que os outros estavam pensando . Um dia zoaram tanto com ela, que fugiu da sala. Correu para o banheiro para chorar. Então uma senhora bateu à sua porta e lhe disse:

— Por que está chorando, se você tem um dom maravilhoso?

— Não! Não é.

— Se quiser posso ajudá-la com isso. Abra a porta, vamos conversar.

Então Dricka limpou os olhos e saiu.

— Como?

— Vamos caminhar um pouco, precisamos de ar puro.

Então foram até ao lado da escola, onde havia várias árvores. Dentre as árvores, havia mesas e bancos de pedra dispostos em lugares variados. Dricka seguiu a senhora, até a mesa do meio, bem no centro, e sentaram-se.

— Bom, meu nome é Johanna, prefiro Jô. A partir de hoje, estarei aqui para lhe ajudar.

— Obrigada! Mas como a senhora me achou?

— Minha menina linda! Um dia vai entender melhor. Mas agora só posso lhe dizer que sou sua professora, e vou ensinar como controlar seu dom. Várias pessoas nascem com dons diferentes. Mas a maioria não entende. Então às vezes é melhor esconder para não sofrer. Ainda é muito pequena, mas quando crescer entenderá. Deixa-me te perguntar: por que confia em mim?

— Eu sinto.

— Esse é outro dom que tens, o dom da Intuição. Agora quero que se concentre, pense em não ouvir.

Dricka fechou os olhos e pensou muito em não ouvir nada. Então percebeu que já não ouvia mais vozes ao longe. Abriu os olhos e sorriu.

— Quando quiser ouvir, é só fazer ao contrário, pense na pessoa ou no grupo e ouvirá o que estão pensando. Treine todos os dias. Eu tenho que ir. Voltarei daqui a alguns anos. Ok?

— Ok, Jô! Obrigada por me ajudar.

— Esse é o meu dever. Só mais uma coisa. Não diga a ninguém que me viu. Quando voltar te digo o porquê. Certo?

— Certo!

— Agora volte para a aula como se nada tivesse acontecido. E lembre-se sempre: por enquanto é melhor esconder do que sofrer, porque a maioria das pessoas não irão entender. Quando eu voltar e te contar tudo, vai conhecer pessoas que te aceitarão do jeito que é.

— Perfeito!

Anos depois, mais precisamente 10 anos depois. Um dia, quando Dricka saía do magistério, Jô apareceu e pediu que fosse caminhar com ela, assim o fez.

Ao chegarem à praça, Dricka viu uma mulher saindo dos fundos da praça falando sozinha. Parecia zangada com alguma coisa. Então percebeu que a conhecia, era sua amiga e conselheira Angel. Ficou preocupada, fez menção de ir em sua direção, mas Jô pôs a mão em seu ombro e disse:

— Agora não. Ela precisa ficar sozinha. Assim como você, tem dons. Mas diferente do seu e é sobre isso que vim falar. Lembra quando te disse que iria te dizer alguma coisa quando voltasse?

— Sim, lembro.

— Certo. Então para começar: sou um espírito que raras pessoas podem ver, és uma delas, a Angel também me vê, porque um dos dons dela é ver e ouvir todos os espíritos e ela está com o espírito de um homem que a estava procurando para pedir ajuda. O outro problema por ela estar zangada não sei ao certo, mas é com a família e isso ela precisa resolver sozinha. Não devemos interferir, muito menos falar o que te disse ou que a viu hoje.

— Mas pelo menos posso ir vê-la para ver se está tudo bem?

— Sim. Mas dê uns dias a ela. Então, voltando, eu sou uma das 12 guardiãs. Já ouviu falar?

— Sim, há alguns meses Angel contou uma história sobre As Guardiãs, mas achei que fosse uma lenda.

— Quem te disse que as lendas não podem ser verdadeiras? Existem várias que são. Cada uma de nós tem o dever de ajudar e escolher a nossa sucessora. Você é a minha. Algumas já nascem com os dons, outras ganham em algum momento da vida. Nós estamos aqui para ajudar a controlá-los, assim como fiz quando era pequena.

— Ainda sou um pouco pequena!

As duas riram.

— Bom, pelo menos tem senso de humor.

— Obrigada!

— Enfim, uma das suas missões é auxiliar Angel e as outras meninas. Será a força delas, terá que ser na maior parte do tempo a responsabilidade em pessoa. Angel é o elo das guardiãs e você precisará ser o suporte para quando ela precisar. Muitas vezes ela fraquejará ou terá dúvidas assim como todo mundo tem, mas você, mesmo com as mesmas dúvidas, sorria, escolha com o coração e faça a escolha certa. Se oponha, mostre seu valor.

— Caramba, vai ser difícil.

— Não. Intuição é seu segundo dom. Está em ti. Confie nisso, mas o mais importante, não demonstre que sabe de tudo, uma porque elas não sabem como agir, outra porque ninguém sabe de tudo.

— Bom conselho, Johanna.

— Acho que era isso! Tenho que ir. Mas sempre estarei por perto, nunca ficará sozinha. Agora vá para casa e seja uma ótima professora.

— Obrigada!

Jô desapareceu em pleno ar. Dricka sorriu, levantou-se e foi para casa.

Um ano se passou. Sempre que podia, ajudava Angel, dando força e ouvindo. Elas passavam horas conversando.

— Angel! Fim do ano eu me formo, gostaria que estivesse com a minha família na colação de grau.

— Posso levar a Susan?

— Claro que sim.

— Obrigada!

Um dia antes da formatura, Jô apareceu para Angel e lhe contou que a Dricka era a sua sucessora e que deveria entregar a ela o medalhão.

Então, no final do ano, no último dia de aula, Dri teve uma surpresa, um de seus aluninhos "cobaias", como gostava de dizer, lhe entregou um pacotinho e lhe disse:

— Uma amiga nossa nos ajudou a escolher e disse que era um presente de coração. Todos nós gostaríamos de agradecer por ser tão carinhosa e legal. Obrigada!

Todos a abraçaram.

— Assim eu choro. Obrigada a todos!

— Durante seu último ano, Dri recebeu a honra de substituir uma profe que teve que se ausentar por motivo de doença. Precisou fazer seu segundo estágio um semestre antes, assim juntando os dois estágios.

Ela abriu o pacote e dentro tinha uma cartinha e uma bolsinha de veludo preto. Olhou primeiro a cartinha, estava escrito:

"Obrigada por fazer a diferença na vida dessas crianças. Use-o sempre, é um medalhão da sorte".

Então abriu a bolsinha e pegou o colar.

— Nossa, que perfeito, é do meu signo. Que bacana!

No final da formatura, ainda no salão onde foi a colação de grau, abraçou Angel e disse:

— Obrigada pelo colar! Amei!

— Como assim, Dricka, que colar?

— Eu já sei de tudo. Não precisa disfarçar. Não se preocupe, sei guardar segredo.

— Como descobriu?

— É a única que teria essa ideia e já vi que tem igual. Sempre esconde, mas um dia o vi de relance.

— Certo! Então segredo. Um dia te conto tudo.

— Oi, Dri!

— Oi, Su! Obrigada por ter vindo!

— Obrigada por convidar. Está tão linda!

— Valeu! Vamos lá para casa, tem comes e bebes.

Todos foram para lá e comemoraram a formatura da nova profe.

No final da reunião de comemoração, quando Dri estava sozinha com a Susan e a Angel, Jô apareceu e disse que podia contar para elas sobre seus dons e que seria sua sucessora.

An chegou perto e disse:

— Olá, Jô!

Susan pediu com quem estava falando agora.

— É a antecessora de Capricórnio, ela veio nos contar quem é a mais nova integrante das guardiãs.

— E quem é?

— Sou eu — *Dricka disse sorrindo*.

— Isso é verdade? Que legal! Agora já somos três! Que dons tu tens?

— Posso ouvir pensamentos e tenho a intuição. Ainda não sei se vou desenvolver mais algum.

Angel disse que sim.

— Falando em dons... Dricka, já tem onde lecionar?

— Não.

— A diretora do centro te convidou para ir nos ajudar, o que acha?

— Perfeito! Vou amar trabalhar com vocês!

E foi assim que se tornou profe no centro. Algumas semanas depois, foi morar com as meninas.

Capítulo 12
Gaby O'Connel

Apelido: Gaby.
Data de Nascimento: 19 de outubro (Libra).
Idade: 30 anos.
Peso/Altura: 55 kg/1,65 m.
Cabelos: Castanhos, levemente ondulados, médios, abaixo dos ombros.
Olhos: Castanhos médios.
Esportes: Natação; Vôlei; Futebol; Escaladas.
Manias: Mexer no cabelo.
Estilo: Romântica.
Comidas: Lasanha; Panqueca; Massas em geral.
Doces: Chocolate; Torta de Bolacha; Pudim.
Bebidas: Sucos naturais; Refrigerantes; Samba; Capeta.
Hobbies: Caminhar; Escutar música.
Lazer: Museus; Karaokê.
Guardiã Antecessora: Olívia (Livi).

Desde que nasceu, sempre deu muito orgulho aos seus pais, era meiga e gentil. Dedicada e prestativa. Seus pais eram produtores musicais. Ela sempre que podia ia com eles trabalhar, amava quando seu pai a deixava ajudar. Aos sete anos, Gaby perdeu seus pais em um acidente de carro. Eles estavam voltando da gravadora, que era na cidade vizinha, quando uma moto tentou ultrapassar perto de uma curva, mas o que o motoqueiro jamais podia imaginar era que tinha alguém em um carro do lado oposto que teve a mesma ideia idiota de ultrapassar em uma curva. Foi muito feio o que aconteceu depois. O resultado foi seis pessoas mortas e dois gravemente feridos. A mãe de Gaby e o rapaz do carro que estava vindo certo do lado oposto foram os únicos que não morreram na hora.

No hospital Dinorá implorou para ver a filha. Como não havia muitas esperanças, deixaram. Quando Gaby entrou, ela fez sinal para se aproximar e lhe disse:

— Seu pai e eu temos muito orgulho de ti! Quando estávamos voltando, antes do acidente, ele me disse que seria uma produtora fantástica e que tínhamos sorte por gostar do nosso trabalho. O sonho dele é que continue o nosso trabalho.

— Mas como farei, mãe?

— És muito capaz. Ele sempre me disse que seu talento era muito maior do que o dele e eu sei que é verdade. Quero que prometa que vai continuar nosso trabalho, não importa o que aconteça.

— Eu prometo!

— Sempre estaremos contigo. Precisa ser forte.

— Eu serei, mãe!

— Não posso ficar mais. Todos temos a nossa hora. A minha está chegando. Vou cuidar de você onde eu estiver.

— Mãe, não me deixe.

— Não vou deixar. Estarei sempre por perto, só que de outra forma.

Então Dinorá fechou os olhos, sorriu e partiu. Gaby saiu correndo, ao lado do hospital havia um pequeno jardim, foi até lá, para ficar sozinha. Então uma mulher se aproximou dela e lhe falou:

— Fique calma, minha criança. Eu sou Olívia, pode me chamar de Livi.

Ela abaixou-se e sentou ao lado de Gaby, pôs uma mão em seu coração e a outra na cabeça. Imediatamente acalmou a pobre criança, agora órfã.

— Precisa ser forte. Há muitas coisas para aprender. Não pode desistir. Mostre a eles que é capaz. Vou ficar por um tempo, até ter certeza que ficará bem.

— O que será de mim agora? Para onde vou?

— Irá morar com sua tia, que é viúva e que sempre te amou. Ela mora na cidade vizinha, no mesmo bairro da produtora. Será uma boa companhia. Ela é sábia e irá lhe ensinar muitas coisas.

— Obrigada por me ajudar, Livi.

— Vou precisar ir logo, mas sempre que precisar eu volto. Não sei se vai entender, eu sou um espírito. Estou aqui para lhe ajudar. Espero que não se assuste, nem se apavore com isso, mas aqui só você me vê e ouve.

— Eu não sei por que, mas confio em ti. Sinto paz quando está perto, ajudou a me acalmar.

— Irá aprender a fazer isso com o tempo. Não posso te contar tudo agora. Mas saiba que terá um futuro brilhante na carreira e terá muitos amigos. Agora preciso ir. Força, estarei por perto.

— Ok!

Assim Gaby conseguiu se acalmar e ter coragem para ir em direção ao "futuro". Foi morar com a tia na outra cidade, vendeu a casa dos pais. Teve uma vida boa e confortável, sem exageros. Tia Nora era paciienciosa e muito querida. Com um conhecimento intelectual indescritível, Gaby ficava fascinada. Seu pai havia deixado em testamento que somente aos 18 anos Gaby poderia comandar a produtora, mas que deveria sempre participar antes de assumir. Se quisesse podia trabalhar e ganhar salário como auxiliar de produtora e assim aconteceu. Todos os dias ia trabalhar na produtora.

Aos 21 recebeu a resposta de uma das faculdades em que se inscreveu. Só que tinha dois problemas, um era que teria que deixar a produtora nas mãos de outra pessoa e o outro era que teria que passar alguns anos fora. O bom é que tinha uma semana para decidir. Depois de pensar muito, resolveu ir. A produtora ficaria em boas mãos, já que era sua melhor amiga e a segunda melhor produtora da região.

— Verônica, qualquer coisa me liga.

— Fica tranquila, todos os sábados te passo o relatório e fazemos videoconferência.

— Ok! Amanhã eu viajo.

Ficou seis anos fora. Quando voltou só se tranquilizou quando viu a produtora. Estava tudo bem e em perfeita ordem. Dois anos depois, sua tia faleceu. Simplesmente dormiu, deixando Gaby sozinha. Ao chegar em casa após o enterro, queixou-se:

— Novamente estou sozinha.

— Sabe que não é verdade.

— Oi, Livi! Tinha me esquecido de ti.

— Obrigada pela parte que me toca.

— Sabe que não foi intencional.

— Sei, sim! Bom, já está na hora de saber algumas coisas, mas vou respeitar seu luto. Daqui a alguns meses, após o teu aniversário, eu volto e te conto tudo sobre nós. Me refiro a mim e às outras 11. Por ora só precisa saber que está quase na hora de assumir seu destino.

— Pressuponho que adora me deixar curiosa sempre.

— Só estou te adiantando algumas coisas.

Após alguns meses, Verônica planejou uma festinha-surpresa, no dia do aniver da Gaby na produtora, só para o pessoal que trabalha lá. Assim que Ga entrou:

— Surpresa!!!

Muitos risos e abraços. Repartiram o bolo e os salgadinhos. Depois cada um foi para casa e, só restando a Gaby, Livi apareceu e lhe disse:

— Chegou a hora de te contar tudo. Agora chegou a hora do seu treinamento.

— Por que só agora, Olívia?

— Por causa das outras, este ano foi escolhido para todas receberem o bem mais precioso. Já abriu seus presentes que ganhou hoje, abra.

Vivi contou sobre as guardiãs, sobre o poder de cada uma e que cada antecessora estava ensinando e protegendo cada escolhida, assim como ela estava fazendo. Enquanto escutava com atenção, começou a abrir os presentes, até que chegou a um embrulho com um envelope, primeiro o abriu e leu o cartão:

"Hoje é um dia muito especial. Saiba que és incrível e que te adoramos. Juntamo-nos para te comprar esses presentes: o primeiro está dentro do envelope, não tem devolução, e o segundo foi mais complicado de encontrar. Use-o sempre como lembrança e como amuleto. Te amamos, Gaby".

Dentro do envelope, tinha um bilhetinho preso a uma passagem. No bilhete dizia:

"Está de férias a partir de hoje! Aproveite!".

Então pegou o embrulho e começou a abrir com cuidado. Ao terminar de tirar, viu uma bolsinha preta com cordão dourado, abriu-o com cuidado e, quando viu o que havia dentro, seus olhos brilharam e começou a rir.

— Está rindo do quê?

— Sei lá, achei que fosse sacanagem deles, mas não é. É do meu signo.

— Sim! Eu dei uma ajudinha.

— Como?

— Posso influenciar as pessoas. Agora, com esse medalhão, seus dons irão aflorar mais.

— Dons? Que dons?

— Cada uma das escolhidas desenvolve os dons antes, ou só depois que recebem o medalhão. Possui o dom de ouvir, o dom da Sabedoria e o poder do espelho. Desde pequena seus dons já estavam presentes, mas a partir de agora sentirá que ficará mais evidente. Conseguirá ouvir muito mais longe e o que quiser ouvir, só que precisamos treinar muito para isso.

— É muito louco tudo isso.

— Bastante! Acostuma com o tempo!

— Se está dizendo.

— Já passei por isso, eu sei. Agora é sua vez.

— Ok! Me explicou sobre as guardiãs, sobre os dons, mas falta um.

— Qual faltou?

— Poder do espelho?

— Ah! Isso! Significa que ninguém vai conseguir mentir para você, enquanto usar esse poder.

— Uau! Que bacana! Posso usar com qualquer pessoa?

— Quase todas. Tem uma das guardiãs que não vai funcionar.

— Qual?

— A de Peixes, ela é o elo da corrente O nome dela é Angella, apelido Angel. Não vai precisar usar com ela. Ela só mente se for para salvar vidas.

— Acho que sei quem é. Ela é amiga da minha sobrinha. Mora em Bosquelon?

— Sim! Falando nisso, elas têm uma república que Angel criou para as guardiãs. Se quiser pode ir morar com elas. Lá tem um ótimo lugar para treinar suas habilidades e para que eu possa te treinar e ensinar tudo o que preciso.

— Nossa! Que incrível! Será que elas vão me aceitar?

— Vou ver. Espere.

Lívia sumiu, ficou alguns minutos fora, então voltou e disse:

— Sim! Angel disse que está ansiosa para te conhecer. Já tem mais duas com ela lá.

— Espera um pouco. Você disse que só eu podia te ver e ouvir, como falou com ela?

— Disse que, lá naquele momento, onde estávamos ninguém mais podia, não te disse que era a única. Angel tem o dom de ver e ouvir qualquer espírito desde que nasceu.

— Deve ser muito legal.

— Não.

— Por que não?

— Se não souber controlar, pode enlouquecer. Não tem ideia como alguns espíritos são chatos e persistentes. Antes de morrerem eram iguais. Algumas coisas não mudam, nem mesmo com a morte.

— Então posso ir para lá? Quando?

— Amanhã pode ser, pois, se não reparou, é madrugada de domingo.

— Verdade, já está quase amanhecendo. Vou para casa.

— Certo! Arrume suas coisas. Como sou legal, te dou uma semana para se adaptar. Então começa o seu treinamento.

— Ok!

Gaby foi para casa devagar, pensando em tudo o que havia acontecido. Chegou, foi direto no quarto deitar. Quando acordou achou que fosse um sonho, mas ao sentar-se sentiu o colar em seu pescoço. Tocou e teve certeza que não foi sonho. Havia realmente acontecido. Arrumou suas coisas em duas malas, pôs no carro e foi procurar a república.

— Olívia, como o encontro?

— Digite no GPS "Antiquário das Guardiãs". Angel está lá trabalhando e te esperando.

— Ok! Obrigada!

Fez o que ela lhe disse. Achou fácil. Parou e, quando saiu do carro, Angel apareceu na porta ao lado da sua antecessora, as duas sorrindo e vindo em sua direção.

Assim Gaby juntou-se às meninas e começou seu treinamento como Lívia havia determinado.

Capítulo 13
Bianca Romano

Apelido: Bubi.
Data de Nascimento: 16 de novembro (Escorpião).
Idade: 24 anos.
Peso/Altura: 83 kg/1,73 m.
Cabelos: Castanho-escuros, lisos com ondas, médios.
Olhos: Castanhos médios.
Esportes: Vôlei; Natação; Dança.
Manias: Falar ao celular; Ouvir música a toda hora.
Estilo: Black Panter.
Comidas: Pizza.
Doces: Brigadeiro de panela.
Bebidas: Refrigerante; Cerveja; Caipirinha.
Hobbies: Conversar, Ler.
Lazer: Cinema; Festas.
Guardiã Antecessora: Giulia (Gi).

 Seu parto foi complicado, quase não conseguiram salvar a vida das duas. Mas no fim deu tudo certo.
 Nasceu frágil, teve que ficar uma semana na incubadora. Após alguns meses, Bianca começou a crescer forte e saudável, tinha um porte grande

desde pequena. Para alegria de seus pais, nunca mais adoeceu, nem resfriado pegou.

No ano em que fez 13 anos, sua mãe adoeceu. Nenhum médico descobria o que ela tinha. Bianca gostava de dizer que era sua enfermeira particular. A mãe achava graça e sorria para a filha dizendo:

— Estou te dando muito trabalho, minha filha.

— Gosto de cuidar de você, mamãe. Me sinto tão bem. Acho que vou ser enfermeira quando crescer, o que acha?

— É uma profissão digna. Eu te apoio! Fale com seu tio Otávio, ele cuida das finanças do hospital. Com certeza vai te ajudar, minha pequena.

— Obrigada, mamãe. Vou lá conversar com ele, para ver o que devo fazer.

— És muito nova, ainda não vão te aceitar.

— Não tem problema, só vou ver como é. E o que preciso fazer para me tornar uma enfermeira.

— Ok! Então vá, Bubi.

Bubi era o apelido de Bianca desde bebê, sua mãe adorava chamá-la assim, pois foi a primeira palavra que disse. Bianca ria quando a chamavam de Bubi.

E lá foi ela até o hospital falar com o tio. Quando contou a ele, tinha um brilho no olhar que o comoveu. Ele lhe disse que podia visitar a ala das enfermeiras e falar com a Renata. E assim fez ao chegar lá, falou com a enfermeira-chefe, ela encantada, sorriu e disse:

— Será um prazer ensinar algumas coisas. Hoje o movimento está calmo, vou poder te mostrar todo o hospital.

Renata era calma e muito simpática, conforme iam caminhando pelas alas, ia falando como funcionava e para que servia cada máquina.

Bubi cada vez tinha mais certeza de que essa era a profissão ideal para ela. Quando chegaram ao fim do passeio, ela pediu:

— Quando posso começar a estudar para ser enfermeira?

— Tem que idade?

— Tenho 13 anos.

— Sério? Não parece. Achei que já tivesse 18 anos. Bom, é muito nova, mas com 16 anos poderá começar a fazer cursinhos. Mas somente depois de formada pode exercer a profissão. Depende do que pretende fazer, curso técnico ou faculdade.

— Nossa! Tudo isso.

— Bom, pode auxiliar as enfermeiras em alguns casos, depois da metade do curso técnico.

— Assim fica mais perto.

— Verdade!

— Obrigada por me mostrar tudo! Daqui a três anos eu volto para trabalhar.

— Ok! Vamos esperar. — *Renata achou uma graça, mas tinha certeza de que Bianca estava falando sério.*

Um ano e meio depois, a mãe de Bubi faleceu, e ainda nenhum médico havia descoberto sua doença. Bianca estava com quase 15 anos. No dia do enterro, depois que fecharam o túmulo, saiu correndo chorando sem rumo. Foi parar na rua do antiquário, já um pouco menos desesperada, apenas caminhava distraída e, ao passar pela porta, viu uma luz verde piscar chamando sua atenção. Entrou e foi em direção à luz.

— Oi! Tem alguém aí?

— Sim! — *Uma mulher apareceu logo ao lado da luz.*

— Desculpe por ter entrado assim. Mas me chamou muita atenção essa luz piscante, o que é?

— Era para ser uma lanterna de porta que eu estava construindo para nossa casa. Mas não está dando certo. Quer tentar?

Sem pensar muito, Bianca pegou a lanterna, que mais parecia uma mistura de farol com lampião, com um faixo de luz apontando para baixo. Estranho, mas incrível, nunca tinha visto algo igual. Começou a mexer e virar peças de um lado, de outro até que a luz permaneceu acesa. Alguns minutos depois se apagou, então passou a mão por baixo e a luz voltou a acender.

— Incrível, consertou! E ainda fez funcionar o sensor. Que eu nem sabia que tinha colocado.

Bubi sorriu e disse:

— Não faço ideia de como eu consertei isso.

— É um dom.

— Dom?

— Sim, Bianca! Esse é um de seus dons.

— Como sabe meu nome?

— Sei que prefere ser chamada de Bubi, e que acabou de sofrer uma perda horrível. Meu nome é Giulia, pode me chamar de Gi.

— Ainda não me disse como me conhece, e de que dons está falando.

— É contra as regras, mas sente-se, vamos conversar.

Meio desconfiada, mas muito curiosa, resolveu sentar para ouvir, antes conferindo se o caminho até a porta estava livre para correr, se acaso precisasse.

— Bom, vamos ao início. Sou uma guardiã. Somos em 12 ao total, uma de cada signo. Cada uma precisa encontrar uma pessoa para continuar nossa missão. Temos vários apelidos: gatas, sombras, loucas... enfim, cada escolhida já nasce com alguns dons, como a maioria chama. Das 12 escolhidas, somente duas conseguem me ver e ouvir, a de Peixes, que é o elo das guardiãs, e minha escolhida.

— Eu sou de Escorpião. Significa que sou sua escolhida?

— Sim. Mas para não se assustar vou te explicar melhor como funciona. Ainda não está pronta para receber todos os seus poderes ou Dons, como preferir chamar. Se você não aceitar, as guardiãs ficarão incompletas, e provavelmente acabarão não conseguindo cumprir todas as missões que aparecerão. Pode e deve ter uma vida normal, até receber todos os poderes, aí terá uma vida dupla. Já possui dois dons: o da inteligência e o do raciocínio rápido. E, sem esses poderes em batalha, elas poderão perder ou até morrer em uma emboscada. Todas têm dons, e uma completa a outra. Uma equipe.

Como Bubi não falou nada, Gi continuou:

— É como num hospital. Em caso de emergência, se faltar um integrante da equipe, a pessoa pode morrer.

— Entendi. Sou necessária. Não pretendo fugir de minha missão. Por mais louca que pareça ou seja.

— Perfeito! Como disse antes, eu estou quebrando as regras, deveria saber de tudo isso somente quando recebesse todos os seus poderes. Mas fiz isso por ti, para que não desista do seu sonho.

— Qual?

— Cuidar dos outros! Será uma enfermeira dedicada e atenciosa, como sempre quis. É só seguir seu coração.

— Obrigada!

— Agora só vai voltar a me ver quando receber seus poderes. Mas estarei sempre por perto. Ah! Sua mãe está bem. Está sendo tratada e, quando me for permitido, posso tentar visitá-la para vê-la em um sonho.

— Sério? Pode fazer isso?

— Se conseguir permissão, sim. Mas tem que me prometer segredo. Muitas pessoas não acreditam e vão criticá-la e até querer interná-la como louca.

— Entendo! Manterei segredo.

— Até daqui a alguns anos. Agora volte para casa, seu pai vai precisar muito de você. Seja forte. E saiba: o espírito nunca morre. Eu sou a prova. Vou acompanhá-la até em casa, em silêncio. Não fale comigo se tiver alguém perto ou será chamada de louca.

— Está certo.

No caminho para casa, Bubi teve a certeza de que tudo era verdade. Giulia não caminhava, ia flutuando um pouco acima dela. As pessoas passavam por baixo da Gi sem nem ao menos tocá-la. Chegaram ao portão.

— Agora tenho que voltar. Força! Se precisar, me chame. Mas só se for urgente ou estiver em perigo.

— Ok! Obrigada por tudo!

— Estarei por aqui para lhe ajudar, sempre, mas não posso interferir em sua vida. Até!

— Até!

Bubi entrou e foi até a sala. Seu pai estava lá sentado no sofá, aos prantos. Ela foi até ele e colocou as mãos sobre a cabeça dele e viu uma luz verde sobre o pai, em seguida ele parou de soluçar e secou as lágrimas, encarou-a e disse:

— Achei que tinha me abandonado também.

— Nunca! Só precisei de um pouco de ar, o senhor sabe que sozinha penso melhor, e sabe também que a mamãe não nos abandonou, só foi para outro lugar, e ficará bem se nós estivermos bem. O senhor precisa ser forte por mim.

— Vou ser, filha, vou ser!

Se abraçaram por um tempo. Depois foram dormir.

Ao acordar Bubi tinha a certeza de seu destino. Sabia o que queria e o que precisava fazer.

No mesmo ano, começou o cursinho de enfermagem que a escola oferecia. Quanto mais aprendia, mais queria aprender. Era de longe a melhor aluna da turma. Todos diziam que tinha nascido para essa profissão. A professora dizia que era um Dom.

No ano seguinte, começou um curso profissionalizante de enfermagem. Se formou em dois anos, mas com um ano de curso foi convidada a estagiar como menor aprendiz. Sempre pontual, dedicada e muito atenciosa, um mês depois de completar 18 anos se formou e recebeu o convite para ser efetivada no hospital. Aceitou meio turno, o outro meio turno ajudava os médicos voluntários.

Já até havia esquecido de Giulia, e das guardiãs.

Um dia estava trabalhando no hospital e ao chegar à recepção se deparou com uma cena inesperada, uma mulher toda machucada estava apavorada, gritando e pedindo para um homem largar a arma, ele estava de costas para Bianca. Os atendentes estavam em estado de choque, e o segurança estava tentando atrair a atenção do homem para si. Foi então que Bubi saiu correndo, chegou até o homem, bateu de baixo para cima nos braços do cara, fazendo com que jogasse a arma para trás, e se jogou com todo o seu corpo para derrubar o homem de cara no chão. O segurança veio e amarrou as mãos do homem, que estava meio tonto pela batida, e pediu para a recepcionista chamar a polícia.

Bianca ao olhar em volta não viu a mulher. Foi até a portaria, mas ninguém sabia da mulher.

Voltou ao trabalho. Na saída de seu turno, passou pela portaria e foi chamada pelo segurança, que lhe agradeceu pela ajuda, mas a advertiu pelo perigo que correra. Então disse que aquela mulher havia voltado para explicar o que tinha acontecido antes, e que fugiu por medo, então falou que aquele homem era seu marido e que havia espancado ela porque havia atrasado o almoço, e que sempre batia nela, mas nunca a tinha machucado tanto, e que conseguiu fugir e veio aqui por causa dos ferimentos, mas não viu que ele a estava seguindo. E foi quando Bianca o derrubou e a salvou, pois ele queria pega-lá. E que havia deixado aquele pacotinho como agradecimento pela sua coragem.

— Obrigada, Frank! Sabe se ela foi atendida?

— Sim, ao sair daqui foi para o posto médico mais próximo. Eu vi os curativos quando ela voltou para se explicar. E disse que no posto convenceram ela a denunciar o marido, ela aceitou e foi à delegacia com o laudo médico fazer a denúncia. Por enquanto ele não vai mais perturbá-la. Mas ela disse ainda que vai ir morar em outra cidade com a irmã.

— Que bom! Assim ela pode recomeçar a vida! Pois tenho certeza que aquele homem não a deixará em paz quando sair. Até amanhã!

— Até, Senhorita Bianca!

Pegou o presente e foi para casa, ao chegar jogou-se no sofá, seu pai após a morte da esposa quase não ficava em casa, trabalhava o dobro. Ele dizia que era para manter a cabeça ocupada. Bubi entendia muito bem o que era isso. Então não reclamava, pois fazia o mesmo. Quando foi levantar, o pacote quase caiu. Ela o pegou e resolveu abri-lo, tinha um bilhete dizendo:

"Achei ao acaso. Comprei sem saber por que esse colar, mas a moça da loja garantiu que iria gostar. É um medalhão para lhe dar sorte! Obrigada por salvar a minha vida!".

Retirando o embrulho, havia uma bolsinha de veludo preta com um cordão dourado, dentro o colar do seu signo. Sorriu e disse:

— A vendedora acertou. Amei!

— Eu também sabia!

Uma luz verde brilhou perto dela e Giulia apareceu.

— Esse medalhão é de Escorpião. Seu por direito, já que é minha escolhida. Nada é por acaso.

— Percebi.

— Agora outro dom vai começar a se desenvolver. O dom da mutação ou transformação humana, ou de objetos grandes.

— Oiii? Como assim?

— Poderá se transformar em qualquer pessoa, ou em algum objeto grande.

— Ahh... Tá...

— Eu irei treiná-la. Mas amanhã. Seu pai está chegando.

Nisso a porta abriu e Gi sumiu.

Bubi resolveu não mencionar nada para não preocupar o pai, ou assustá-lo com o episódio anterior.

No outro dia, Joana começou a treinar Bubi.

Um ano depois, conheceu um rapaz e se apaixonou por ele, com 20 anos casou-se. Estava tão feliz. Nos anos seguintes, parecia tudo certo. Continuava no hospital, e todos os dias treinava com Joana ou sozinha.

No dia em que fez 24 anos, recebeu um recado na recepção do hospital dizendo que uma mulher precisava muito vê-la e que era para ir à sua casa visitá-la. Como deixou o endereço, Bubi após sair do hospital foi até lá achando que era por motivo de doença.

Chegando à casa, uma linda mulher a recebeu. Convidou-a para entrar e sentar-se.

— Deve estar curiosa sobre por que a chamei. É complicado, mas acho que precisa saber.

— Do que está falando? Seja direta.

— Ok! Eu estou grávida!

— Certo! E precisa que eu te examine?

— Não.

— Então o quê?

— O filho que vou ter é de um cara casado, descobri há dois dias isso. Eu estava desconfiada, pois ele fazia plantão todas as noites, contratei um amigo para segui-lo. Foi quando descobrimos que ele era casado.

— Mas tem mais alguma coisa, não é?

— Sim. Ele é casado com você.

— Oiii! Como assim?

A mulher levantou-se e foi pegar o álbum de fotos.

— Olhe!

Havia várias fotos, inclusive dele beijando a barriga da grávida.

— Estamos juntos há dois anos.

Bianca não sabia o que dizer, nem conseguia pensar direito. Simplesmente levantou-se e saiu. Pegou o carro e foi até a praça ao lado do hospital. Se sentia bem lá. A praça estava vazia, o que fez Bubi sentir-se aliviada. Ficou lá por horas. Nem percebeu que já estava escuro. Então seu telefone tocou. Atendeu, pois viu que era Angel.

— Olá, Bubi! Poderia vir aqui em casa, preciso muito de ti. Estou sozinha e não sei o que fazer.

— Ok! Já estou indo.

Uns 15 minutos depois, chegou ao antiquário. Falando nele, foi lá que Bianca conheceu Angel, sempre que estava ansiosa ia ao antiquário olhar as coisas ou conversar com a senhora que cuidava dele, um dia quando chegou lá viu Angel e desde aquele dia viraram amigas quase inseparáveis. Ao chegar a viu na porta esperando.

— Entre! Vamos lá para casa.

Bubi a seguiu. Quando chegaram à sala, sentaram-se e Angel falou:

— Sei que precisa de um tempo sozinha. Aproveitei que todas estão em missões para chamá-la. Pode ficar no quarto número 8. Lá tem tudo o que precisa. Vou para uma missão também. Mas se precisar e só chamar que eu apareço.

— Co... Como?

— Como eu sabia? Ou como vou aparecer?

— Os dois.

— Gi já deve ter falado, mas acho que esqueceu que sou uma guardiã. Tenho vários dons, tipo teletransporte, e ver espíritos. Ela esteve aqui e pediu que eu te desse uma ajuda. E como eu te conheço sei que não viria se eu não pedisse ajuda.

— É, hoje não. Verdade, lembrei que ela havia falado que é a guardiã de Peixes.

— Agora fique tranquila. Descanse. Vou até sua casa antes de ir e aviso o elemento.

Bubi riu quando Angel chamou seu marido de elemento.

— Só você para me fazer rir.

— Sempre que precisar. Volto daqui a pouco.

E Angel desapareceu. Quando voltou estava com uma bolsa.

— Peguei algumas roupas suas. Espero que tenha acertado. Falei que iria fazer plantão e precisava tomar um banho. Ele disse para eu escolher alguma coisa, e aqui está.

— Valeu!

— Agora preciso ir. Fique bem tranquila. Suba e tome um banho bem demorado. Tem comida pronta na geladeira, é só esquentar. Beijo, fui.

Então foi o que fez, subiu ao quarto número 8. Abriu a porta, e ficou deslumbrada ao entrar. Era tudo perfeito. Tomou um banho e foi deitar. Adormeceu. Acordou bem cedo. Foi até em casa. Encontrou o marido tomando café. Foi até ele e disse:

— Bom dia! Quero o divórcio, vim pegar minhas coisas. Não vou levar nada da casa. Se quiser pode trazer sua segunda mulher e criar seu filho aqui com ela. Não me diga, nem fale nada, não quero ouvir sua voz, nem mais ver mais a sua cara de pau.

Ele ficou em choque, sem reação. Ela subiu as escadas, foi até o quarto e começou a arrumar suas coisas. Ao terminar pensou se Angel a deixaria ficar lá na casa.

— Claro que sim! Aquele quarto é seu por direito!

Bubi quase caiu na cama, quando viu sua amiga parada perto da janela.

— Vim te ajudar. Está pronta?

— Si... Sim! Realmente precisa aparecer assim igualzinho à Giulia, pelo menos quando ela aparece antes brilha uma luz verde.

— Foi mal. Me esqueci de que ainda não se acostumou. Mas vamos?

Angel pegou a maioria das malas e começou a descer as escadas, quando Bubi destravou e começou a segui-la.

— Não estão muito pesadas essas malas todas que está carregando?

— Não. É outro poder, da força. Ah, seu marido não está, pedi que ele fosse dar uma volta. Ele não queria ir, mas eu o convenci.

— Usou a força?

— Não, a persuasão.

— Melhor assim. Ele foi bom enquanto estava comigo, mas também não estava a fim de enfrentar nenhuma discussão.

E foi assim que Bianca foi morar com as meninas. Ao chegar as outras meninas a estavam esperando para lhe dar as boas-vindas.

Capítulo 14
Mia Dubois

Apelido: Mia.
Data de Nascimento: 20 de dezembro (Sagitário).
Idade: 22 anos.
Peso/Altura: 53 kg/1,68 m.
Cabelos: Loiros, cacheados, chanel.
Olhos: Azuis.
Esportes: Corridas; Canoagem; Ciclismo; Natação.
Manias: Enrolar o cabelo quando está nervosa ou ansiosa.
Estilo: Sexy com Romântica.
Comidas: Lasanha; Pizza; Saladas diversas.
Doces: Brigadeiro; Pudim; Chocolate.
Bebidas: Sucos; Refrigerantes; Vinho.
Hobbies: Assistir TV; Escutar Música; Caminhar; Passear.
Lazer: Música; Amigos.
Guardiã Antecessora: Zoe (Zô).

Quando foi para a escola, era tão quietinha que no início todos os alunos achavam que ela era muda, mas ela só não gostava de falar sem necessidade. Esperta, criativa, sempre ficava apaixonada quando entrava na biblioteca, parecia outro mundo para ela, e quem disse que não é? Ao ler ia para lugares e mundos diferentes, podia viajar e se libertar enquanto lia, isso para Mia era maravilhoso e incrível. Vivia a maior parte da sua vida na biblioteca da escola ou na pública. Mas seu lugar preferido mesmo era na praça ao lado do hospital, pois era tranquilo e podia ficar horas ali sem ser perturbada.

Na adolescência começou a descobrir que tinha talento para encenar a peça que queria. No início a mãe achou estranho, pois era o oposto de Mia, que era tão quietinha e nunca gostava de chamar atenção, mas Mia lhe respondeu:

— Mãe, no palco posso ser quem eu quiser. Posso fazer personagens diferentes a cada peça. Gosto de mudar.

— Se é o que quer, minha filha, te apoio.

— Obrigada, mãe!

Agora vou contar um pouco de sua família...

Mia era a filha mais nova de cinco, seus quatro irmãos eram homens e bem mais velhos. Na verdade, quando a mãe de Mia descobriu que estava grávida, foi um susto para todos. Ela tinha feito laqueadura, foi no médico e pediu como isso era possível. Ele lhe disse:

— Há duas alternativas. Primeira, sua cirurgia foi malfeita ou, segunda, um milagre de Deus. Mas acho que é mais possível a primeira opção.

— Ok, doutor! Está bem!

— Tudo perfeitamente bem. Seu bebê está com o peso e tamanho certo. Daqui a três semanas, poderemos saber o sexo.

— Obrigada, doutor.

Houve uma euforia muito grande quando descobriram que seria uma menina.

Desde pequena Mia sonhava com animais, contando-lhe histórias ou só caminhando ao seu lado. Ela tinha um dom muito especial, os animais sempre a respeitavam e lhe obedeciam. Certo dia, já com seus 16 anos, estava voltando para casa, estava escuro, havia dois cachorros a acompanhando, de repente eles pararam e começaram a rosnar, Mia achou muito estranho, olhou em volta e não viu nada. Então uma luz estranha começou a envolvê-la e ela começou a sentir como se seu corpo estivesse queimando e encolhendo. Fechou os olhos e se acocorou; quando tudo parou, abriu os olhos e viu os dois cachorros sentados olhando para ela.

— O que estão olhando?

— Você!

Mia quase caiu sentada, tentou se levantar e não conseguia.

— O que está acontecendo comigo?

— Olhe ali no vidro. O que está vendo?

Mia com relutância virou-se e olhou para o vidro.

— Tá, eu estou vendo três cachorros.

— Onde está você?

Então ela ergueu a mão e viu uma pata. Ficou tão apavorada que desmaiou. Ao acordar estava em sua cama. Pensou ser só um sonho, mas não foi. Dois meses depois, acordou, se espreguiçou, ao querer descer da cama viu que estava muito alta. Olhou em direção à porta, que tinha um espelho grande pendurado atrás. Entrou em choque quando viu uma linda gata negra com pelos longos. Começou a se olhar e mexer as patas para ter certeza se a imagem do espelho era real. Tudo sincronizado.

— O que está acontecendo comigo?

Uma voz começou a soar em sua mente.

— Olá!

Mia olhou para a janela e viu um gato, corrigindo: uma gata siamesa com um strass entre os olhos e um em cada orelha,

— Oi, de onde surgiu?

— Sou Zoe, sou sua antecessora, vim para lhe ajudar a entender o que está acontecendo.

— E o que está acontecendo?

— Tens o dom de se transformar em animais e eu estou aqui para lhe treinar para contornar isso.

— Como faço para voltar ao normal?

— Feche os olhos e pense como você é como mulher.

Mia começou a sentir seus braços e pernas se esticando, seu rabo encolhendo, sentiu seu rosto mudando. Abriu os olhos e olhou para o espelho e viu que estava normal, com a mesma roupa com que fora dormir, olhou para a janela e não viu a gata, havia desaparecido, será que tinha sido outro sonho? Desejou que isso parasse de acontecer e que realmente fosse um sonho. Por dois anos, tudo parou, até seus sonhos com animais, que tinha desde criança. Então começou a se sentir sozinha. Um dia, sentada na sala de casa, sozinha, sua família tinha ido passear e a tinham deixado, pois estava com muita febre.

— Olá!

Mia quase caiu do sofá.

— Desculpe, não quis assustá-la. Estou aqui já faz alguns minutos.

— Ok! — *Mia mal conseguiu pronunciar. Sua voz ainda não tinha voltado depois do susto.*

— Já me conhece, sou a Zoe. Mas me viu como gata.

— Então não foi um sonho?

— Não. Mas como não estava preparada para usar seu dom, deixei que achasse que era um sonho.

— Ok! — *Mal podia acreditar que era verdade.*

— Está na hora de controlar seu dom ou ficará cada vez mais doente. Eu vim para lhe ajudar a entender e aceitar isso, serei sua mentora.

— Ok! E como funciona isso?

— Vamos começar do princípio... Há muitos anos, começou uma lenda sobre anjos que vieram à Terra para ajudar a humanidade, mas quase todos se corromperam, restando só um. Então esse último suplicou e implorou ajuda ao Pai Todo Poderoso. Ele lhe ajudou, todos voltaram aos Céus e dormiram por séculos, até esquecerem completamente dos sentimentos impuros que os fizeram errar e cair. Então o Pai deu-lhes uma nova missão. Descerem 12 anjos, mas a diferença foi que eles nasceram como humanos, com lembranças no subconsciente de seus erros e das punições que tiveram para assim não mais errar. Foi aí que surgiram as guardiãs, 12 mulheres com dons para ajudar a humanidade. Eu sou uma guardiã e agora recebi a incumbência de achar a guardiã que me substituirá. Ou seja, você! Estou aqui para lhe ensinar e treinar para a sua missão. Conhecerá as outras, algumas talvez já conheça, mas ainda não sabe que são guardiãs.

— Calma! Quer dizer que eu sou a escolhida para continuar em seu lugar?

— Isso!

Mia com um meio sorriso, sem acreditar no que estava acontecendo, arriscou pedir:

— E se eu não aceitar?

— Provavelmente, sem treino, começará a ficar doente, pois precisa desenvolver sua habilidade. Deixe-me pensar em explicar de outra forma...

Zoe pensou por alguns segundos.

— É como se tivesse vários espíritos de animais dentro de ti querendo sair e, se não deixar, eles vão começar a lutar te deixando cada vez mais doente.

Mia ficou com cara de assustada.

— Não se preocupe, minha querida. Isso aconteceu comigo também, no início não queria aceitar, mas depois, quando descobri que podia me transformar em uma variedade de animais, fiquei encantada, era muito divertido. Já sei, eu te desafio a tentar se transformar em uma gata como fez dormindo há dois anos.

Mia só entendeu que tinha poderes quando viu que era só pensar em um animal e, puf, se transformava. Pensou na imagem que vira naquele dia e em alguns segundos era a mesma gata negra de que se lembrava.

— Agora um pássaro, Mia!

Pensou em um canarinho amarelo com peito branco igual ao da sua vizinha e, puf, que incrível.

— Mia! Agora abra as asas e voe.

E ela obedeceu. Nossa, ver a sala de cima, sentindo-se livre, sem peso, foi uma sensação extraordinária. Pousou no sofá e pensou em si como mulher e puf.

— Isso é incrível! Estou me sentindo ótima, não tenho mais febre, nem dor.

— Perfeito! Por hoje está bom, vá descansar, pois usou muita energia e ainda não está acostumada com isso, coma um chocolatinho e descanse, quando acordar terá se recuperado. Amanhã eu volto.

— Ok! Até amanhã!

— Ah! Antes que eu esqueça, são raras as pessoas que podem me ver, então tente não falar comigo quando tiver pessoas por perto ou vão achar que enlouqueceu. Amanhã virei como gata te buscar. Sei um lugar ótimo para treinar.

Mia foi até a cozinha, pegou um chocolate pequeno, comeu, foi escovar os dentes e deitar. Dormiu até o outro dia. Nem viu quando sua mãe entrou e colocou o termômetro. Ao verificar, sorriu, deu um beijo na filha e saiu.

No outro dia, foi com sua antecessora até um parque que ficava num canto da cidade. Então começou os treinamentos.

Na mesma semana, recebeu um convite para se apresentar no centro educacional.

Zoe apareceu para Angel e lhe disse que sua sucessora estava pronta para ganhar o medalhão. Então lhe explicou a ideia da apresentação de um teatro, onde deveria entregar o medalhão, em uma semana.

Angel ficou fascinada ao saber do dom da nova guardiã. Já se conheciam há uns seis anos. Eram muito amigas. Jamais teriam imaginado, então teve uma ideia, foi falar com a diretora.

— Sandra! Poderíamos nos juntar e comprar um lindo ramalhete de flores a essa querida amiga que se apresentará para nossas crianças?

— Claro que sim. Tem minha autorização. Capriche no ramalhete. Se quiser pode colher as rosas no jardim. Poderia comprar a embalagem e um laço bem bonito.

— Perfeito! Obrigada!

Então foi assim que Angel fez no dia marcado, três rosas vermelhas, três rosas amarelas e três rosas brancas embrulhadas num lindo ramalhete com nove rosas e verdes. Para quem não sabe, sempre se dá número ímpar de rosas para mulheres, assim representa que ela é a rosa que fecha número par. Então foi até em casa e pegou a bolsinha de veludo com o medalhão de Sagitário.

Entregou a Mia dizendo que todos haviam ajudado a colher ou a comprar.

— E esse pacotinho?

— A senhora da loja de antiguidade disse que iria gostar. Então compramos!

— Obrigada!

— Mia! Abra-o em casa. É surpresa.

— Ok!

Assim ela recebeu o medalhão.

Zoe lhe explicou que não recebeu por acaso aquele colar e que era para usar sempre, contou sobre o medalhão e como ele iria ajudar a aumentar seus dons e lhe ajudar a desenvolver outros.

Mia aprendeu a não questionar. Colocou e ficou tão lindo que, mesmo se Zoe não tivesse dito, não o tiraria. Era tão perfeito, com seu signo gravado no centro do medalhão. Era feito para ela.

Algumas semanas depois, conversou com as meninas da república, pediu se poderia ir morar com elas, pois ficava mais prático para trabalhar e treinar. Para os seus pais, disse que precisava ser mais independente, pois achava ruim ficar mentindo sempre para eles.

Elas ficaram tão entusiasmadas com a nova guardiã e seu dom único!

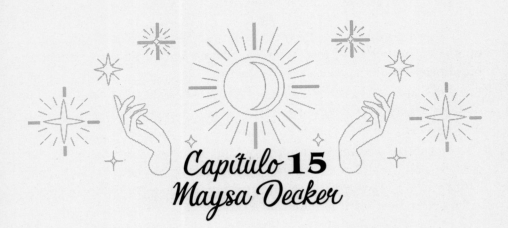

Capítulo 15
Maysa Decker

Apelido: May.
Data de Nascimento: 14 de abril (Áries).
Idade: 18 anos.
Peso/Altura: 59 kg/1,70 m.
Cabelos: Vermelhos, ondulados, médios.
Olhos: Azuis.
Esportes: Futebol; Escaladas.
Manias: Escutar Música; Olhar no espelho; Cantar.
Estilo: Gatinha.
Comidas: Massas variadas; Lasanha; Pizza; Batata Frita.
Doces: Chocolate; Brigadeiro; Beijinho.
Bebidas: Curaçau; Ice; Sucos naturais (Morango); Suco de cana.
Hobbies: Dançar; Comprar roupa.
Lazer: Compras; Ler.
Guardiã Antecessora: Annabety (Ana).

Linda bebê, nasceu em um dia de forte inverno. Sua mãe Ellen morreu no parto e seu pai Leopoldo, além de nunca querer um filho, queria muito menos uma menina, o que só fez sua raiva por Maysa aumentar. E a cada vez que a pequenina precisava de cuidados e de atenção menos seu pai gostava. Contratou uma babá, a Rosângela e ordenou que cuidasse dela e que sempre a deixasse longe dele. Quase dois anos depois, acabou casando com ela. Então a babá fazia tudo o que podia para proteger a menina da grosseria do pai.

Tudo piorou quando May começou a mostrar seus dons; um dia seu pai chegou mais cedo em casa e, ao ver a cena, surtou, fazendo com que a menina sumisse da sua vida.

Alguns anos depois...

Em um dia comum como qualquer outro, era inverno e Angella acordou com uma sensação estranha. Abriu os olhos e viu um rapaz parado ao lado da janela, parecia perdido olhando a neve cair.

— Bom dia! O que fazes aqui?

— Olá! Desculpe te acordar. Nossa, como é lindo ver a neve cair. De onde venho nunca vi a neve.

— Que bom! E o que quer de mim?

— Ah! Perdoe-me. Achei que já estava na hora de me ver. Sou eu, o Noite. Vim para lhe ajudar a encontrar mais uma guardiã.

— Ok! Vou me arrumar. É bom finalmente poder vê-lo.

Dez minutos depois, estavam dirigindo-se para o convento. Pararam em frente à grande porta, então ele disse:

— Vou entrar junto, mas em hipótese alguma dirija a palavra a mim. Entre e diga que teve um sonho com um anjo dizendo que precisava vir até aqui para ajudar uma das moças. E assim foi feito.

Ao se apresentar, a irmã respirou aliviada e disse:

— Que bom! Já não sabíamos mais o que fazer. Venha comigo.

Caminharam por alguns minutos até a sala da Madre Superiora. A irmã falou o que Angel havia dito e pediu que deixasse ver a moça. A Madre, que também acreditava em espíritos, viu uma luz ao lado de Angel e sorriu animada dizendo:

— Me disseram que vinha. Leve-a imediatamente até a moça.

Após agradecer à Madre, a irmã Marie conduziu An. Enquanto percorriam o longo corredor, a irmã começou a contar o que estava acontecendo com a menina.

— Ela começou a falar diferente já faz três semanas. No começo, quando chegou aqui, falava dois idiomas. Não seria estranho se ela fosse mais velha, mas ela chegou aqui com cinco anos, falando português e latim. Sua madrasta havia trazido por não saber o que fazer, ela disse que o pai a odiava e queria se livrar da filha. Duas vezes por mês, vinha ver a pequena. Já não vem mais há uns três meses, pois está doente. Agora Maysa já é quase adulta e fala mais seis línguas, vive falando sozinha, como se tivesse sempre alguém com ela. Não tenho certeza se isso é coisa de Deus, a maioria das irmãs tem medo, a Madre diz que ela foi abençoada com esse Dom.

Finalmente chegaram à porta do quarto. Bateram. Ao abrir a porta, a irmã fez sinal para que Angella entrasse, ficando do lado de fora. An ficou em choque quando viu a moça, ela possuía uma beleza exuberante, cabelos longos e ondulados parecendo labaredas de fogo, olhos azuis como o vasto oceano, sua pele de um dourado bronzeado.

Angel pediu à irmã que deixasse as duas sozinhas para conversarem. Ela concordou de imediato, encostou a porta e foi atrás dos seus afazeres.

— Olá! Meu nome é Angella. Vim para vê-la. Me disseram que precisava conversar. Mas vejo que não está só, ainda não a conheço. O que é dela?

Angel dirigiu-se ao espírito de uma mulher que estava perto da moça.

— Sou Annabety! Estou aqui para ensinar a May a aprender todos os idiomas que foram ensinados a mim.

— É um prazer conhecê-la, então May é sua sucessora?

— Isso mesmo. Deve ser a sucessora de Luna?

— Correto!

May ficou encantada ao ver que Angel podia ver Annabety e disse:

— Que bom! Achei que estava ficando louca.

— May! Nem todos conseguem ver ou ouvir os espíritos. Fomos agraciadas com esse dom. Ah! Não sei se consegue ver outros espíritos, mas ao meu lado está o Noite, nosso protetor. Foi ele quem me guiou até vocês.

— Eu não o vejo. Só vejo e ouço ela. Por que isso?

— Porque Annabety é sua mentora, ou mestre, como alguns preferem. Eu nasci vendo e ouvindo os espíritos. Todos diziam que eu nasci maluca. Com o tempo, percebi que sim.

— Como assim? — *interveio May.*

Angel, após rir bastante, continuou:

— Prefiro ser louca a ser certinha e infeliz.

— Ah! Bom!

Muitos risos entre os quatro.

Noite olhou para Angel e disse:

— Acha que o lugar dela é aqui, fechada num quarto de convento?

— Claro que não! Desculpe, May, mas ele tem razão, gostaria de morar em uma república e trabalhar em um colégio ajudando-nos a cuidar e ensinar crianças?

— Claro que sim! Seria ótimo!

— Então arrume suas coisas que vou falar com a Madre Superiora. Ana, ficarei feliz com sua presença em nossa casa.

— Obrigada, Angel!

Então Angel saiu apressada, indo ter com a Madre uma conversa.

Meia hora depois, Angel e May dirigiam-se à república. Quando chegaram as meninas estavam tomando café.

— Bom dia, meninas! Trouxe uma nova moradora. Esta é Maysa, ela é a nossa guardiã de Áries, tem o dom das línguas.

Todas levantaram-se e foram cumprimentar a nova moradora.

— Vamos tomar café? Depois te acompanho para mostrar o seu quarto, pode deixar suas coisas aí sobre a cadeira. Venha comer conosco.

A conversa seguiu animada. Angel apresentou cada uma a ela e lhe contou o que cada uma sabia fazer.

— Já estávamos em sete na casa. Ainda faltam mais cinco.

Na casa moravam Angel, Susan, Dricka, Gaby e Bubi.

— Disse que estamos em sete? Mas só vejo seis comigo.

— Ali está a sétima, deitada no sofá.

— Como assim? É uma gata?

— Dricka, poderia por gentileza acordar a Mia.

Dri foi até o sofá, fez cafuné na gata e disse:

— Hora de se apresentar à nova guardiã e tomar café com a gente.

A gata abriu os olhos, levantou-se e metamorfoseou-se.

— Olá! Sou Mia, posso me transformar em qualquer animal que existe. Mas prefiro gatos, durmo bem melhor como gata.

Maysa ficou surpresa e feliz como nunca havia ficado por descobrir que não era a única diferente.

Angel a olhou, sorriu e disse:

— Aqui cada uma tem manias, diferentes gostos e raramente todas concordam com as mesmas coisas. Mas uma coisa é certa, somos uma família. Uma protege a outra, uma cuida da outra. Então espero que goste da república!

— Obrigada!

Depois do café, todas foram aos seus afazeres e Maysa foi com An conhecer o seu quarto, era o de número 1. Ao entrar, ficou deslumbrada com cada detalhe.

— Vou te deixar um tempo a sós, se quiser tomar um banho, tem algumas roupas no roupeiro. As meninas queriam te fazer uma surpresa para que se sentisse em casa, imaginaram que não teria muitas roupas, então me pediram suas medidas enquanto estávamos conversando com a Madre. Esse é outro dom que também irá desenvolver, todas nós conseguimos nos comunicar telepaticamente. Seja muito bem-vinda!

May ficou extasiada com a atenção que estava recebendo das meninas, nunca achou que poderia se sentir em casa e hein... ficou chocada com seus pensamentos. Mas, sim, era isso que sentia, o amor e carinho de uma FAMÍLIA.

Uma semana depois de estar bem instalada na república com as meninas, pediu para a Bianca ver se sua madrasta estava em tratamento no hospital em que ela trabalhava. No mesmo dia, Bubi lhe disse que sim e que estava no quarto 426.

— Sobre seu pai, ele raramente vai vê-la. Ainda mais de manhã. Então poderá ir sem problemas. É bom evitá-lo pelo menos por enquanto. Quando se sentir mais forte e preparada, deve conversar com ele.

— Muito obrigada, Bi!

E enquanto Helen estava no hospital duas vezes por semana May ia lhe visitar.

Em uma segunda feira, Angel foi junto fazer a visita, pois a Rô queria conhecer a pessoa que ajudou sua filha.

O mais chocante foi que quando estavam animadas conversando uma voz masculina entrou e disse:

— Que algazarra é essa aqui? Isso é um hospital e não um circo.

Maysa se arrepiou na hora, An sentiu a vibração ruim que vinha daquele homem.

— Olá, Gustav, que milagre você aqui, me visitando em plena segunda de manhã.

— Minha reunião foi cancelada. Resolvi ver quando teria alta para ir para casa, está gastando demais já.

— O que é isso, pai. Não fale desse jeito com a madrasta.

— Até onde eu sei não tenho nenhuma filha.

Maysa ficou chocada e sem reação. Vendo a situação, Angel não poderia deixar assim, então:

— Não seja por isso. Posso pagar pelo tratamento, Senhor! — *Angel interveio.*

— E quem pensa que é?

— Para você, ninguém que te interessa. Mas, para essas duas mulheres que estão aqui, sou o que elas precisam. Então, se veio apenas para mostrar o quanto desdenha de sua esposa, por gentileza se retire.

— Acha que pode mandar em mim.

— De jeito nenhum. Estou pedindo gentilmente que saia.

— E se não sair?

— Ótimo, gostaria de me apresentar oficialmente. Meu nome é Angella Freguéllys. Sou amiga da pessoa incrível que você pôs no mundo e que não teve a decência, nem foi homem o suficiente para criá-la com respeito. Tenho certeza de que sua mãe, Olga Gentília, teria reprovado esse comportamento vergonhoso. E seu pai Alfredo não te deu esta educação medíocre.

— Como sabe os nomes dos meus pais?

— Sou uma bruxa.

— Está louca.

— Sua mãe está dizendo que teria te dado palmadas ainda criança se soubesse que se tornaria este homem sem coração. E se arrepende de nunca ter te dado uma surra como merecia, principalmente depois que matou a Fifi afogada por ela ter nascido apenas com três patas. Seu pai está tão desgostoso que nem ao menos quer falar contigo.

O homem ficou estático, ela não poderia saber de tudo isso, apenas sua mãe sabia o que tinha feito à cachorrinha.

— Saia deste quarto. E só volte quando realmente tiver algo de bom a dizer. E se não quiser pagar as despesas, eu pago.

Ele ainda olhava incrédulo.

— Saia, senhor!

Mesmo sem saber o que fazer, resolveu sair.

Quando Angel teve a certeza de que ele havia saído do prédio, falou:

— Me desculpe, Rosângela, pela cena, não pude ficar em silêncio. Não sou bruxa, mas muitos acreditam que sim, então não discuto. Realmente posso ouvir e falar com espíritos, espero que não se assuste.

— No início fiquei assustada, mas como a May ficou tranquila, senti que podia ficar também.

— Nós somos proibidas de contar sobre nossos dons. Vou aceitar minha punição por ter quebrado a regra. Só quero que saiba que nós somos 12 meninas com poderes diferentes e únicos. E que sua filha é uma de nós. Temos uma linda missão de proteger a todos, por isso somos assim. Vamos proteger ela com unhas e dentes se precisar, pois ela faz parte da nossa família.

A madrasta começou a chorar emocionada, e disse:

— Estou tão feliz por minha menina ser amada e aceita como ela é. Muito obrigada!

— Sei que podemos confiar em ti. Já que escondeu a verdade e protegeu a May todos estes anos. Você a salvou.

— Obrigada, mãe. E muito obrigada, Angel.

— Temos que ir agora. Vou deixar está concha do mar, caso estiver em perigo ou precisar de ajuda, segure-a firme e me chame. Eu vou ouvir.

— Ok!

— Tchau, mãe!

— Tchau, meninas!

Já lá fora do hospital, May olha para An e pede:

— Essa da concha eu não sabia. É nova?

— Na verdade a concha é só um símbolo para a confiança dela. Eu me sintonizei com o espiritual e senti um espírito de luz perto, ele disse que é o guia dela, digamos assim. Foi a ele que disse que me chamasse.

— Entendi. Muito obrigada de verdade.

— Somos família, hoje fui eu quem lhe ajudei, amanhã poderá ser você quem me ajudará. Ah! Não deixe de visitar sua madrasta. Não importa o horário. Eu vou fazer uma visita ao seu pai e conversar de perto com ele. Não terá mais problemas. E no futuro ele verá o quão terrível ele foi, então os arrependimentos o farão mudar.

— Vamos para casa ou quer ir comigo ao mercado fazer compras?

— Vou junto, assim lhe ajudo. Nem que seja carregando as sacolas.

As duas deram boas risadas e foram aos seus afazeres.

À noite, quando todas já estavam dormindo, Luna apareceu dizendo:

— Conversei com os superiores. Eles mandaram apagar a memória do pai, a da madrasta pode permanecer, pois ela foi enviada a esta família para cuidar e proteger a pequena, para que assim o destino pudesse seguir o seu curso.

Logo depois que sua antecessora saiu, An foi até a casa do pai de Maysa. Apagou a memória de tudo o que aconteceu de manhã, porém, para que ele não fosse atrás da Maysa ou da madrasta, fez parecer que tinha sonhado com seus pais. Tudo o que sua mãe falou através de Angel era como se tivesse falado diretamente a ele. E seu pai com olhar de reprovação exatamente como ele tinha feito.

Assim tudo se resolveu sem maiores problemas.

Capítulo 16
Lana Jackson

Apelido: Lana.
Data de Nascimento: 22 de agosto (Leão).
Idade: 21 anos.
Peso/Altura: 58 kg/1,72 m.
Cabelos: Pretos azulados, ondulados, longos até o meio das costas.
Olhos: Verdes.
Esportes: Vôlei; Caminhada.
Manias: Ouvir música a toda hora; Olhar no espelho.
Estilo: Romântica; Divertida.
Comidas: Lasanha; Massas em geral.
Doces: Brigadeiro; Camafeu.
Bebidas: Sucos; Drinques; Destilados.
Hobbies: Escrever; Passear.
Lazer: Pintura; Teatro.
Guardiã Antecessora: Violet (Vi).

Ao nascer seus pais diziam que era a mais linda de todos os bebês. Era muito amada. Ela parecia brilhar às vezes. Quando chegou em casa, foi mimada pelos irmãos, eram três rapazes.

No ano em que fez 12 anos, foi feita uma festinha para comemorar. Todos alegres. Só que naquela noite seu irmão mais velho sofreu um acidente de carro quando ia para casa e acabou não resistindo. Ele havia bebido um pouco a mais, e acabou saindo da estrada numa curva e batendo em uma árvore. O pai deles nunca escondeu que aquele era o favorito, depois da perda começou a beber e fumar cada vez mais. Chegava em casa sempre bêbado, brigava com todo mundo, principalmente com a caçula.

Lana sofreu muito, fugia de casa quase todas as noites perambulando pela praça perto de casa, tinha uma fonte com lago, gostava de ficar olhando a água cair formando ondas, e os peixes nadavam como se fosse tão natural o movimento, ou quando não conseguia se trancava no quarto e colocava música no celular e escutava com fones de ouvidos para não ouvir os gritos ofensivos do pai.

Os outros dois irmãos já haviam saído de casa e constituído famílias. Cada um tinha um filho. O segundo mais velho, Ricardo, tinha uma filha, a Maria Emília. O outro, Antônio, tinha um menino, o Miguel. O mais velho, Tiago, que morreu no acidente, era mulherengo, cada dia com uma mulher diferente, nunca quis saber de namorar, só de aproveitar a Vida, sem pensar em formar uma família.

Lana adorava dormir na casa do Ricardo, para cuidar da sobrinha, Mili, o que ajudava muito, já que ele trabalhava à noite como segurança em uma fábrica. A mulher, Mônica, trabalhava na mesma fábrica, só que de dia, período normal, chegava em casa às 18 horas. Como a creche fechava às 17 horas e 30 minutos, Lana ia buscar a menina e ficava com ela no parquinho do prédio até Môni chegar.

Quando Mili tinha idade para ir à escola, Ricardo resolveu contratar a irmã para cuidar meio turno da pequena. Então Lana podia estudar à tarde, assim juntaria um dinheiro para suas coisas. Às vezes também cuidava do Miguel à noite. Antônio convidava a esposa, Luana, para jantar fora a cada 15 dias, para ficar uma noite só o casal. Então ficava com o sobrinho.

Sua relação em casa era complicada, mas nunca desanimou, nem desistiu de lutar pelos seus sonhos.

Quando começou a estudar à noite, piorou um pouco sua vida. Cuidava da sobrinha de manhã, arrumou um trabalho na fábrica para menores aprendizes à tarde. Era bem puxado. Tinha que chegar em casa à noite e dormir sem jantar por causa do pai. Sua mãe nunca falava nada, pois desde pequena foi ensinada a não questionar o marido.

Quando se formou, só as famílias dos irmãos foram à formatura, a mãe comprou um par de brincos escondido do marido, e disse:

— Filha! Tenho orgulho de você. Eu nunca consegui estudar, mal sei assinar meu nome. Mas me sinto tão feliz por não ter desistido. Continue. Não desista!

— Obrigada, mãe!

Esse foi o empurrão certo para Lana.

Com o dinheiro guardado, conseguiu fazer um curso básico e outro de especialização como produtora de eventos. No início ajudava uma vizinha que tinha uma agência que organizava festas na cidade.

Com o tempo, se tornou assistente e braço direito da dona, a Cristina.

Quando fez 21 anos, recebeu a incumbência de organizar uma festa inteira sozinha, pois Cris tinha que viajar a negócios e não podia lhe ajudar.

Foi complicado, mas com sua experiência, adquirida com tanto esforço e trabalho árduo, conseguiu organizar e tudo ficou perfeito. No dia da festa, foi muito parabenizada e elogiada.

No final da festa, Cris apareceu ao lado de um casal charmoso e muito bem vestido. Ela fez um sinal para que se aproximasse. Apresentou o casal:

— Estes são Luan e Kemily! Eles têm a maior produtora de eventos da região, a BeFesth. E eles querem te roubar de mim.

Os três riram. Quando Cris viu que Lana não entendeu, explicou:

— Enfim, eles querem assinar um contrato de exclusividade, com uma boa remuneração. E com permissão para organizar outras festas desde que não coincidam com as da empresa.

— Nossa! Isso é incrível! Meu sonho sempre foi um dia poder trabalhar e aprender com vocês. Sua empresa é sem dúvida a melhor da região! Aprendi muito com a Cris e agradeço muito por ter me dado a oportunidade.

O casal sorriu, e a mulher pediu:

— E então? Aceita?

— Mas é claro que sim!

— Então segunda às 9 horas esteja na produtora da nossa querida amiga Cris para assinar o contrato — *Luan disse.*

— Obrigada!

Então o casal saiu deixando só as duas. Foram sentar perto da mesa de som. Cris cortou o silêncio e disse:

— Lana! Eu vendi a minha produtora a eles. Também assino os papéis no mesmo dia, mas não podia deixá-la na mão. Então propus a eles que eu a desafiaria a fazer esta festa sozinha, e se gostassem do seu trabalho te contratariam. Só que eles fizeram mais que isso. Vão dobrar seu salário e te emprestar um carro da empresa para poder ir e vir entre as agências da produtora. Eles vão te pedir ajuda para montar um escritório aqui na cidade.

— Caramba, Cris. Isso é sério?

— Muito sério. E tem mais duas coisas.

— Meu Deus! Tem mais?

— Sim, eu falei que nunca tirou férias enquanto esteve comigo.

— Sim. Mas eu não quis.

— Eu sei, disse isso aos novos donos. Então tiveram essas duas ideias. Te dar férias e enquanto isso tem dois cursos para fazer, um em Nova Iorque e um em Paris.

— Mas eu não sei falar inglês, como vou fazer?

— Sabe o básico. E, além disso, vai mais uma guria, e ela sabe falar fluentemente.

— Ainda bem!

As duas riram muito. Depois ficaram um tempo sentadas, olhando o pessoal guardar as coisas e organizar o salão.

— Bom, Cris, tenho que ir.

— Antes gostaria de te entregar um mimo. Tive uma inspiração, então fui lá no antiquário comprar alguma coisa para te dar sorte nessa nova fase de sua vida. A mulher que trabalha lá disse que te conhece e me indicou esse colar. Disse que era perfeito.

— Ela me conhece?

— Disse que foi sua colega de escola, um ano durante o período que estudou à noite. Ela disse para falar que ela era a mais CDF que você iria lembrar.

— Sim, lembrei. Éramos bem amigas, até que ela foi estudar fora. Não sabia que tinha voltado. Fiquei curiosa com o colar.

— Aqui está! Vamos, te dou uma carona.

— Ok! Olho com calma em casa.

Quando Lana estava prestes a sair do caro, Cris falou:

— Ah! Não esquece que vai ter que tirar a carteira de motorista quando voltar.

— Pois é. Obrigada pela carona! E te agradeço por ter sido uma mulher incrível em minha vida, me apoiando e dando muitos exemplos de superação. Se não fosse por tudo o que me ajudou, nunca teria coragem de lutar pelo meu sonho. Sempre será a minha musa inspiradora!

— Está querendo me fazer chorar? Pois está conseguindo. Você, Lana, tem uma energia maravilhosa, sempre foi muito dedicada e trabalhadora, como eu não iria te ajudar? Quando for uma produtora famosa, lembra de vir me visitar.

— Obrigada! Mas é claro!!!

As duas deram boas gargalhadas em meio a lágrimas. Assim se despediram.

Depois que o carro se foi ao longe, Lana respirou fundo ao chegar em casa, tentou fazer o mínimo de barulho possível. Mas não adiantou. Seu pai estava sentado cochilando no sofá. Acordou quando ligou a luz. E já começou a tirar o cinto dizendo que iria mostrar os modos e que moças não deveriam sair à noite sozinhas, ainda mais voltar àquela hora para casa.

Revoltou-se e gritou com ele, foi até o quarto, trancou a porta e começou a arrumar uma mochila com roupas e acessórios de que precisava. Escreveu um bilhete para a mãe, deixou sobre a cama. Abriu a porta, passou pelo pai e disse:

— Já que o senhor nunca gostou de mim, agora não precisa mais se preocupar comigo, estou indo embora. Faça de conta que não tem filha.

E saiu porta afora. O pai ficou bravo, continuou xingando com palavras ofensivas de baixo calão.

Andando sem rumo, chegou à praça principal. Uma ideia se formou em sua cabeça. Foi caminhando até chegar ao antiquário, do lado direito tinha uma calçadinha com portão que estava destrancado, abriu e entrou, estava tudo escuro, demorou alguns minutos até acostumar a visão. Olhou em volta, viu um quiosque do lado esquerdo, foi até lá e sentou-se no banco colocando suas coisas sobre a mesa. Então resolveu abrir o pacote e ver o tal colar.

— Realmente combina comigo. É lindo!

De repente uma luz verde começou a brilhar, uma sombra começou a aparecer até se definir. Era uma mulher com cabelos bem cacheados e volumosos, muito bonita.

— Olá! Sou Violet, mas prefiro Vi. Sou sua antecessora. Sou uma guardiã e você é minha escolhida. Esse medalhão é seu amuleto e sua fonte de poder, com ele receberá dois dons: Agilidade e Velocidade. E também aprimorará o que nasceu contigo, o brilho.

— Que loucura! Só pode ser um sonho! Então tá... falou em brilho. Lembro-me de ter brilhado algumas vezes. Mas por que isso?

— Cada guardiã tem alguns dons ou poderes. São 12 meninas ao total. É a de Leão, as outras dos outros 11 signos. Uma completa a outra. Juntas são imbatíveis. Eu estou aqui para lhe ensinar tudo, e treiná-la. Mas amanhã, agora está tarde. Descanse um pouco.

Assim que Vi saiu, Lana resolveu deitar-se no banco para olhar as estrelas. Ainda achando que era um sonho ou uma peça que sua mente estava lhe pregando. Distraída com seus pensamentos acabou adormecendo.

Mia havia saído para dar um passeio de gata, quando viu uma mulher ali fora, entrou e foi chamar a mais centrada para resolver essa situação. Ao chegar lá fora, Angel logo reconheceu a intrusa.

— Mia, pode deixar, eu a conheço; ela é a mais nova moradora da casa, vai ocupar o quarto 5.

— Ela é a guardiã de Leão?

— Sim. Violet, sua antecessora, veio ontem até mim, para me avisar. Mas já a conheço, pois estudamos juntas, durante o segundo ano do segundo grau. O nome dela é Lana. E sua vida até aqui foi muito difícil. Poderia, por favor, entrar e avisar as outras que iremos fazer uma recepção de boas-vindas, no café da manhã?

— Tá, mas depois vou dormir!

— Muita grata pela ajuda!

Angel foi até a moça deitada no banco e a chamou com uma voz calma, para não assustar.

Ela acordou e se assustou quando viu sua antiga amiga parada olhando em sua direção.

— Não gostaria de dormir lá dentro? Em uma cama macia e confortável? Ou tomar um banho bem demorado e quente, enquanto faço uma boa xícara de cappuccino?

— Se não for abusar, pode ser tudo isso?

— Sim, pode. Venha, eu lhe ajudo.

As duas entraram. Angel foi com ela e parou diante do quarto com número 5, e disse:

— A partir de hoje, esse é seu novo quarto. Entre, tome um banho quentinho e desça até a cozinha que fica à direita da porta de entrada, tomamos um café e conversamos um pouco. Sei que está precisando. Depois te explico o que falta.

— Certo! Muito obrigada! Já desço.

Ficou maravilhada quando abriu a porta e acendeu a luz. Era perfeito! Tinha seu estilo em cada detalhe. Na colcha da cama, havia um leão desenhado. Havia também estátuas pequenas de leões em uma prateleira, em várias posições. Colocou sua mochila e as duas sacolas no chão ao lado da cama, foi até o banheiro, e viu que nas toalhas amarelas com bege, de rosto e de corpo, tinha o símbolo do seu signo bordado. Então entendeu o que Angel quis dizer com aquele era seu quarto.

Despiu-se e tomou um banho quente, mas não muito demorado. Não queria deixar a anfitriã muito tempo esperando. Vestiu-se e desceu.

Ao chegar à sala, ficou em dúvida sobre para onde ir, viu uma única luz acesa à esquerda, então foi até lá.

Angel estava conversando com uma gata que estava sentada na banqueta ao lado. Quando a viram entrando, Angel fez sinal para que se sentasse.

— O café está quase pronto. Esta é Mia, ela que te viu lá fora e veio me chamar.

— Que linda! Desde quando fala com animais?

— Não. Mas ela, sim. Mia volte à sua forma humana, por favor.

Enquanto Mia se transformava, a novata ficava sem reação.

— Oi! Chamo-me Mia! Sou a guardiã de Sagitário, posso me transformar em qualquer animal que conhecemos, daqui a algumas horas vai conhecer as outras. Vou dormir, boa noite!

— Boa noite! — *as duas responderam.*

— Bom, Lana, sei que sua vida foi bastante complicada até aqui. Não vou dizer que vai ser mais fácil, porque não vai. Mas com certeza vai ser mais divertida e mais louca. Somos exatamente isso, uma grande família, que se apoia e troca respeito, carinho e amor. Tudo o que precisar é só falar. Amanhã Vivi vem para treinar você e te explicar direito as coisas. E acho que vai gostar dela, é bem direta. Sei que é rápido, mas tem muita coisa para aprender ainda. Hoje, que ainda é madrugada de sexta para sábado, aproveite para descansar, à tarde pode organizar suas coisas e conhecer a casa e se quiser me chame que te mostro o antiquário ou se quiser deixar para quando voltar, o que preferir.

Lana só olhava, não sabia se ainda estava sonhando. O sonho mais maluco que já teve.

— Sobre a casa. Cada uma limpa seu quarto, cada uma tem seu próprio banheiro. O resto da casa funciona com parceria. Três meninas por semana limpam a casa. Refeições, cada uma faz a sua ou quem está em casa se junta e faz para todas. Quando estão todas em casa, cada uma faz uma coisa.

Como não teve nenhuma objeção, continuou:

— Lana, não está sonhando, vai se acostumar com tudo e vai se sentir em família aqui. Antes que pergunte, somos em 12 ao total, eu sou a guardiã de Peixes, falo e vejo espíritos e tenho alguns dons, tipo força e teletransporte, e alguns outros que terei até passar para as outras por meio dos medalhões, sou a responsável por eles. Vai aprender aos poucos sobre nós, você foi a oitava a chegar na casa. E também vai aprender sobre o que fazemos. E se está disposta a encarar essa vida nova. Sei que vai viajar fim de semana que vem, por isso começamos logo o treinamento. Certo?

— Está.... Certo! É tudo muito novo e estranho. Mas acho que dá para aguentar. Não sou de fugir de um desafio.

— Isso aí! Assim que se pensa! Vamos deitar? A tarde vai ser puxada.

— Perfeito! Preciso me distrair!

Dormiu até meio-dia. Mia foi chamá-la para almoçar; ao chegar à cozinha, foi apresentada às meninas; e cada uma falou de seus dons. Após o almoço, Angel a convidou para a sala de estudos, onde contou tudo sobre as guardiãs, desde o início. E falou sobre cada uma. E quão importantes todas eram. Contou sobre as missões, e por fim lhe disse que se ela fosse necessária para alguma missão iria buscá-la durante sua temporada fora. Concordou.

Na segunda treinou com a Vi. À noite, depois de um longo e gostoso banho, desceu para comer algo. Angel estava na cozinha com uma pizza na mesa. Sentiu um cheirinho gostoso de café passado. Depois de comerem e relaxarem um pouco, An propôs:

— Agora que já escureceu, nós vamos a um lugar para treinar, me dê sua mão. Fique bem tranquila. Vai ficar um pouco enjoada nas primeiras vezes que viajar comigo, mas vai se acostumar. Melhor fechar os olhos nas primeiras vezes, ainda bem que não comeu muito.

— Ok!

E foram. Chegaram em um grande campo com pistas de corrida com e sem obstáculos.

— Agora use seu brilho para iluminar.

— Como faço isso?

Vi apareceu e disse:

— Feche seus olhos, junte as mãos em formato de concha e pense em um pequeno sol, depois diga a ele para subir e iluminar.

E assim fez. Ficou deslumbrada em saber que conseguia reproduzir luz. Até então achava que só podia se iluminar.

— Assim que não quiser mais luz, abra a mão, erga em direção ao pequeno sol e diga, apague. Então ele irá apagar. Também poderá usar para se defender como escudo, é só mentalizar um escudo de luz e pronto. Poderá atingir seus inimigos com raios de luz, mas isso ainda é cedo para aprender, pois exigirá muito, e precisa de muito treinamento e concentração, ou poderá ferir a todos em sua volta, inclusive suas amigas.

— Certo! Uma coisa de cada vez!

Treinaram corrida de velocidade durante algumas horas. Cada vez aumentando mais a velocidade. E era ágil com obstáculos novos que surgiam de repente em sua frente.

— Essa semana de treinamento já irá lhe ajudar muito. É forte e guerreira. Agora, meninas, vão para casa descansar. Amanhã a nossa nova gata tem que ir assinar seu contrato, saber sobre a viagem e os cursos. Quando sair de lá, vai ver sua mãe. Ela está preocupada, não se preocupe, seu pai não vai estar em casa, vai estar no trabalho, ele está começando a sentir o peso do que aconteceu ontem. Dê um tempo, ele vai mudar. Muitas pessoas só percebem o que tinham depois que perderam. Se quiser almoce lá. Depois continuaremos o treinamento. Angel a trará aqui novamente.

Voltaram para casa. Jantaram. Então foram dormir. Lana tomou um banho e assim que deitou na cama apagou. Acordou com os pássaros cantando em sua janela, desceu para tomar café e saiu. Ao chegar à porta de entrada, olhou para o céu e disse:

— Uma nova fase da minha vida começa hoje. E vai ser a melhor da minha vida!

Capítulo 17
Victória Chang

Apelido: Vicky.
Data de Nascimento: 10 de setembro (Virgem).
Idade: 24 anos.
Peso/Altura: 1,70 m / 54 kg.
Cabelos: Pretos, lisos, longos.
Olhos: Pretos.
Esportes: Tênis; Vôlei de Praia; Caminhadas; Corridas de carros ou motos.
Manias: Mania de limpeza; mascar chicletes; beber água sempre antes das refeições.
Estilo: Gatinha.
Comidas: Saladas; Feijão e Arroz com Bife; Batata Frita; Churrasco.
Doces: Torta de Chocolate com Morangos; Brigadeiro.
Bebidas: Sucos diversos; Vinhos.
Hobbies: Bungee Jumping; Escrever; Dançar; Cultivar flores.
Lazer: Boa Comida; Vinhos.
Guardiã Antecessora: Xiaolian (Xia).

Nasceu com 4 kg, fofinha, lindinha, com cabelinhos loiros e olhos azuis. Seu cabelo caiu e os fios negros começaram a nascer. Conforme ia crescendo, ia emagrecendo. Desengonçada, vivia se batendo e se machucando, sempre distraída com alguma coisa. Na escola tudo piorou. Sofria bullying por ser muito magra. Chorava todos os dias trancada no banheiro da escola. Não fazia merenda, ficava na sala. Sua professora Marli, muito atenciosa, a confortava, até que um dia cansou de vê-la sofrendo, então lhe disse:

— Chega, Victória!

A menina, assustada, olhou-a sem entender.

— És tão meiga, delicada, inteligente e és linda. Gostaria de ter esses olhos lindos que tem. Acha que não percebo tudo? Vejo que consegue fazer a sua lição e ainda sabe o que cada um está fazendo na sala.

— Sério, profe?

— Sério! Tem um lindo futuro pela frente. Mas tem que parar de se sentir coitadinha. Parar de chorar. Isso não te ajuda em nada. Ou acha que te ajuda?

A menina baixou a cabeça e balançou-a negativamente.

— Então vamos combinar que a partir de hoje não vai mais chorar por pegarem no seu pé. É tão inteligente, menina, use isso a seu favor. Responda à altura, mas sem ser grossa. Então vamos combinar uma mudança a partir de agora. Aproveite esse feriadão para pensar nisso e mudar.

— Obrigada, professora!

— De nada, minha menina linda!

E foi assim que ela mudou, sua autoestima estava lá em cima. Toda vez que alguém fazia bullying com ela, sem rodeio respondia à altura com uma piada sobre ela mesma do mesmo assunto do bullying ou sobre a pessoa que havia mexido com ela. Com o passar do tempo, foi ficando popular e cada vez mais bonita por dentro e por fora. Não tolerava bullying com ninguém.

Aos 15 anos, foi estudar na cidade vizinha para cursar o ensino médio. Pois o município em que morava, com seus pais e seu irmão caçula, era pequeno e só tinha o fundamental.

Quando tinha 16 anos, participou do desfile da rainha da escola, foi escolhida por unanimidade como a garota simpatia. O que ela não sabia é que nessa mesma noite sua vida começaria a mudar. Um olheiro estava de férias nos seus avós e viu Vicky e se encantou.

Ele foi falar com a diretora da escola, que logo depois os apresentou.

— Victória, esse é Vinícius Yungarth, meu ex-aluno. Ele agora trabalha em uma grande agência de modelo, estava de férias por aqui e, quando te viu, veio falar comigo sobre o que eu achava sobre ti. E é claro que acho a ideia fantástica.

— Olá, senhor!

— Olá! O que acha de tudo isso? Gostaria de ser modelo?

— Não sei, nunca havia pensado nisso. Só desfilei hoje por causa das minhas amigas. Eu teria que ver com a minha família.

— Mas é claro. Fazemos assim: fala com eles. Segunda vou com a diretora de van lá e pego vocês e levo para conhecerem a filial em Bosquelon, que é aqui perto. Pode ser?

— Pode.

Assim foi feito. Na segunda todos foram visitar a agência. O próprio Vini os acompanhou e explicou tudo

— Como ainda é menor de idade, poderá morar aqui no prédio ao lado. Moram ali seis meninas e duas mães. A agência paga aluguel, água e luz para que outras meninas possam ficar com elas.

— Que legal! Viu, filha, sempre quis morar em uma cidade que tivesse faculdade. Aqui agora poderá trabalhar e estudar, como tinha planejado — *a mãe toda orgulhosa falou.*

— É! Mas ainda não sei se é isso que eu quero para você, Vicky.

— Pai! O senhor sabe que nunca pensei nessas coisas. Mas é uma oportunidade incrível. Eu gostaria de tentar. É claro que se concordarem.

— Pelo menos assim nunca mais vão zoar com você, mana.

— Isso também, Paulinho.

— O que acham, mãe e pai?

— Vejo que sou voto vencido. Mas vou ficar de olho, sempre.

— Obrigada, pai!

Terminou o ano na escola, nas férias se mudou para o apê das mães. Era assim que todos se referiam a ele. Fez vários cursinhos, de como desfilar, posar para as fotos, cabelo, maquiagem e até de etiqueta.

Nos seus 18 anos, fez franja em seu cabelo, realçando ainda mais a sua beleza. Desde então, as usa sempre.

Era modelo fotográfica, mas fazia vários desfiles. Desfilava muito na Europa por sua beleza exótica. Passando temporadas por lá. Aprendeu a falar inglês, francês e italiano.

Em um desfile muito importante para a agência, foi chamada de volta, para ser a principal modelo de um desfile de roupas e joias que a própria agência estava lançando.

No dia do desfile, estava muito ansiosa e nervosa. Teria que trocar de roupa três vezes. Tudo ocorreu bem, na terceira roupa a estilista veio e disse:

— Sorria como nunca sorriu, pois está usando um colar de meio milhão de dólares. Que será leiloado após o desfile e doado para o orfanato e o hospital de sua cidade atual.

— Pode deixar, Cheila!

— Vamos para o final? Vai ficar sozinha na passarela com o colar do leilão até tirarem a foto oficial.

— Ok! Vamos lá!

Antes de terminar o desfile, Cheila pediu o microfone e anunciou a hora da foto oficial. Feita a foto, o Vini entrou na passarela com um buquê e um presente, parou-se ao lado de Vicky e disse baixinho:

— Você entrega as flores ou o presente à Cheila?

— O presente!

— Certo.

Vini pediu o microfone e anunciou o fim do desfile, os detalhes do leilão no site da agência. E...

— Bom, pessoal, agora uma notícia triste. Esse foi o último desfile da nossa querida estilista Cheila Bruhnn! Ela irá nos deixar. Será transferida para a Itália. Este ramalhete é para colorir sua vida! E convido nossa modelo para lhe entregar um pequeno mimo.

Feitas as entregas, despediram-se e encerraram o desfile.

Como sempre, Vi fez seu melhor! Desfile perfeito. Assim que saiu da passarela, trocou de roupa e guardou cuidadosamente o colar na caixinha preparada para ele, então entregou ao presidente da agência, que estava com dois seguranças, que a estavam esperando na porta do camarim, para levarem até o banco.

Assim que eles saíram, Cheila chegou e lhe disse:

— Sempre foi muito mais do que minha modelo, foi minha amiga e ouvinte. Comprei um amuleto, use sempre de algum modo, deixe sempre contigo. Vai te trazer sorte e proteção.

— Obrigada, Chei!

Voltou e pegou o presente que havia ganhado, abriu e se apaixonou. Era um lindo colar do seu signo, logo o colocou em seu pescoço. Era sábado, e por milagre ganhou uma semana de folga para descansar, já que foi do aeroporto direto para o desfile. Claro que passou no hotel para tomar um banho e largar suas coisas. Mas só deu tempo para isso. Arrumou-se e foi para a casa da amiga, para a despedida.

Quando chegou de volta ao hotel, já estava amanhecendo. Se jogou na cama e apagou. Acordou com alguém batendo na porta, levantou-se meio cambaleando de sono. Foi ver quem era.

— Quem é?

— Meu nome é Túlio, vim lhe trazer o almoço que me pediu.

— Eu pedi?

— Sim, tinha um bilhete dizendo que a senhorita ao chegar de madrugada solicitou que lhe trouxesse o almoço.

Abriu a porta, o garçom entrou, colocou sobre a mesa os pratos, lhe disse bom apetite e saiu fechando a porta.

— Juro que não me lembro desse fato. Mas já que está aí...

Ao levantar a tampa, viu seu prato favorito: feijão, arroz, bife acebolado e batata frita ao lado de um pratinho com salada de tomate com bastante cebola.

— Só falta ter uma fatia de torta de morango moreno nesse pratinho aqui.

Levantou a tampinha e tinha uma fatia generosa de torta de morango com chocolate.

— Meu Deus! Desculpa, Senhor! Foi sem querer. Força de expressão. Eu pedi mesmo isso? O Vini me mataria se só me ouvisse pedir a metade disso.

Telefone tocou. Foi atender.

— Olá, senhorita?

— Sim?

— É o Túlio, esqueci de dizer que pediu para lhe avisar que hoje seu agente liberou o almoço. Caso não se lembrasse desse fato. Desculpe meu esquecimento.

— Tudo bem! Obrigada por me avisar.

Desligou, foi até a mesa, sentou-se e disse:

— Com esse almoço hoje, salada de folhas o resto da semana.

E riu sozinha.

Saboreou a comida, comeu devagar para sentir sensações que se misturavam a cada garfada. Quando começou a comer a torta, começou a lembrar-se da mãe, parecia estar viajando naquela lembrança, quando alguém a chamou.

— Ainda não está preparada para isso.

Vicky abriu os olhos e viu uma mulher em sua frente sentada de lado no outro lado da mesinha redonda de um metro e meio.

— O que está fazendo aqui? Como entrou?

— Longa história. Mas vai se lembrar de mim, faz um esforço.

Vi sentiu um perfume e lembrou-se de um sonho que teve com a mesma mulher.

— Legal! Isso é um sonho! Já sonhei várias vezes com você.

— Sim... e não... não é um sonho.

— Não?

— Não. Meu nome é Xiaolian, sou sua antecessora, pode me chamar de Xia. Vim para lhe ajudar a entender seus dons e treiná-la.

— Ok!?!

Então Xia lhe explicou tudo sobre as guardiãs. Sobre os "sonhos" que tinha e algumas coisas que lhe aconteciam sem explicações.

— Por fim, agora falarei sobre nossos poderes, que muitos chamam de dons. Desde pequena você tem o dom dos sentidos. Sempre sentia e ouvia além do normal. Sabia tudo o que acontecia em volta. Eu vim agora "pessoalmente" em espírito para lhe falar sobre o Dom que adquiriu com o medalhão. E saiba que não é por acaso que esse medalhão veio parar em suas mãos.

Xia lhe explicou o porquê dos medalhões e os poderes que o envolvem.

— Tem o poder do teletransporte. Pode se teletransportar sozinha, ou com alguém em caso de extremo perigo, pode enviar ou trazer coisas que queira, por enquanto pequenas coisas. Mas depois de treinar bastante aumentará seus poderes.

— Definitivamente estou sonhando!

— Ok! Vou mostrar que não. Vamos ver sua mãe?

— Vamos! Posso sonhar com isso?

— Sim. Dê-me a mão.

Puf...

De repente estavam na frente da casa da sua mãe.

— Ah! Ninguém pode me ver, a não ser a guardiã de Peixes. Certo?

— Sim!

— Bate na porta!

— É um sonho, não preciso bater, vou passar pela porta.

— Essa eu quero ver!

Vicky foi passar pela porta, mas ao se chocar nela sentiu a pancada, pois bateu o pé direito e a cabeça na porta. Assim ela percebeu que não estava sonhando, que era real. Ao seu lado, Xiaolian ria gostosamente.

— Quer tentar de novo? Só que põe mais força dessa vez. — *Riu muito.*

— Pare de rir.

— Não dá.

— Tá, vou tocar a campainha.

E assim fez. Uma voz do outro lado da porta pediu quem estava batendo.

— Sou eu, mãe, vim lhe ver, estava com saudades.

A porta abriu e sentiu o perfume que sua mãe sempre usou.

— Ainda com o mesmo perfume de sempre, mãe?

— Ainda lembra, filha?

As duas se abraçaram, a mãe a puxou para dentro.

— Venha, acabei de fazer broa de milho. Vou passar um café.

— E o pai? O mano?

— O mano está na namorada, o pai está trabalhando.

— Por que, mãe? Ele não precisa mais fazer isso.

— Ele gosta, filha. Sabe que não sossega.

— Verdade.

— Conseguiu folga?

— Sim, uma semana.

— Vai ficar aqui?

— Só vou pegar minhas coisas, mas volto depois para dormir aqui.

Ficou alguns minutos ainda lá, depois saiu, foi até a esquina e disse:

— Ok! Está real demais para ser um sonho. Como vou voltar para o hotel? Tô sem dinheiro, sem documento nenhum.

— Pense no seu quarto lá.

— Preciso fechar os olhos?

— Nas primeiras vezes, é bom, até acostumar. Depois não precisa mais.

Fechou os olhos, pensou onde estava antes de sair, sentada atrás da mesa de refeições no quarto. E puf... ao abrir os olhos, estava sentada e em frente à mesa, só que limpa e com uma flor no centro. Sua cama arrumada, um bilhete pendurado na porta. Foi até lá e leu. Dizia:

"Olá! É o Túlio de novo, entrei com a arrumadeira. Ficamos preocupados, ninguém a viu sair. Se não aparecer até a noite, ligaremos para a polícia".

— O que faço agora, como vou explicar?

— Diz que saiu pelos fundos para ler lá no jardim.

— Tem jardim aqui?

— Sim, olhe pela janela do banheiro.

— Ok.

Ao voltar disse:

— É bem bonito!

— Faça o seguinte: agora que já o viu, pegue um livro e pense estar sentada naquele banco dos fundos ao lado da árvore. Eu dou meu jeito para que alguém a ache lá. Aí tudo certo.

Assim foi feito. Poucos minutos depois de estar sentada fazendo de conta que estava lendo, Túlio apareceu e disse:

— Lhe achei. Que bom que não foi sequestrada.

— Como assim?

— Achei que tinha sido sequestrada ou algo assim, porque havia sumido. Fico feliz de ver que está bem. Vou deixá-la em paz. Com licença.

— Toda.

Ficou mais algum tempo ali processando o que havia acontecido. O sol começava a ir deitar, então resolveu se arrumar para ir lá ver a família.

Foi pelo modo normal, de táxi. Viu seu pai e o irmão. Passaram uma noite de várias lembranças e presentes que havia trazido a eles. Sempre que ia a algum lugar diferente, comprava uma lembrancinha. Na sala da casa dos pais, havia uma prateleira com portas de vidros, só para essas coisas. Que chamava de estante de memórias.

Na manhã seguinte, recebeu uma ligação de Vini dizendo que havia uma nova favorita e que ela finalmente tiraria suas férias.

Ficou feliz, mas triste ao mesmo tempo. Em plenos 24 anos, pré-aposentada.

Resolveu ir até a agência falar com o Vini, e assinar os papéis das férias.

Depois, caminhando pelas ruas de bobeira com pensamentos longes, trombou em uma mulher.

— Desculpa! Sou meio estabanada!

— Sem problema. Chamo-me Dricka e você?

— Sou Victória.

— Vejo que precisa conversar, vamos ali à padaria tomar um suco? Ou chá?

— Tem certeza?

— Sim, estou sem o que fazer. Vai ser legal conversar e fazer uma nova amiga.

— Certo, então vamos?

Conversaram por um longo tempo e Vicky contou sobre sua carreira, e sobre sua preocupação de morar em hotéis, ir para o interior com seus pais era impossível, o acesso estava ruim e era longe.

— Só um minuto.

Dri teve uma ideia. Levantou-se, ligou para Angel, falou sobre a menina, disse que viu o medalhão de Virgem em seu pescoço. Desligou. Voltou até a mesa e disse:

— Tem uma vaga para morar na república onde moro. Interessa-se? Podíamos ir lá conhecer. O que acha?

— Agora?

— Sim! Falei com a responsável. Ela adorou a ideia.

Pagaram, saíram. Ao chegarem Angel já as aguardava na porta.

— Entre. Seja bem-vinda. Estávamos te esperando.

Nisso Xia apareceu na porta ao lado da anfitriã.

— Xia? O que fazes aqui?

— Sim, sou eu. Angel é uma guardiã e também me vê.

— A Dricka não vê, mas já se acostumou a me ver falando sozinha pela casa. Bom, eu tenho os mesmos dons que você e sei que vai tirar de letra. Agora vamos para o seu quarto?

— Meu quarto? É a guardiã de Peixes de que Xia havia me falado?

— Sim, sou. Aqui cada uma das guardiãs tem um quarto. Dri, obrigada pela ajuda. Gostaria de nos acompanhar?

— Vou lá com as meninas no orfanato. Tenho que dar aula mais tarde, já vou organizar.

— Certo! Até a noite! Vamos, Vi? Me dê sua mão.

Assim que tocou na mão estendida... Puf. Estavam paradas na frente de uma porta com o número 6.

— É a nona menina a chegar. Mas os quartos estão por ordem dos signos. O seu é Virgem, o sexto signo na ordem. O meu é o último, Peixes. A Karla te explicou sobre as gatas?

— Sim. Tudo. Só não falou sobre a república.

— Não estava na hora. Cada uma chega na hora certa. Do modo certo. Nada é por acaso.

— Percebi.

— Seja bem-vinda. Seu quarto. Nossa casa. À noite terá lasanha de legumes para a janta. Se quiser se juntar a nós, poderá conhecer as outras seis. Ah! Sobre suas coisas. Melhor trazer pelo modo tradicional. Temos um carro lá embaixo na garagem. Te levo para buscar suas coisas. Hoje estou de folga. Ou se preferir pode ir sozinha, se tiver carteira.

— Obrigada! Mas não tenho, pode ir junto, por favor?

— Claro que sim.

Puf... Puf... Angel e Xia sumiram. Abriu a porta e ficou em choque quando entrou. Tudo perfeito, sua estante de memórias estava ali.

— É uma cópia, a verdadeira está na casa dos seus pais — *Xia falou mentalmente.*

E assim Victória juntou-se às guardiãs. Treinando todos os dias com a sua antecessora ou com Angel.

Estava tão feliz. Fazendo fotos, desfilando de vez em quando. E as missões...

Capítulo 18
Patrícia Megalos

Apelido: Paty.
Data de Nascimento: 8 de maio (Touro).
Idade: 25 anos.
Peso/Altura: 56 kg/1,74 m.
Cabelos: Vermelhos com mechas rosas, ondulados, longos até o meio das costas.
Olhos: Verde-claros.
Esportes: Vôlei; Natação; Ciclismo.
Manias: Arrumar o cabelo.
Estilo: Vaidosa e tímida.
Comidas: Polenta; Lasanha; Massas diversas.
Doces: Brigadeiro de colher; Chocolates diversos.
Bebidas: Sucos naturais; Caipirinha; Vinhos.
Hobbies: Caminhar; Cantar; Dançar.
Lazer: Dançar; Conversar.
Guardiã Antecessora: Keyla (Key).

Paty nasceu prematura, com sete meses. Mas logo pegou peso. Nenhum médico sabia explicar como isso era possível. Geralmente as crianças ficam o tempo de completar os nove meses ou pouco menos, mas ela saiu em duas semanas da incubadora. Então começaram a dizer que ela tinha pressa de nascer, pois tinha muito que fazer. Tinha uma força de vontade de viver inexplicável.

Para a alegria de seus pais, logo estava em casa. Era a primogênita. Sempre quietinha, parecia entender a vida mais do que ninguém. Chorava apenas quando estava com cólicas, o que acontecia raramente. Quando estava com fome, resmungava como se estivesse pedindo para que lhe dessem o que comer. Era uma graça. De cabelos vermelhos e olhos azuis. Mas com o tempo seus olhos ficaram verdes. Quando tinha três anos, pediu irmãozinhos aos pais. Dizendo assim:

— Tá na óla de fazelem ilmãozinhos pla mim.

Era uma gracinha. Quando fez quatro anos, parou de trocar o "r" pelo "l"; um mês depois, descobriu que teria uma irmã. Feliz da vida, contou para todos que teria uma mana para cuidar e brincar. Mas algo inesperado aconteceu...

Sua mãe teve um aborto espontâneo, fazendo com que a família inteira ficasse em choque. Paty, numa certa manhã, chegou para a mãe e pediu colo.

— Mamãe! Minha maninha não estava pronta para vir. Vai ficar tudo bem.

— Como sabe disso, minha filha?

— Minha amiga Keyla me contou durante um sonho. Minha maninha vai ser linda como você, mamãe.

O pai de Paty tinha acabado de descer quando ouviu a conversa e pediu:

— Tem certeza disso, filha? Gostaria que conversasse com um amigo do papai sobre isso. Pode ser?

— Sim, papai.

Então Antoni levou a filha a um centro espírita, para conversar com o médium Luiz Paulo.

Ao chegar Paty sentiu uma sensação agradável de paz.

Ela sentou-se em frente a um senhor e começou a contar que, desde que se lembra, essa mulher está em seus sonhos. Que muitas vezes sente sua presença. E que tem certeza que ela a protege.

— Sempre achei que fosse meu anjo da guarda. Mas ela me disse um dia que ela é mais que isso. E que eu iria entender isso quando fosse mais velha. Que mesmo que eu não a enxergasse estaria ao meu lado me protegendo, pois era sua missão.

— Isso é bom. Veja desta forma, minha pequena: ela é um espírito de luz que a protege. E, se essa é a missão dela, deverá ser muito importante.

— Como assim, senhor?

— Ela disse que só entenderá quando for mais velha, pode-se dizer que terá uma missão muito mais importante que a dela, por isso precisa te proteger.

— Entendi.

— Vai ficar tudo bem com ela, papai. E esse espírito é bom, eu sinto sua energia. Está aqui na sala acompanhando a menina.

— Assim fico mais tranquilo.

— Patrícia ainda é nova para aprender sobre espiritismo. Mas pode vir tomar passes nas segundas. Se assim desejar.

— Sim. Obrigado!

A partir desde dia, Paty não sonhou mais com Key. Mas ainda a sentia. Era bom não se sentir sozinha.

Cinco meses depois, sua mãe engravidou novamente. Dessa vez ocorreu tudo tranquilamente.

— Se for menina, mãe, se chamará Cheila. Menino ainda não sei.

E nasceu Cheila. Linda e saudável. Quando as duas já eram mocinhas, brincavam de TV. Paty era jornalista e Cheila filmava as notícias e entrevistas. Paty já havia nascido com esse instinto de investigadora. Curiosidade a mil. Perguntava tudo, sobre tudo. Cheila dedicou-se às danças, aprendia muito rápido, qualquer tipo de dança.

Patrícia, com 17 anos, se formou na escola, e durante as férias de verão começou a fazer vestibular, passou em terceiro lugar. Conseguiu bolsa de 50% em jornalismo. Era muito dedicada. Durante os quatro anos, especializou-se em outros cursinhos além da faculdade. Fez curso de câmera, de etiqueta e comportamento, de maquiagem básica... Sempre dizia que era preciso saber de tudo sobre o que fazer e como fazer na sua profissão.

Aos 21 anos, se formou como primeira da turma. Convidaram-na para ser a oradora. Claro que aceitou. Sua festa de formatura foi linda.

Fez uma leitura perfeita, a mensagem foi simples, mas profunda, fazendo muitos chorarem de emoção. No fim da apresentação, disse ter uma surpresa. Colocou um pen drive no Datashow, selecionou uma pasta que dizia loucuras da turma. Eram várias fotos, de algumas o pessoal sabia, mas não se lembrava. Ninguém sabia que Paty havia tirado. Todos viram e se emocionaram. Depois da formatura, teve uma ideia... uma louca ideia. E dois dias depois apareceu com mechas rosa no cabelo e um lado raspado, a nova cor realçou ainda mais o vermelho, e seus olhos verdes pareciam ainda mais claros. Mudou-se para uma casa com a irmã. Cheia de ideias, logo conseguiu matérias incríveis; sua fiel escudeira, a irmã era sua câmera-girl. Uma dupla imbatível.

Um dia Cheila sofreu um acidente de carro, estava voltando para casa de uma festa, quando um carro no sentido contrário aquaplanou, ou seja, deslizou sobre a água, e perdeu o controle, batendo de lado no carro dela, deixando duas costelas quebradas e o braço direito com ossos trincados. O motorista do outro carro não teve a mesma sorte, ficando paraplégico, ou seja, sem movimentos da cintura para baixo. Os paramédicos disseram que por pouco eles estavam vivos. Se o rapaz tivesse virado o volante, teria acertado em cheio o carro de Chei, e assim os dois poderiam não ter sobrevivido.

O rapaz se culpava muito por tudo, Chei começou a visitá-lo com frequência e por fim os dois se apaixonaram. O único problema era que ele morava longe. Então ela resolveu morar com ele. Noivaram e se casaram em uma semana. E nossa querida Patrícia ficou sem câmera. Mas feliz pela irmã. Nos dias seguintes, fez testes com algumas pessoas e escolheu o Pablo. Ele veio estudar na cidade e precisava de dinheiro para pagar aluguel e despesas com os livros da faculdade de jornalismo.

Paty fez a seguinte proposta:

— Eu te empresto os livros da faculdade e te pago por hora. O que acha?

— Aceito. Quando começo?

— Hoje. É uma grande matéria que o jornal pediu. No caminho eu explico.

— Faz quanto tempo que trabalha no jornal?

— Faz alguns meses. Mas, contando com o estágio, vai fazer quase dois anos. Efetivaram-me quando fiz a matéria de capa sobre o internato. Mas vamos deixar de conversa e bora trabalhar.

E assim começou uma nova parceria. Muitos prêmios conquistaram com grandes matérias.

Alguns meses se passaram, precisamente quatro anos. Paty, em seus 25 anos e com seu faro apurado por notícias, estava concorrendo ao prêmio da matéria do ano. E por unanimidade ganhou não só um, mas três. Por melhor jornalista, melhor redação e melhor produção. Com esses prêmios, salvou o jornal *Última Hora* da falência, e nem sabia. Na segunda, quando chegou ao jornal, o diretor de redação a chamou e contou toda a história. Seu antigo sócio roubou bastante. Mas agora com esses prêmios iriam reerguer o jornal.

— Minha esposa comprou esse colar para agradecer e te homenagear.

— Nossa, Sidi. Que loucura tudo isso. Obrigada pelo presente. Agradeça a Joice por mim. E, se eu puder fazer mais pelo jornal, é só dizer.

— Continue sendo a número um.

— Com certeza! Amo o que faço.

— Essa é a diferença entre o bem feito e o só feito. Tenho que lhe dar outra notícia, ruim para mim.

— Qual?

— Tenho que te dar férias.

— O que tem de ruim nisso?

— Um mês o jornal sem você.

Muitos risos. Paty assinou os papéis das férias, depois Pablo também foi chamado para assinar. Era justo, e os dois mereciam. Por tantas horas trabalhando e dando o seu melhor, fazendo a diferença.

Saiu do trabalho e foi correndo contar a uma de suas irmãs do coração.

— Maninha?

— Oi, mana!

— Não vai acreditar! Ganhei prêmios pela minha matéria, e por salvar o jornal ganhei um colar e férias!

— Já olhou o colar? Sabe que sou fascinada por joias, ainda mais se forem antigas.

— Sabe que ainda não olhei? Fiquei tão emocionada com os prêmios e as férias que nem olhei. Vamos resolver isso, guardei aqui na bolsa.

Ao retirar o embrulho, Angel reconheceu na hora o saquinho preto e falou:

— Não acredito. Você é uma...

Luna surgiu de repente com outra mulher e as duas gritaram "não".

— Sou uma o quê?

— Sortuda, e muito merecedora de tudo o que está acontecendo. Quero que abra em casa o presente. Estou quase atrasada. Mais tarde me mostra o colar, pode ser?

— Como assim? Ficou sem tempo do nada?

— Sabe que às vezes me empolgo com algumas coisas e esqueço momentaneamente de outras. Mas já lembrei. Tenho que ir.

— Verdade, agora lembrei de algumas passadas suas. Vou com você até a esquina. Depois vou para casa tomar banho e relaxar.

— Ainda bem que interviemos a tempo.

— Verdade, Luna.

Depois de se despedir de Paty, Angel comentou baixinho:

— Quase surtei. Ela é uma guardiã. Olá, quem é você?

— Sou Keyla, antecessora da Paty. Signo de Touro.

— Ótimo! Vai ser incrível, mais uma grande amiga na equipe. Desejo boa sorte com ela. Ah! Apela para o lado jornalístico e curioso dela. Não tem erro.

Keyla foi até Paty. Ao chegar, sua aluna estava deitada na banheira quase cochilando.

— Não acha perigoso cochilar na banheira cheia de água?

— Não. Já estou acostumada. É meu anjo, não é? A mesma voz dos meus sonhos de criança?

— Sim. Mas se abrir os olhos vai poder me ver. Se assim quiser.

— Está realmente aqui? Não é outro sonho?

— Não é sonho. Ficou bem com meu ex-colar.

— Seu ex-colar? O que ganhei da mulher do meu chefe?

— Sim. Lembra-se dos sonhos que tinha quando criança? Num deles te contei sobre esse dia. Até me disse estar ansiosa para que chegasse logo.

— Estou lembrando. Sim, lembrei. Contou-me sobre a lenda e outras coisas.

— Vai abrir os olhos? E não é lenda, é minha escolhida. Será a nova guardiã de Touro.

Paty abriu os olhos assustada e viu Key sentada na beirada oposta da banheira com os pés na água.

— Está querendo me dizer que tudo é real? E que sou realmente uma guardiã?

— Sim para as duas perguntas. Ah! Amanhã começa seu treinamento.

— Oi? Como assim?

— Hoje, ao colocar e aceitar o colar, recebeu dois novos poderes: força e escudo. Muitos chamam de dons. Percebeu que tudo o que pega está mais leve, e pelo que vi quebrou o frasco de xampu, por isso na sua banheira há espuma além do normal. Mas vou te ajudar a se habituar com esses detalhes. Agora preciso saber se aceita tudo isso?

— Se eu disser que não, o que acontece?

— Muitas coisas ruins. Vou te mostrar.

Aproximou-se e tocou a testa de Paty. No mesmo momento, ela viu tudo o que poderia acontecer nas duas escolhas. E pôde lembrar tudo sobre a sua infância, conversas com Keila e os passeios em sonhos.

— Nossa! Que loucura tudo isso. Mas ao mesmo tempo incrível. Não posso dizer que estou surpresa. Parece parte da minha vida.

— E é!

— Aceito esse desafio!

— Perfeito. Daqui a três dias começamos?

— Por quê?

— Vai ter que se mudar. Arrume-se. Minha colega me disse que vai receber uma notícia não muito agradável sobre sua casa. Hoje à noite.

— Mas ainda tem tempo, nem almocei ainda.

— Olhe para fora. Está escurecendo. Tanta informação roubou-lhe algumas horas.

— Nossa!

— Sobre onde morar? Amigas são um ótimo refúgio.

Puf! Desapareceu. Paty levantou-se e se trocou, depois foi à cozinha colocar água a ferver para a massa. A campainha soou. Colocou a massa e foi atender. Como esperado, o proprietário, meio sem jeito.

— Olá, desculpe vir sem avisar. Precisamos conversar.

— Entre, sente-se. Vou organizando minha janta. Não deu tempo de almoçar. Diga o que o aflige.

Entrou e sentou-se na bancada que separa a sala da cozinha e disse:

— Bom, vou direto ao assunto.

— Ótimo!

— Estou passando por problemas de saúde. Precisei vender esta casa. Foi tudo muito rápido. Queria saber se teria como desocupar a casa e quantos dias precisa?

— Espere um minuto. Farei uma ligação.

Foi até o quarto, ligou, conversou mais alguns minutos e voltou.

— Três dias. E sobre os móveis ainda não sei o que fazer.

— Os novos moradores poderiam comprar de ti. Eles não têm nada. Vão se casar no final de semana que vem e iriam aproveitar esta semana para comprar os móveis. Se estiver em casa amanhã de manhã, posso pedir para virem olhar.

— Combinado!

— Obrigado! Bom, até amanhã. Pode deixar, vou sozinho, termine de fazer sua refeição.

No outro dia, o casal veio com o ex-dono da casa. Olharam tudo. Adoraram.

— Está tudo bem organizado e muito bem cuidado. Vamos ficar com tudo?

— Isso, Meg! Concordo. Está tudo perfeito! — *concluiu Jordan, futuro marido.*

— Sou advogada. Redijo o contrato hoje. Amanhã trago, você lê e se concordar assina.

— Ok! Fui muito feliz aqui. Também serão.

Os três saíram. Paty se jogou no sofá pela última vez. À noite começou a arrumar as suas coisas. No dia seguinte, estava tudo pronto. Passeou pela casa pela última vez. Olhou cada canto, cada detalhe.

— Vida nova! Casa nova!

Dim-dom! A campainha soou. Foi lentamente atender.

— Olá! Podem entrar, sentem-se.

Leu o contrato com cuidado e na última página arregalou os olhos e disse:

— Têm certeza desse valor. É mais alto do que eu pedi.

— Eu trabalho com móveis. Sei o real preço pelos seus. Não vou lográ-la. O preço justo por uma casa perfeitamente em bom estado.

— Ok! Não vou discutir. E sim assinar.

Assinado. Todos se levantaram.

— Bom dia! Aqui estão as chaves. As da garagem estão no chaveiro ao lado da porta. Não ocupo, já que a van fica lá com o Pablo, meu câmera-man.

— Falando nisso, temos um presente!

Meg abriu a bolsa e lhe entregou um embrulho.

— É para te trazer sorte em sua nova jornada — *concluiu Meg*.

Paty desembrulhou. Era um Buda em dourado brilhante. Justamente seu amuleto.

— Obrigada! Vou colocá-lo na cabeceira do meu novo quarto. Sorte!

Despediu-se e, com a ajuda de Tobias, o ex-proprietário, levou as malas até o carro que a aguardava.

— Oi, Angel! Bem na hora.

— Sempre! Vamos para sua nova casa?

— Vamos!

Assim a décima guardiã a entrar na casa chegou. Todas a esperavam. A primeira da fila, Susan. Sentiu-se em casa como nunca antes.

Capítulo 19
Mônica Dias Smith

Apelido: Môni.
Data de Nascimento: 4 de julho (Câncer).
Idade: 19 anos.
Peso/Altura: 70 kg/1,78 m.
Cabelos: Ruivos, lisos, médios.
Olhos: Castanhos com mel.
Esportes: Futebol; Vôlei; Corridas de carros.
Manias: Escutar música; Caminhar.
Estilo: Esportiva.
Comidas: Lasanha; Batata Frita; Pizza; Saladas.
Doces: Chocolate; Brigadeiro; Beijinho; Bombons diversos.
Bebidas: Sucos Naturais; Curaçau; Cerveja.
Hobbies: Dançar; Cálculos de Matemática; Beijar na Boca.
Lazer: Amigos; Vinhos.
Guardiã Antecessora: Ivy.

Bebê adorável! Encantava a todos. Sempre sorridente. Puxou a fisionomia pela família da mãe, ruiva com sardinhas, e os olhos castanhos iguais aos do pai.

Durante a infância, fez muitas amizades. Não era popular. Mas a mais querida. Muito tímida quando se tratava de multidões e apresentações. Mas, com o tempo, descobriu na dança seu mundo particular. Dançava tudo o que tinha. Aprendia só olhando. Na adolescência já tinha várias medalhas e troféus. Quando lhe perguntavam o porquê da dança, respondia:

— Me sinto bem. Em casa. Como se eu criasse um mundo e vivesse nele. Nasci para dançar.

Todos a aplaudiam. E ainda ficava vermelha.

Fazia grande dupla com a irmã. Alguns anos mais velha. Carol cantava e Môni dançava. Nos eventos da escola, eram sucesso garantido. Um dia a diretora chamou-as e lhes propôs produzirem uma peça teatral. As duas toparam o desafio.

Mônica ensinava os passos que criou e Carol ensinava canto.

No final da peça, todos aplaudiram de pé. Perfeito.

As duas pouco se separavam. Mas, nas férias de verão do último ano da escola, sentiram um aperto no coração, cada uma iria para um lado estudar sua profissão. Então fizeram um juramento. Ao terminar voltariam e morariam juntas.

Môni foi para Nova Iorque e Carol para Paris. Especializaram-se e deram o melhor de si. Em uma noite exaustiva, depois de várias horas treinando e se aperfeiçoando, Mônica torceu o pé, só teve uma luxação, nada grave. Cinco dias de molho absoluto. Durante esse tempo, várias pessoas a vieram visitar, era sempre hospitaleira. Tinha muitos amigos. Alguns vinham contar piadas e histórias, outros traziam guloseimas. Mas muitos vinham lhe pedir conselhos e foi aí que virou coreógrafa. Pagavam-lhe bem por isso. Suas ideias eram muito boas.

Quando voltou intercalava os dois: a dança e as dicas de coreógrafa. Juntou dinheiro para comprar uma casa para morar com a irmã quando voltasse.

Tornou-se a melhor coreógrafa da região. Aí que descobriu amar ensinar ainda mais do que só dançar.

No final dos dois anos, voltou para sua cidade. Montou um centro de danças, onde ensinavam pessoas de todas as idades. Pessoas de vários lugares vinham aprender. Ela passava uma temporada por ano em NY, e nos finais de semana dançava profissionalmente em competições com seu colega Henry. Eram imbatíveis.

Sua irmã voltou. Pouco se viam, suas agendas sempre cheias. Mas o pouco tempo que tinham não se desgrudavam. Deixavam bilhetes uma para a outra na porta da geladeira. Com dicas ou perguntas e respostas.

Mônica, agora com 19 anos, achou pouco o que fazia. Queria mais. Procurou o prefeito e a assistente social. Propôs ensinar de graça as crianças a dançarem. Mas para isso precisava de um novo estúdio, pois o seu era pequeno.

Enquanto não achava, ensinava-as nas quadras das escolas. Mas a maioria das quadras da periferia era descoberta e quando chovia não tinha dança.

Certo dia um senhor a viu chorando, sentou-se ao seu lado e pediu:

— Por que choras?

— Sinto pelas crianças. Já faz dias que não para de chover. Não consigo dar aula.

— O que você está procurando?

— Um lugar para fazer meu estúdio de dança. Para poder ensinar a todos.

— Então não chore. Olhe para o céu e peça. Por ti e pelas crianças.

O senhor levantou-se e saiu.

Uma semana depois, um rapaz a procurou no estúdio antigo.

— Procuro Mônica, a coreógrafa. Alguém conhece?

— Conheço, é minha irmã. Ela está dando aula para crianças carentes. Mas já está chegando. Aguarde alguns minutos.

— Sim, espero.

Môni chegou. Carol foi ao seu encontro.

— Tem um rapaz aí. Não sei se quer se inscrever para dançar. Mas está te esperando há alguns minutos.

— Onde ele está?

— Ali no fundo.

— Certo.

Foi até ele e se apresentou.

— Olá, sou Mônica Dias Smith.

— Olá, Senhorita Smith, sou Edson Guilherme de Castro. Meu pai disse para procurá-la. Ele pediu para lhe entregar essa chave e esse presente.

— Quem é seu pai? E por que isso?

— Ele está no hospital. Disse que conversou contigo há alguns dias. Estava chorando e precisando de um lugar para ensinar crianças carentes. Ele se emocionou e resolveu lhe dar o velho galpão para que fizesse um novo estúdio. Comprou esse presente e quando estava vindo uma moto bateu em seu carro e no susto sofreu um infarto. Fez-me jurar que a acharia e o entregaria logo. Fiquei feliz por ter encontrar rápido. Comecei a procurá-la ontem, ele não sabia seu nome, então fui à prefeitura. Disseram-me que só podia ser você.

— Acertou. Era eu que estava chorando. Seu pai está melhor?

— Sim, está. Vou lhe ajudar com as reformas. Se aceitar.

— A sua ajuda ou o galpão?

— Os dois.

— Sim. As crianças vão amar.

— Quando inaugurar meu pai virá, por enquanto o médico não deixará. Certo. Vamos lá conhecer?

— Sim!

Foram até o galpão. Entraram, olharam. Havia poucas reformas a fazer.

Em poucos dias, estava tudo pronto. A inauguração foi marcada.

Um sucesso.

Na metade da festa, o dono do Galpão chegou até a Môni e pediu:

— Gostou do colar?

— Nossa! Empolguei-me tanto que nem abri o seu presente. Assim que chegar em casa eu abro.

— Certo! Depois me conta. Aqui está meu cartão.

— Obrigada!

Indo para casa, começou a refletir sobre tudo o que passou em seus 19 anos; já tinha passado por tanta coisa... foi então que se deu conta de uma coisa: ainda não tinha conhecido o amor. Tivera uns casinhos na escola e um em Nova Iorque, mas nada muito sério. Sempre curtiu os amigos e a dança, e nunca tinha tempo para outras coisas. Mas agora caminhando, vendo casais de mãos dadas passeando...

— Pensando bem, eu tenho as crianças. Sinto-me tão feliz ensinando-as.

Ao chegar em casa, jogou-se no sofá, nisso deixou cair o presente, pegou e começou a abrir. Quando terminou de abrir, seus olhos encheram de lágrimas. Era um lindo colar de seu signo. Colocou-o no pescoço.

— Perfeito!

— Oi!

— Oi! Viu meu lindo colar! Opa. Quem é você? Como entrou aqui?

— Me chamo Ivy. Sou sua antecessora e vim lhe ajudar com seus novos Dons: Amor; Hospitalidade e Encorajamento, que você já tinha, só que ficará mais forte.

— Ah, tá! Então é um fantasma tipo um dos três daquele filme do Natal?

— Não! Sou um espírito de luz que nunca morre. Sou a última guardiã de Câncer, agora vim para lhe ajudar para que seja a nova guardiã. Caso não aceitar, serão anos perdidos, sem dizer que o mundo como conhece jamais será o mesmo. Mas isso deixamos para lá.

— Está falando sério?

— Sim, Mônica, és a décima primeira a ganhar o medalhão, ao total são 12. Falta apenas a gata de Gêmeos, que pode estar em qualquer lugar do mundo.

— Caramba! Parece bem complexo.

— Sim. Mas bem divertido. Vão ser sua nova família. Unidas serão imbatíveis e muito poderosas. Várias histórias para desvendar, mistérios a resolver.

— Incrível! Já aceitei.

— Só tem um detalhe, somente as outras guardiãs podem saber que você também é, mais ninguém. Nem sua irmã, pelo menos por enquanto. Ok?

— Ok! Prometo.

— Beleza! Então fui.

Ivy sumiu. De repente voltou.

— Esqueci! Seus dons são: encorajamento, que ficará mais forte; dom do amor e da amizade, que já possui; e o dom da hospitalidade, que se desenvolverá. Como não falei também, vamos treinar seus dons e as artes da guerra lá no antiquário em Bosquelon com as outras. Mas isso só mês que vem quando... deixa pra lá.

— Quando o quê?
— A última guardiã será descoberta.
— Ok, então.
No outro mês, foi morar no antiquário, mudou-se com a décima segunda.

Capítulo 20
Carol Dias Smith

Apelido: Carol.
Data de Nascimento: 5 de junho (Gêmeos).
Idade: 23 anos.
Peso/Altura: 58 kg/1,65 m
Cabelos: Pretos, curtos.
Olhos: Verde azulados.
Esportes: Vôlei; Futebol; Surf; Artes marciais; Paraquedismo; Natação.
Manias: Não ficar sem música; Ficar meditando sobre o futuro; Não sair sem maquiagem.
Estilo: Esportivo e sensual.
Comidas: Pizza; Massa; Lasanha; Batatas Fritas.
Doces: Chocolate; Cuca recheada.
Bebidas: Chocolate; Sucos naturais.
Hobbies: Cantar; Dançar; Viajar.
Lazer: Ler; Escrever no blog; Se aventurar.
Guardiã Antecessora: Beatriz (Bea).

Nasceu formosa e com os olhos estalados, verdes iguais aos da mãe. Sua fisionomia era parecidíssima com a do pai, inclusive o cabelo, loiro e liso. A médica, em uma visita após o nascimento, brincou dizendo que ela já nasceu curiosa, sempre com os olhos observando tudo. Realmente ela tinha razão.

Quanto mais Carol crescia, mais curiosa ficava. Não era de perguntar sobre tudo, mas observava para descobrir. Muito inteligente. E muito sonhadora, sonhava a qualquer hora.

Aos seis anos, começou a diminuir a curiosidade, mais ou menos quando sua irmã nasceu.

Um dia sua mana estava triste, o que era quase impossível de acontecer. Resolveu imitar a mãe e cantar para a bebê. Depois desse dia, era sempre ela que cantava para a irmã dormir.

As duas se tornaram inseparáveis. Ela cantava e a irmã dançava.

Na escola aos poucos viraram a sensação.

Quando mais velhas, se dispuseram a ser instrutoras juvenis.

No último ano de escola, tiveram que decidir para onde ir, não podiam mais ficar juntas. Mas um juramento foi selado, assim que terminassem os cursos e faculdade, voltariam e morariam juntas.

Carol foi selecionada para cursar faculdade em Paris. Ganhou bolsa de estudos integral. Mônica, sua irmã, foi para Nova Iorque. E voltou em dois anos. Mas para Carol concluir todos os cursos que queria, teve que ficar três anos.

Nos cinco anos enquanto esperava Mô terminar a escola, trabalhou com os pais na pizzaria, cursava aulas de canto, fazia parte do coral da igreja e ainda dava aulas na escola. No último ano da caçula, ganhou a bolsa. Como duraria um ano a mais do que a escolha da mana, resolveu ir antes. Mas depois do juramento.

Enquanto estava fora, no primeiro ano, seus pais compraram outro ponto na cidade e expandiram a pizzaria. No último ano, estavam pensando em expandir para outra cidade. Mas estavam planejando qual.

Quando voltou foi morar com a irmã em um apartamento. Seus pais ficaram sentidos. Mas apoiaram.

As duas tinham muito trabalho. Carol no início ajudava os pais, com o tempo tinha mais e mais aulas. Além de cantar no coral da igreja e em um coral profissional.

Às vezes ficava dias fora, quando ia com o coral se apresentar em cidades vizinhas. Numa dessas apresentações, descobriu que sua prima Bianca morava na cidade vizinha com algumas amigas. Elas montaram uma república. Ficou fascinada pelas histórias de como cada uma foi parar lá. Todas tão diferentes morando juntas e trocando experiências. Simplesmente incrível.

Passaram-se algumas semanas e começou a perceber que sua irmã estava agindo estranho. Mas achou ser coisa da sua cabeça. Um dia Carol chegou e disse:

— Tem alguma coisa errada Mônica? Está estranha.

— Sabe como fico nervosa quando não consigo resolver os problemas. Estou tentando achar um lugar para ensinar as minhas crianças. Mas está difícil Ca.

— Tenha fé, sabe que tudo vem na hora certa. Sinto que logo terá boas notícias. Mas algo vai mudar muito em sua vida. Dependendo da sua escolha, vai ser bom, mas se não fizer a escolha certa, muita coisa dará errado e o mal triunfará.

— Credo Carol, fico toda arrepiada quando faz isso. Fazia um tempão que não acontecia mais.

— O que será que é? Nunca tive tanta certeza de algo como hoje – *disse Ca.*

— Pode ser um presságio, ou só um daqueles sonhos que tinha quando pequena – *falou Mô.*

— Faça a escolha certa que será só um sonho – *concluiu Carol.*

— Sem pressão. Já está bem difícil, não piore as coisas.

— Sabe que não faço por mal Mô.

— Eu sei Carol. Vamos comer alguma coisa? Daqui pouco tenho que ir dar aula.

— Ok! Vou junto. Por incrível que pareça, hoje estou de folga. Vou ficar lá no estúdio olhando as crianças, pode ser Môni?

— Claro! Vou adorar Ca!

Nesse dia apareceu um rapaz no centro procurando Mônica e, para surpresa das duas, conseguiram um galpão para dar aulas às crianças e a todos que quisessem. Demorou uma semana até tudo ficar pronto. Mudaram-se com o estúdio para lá. Muito mais espaçoso, claro e arejado.

Na inauguração conheceram o benfeitor, um senhor muito simpático. A esposa, linda, uma senhora de 60 anos com aparência de menos de 50. Ao perguntar-lhe o que fazia para ser tão jovem, ela respondeu:

— Primeiro: sorria, a vida não é tão ruim; segundo: não sabemos quanto tempo temos, aproveite; terceiro: pense positivo.

As duas se tornaram muito amigas. Conversavam bastante, quando dava.

Passou-se um mês. Tinham uma grande apresentação. Carol gostava de checar pessoalmente os equipamentos. Era um evento beneficente para ajudar uma escola que tinha sido vítima de vândalos. Roubaram muitas coisas, e picharam quase todas as paredes.

Carol desmarcou aulas para fazer um mutirão, para poder pintar e fazer reparos. Conseguiu muitas pessoas; em três dias, estava tudo consertado e pintado.

As duas irmãs resolveram juntas fazer um sarau, ou seja, montar um palco para pessoas que queiram se apresentar, para que possam demostrar o que sabem. Cobraram um valor simbólico pelas entradas. Muitas empresas ajudaram com doações maiores. Ao checar os instrumentos e o palco, pois a sua apresentação abrirá o sarau, viu um saquinho preto amarrado ao seu microfone. Olhou em volta, viu algumas pessoas que estavam se arrumando, outras ensaiando. Pediu:

— Pessoal? Alguém colocou isso aqui? É de alguém isso?

Todos disseram que não, um a um. Ela então resolveu abrir para ver o que era. Tinha um bilhete, puxou-o primeiro, estava escrito:

"Para Carol Dias Smith, por sua dedicação, e por se importar com os outros. É um medalhão, para lhe trazer sorte e proteção".

Não havia assinatura de ninguém, a letra não fazia ideia de quem era. Mas era um presente endereçado a ela. Resolveu pegar.

— Nossa! Deve ser alguém que me conhece bem, para acertar meu signo. É lindo! Vou usá-lo sempre.

As apresentações terminaram, uma mais linda que a outra. Algumas fizeram o público chorar de emoção; outras chorar de tanto rir, com as encenações de comédia.

No final um casal chegou até as duas, a mulher disse:

— Deveriam montar uma oficina de talentos.

— Queremos patrocinar se aceitarem — *concluiu o homem.*

— Que incrível essa ideia. Aceitamos, mana?

— É um desafio. Mas não vejo problema.

— Isso é ótimo! Mas temos um problema, sim. Seria difícil se mudarem para Bosquelon? Lá temos local e equipe. Poderiam se revezar e continuar com esse estúdio. Vamos ficar até o outro fim de semana. Vocês têm esse tempo para pensarem. Boa noite!

Os dois saíram. E as duas ficaram se olhando.

— Vamos fechar e ir para casa. Temos tempo para pensar.

— Cá! Eu vou lá na mãe. Importa-se de ficar sozinha no apê?

— Tudo bem. Aproveito para pensar em tudo o que aconteceu hoje, depois de um longo e gostoso banho.

Fecharam e se despediram. Ao chegar em casa, fechou a porta e foi reto para o banho, passando apenas na varanda para pegar a toalha e o chinelo. Estava delicioso o banho, até que:

— Vai ficar quanto tempo aí ainda?

— Essa voz... eu me lembro dessa voz de algum lugar...

— Claro que sim. Muitas vezes conversei contigo em seus "sonhos", como gosta de chamar. Chamo-me Beatriz, quando criança você me chamava de Bea.

Como um flash, Carol lembrou-se de tudo. Até da última conversa. Quando Bea disse-lhe que seus sonhos diminuiriam até chegar o momento certo. Para assim poder ter uma vida normal. No início não quis aceitar. Mas a convenceram de que seria melhor.

— Ainda não respondeu se vai demorar.

— Não, já vou sair. Importa-se de me dar alguns minutos?

Seis minutos depois, foi para a sala com a toalha na cabeça. Sentou-se no sofá oposto ao da mulher esbranquiçada.

— Sou um espírito, por isso tenho essa cor, era isso que estava pensando?

— Si... Sim. Como?

— Sou sua antecessora, podemos conversar através dos pensamentos, telepatia. Consigo saber o que está pensando. Assim consigo protegê-la quando precisa. Mas é uma boa menina, não me deu muito trabalho.

— Que bom. E por que está aqui hoje?

— Vim lhe explicar sobre o medalhão, e as guardiãs, principalmente sobre seu destino.

— Ok! Então tá...

Bea contou sobre as guardiãs, sobre o que elas faziam, lutavam; por que seu futuro seria grandioso. No final só tinha uma pergunta.

— Por que somos só mulheres?

— No início eram seis mulheres e seis homens. Infelizmente eles se converteram bem mais rápido do que nós. No final, todas foram cedendo. Mas antes de sucumbir uma única mulher sobrou, ela foi até a montanha mais alta que tinha perto, subiu, ajoelhou-se e implorou que Deus lhe desse força para ajudar os outros 11. Então ELE enviou um anjo com a seguinte mensagem:

"— Dos 12 apenas uma única criatura se manteve firme. Os outros a julgaram ser a mais fraca e frágil. Maltratavam-te e riam de ti. E mesmo assim queres salvá-los.

— Sim. Meu coração permanece fiel a Deus e puro. Mas, vivendo entre os mortais, conheci o amor, não aquele entre o homem e a mulher, e sim aquele que a mãe sente pelos filhos. Sinto compaixão e tenho a esperança de poder libertá-los desta prisão momentânea. Podes me ajudar?

Alguns minutos em silêncio, então lhe respondeu:

— O PAI irá te ajudar. Pois aprendeste a cultivar o amor mais puro e forte que ELE criou. Agora durma".

— Essa é a história do porquê de serem apenas mulheres. Não que os homens não tenham esse amor. É que as mulheres o aprendem muito mais rápido. Depois de aprender, nunca mais esquecem.

— Obrigada por me contar! Sinto-me honrada.

— Vai ser a peça fundamental para as outras. Agora conseguirá controlar o que ver e o que não ver. O seu outro Dom nasceu com você.

— A curiosidade?

— Isso! Só que não é uma pessoa normal. Sabe a hora de pedir. Mas o mais importante: sabe observar para saber. Sua missão será divina. Ah! Aceite a proposta do casal. E mude-se com a sua irmã para a república onde Bianca mora. Vocês são uma única família.

— Minha irmã e elas também são guardiãs?

— Sim, Carol. Completará as 12. Agora começam as aventuras.

E assim foi feito, ligou para sua prima, contou-lhe quase tudo e pediu para morarem lá.

Na manhã seguinte, contou tudo à irmã. Festejaram muito.

Na segunda confirmaram que aceitariam toda a proposta. Na quarta se mudaram.

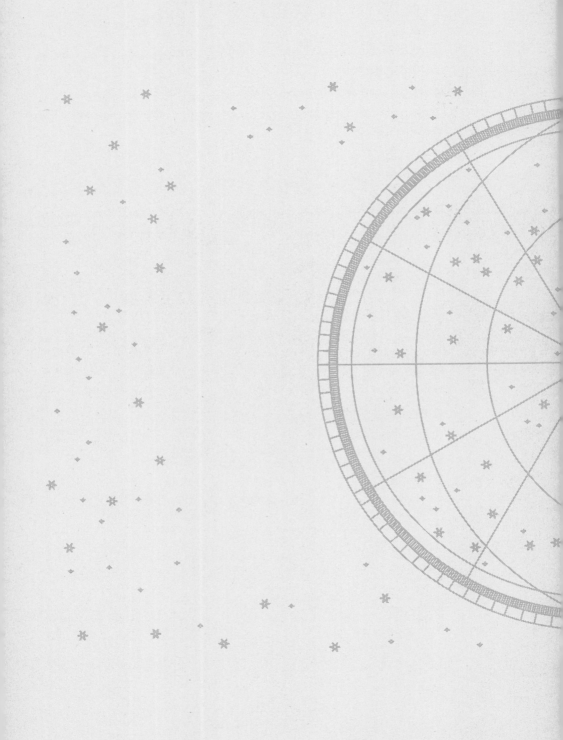

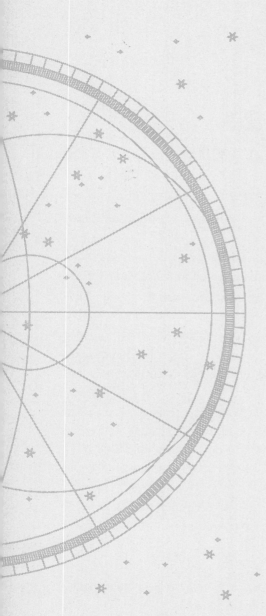

ATO 2

Capítulo 21
As Missões Começam

Então agora finalmente começam as aventuras das nossas meninas, que escolheram se intitular "As Gatas".

São 12 garotas, morando juntas na mesma casa, cada uma com suas diferenças. Tudo para dar errado. Mas dava certo. Qual era o segredo?

Mágica? Talvez sim, ou simplesmente amizade, cumplicidade e respeito mútuo.

Dois dias depois que todas as meninas estavam morando na casa, no momento em que conversavam reunidas na sala, Angel lembrou-se de um fato que ocorreu antes de saberem que as guardiãs existiam, e que elas fariam parte dessa lenda.

— Sei que muitas não vão saber dessa cena que ocorreu em uma noite quando a Susan e eu estávamos saindo do quarto das meninas do centro comunitário, mas vou lhes passar mentalmente o que aconteceu, foi incrível, parecia que estávamos prevendo o início da nossa história. Prestem atenção ao flashback, vão ver como se fosse uma cena de filme:

"A pequena Andressa lembrou-se da história que deveríamos contar antes de sairmos, como Susan não levava muito jeito com histórias. Angel pediu:

— Qual gostariam de ouvir hoje?

E como ninguém opinou, An pensou, pensou, foi até a sua bolsa e retirou um caderninho com a capa feita à mão e disse:

— Então vou lhes contar a história das Guardiãs.

— É uma história passada de mãe para a filha — *completou Susan*.

Todas sentaram e em silêncio Angel começou a contar:

— Tudo começou com uma grande amizade, com várias amigas que se uniram para fazer do mundo um lugar melhor para se viver.

[...]

E, agora, séculos depois... Passado de geração para geração... As Guardiãs possuem mais uma missão: encontrar suas sucessoras e lhes ensinar tudo o que aprenderam sobre As Guardiãs!

— Angel! Essa história é só uma lenda. Para que nós nunca nos desanimemos e que sempre lutemos por nossos ideais.

— Sim, Susan! Mas de alguma forma sinto que isso é verdade.

— Como assim?

— Não sei como explicar, mas toda vez que leio essa história sinto como se fizesse parte dela. Como se eu soubesse que sou ou fui uma guardiã.

— Sei que parece loucura, mas no fundo também me senti assim.

Depois de alguns minutos em silêncio...

— Angel?

— O quê?

— Ainda bem que não sou a única louca aqui.

Risos encheram a sala de alegria.

— Bom, hora de ir meninas. Boa noite!

— Ah! Boa noite, Angel! Boa noite, Susan! — *disseram as meninas numa só voz.*

— Boa noite, meninas! Até amanhã! — *disse Susan.*

Todas ficaram desanimadas. Mas sabiam que não tinha discussão. Já estava mesmo na hora de dormir. Então levantaram e foram cada uma para sua cama.

Angel e Susan, quando chegaram perto da porta viram que a Patrícia estava entrevistando a diretora. Então pararam para escutar.

— Agora vou lhes contar como esse centro funciona — *a diretora falou.* — É como se fosse uma escola com internato. Na verdade, funciona assim. Mas apenas crianças acima de seis anos ficam para dormir, os menores vão para suas casas todas as noites. As outras vão aos fins de semana. No centro incentivamos a prática de vários esportes, como natação, hipismo, lançamento de peso, entre outros. Aqui, como a área é enorme, podemos ter várias quadras para os variados tipos de esportes. Algumas quadras são cobertas, outras ainda não. Também temos computadores com internet para a pesquisa de trabalhos, televisões com videogames, todos recreativos, é claro. E bons professores e voluntários. Para mantermos o centro, pedimos auxílio à prefeitura e a grandes empresas. Alguns pais pagam mensalidades. Outros ajudam com mutirões para reformas ou para cuidar das crianças, fazendo comida ou contando histórias. Aqui todos somos parte de uma grande família.

— E assim encerramos a entrevista com a diretora do Centro Escolar Comunitário. Obrigada, diretora Sandra!

— Eu que agradeço, Patrícia!

— Corta! Pablo, vamos guardar tudo e passar no jornal para editar e já colocar amanhã na primeira página.

— Oi, Paty!

— Oi, Angel! Oi, Susan!

— Como está o trabalho?

— Consegui uma matéria ótima, entrevistando a Sandra. Vocês devem ler amanhã.

— Tinha que ter gravado a Angel contando a história das Guardiãs para as meninas. Todas sentadas quietinhas ouvindo. Foi lindo!

— Não conheço essa história.

— Quem sabe um dia te conto. Ela é passada de geração para geração pelas mulheres.

— Deve ser bem interessante!

— Angel, o que acha? Podíamos nos reunir lá em casa numa janta e falar sobre isso. Semana que vem tem feriadão, podíamos fazer no sábado. Concorda, Paty?

— Claro, Susan! É uma ótima ideia! Desde que cada uma leve alguma coisa.

— Vai ser a janta das mulheres!

— A Susan está por conta!

— Calma, Su! Temos que ver com as outras se elas podem ir.

— Tá! Vou ligar pra elas e combinar, depois ligo pra confirmar. Beijos, vou indo.

— Beijos, Su!

— Aproveito e também vou, quer carona, Angel?

— Aceito, tenho um monte de cadernos pra ler e corrigir.

Na quarta-feira à tardinha, marcaram de se encontrar na casa da Patrícia para decidir o que cada uma iria levar para a janta das mulheres. Angel e Susan se encontraram na praça e foram juntas até lá.

Após uma hora, todas já sabiam o que iriam trazer. Tudo combinado. Cada uma dirigiu-se para sua casa."

Voltando do flashback ao presente...

— Lembram desse fato, meninas?

Algumas não sabiam do início, mas lembraram perfeitamente no instante em que entravam na história.

— Que loucura, eu sempre soube que fazia parte.

— Na verdade, Susan, era só um sonho na época pra nós.

— Conversamos muito sobre a história do teu caderninho, An. Falando nisso, de onde esse teu caderno veio?

— Boa pergunta, Dricka! A minha mãe, Bárbara, me deu ele, disse que comprou aqui no antiquário no meu aniversário de um ano, ela disse que a mulher falou a ela que esse caderninho de histórias iria me ajudar muito ao longo dos anos.

— Já existia o antiquário?

— Parece que sim.

Nisso apareceu a Luna e disse:

— Era eu quem cuidava do antiquário, já sabia que você iria ser minha sucessora.

— Que legal, Luna. Ah! Desculpe, meninas, ela está aqui e acabou de me contar que era ela quem cuidava naquela época, que foi por meio dela que recebi o caderno.

— Fantástico! Toda essa história daria um bom filme — *falou Bubi.*

— Talvez uma série! — *acrescentou Môni.*

Todas concordaram. Muitas horas depois, ainda conversavam sobre diversos assuntos, quando o Noite apareceu bravo e disse:

— Já pra cama, não sabem que horas são? Tem treinamento amanhã! Acabou a folga, já dei alguns dias para se habituarem à nova fase desta vida.

Nem preciso dizem que todas ficaram assustadas.

Quase esqueci deste detalhe, após as meninas aceitarem seus dons e se tornarem Guardiãs, elas começaram a ver ele. Claro, né, como poderiam treinar com ele se não vissem. Antes disso apenas a Angel via, porque ela enxergava todos os espíritos.

Sem discutir... muito, foram dormir.

Na manhã seguinte, precisamente às seis horas, todas estavam no galpão de treinamento que ficava atrás da casa, nem todas 100% acordadas, mas estavam presentes.

Em uma parede, havia centenas de armas, todas bem organizadas como em um catálogo. Tinha facas, adagas, espadas, lanças, gadas, algumas armas de fogo, até arco e flecha. Em outra parede, tinha alguns aparelhos de ginástica, como esteira, bicicleta, e outros que não faziam ideia de para que serviam até agora, segundo o Noite era para treinar o condicionamento físico. Na parede oposta à das armas, havia na metade uma arquibancada com sete degraus espaçados ao lado de uma rampa, e logo em seguida uma parede de escalada. E, por fim, na parede por onde elas entraram, havia vários alvos, em uma distância segura da porta, que fica bem no canto, com um biombo de metal espesso, na lateral da porta, para aumentar a segurança.

— O esquema inicial vai ser sempre o mesmo, o que vai mudar com o tempo é a quantidade de voltas. Todas à frente da arquibancada.

Esperou que todas se alinhassem e explicou:

— Comecem com caminhada, ida e volta daí até a parede — uma volta, depois aumenta para caminhada rápida — uma volta, aumentando para corrida — três voltas. Vamos começar o treinamento com bastão, esta semana. Algumas vão aprender mais rápido que as outras, isso é normal, não se preocupem. Cada uma terá mais aptidão para um tipo de arma, ou mais. Para quem tiver dificuldade, treinaremos mais. Para quem não tiver dificuldade, treine bastante, podendo treinar sozinha ou com alguém, vejam como preferem no decorrer dos treinos.

Ele parou por alguns minutos, olhou cada uma para ver se estavam entendendo. Como ninguém argumentou, prosseguiu:

— Vamos lá, comecem.

Deu um tempo até terminarem as voltas.

— Cada uma pegue um bastão. Se posicionem duas a duas. Angel, venha aqui, como conhece já os movimentos, vamos mostrar o que elas devem treinar. Começando pelo posicionamento dos pés. Analisem como ela se move quando ataca e quando defende.

Após demostrarem ataque e defesa, An foi treinar com Su, que havia esperado ela voltar. Noite passou uma a uma olhando o posicionamento e os movimentos, corrigindo e demostrando novamente quando necessário.

Depois de uma hora de treinamento, ele gritou:

— Pausa para descansar, ir ao banheiro e tomar água. Esta semana serão 30 minutos. Quando voltarem, duas voltas corridas e posicionamento de luta. Só mais uma hora hoje. A partir de amanhã, aumentarei 15 minutos no treino. Até pôr fim à meta e treinar de 4 a 5 horas sem intervalo. Para as que ficaram apavoradas, isso é necessário, não vão querer entrar em uma batalha e perder ou morrer por não aguentar lutar.

Após o treino acabar, ele acrescentou:

— Quando estiverem em casa e tiverem tempo, podem treinar o condicionamento físico nos aparelhos de ginástica, comecem com 5 minutos e aumentem a cada dois dias 5 minutos, não passem de meia hora sem descansar. Entendido?

— Sim — *todas responderam juntas.*

— Sobre as meninas que têm emprego fixo, vamos encaixar os horários. Liberadas por hoje. Quem quiser treinar mais está liberada.

Por mais incrível que pareça, elas conseguiram treinar com todas as armas sem serem chamadas para nenhuma missão. Estava calmo demais, muito estranho.

Era o que as antecessoras pensavam. Na época delas, era muito mais intenso, nem conseguiram treinar mais que um dia, e as missões vinham de penca.

Essa calmaria teve fim exatamente três meses depois que a última menina entrou na casa.

Do nada, na noite anterior à mudança, quando as meninas estavam terminando de jantar, o Noite apareceu e disse:

— Amanhã vai ser cada uma por si. Vamos ver como vocês se saem.

Assim que terminou de falar, sorriu maliciosamente e sumiu.

— Mais essa agora. Estamos exaustas de treinar cada minuto que temos. O que será que vem agora? — *reclamou Vicky.*

— Está muito estranho, nenhuma missão desde que chegamos. Eu ouvi a Luna comentando com as outras que não é normal estar tão quieto — *comentou Angel.*

— Será que finalmente vamos ter alguma missão? — *Lana falou animadamente.*

— Eu nem sei se estou preparada — a*crescentou Mônica.*

— Bom, se for alguma missão, sei que estamos "afiadas". E vamos mostrar que nós somos as escolhidas certas para o trabalho!!! — *falou Gaby.*

— É isso aí, galera. Nós fomos escolhidas porque somos especiais, e com todo esse treinamento estamos mais que prontas. Vamos mostrar que somos As Gatas!!! — *finalizou Angel.*

Todas estavam animadas, até que Bubi disse:

— Quem vai lavar a louça?

Cada uma fez alguma coisa e logo a cozinha estava limpa e organizada. Estavam cansadas por causa do treino, resolveram sem delongas dormir cedo.

Mais tarde, após calcular que todas estavam dormindo, Angel levantou-se, puxou um baú que estava embaixo da cama, abriu e pegou um pacote em meio a algumas roupas, colocou sobre a cama. Fechou e guardou com cuidado o baú para não fazer barulho. Pegou o embrulho com cuidado, foi até a porta, abriu bem devagar, olhou em volta, estava tudo escuro. Saiu do quarto, desceu as escadas e foi até a cozinha. Na prateleira em que sempre guardava seu café e os chás, retirou tudo e colocou em outro lugar escondido. Estava orquestrando uma surpresa. Quando estava fechando a porta da prateleira... Luna disse:

— Por que não está dormindo?

An quase enfartou com o susto, ainda teve que sufocar o grito. Alguns minutos depois, ela falou:

— Cê tá louca! Quer me matar do coração?

— Não. O que está fazendo?

— É uma surpresa pra Mônica, ela vai fazer aniversário e acha que a gente esqueceu.

— Ah! Legal. Agora vai dormir, vai ser um longo dia amanhã.

— Por quê?

— Fui. Eu nem deveria estar aqui.

E sumiu. Restou ir dormir. No meio da noite...

Recapitulando... vamos relembrar, para ninguém se perder, quais são os dons de cada uma antes de começar a contar sobre cada missão.

* Maysa: *Áries/Fogo – Dons: Da palavra; Línguas; Autonomia.*

* Patrícia: *Touro/Terra – Dons: Força; Escudo; Abundância.*

* Carol: *Gêmeos/Ar – Dons: Visão do passado e futuro; Curiosidade.*

* Mônica: *Câncer/Água – Dons: Encorajamento; Amor e Amizade; Hospitalidade.*

* Lana: *Leão/Fogo – Dons: Agilidade; Velocidade; Brilho.*

* Victória: *Virgem/Terra – Dons: Teletransporte; Sentidos.*

* Gaby: *Libra/Ar – Dons: Sabedoria; Ouvir; Espelho.*

* Bianca: *Escorpião/Água – Dons: Inteligência; Raciocínio rápido; Transformação humana e em objetos grandes.*

* Mia: *Sagitário/Fogo – Dons: Mutação animal; Aperfeiçoamento.*

*Dricka: *Capricórnio/Terra – Dons: Ler mentes; Intuição; Responsabilidade.*

* Susan: *Aquário/Ar – Dons: Sedução; Telepatia; Participação.*

* Angella: *Peixes/Água – Dons: Cura; Ver e falar com espíritos; Unidade (União-Elo).*

Agora sim... vamos às missões. Primeiro cada uma terá um desafio pessoal de superação em que histórias malucas podem acontecer, mas com muita cultura.

Elas terão que mostrar que realmente dominam seus poderes, para assim subirem de nível e finalmente poderem lutar contra o crime.

Capítulo 22
Victória em Xangai na China

Era uma bela noite, muitas estrelas no céu, Vicky estava chegando de uma viagem, o clima estava agradável, resolveu caminhar, ainda estava eufórica, havia voltado a desfilar, e tinha recebido um convite para treinar as novas meninas. Estava tão feliz. Do nada tudo mudou, transportada a um outro lugar, era de dia, levou alguns segundos para se acostumar com a claridade, lembrou dos óculos de sol na bolsa. Olhou em volta, não reconheceu nada, mas algo lhe parecia familiar, resolveu andar e descobrir que missão era essa, porque só podia ser isso.

Em uma mesa sentado como se observasse atentamente a paisagem, mas estava apenas distraído com seus pensamentos, um belo rapaz, cabelos loiros com um sutil dourado em suas madeixas, curtos, mas com uma franja mais longa, usava jogada para o lado, todas as meninas que passavam não conseguiam deixar de reparar na beleza dele, até os homens olhavam com uma certa inveja.

Distraída Vi tropeçou a quase caiu no colo do moço.

— Me desculpe, sou meio estabanada.

— Tudo bem. Me chamo Victor, vejo que parece perdida.

— Oi! Eu sou Victória. Pode parecer estranho, mas poderia me dizer onde estou?

— Se refere a este restaurante, ou à cidade?

— Segunda opção.

— Está em Xangai.

— Tipo na China?

— Sim. Está realmente perdida, sofre de amnésia?

— Não. Eu sou uma viajante, e vou de cidade em cidade, peguei uma carona com um amigo que conheci, sem pedir para aonde ele ia, só isso.

— Fala muito bem o nosso idioma. Pera aí, viajante? Eu conheço sua história. Como não pensei nisso antes. Acaso não és uma guardiã?

— Acaso posso ser. Depende do que sabe sobre isso.

— Eu sou um discípulo de um mestre em artes marciais, e um dia ele me contou uma lenda que diz que de tempos em tempos uma guardiã vem para Xangai com uma turista para encontrar um tal de baú.

— Que bom, já sabe mais do que eu da missão. Onde eu posso encontrar seu mestre? Talvez ele possa me ajudar, contando mais sobre a lenda.

— Tenho aula com ele daqui a pouco, pode ir junto, mas vai ter que esperar terminar a aula para conversar, ele odeia atrasos.

Ela aceitou. O Dojo era muito bonito, bem organizado, para não atrapalhar ficou em um canto bem quieta. Após terminar a aula, Victor se aproximou com um senhor. Se levantou e fez uma reverência, assim como seus alunos fizeram.

— Mestre.

— Pode me chamar de Zhang. Então veio buscar o que é seu por direito?

— Sim, poderia me contar mais sobre a lenda?

Além do que o Vi contou, disse que estava ligada intimamente aos pontos turísticos da cidade, mas que toda vez era outro, não sabia qual seria desta vez.

— Ele lhe contará tudo o que sabe sobre a história. Assim será mais fácil descobrir onde pode estar guardado.

— Muito obrigada pela ajuda.

— Se não for pedir muito, poderei vê-lo? Estou curioso, desde que meu avô me contou esta história. Essa lenda é contada há gerações na nossa família.

Ela concordou prontamente. Se despediram, resolveram caminhar por Xangai, enquanto Victor contava sobre a cidade.

— Vou começar com a história da China, há documentos datados desde o século XVI a.C., provando que essa civilização é uma das mais antigas do mundo tendo uma existência contínua. A civilização chinesa surgiu em cidades-Estados no vale do rio Amarelo. No ano de 221 a.C., a China teve um grande momento, quando foi unificada, se tornando um império, um grande reino, já havendo várias dinastias e Estados antes disso. As dinastias que vieram depois criaram sistemas para que o imperador chinês tivesse um controle burocrático para administrar todo o território, futuramente conhecido como China. A cultura chinesa possui valores que vêm de uma versão ortodoxa do confucionismo, que inclusive eram ensinados nas escolas, sendo feitos testes da administração pública imperial.

Fez uma pausa, esperando perguntas, como não houve, continuou:

— Da República Popular da China, Xangai é a maior cidade, sendo uma das maiores metrópoles do mundo. Fica localizada na foz do rio Yangtzé, na costa central da China oriental, seu estatuto de nível de província é administrado como cidade. Inicialmente uma vila cuja economia vinha do setor têxtil e da pesca, ganhando importância no século XIX, por causa da localização do porto e por fazer parte do Tratado de Nanquim, de 1842. Xangai desabrochou como centro comercial entre Oriente e Ocidente, tornando-se um polo financeiro internacional por volta da década de 1930. Por causa de seus marcos históricos, se tornou um dos destinos turísticos mais famosos.

— Tem alguma ideia de onde podemos começar a procurar por um sinal?

— Tenho várias. Nossa cidade contém diversos museus de magnitude nacional e regional. Acredito que, do mundo inteiro, o Museu de Xangai possui uma das melhores e maiores coleções de artefatos históricos chineses, contando com a coleção de bronzes chineses antigos. O Museu da Arte da China é o maior museu de arte da Ásia. Em uma central hidrelétrica antiga, foi construída a Usina da Arte, transformando-se assim em um magnífico museu, parecido com a Tate Modern de Londres. O Museu de Ciência e Tecnologia e o Museu de História Natural são muito importantes para a nossa cidade. Tem outros museus menores que estão situados em importantes locais arqueológicos e históricos, como o local do Governo Provisório da República da Coreia, o Museu do Primeiro Congresso Nacional do Partido Comunista Chinês, o Museu Songze, o Edifício Geral dos Correios, a antiga sinagoga de Ohel Moshe e o Rockbund Art Museum também estão em Xangai. O MoCA, o Museu de Arte Contemporânea de Xangai, está localizado no centro do Parque do Povo, ele é privado e está comprometido em promover o design e a arte contemporânea.

— Que legal, vamos a todos eles?

— Podemos ir, tem tempo pra isso? Porque não vamos conseguir ver tudo hoje.

— Parece que sim. Só não tenho onde ficar para dormir, e confesso que estou com fome. Não tenho dinheiro local.

— Tudo bem. O mestre pensou nisso. Pode ficar no Dojo, tem uma espécie de pousada para os alunos que não têm onde ficar, alguns trocam a estadia e comida por serviço, outros pagam. Tem um quarto disponível ao lado do meu. Mais uma hora, aí podemos ir comer, pode esperar?

— Que bom. Sim, posso.

— Daria tempo de visitar algum museu?

— Sim, vamos.

Foram a um museu perto de onde estavam, mas não havia nenhum sinal. No Dojo, antes de comerem, Victória pediu para tomar banho, a sorte que tinha sido transportada com sua mochila e bolsa, assim tinha roupa e dinheiro. Para o almoço, tinha Xiaolongbao, uma massa em formato de bolinha recheada de sopa e carne, preparada ao vapor, Cí Fàn Tuán, arroz glutinoso em massa frita, e Jiaohu Ji, conhecido como "frango mendigo", servido com folhas de lótus, cobertas de gesso (feito no forno). De tarde, foram em três museus, nada. Cansados, apenas comeram Dim Sum (pastéis ao vapor feitos a partir de diferentes ingredientes). Logo foram dormir. Levantaram cedo, Vicky até treinou com o grupo do Victor, depois tomou banho e foram visitar mais dois museus, à tarde um grande, mais dois menores. Faltava apenas o MoCA, teria que ficar para o outro dia. À noite eles comeram Hot Pot, um conjunto de alimentos cozidos em um caldo quente que é colocado no centro da mesa.

Na manhã seguinte, antes de saírem, ela foi se lavar. Após o último museu da lista. Sentados no mesmo local onde se conheceram, ele teve uma brilhante ideia.

— Tem um lugar que gosto muito, é o Tianzifang, é um lugar tranquilo. Localizado no coração da cidade, na antiga zona residencial, a região agora é um point descolado, com cafés, ateliês, galerias de artes e artesanatos. Na Cidade Velha, o Yuyuan Garden é uma das principais atrações dessa região, sua construção foi iniciada em 1559. Lindo, com seus muros em forma de dragão o cercando, dentro há lagos, uma área repleta de vegetação e monumentos, entre eles a Pedra de Jade. No ano de 1982, o Tianzifang foi considerado monumento nacional, se tornando um dos pontos turísticos mais relevantes da China. Em Xangai é o jardim mais famoso, fica no norte da cidade, construído na Dinastia Ming, entre os anos de 1559 e 1577, possuindo dois hectares. O que acha de irmos lá?

— Uma ótima ideia, parece ser incrível.

Simplesmente deslumbrante, cada detalhe muito bem pensado. Algo lhe chamou atenção, mais do que o normal, seus sentidos estavam a mil. No lago ao lado da "casa", perto da escadaria que descia até ele, de um lado uma estátua com circuitos redondos jorrava água para cima, do outro lado um canteiro com lindas flores. Disse baixinho ao novo amigo:

— Preciso ir ali.

— Somente à tardinha, quando todos saírem.

— Então vamos passear por aqui até isso acontecer.

— Tudo bem, mas eu tenho treino. Ficaria bem sozinha?

— Sem problema, encontro vocês no Dojo.

Ele permaneceu mais um tempo, depois foi treinar. Ela ficou escondida em meio a umas pedras perto de uma árvore de chorão; quando todos saíram, foi à escadaria e se teletransportou até o canteiro, havia o símbolo de Virgem na borda, o apertou e ruídos surgiram na água, apareceu um obelisco na frente da escada. Voltou para lá, logo percebeu em sua ponta superior um entalhe, seu colar encaixou perfeitamente. Uma voz soou:

— *Do pó eu vim, ao pó retornarei. Todos terminam "comigo". Que elemento sou?*

— Terminam com você... São enterrados a sete palmos da... Elemento Terra.

Quando terminou de falar, engrenagens fizeram-se ouvir, o obelisco começou a descer, rapidamente pegou o colar e colocou-o de volta no pescoço. Exatamente entre o canteiro e a estátua, emergiu um lindo baú marrom com arabescos em dourado.

— Oi!

Vicky quase caiu na água.

— Tá louca de chegar assim, Xiaolian?

— Desculpa, estava ansiosa para ver ele.

— Prometi abrir lá no Dojo, poderia verificar se os dois estão sozinhos?

— Claro. Depois que abrir, vou levar ele pra casa. Poderá se despedir ou ir junto.

Em alguns segundos, voltou e disse que estavam conversando no pátio, e que ouviu, quando os últimos alunos saíram, dizerem que era noite de folga. Hoje era o dia de o Victor ficar com o mestre.

— Ótimo, vamos lá.

Pegaram o baú e se transportaram para a sala onde os dois estavam, claro que se assustaram quando ela apareceu do nada, mas depois que explicou que tinha esse dom, e que as outras guardiãs também tinham dons especiais, focaram em descobrir o que tinha dentro do achado.

Ele tinha o mesmo entalhe do obelisco, então colocou o pingente e, logo que ouviu o clique, retirou o colar e colocou-o de volta, abriu a tampa e pôde ver uma vestimenta preta, apenas passou a mão por ela, um tipo de courino, focou a máscara que estava ao lado, branca com detalhes em verde e azul-escuro, acima dos olhos no centro um trabalhado em dourado, com pedras de jade, em cada ponta um leque moldado. Analisando melhor, percebeu que na frente era uma tampa, a desceu, revelando três gavetas, na primeira um escudo com madeira nobre com veios brancos, bem no centro uma mulher-anjo representando o signo de Virgem em alto-relevo em ouro, detalhes ao redor em bronze, pedras de jade acima e abaixo da anja. Ao lado uma linda catana com lâmina de prata. Na segunda gaveta, um arco magnífico com a mesma madeira do escudo, seu desenho é uma mistura de asas com chifres, ao lado uma aljava oval com diversas flechas. Na terceira gaveta, um leque com símbolo de Virgem na frente; na parte de trás, as barbatanas que prendem o tecido de seda preta com lindos desenhos de sakuras em dourado revelam sutis estrelas que formam a constelação do signo de Virgem; pressionando o ponto certo, pequenas lâminas afiadas dão um ar de graça, em um deslumbrante brilho dourado em sua base a um quase furta-cor em suas lâminas mortais para quem souber manejá-las com perfeição. Ao lado continha dez alfinetes para cabelo, um mais lindo que o outro, todos com pontas finas. E uma lança dupla, sua lâmina é uma mistura medieval com pirata, inclusive com uma argolinha em uma ponta na parte de trás de cada lâmina de prata, dividida em duas partes.

— Fascinantes. Obrigada por nos deixar ver. Na vida sempre temos alguém que aparece para nos ajudar, basta aceitar.

Agradeceu por toda a ajuda e pelo conselho, se despediu e voltou para casa com o baú e a Xia, que estava todo o tempo em silêncio ao seu lado.

Capítulo 23
Lana em Oxford na Inglaterra

Ainda meio sonolenta, levantou-se, tomou um banho e resolveu descer para tomar um café. Achava que só assim acordaria por completo. Por um breve momento, achou estranho a casa estar tão quieta. Mas sua vontade por um saboroso café a fez esquecer isso. Com calma colocou a água para esquentar, ao derramar lentamente a água quente no coador, o aroma se fez presente por toda a cozinha.

— Que maravilha! Jeito perfeito de começar o dia.

Depois de tomar cada gole do café, inspirou fundo e disse:

— Pronto, mundo! Estou pronta para brilhar!

Nisso foi transportada para outro lugar. Ainda meio sem entender, achando que fosse uma pegadinha.

— Estava apenas sendo otimista. Precisava disso? Pode me dizer onde estou?

Estava tão impactada que não havia reparado que tinha uma senhora sentada em um banco perto.

— Minha querida, está perdida? Você está em Oxford. Bebeu demais ontem na festa da faculdade que não se lembra?

Lana riu gostosamente. Foi quando percebeu que realmente estava em outro país, falando outra língua e ainda entendendo perfeitamente o que a senhora estava falando. Fez um esforço para tentar entender o que estava acontecendo. Foi aí que lembrou que ouviu sua antecessora conversando com outra antecessora sobre uma missão importante. E que todas teriam que se virar sozinhas em algum lugar desconhecido.

— É isso!

— Eu sabia. Vocês jovens não sabem o preço que estas coisas cobram do corpo com o passar dos anos.

— Não isso. Me refiro a que lembrei o porquê de eu estar aqui. É que fiquei tão encantada com tudo por aqui, que por um breve momento esqueci minha missão.

— Hum! Boa sorte então.

— Poderia me dizer onde fica o museu mais próximo? Gostaria de conhecer mais sobre esta bela cidade.

— Fica logo ali. Mas, se não achar chato, eu posso contar um pouco. Sou professora de História aposentada. E tenho muito tempo sobrando. Aliás meu nome é Rosie. E o seu?

— Me chamo Lana.

Ela sentou-se ao lado da senhora para saber tudo sobre a cidade e outras coisas que poderia aprender para descobrir o que fazer depois, e para onde ir. Rô começou a falar:

— Vamos começar pela Inglaterra.

— Pode ser!

— Ela faz parte das nações do Reino Unido. O território é formado, em sua maioria, por pequenas planícies e colinas, especialmente no sul e centro do país. Já no norte e sudoeste existem planaltos. A cultura vem das normas dos povos ingleses, sendo difícil de diferenciar-se da cultura no conjunto do Reino Unido. A língua inglesa dispõe de uma tradição vinda de grandes artistas (dramaturgos, poetas e escritores), entre eles Dickens e Shakespeare, que contribuíram muito para a língua inglesa.

Fez um pausa, como não houve comentários, continuou:

— Oxford faz parte do condado de Oxfordshire, Inglaterra, Reino Unido, localizada nas margens do rio Tâmisa. A cidade foi lar de estudiosos e da realeza, por cerca de 800 anos ou mais, foi oficializada cidade desde o século IX. Não há muito tempo, um de seus colégios, o Christchurch College, foi usado para as filmagens do filme Harry Potter. A charmosa e pequena cidade universitária possui vários prédios históricos com muita história para contar. Temos ótimas universidades aqui, para fazerem intercâmbio.

— Que legal! A senhora explica muito bem! Posso sentir seu amor pela história.

— Obrigada, minha jovem. Posso lhe sugerir alguns lugares para visitar aqui se quiser.

— Adoraria!

— Os pontos turísticos mais incríveis na minha opinião, há muitos outros, mas creio que em um desses locais achará o que procura.

— Como sabe que estou procurando algo?

— Todos nós estamos sempre procurando alguma coisa.

— Tem razão. Quais seriam os melhores lugares para eu procurar?

— Comece com o Oxford Museum, uma visita lá vai fazer com que descubra mais sobre a cidade e seus moradores. Exposições que contam sobre a literatura, as guerras e a época medieval. Ele oferece atividades e eventos. Depois vá à Bodleian Library, construída em 1602, é uma biblioteca universitária e é uma das maiores bibliotecas do mundo. Possui mais de 11 milhões de manuscritos e livros, contém cerca de 250 quilômetros de prateleiras. E, por fim, vá ao Botanic Garden.

— Deve ser lindo!

— Sim. É maravilhoso o Jardim Botânico. Principalmente em plena primavera, quando as flores estão em pleno vigor, com suas formas e cores encantadoras. Foi criado em 1621, com jardins, estufas e um canal que segue ao lado. Um local perfeito para relaxar sozinho ou com a família. O jardim possui em torno de 1,8 hectare, contendo mais de 8 mil espécies de plantas. Dos jardins botânicos da Grã-Bretanha com cunho científico é o mais antigo. Dividido em três partes: 1 a área externa à muralha, entre o Jardim Murado e o Rio Cherwell; 2 o Jardim Murado (Walled Garden), cercado pela muralha de tijolos original do século XVII que abriga a árvore mais antiga do jardim, um teixo inglês, Taxus baccata L; e 3 as estufas, que permitem o cultivo de plantas que precisam de proteção contra os extremos do clima britânico.

— Vou deixá-lo por último, assim como sugeriu, olhar sua vista ao fim da tarde. Antes que me esqueça, cheguei hoje aqui e não faço ideia de onde ficar. Saberia me dizer um local para dormir?

— Não faço isso com frequência, mas posso lhe dar meu endereço. Tem mais dois estudantes de intercâmbio em minha casa. Ainda dou palestras nas faculdades, de vez em quando recebo alunos para ajudá-los e para dividir meu conhecimento.

— Muito obrigada! A senhora é incrível. Não faz ideia de quanto está me ajudando.

— Vamos fazer assim: quando encontrar o que veio buscar, me conte sua aventura. O que acha?

— Justo! Vou começar logo minha jornada!

Rosie lhe entregou um cartão de visitas com seu endereço. E Lana partiu para o museu.

Era lindo, lembrando um castelo, mas ao mesmo tempo uma enorme casa medieval.

— Tanta coisa para ver em tão pouco tempo. Se bem que nem sei se tenho tempo cronometrado nesta missão. Então vamos curtir um pouco o momento.

Olhou com calma o museu. Depois de sair, sentiu fome.

— E agora? Será que tenho dinheiro perdido pela minha jaqueta?

Não precisou; por uma coincidência do destino, ali perto havia uma barraca fazendo propaganda de produtos novos.

— Petiscos. Não vai matar minha fome, mas vai ajudar. Isso é para eu aprender a comer de manhã. Bubi vive dizendo que o café é a refeição mais importante do dia. Ainda mais quando você é transportada para um lugar longe pra caramba.

Degustou algumas guloseimas.

— Moça, você é do Brasil, não é?

— Sou, sim. Que legal.

— Vou fazer intercâmbio em uma cidade chamada Campinas.

— Tem a Universidade de Campinas, que está entre as top 10 do Brasil. Vai gostar muito de lá.

— Vai parecer estranho, mas gostaria de almoçar comigo e conversar mais?

— Seria muito bom, mas estou com pouco dinheiro.

— Não tem problema, vou almoçar em casa com meu irmão, ele está estudando para ser chef. Vai gostar de ter mais uma opinião sincera sobre sua comida.

— Tem certeza que não vou atrapalhar?

— Claro que não.

— Então eu aceito!

— Só preciso esperar minha colega chegar. Olha, ela está vindo ali. Ótimo! Já estava com fome. Ah! Meu nome é Olívia.

— O meu é Lana.

— Bem diferente!

— Sim.

As duas foram conversando sobre as faculdades daqui e de lá, até a casa da mais nova anfitriã. Degustaram um verdadeiro banquete. E nossa leonina ficou um pouco caidinha pelo chef Ivan. Olívia percebeu logo e deu a ideia de ele ir mostrar um pouco da cidade à sua mais nova amiga. Ambos gostaram.

O Ivan fez Wellington Beef: em sua receita, vai bife de filé, cogumelos, massa folhada e patê. Também fez Bubble and Squeak, rodelas feitas com batatas e vegetais, podendo usar sobras de vegetais do dia anterior. Pode ser colocado na receita: ervilhas, repolho e cenouras, mistura-se os vegetais com o purê de batata, depois é cortado em rodelas e frito. Para a sobremesa, preparou Scones, que são biscoitos que podem ser acompanhados por geleias ou manteiga, ou para quem prefere pode-se comer sem nada por cima. Após o almoço, foram passear pela cidade. Ivan contava sobre os pontos turísticos. E sobre as melhores comidas para degustar na cidade. Já estava anoitecendo quando Lana se deu por conta de que não seguiu o roteiro.

— Onde você vai pousar?

— Tenho uma amiga, a professora Rosie.

— Sim, conheço, ela dá algumas aulas na minha universidade. Tem um conhecimento fantástico sobre História, não só daqui. Inclusive sobre diversas lendas e estórias culturais.

— Interessante! Tenho que ir.

— É um pouco longe daqui, quer que eu chame um táxi? Não vou poder te acompanhar, tenho aula depois.

— Tudo bem! Adoro caminhar.

— Amanhã já tem onde almoçar?

— Ainda não programei nada.

— Ótimo. Sabe onde eu moro.

Os dois se despediram. Em poucos segundos, Lana estava na casa da Rô. Ela estava na varanda tomando um chá. Lana entrou e sentou-se com ela, para olhar o horizonte.

— Tem uma vista muito bonita.

— Sim. Foi meu falecido marido que insistiu para comprar esta casa. No início queria uma menor. Mas ele me convenceu, tinha um poder de persuasão bem forte quando queria.

— Tenho uma amiga assim.

— Me conte um pouco sobre você.

— Vejamos, moro no Brasil, em uma república com mais 11 meninas. É uma loucura de vez em quando. Mas pouco a pouco nos tornamos uma família. Trabalho como produtora de eventos. Nas poucas horas vagas, ajudo no orfanato, todas nós ajudamos. Temos um antiquário. Nos revezávamos para cuidar no início, agora contratamos uma menina que estuda Artes. Cada uma das meninas tem seu próprio trabalho. Sempre que possível, fazemos as refeições juntas. Visito minha mãe escondida, pois meu pai tem um gênio bem difícil de lidar. Meus irmãos e sobrinhos são incríveis, me ajudaram muito quando saí de casa. Amo meu trabalho. E estou aprendendo a me amar!

— Isso é muito bom. Nem todo mundo consegue se amar.

— É!

— Vamos comer? Os meus hóspedes estão na universidade a esta hora. Pode ser um generoso café com cuca ou pão?

— Claro! Meu almoço foi bem cheio, digamos assim.

Entraram, jantaram, Rosie mostrou o quarto e deu-lhe umas roupas e toalha.

— Vi que não trouxe nada consigo, talvez tenha pensado que sua missão fosse durar menos tempo. Minha filha tem os mesmos gostos para vestimenta. Ela está estudando e trabalhando em Londres, vem para casa com o marido e as crianças apenas uma vez por mês. Não vai se importar que ocupe seu quarto e suas roupas. O banheiro é ali.

— Agradeço. Tenho a sensação de que sabe mais do que diz.

— Pois todo mundo deveria saber mais do que falar.

— A senhora entendeu o que quis dizer.

— Sim. Conheço muito sobre lendas antigas. E seu colar é muito semelhante a uma lenda local sobre uma guardiã de Leão em busca de seu maior tesouro.

— Então sabe sobre minha missão, por isso falou algumas vezes em enigmas.

— Não tinha certeza se era a pessoa certa. Mas hoje, vendo-a chegar em uma velocidade acima do normal, tive certeza. E digo que é um enorme prazer ser sua anfitriã nessa jornada.

— Conseguiu me ver?

— Tenho olhos apurados.

As duas deram boas gargalhadas com o trocadilho. Conversaram mais um pouco, depois foram dormir. Na manhã seguinte, Lana acordou com um delicioso cheiro de café. Saltou da cama, se trocou e desceu para experimentar essa maravilha.

— Sente-se. Fiz ovo mexido e bacon, sei que não deve ter esse costume, mas prove.

— Claro!

Saborearam o desjejum.

— Vou à biblioteca de manhã e à tarde na universidade. Se tudo der certo com o cronograma, à noite penso ter solucionado o motivo da minha missão.

— Tenha calma. Tudo se resolverá, no seu devido tempo.

— Muito sábia, como sempre. Vou iniciar minha busca de hoje. Tenha um bom dia!

— Bom dia!

A livraria era um deslumbre, a quantidade de exemplares era impressionante. Lana quase perdeu a hora do almoço com tanta coisa para admirar. Chegou em casa com Olívia. Entraram e almoçaram animadamente. Depois Ivan a acompanhou até a universidade.

— Tenho aula a tarde inteira e à noite. Vai ficar aqui até quando?

— Talvez até amanhã. Ainda não tenho certeza.

— Então fique até o almoço de amanhã. Vou fazer algo especial. Tenho que ir agora. Bom passeio!

— Combinado! Boa aula!

E a busca recomeçou. Após ele entrar, ela foi visitar o jardim botânico.

— Nossa, que divino este lugar!

Quanto mais olhava, mais se apaixonava pelo lugar. Ficou horas curtindo, olhava com calma. O sol estava começando a querer se pôr, quando chegou a uma fonte, um caminho simples de pedra com muitas árvores em volta, arquitetura e paisagismo em perfeita harmonia. Resolveu sentar-se na beira da fonte, estava escurecendo e não tinha se dado conta do quanto estava cansada. Olhando ao redor, viu as grandes estufas de trás. Mexendo na água com a mão esquerda, sentiu algo chamar sua atenção, analisando melhor o pedestal da fonte, julgou ver o símbolo de Leão. Averiguando se não havia ninguém por perto, resolveu usar seu brilho para iluminar aquele ponto.

— Sim, achei. É o símbolo do meu signo. Putz, vou ter que me molhar. Fazer o quê?

Retirou os calçados e as meias, remangou as calças acima do joelho e entrou na água, estava gelada. Chegou bem perto do monumento e com certa agilidade para não se molhar apertou o entalhe, escutou um ruído. Saiu dali com cuidado, colocou depressa as meias e o calçado. Uma luz que parecia chamas dançando em meio às árvores apareceu. Foi em direção da luz. A poucos metros de distância da ponte, uma pedra parecendo um obelisco surgiu, deveria ter um metro e pouco de altura. Em cima, no cume cuidadosamente esculpido, o desenho do seu colar. Retirou-o do pescoço e posicionou-o no lugar correto. Uma voz soou:

— *O leão caminha pela terra, precisa de ar e água para viver. Qual elemento falta?*

— Fogo é o elemento que falta.

Nisso um ruído de engrenagem se fez ouvir, sutilmente, abaixo de si. Deu alguns passos para trás a fim de melhor poder ver. Um buraco se formou e um baú começou a surgir. Vermelho-fogo era sua cor, com arabescos em amarelo, dourado e laranja. Ao se firmar e a porta fechar, Lana se aproximou e notou o mesmo entalhe do colar, lembrou de no obelisco pegar seu colar. Imediatamente colocou-o no novo lugar marcado. Assim destrancou a tampa superior. Desta vez pegou o colar antes do próximo passo, abrir a tampa.

— Uma máscara em vermelho-fogo com chamas amarelas e laranjas. Uau!!! E uma roupa de couro, bem sexy, mas parece confortável. O que é isso? Outra tampa.

Abriu e revelou três gavetas. A primeira continha um escudo com base de madeira nobre com veios alaranjados. Uma cabeça de leão em ouro na parte superior, abaixo penas, que de um lado eram pretas com chamas em dourado dentro, no lado oposto penas brancas com um desenho parecendo lâminas em dourado. Abaixo delas desciam fios dourados que eram ligados em um círculo com o símbolo de Leão. E, olhando por outro ângulo, pode notar que nele dava para a espada encaixar. Falando nela: era magnífica, a base da mesma madeira, penas semelhantes, mas menores, os fios dourados ligados à ponta pelo símbolo de Leão. A lâmina em prata, a parte que liga a parte afiada ao cabo era dourada com pedras em quartzo aurífero. Na segunda gaveta, uma arma tripla, uma mistura de gada com lança e machado. O cabo estava dividido, era feito da mesma madeira das outras armas, e tinha um fio dourado por toda a sua extensão. Antes de começar a parte afiada da lança, um círculo com o símbolo de Leão. Sua lâmina principal era de prata com detalhe em dourado no centro. Em cada lado, as mesmas asas do escudo. Na terceira gaveta... um arco com a mesma madeira, bem no centro um círculo com o símbolo do signo e em cada lado uma pena do mesmo estilo das outras. Ao seu lado, uma aljava oval com flechas, na sua base um círculo com o símbolo de Leão e três penas de cada lado, no mesmo estilo das outras armas. Na lâmina havia um detalhe interessante, ela era vazada. Não menos interessante, em uma caixinha de veludo vermelha, havia um pingente em formato de leão alado. Ao pegar na mão, sentiu um botão, ao acionar ele transformou-se em miniadaga.

— Sem palavras para descrever tudo isso.

— Sério?

— Oi, Violet. Então essa era minha missão aqui?

— Sim, em partes. Precisava mostrar que tem plenos poderes para usar seus dons. Só assim pode conquistar o baú de Leão.

— Que bacana!!! E agora?

— Eu vou para casa com ele. E você, pelo que vi, tem uma noite longa de conversa com uma certa anciã. E um almoço especial amanhã. Venho te buscar amanhã à noite. Divirta-se. Você está merecendo.

— Obrigada!

Estava ansiosa para contar à sua anfitriã sobre sua jornada. E mais ansiosa ainda pelo almoço.

A noite seguiu animada. Nunca imaginou que pudesse estar tão à vontade com alguém que conheceu há literalmente poucas horas. Na manhã seguinte, Rosie lhe contou diversas histórias sobre lendas locais. Ao chegar perto das onze horas, se despediu e prometeu voltar em breve, traria alguma das suas amigas para visitá-la também.

Não sabia o que esperar do encontro. Nunca teve um assim. Na verdade, nem chegou a cogitar algum dia ter. Vivia imersa no trabalho e nas missões. Já na frente da porta um frio na barriga começou a dominar.

— Devo entrar, ou devo apenas esquecer e ir para casa? O que é isso, Lana? Nunca teve medo de nenhum desafio. Por que agora teria?

Tocou a campainha. Ivan veio à porta buscá-la.

— Entre. Está quase pronto o almoço.

Ela o seguiu meio sem jeito. Mas determinada a ver no que iria dar tudo isso. Sentou-se à mesa. Ele trouxe um suco natural de abacaxi com hortelã, tinha um raminho da folha enfeitando o copo.

— Minha irmã não vai poder vir hoje para casa. Então precisava muito de companhia. Na primeira hora da tarde, saem as notas. Eu vou saber se passei ou não. Desculpe te pedir para adiar sua volta. Mas me sinto tão bem quando estou com você.

Lana respirou aliviada. Era um encontro de amigos apenas. Ótimo! Porque seria bem complicado namorar tendo milhas de distância entre nós – *foi o que ela pensou.* – O almoço seguiu leve e saboroso.

— Foram estes pratos que apresentei ontem no teste final. Prove e diga sinceramente o que achou. Na entrada servi o Bangers and Mash, composto por salsichão e purê de batatas, a salsicha usei uma menos apimentada feita à base de ervas, com um molho de cebolas como acompanhamento. O prato principal foi Roast Beef, tem a carne assada; pode ser utilizada nesse prato carne de porco, de pato, de cordeiro ou de peru. Geralmente servidos com batatas, vegetais e molhos. Eu fiz com peru, acho que é mais fácil agradar diversos paladares. De sobremesa eu fiz Summer Pudding, em sua receita são utilizados pão italiano, frutas vermelhas e açúcar.

Fez que sim com a cabeça. Estava fabuloso, havia uma riqueza de sabores que ao se misturarem na boca faziam vir à mente uma sensação maravilhosa.

— Está indescritível, de uma maneira ótima. Você tem um dom especial.

Ficou com um pouco de vergonha, mas muito aliviado. Depois do almoço, Lana o ajudou a lavar a louça, enquanto ele secava e guardava. Na hora de o resultado sair, os dois foram para a sala, ele com o notebook, no portal do aluno, a cada pouco atualizava a página para ver se saía. Minutos que pareciam um tormento. Até que finalmente postaram a nota.

— Dez, Ivan!!! Você passou!!! Parabéns!!!

Atônito, não sabia se chorava de emoção, se gritava, foi ao encontro de Lana e a abraçou. Após o ato impensado, ambos ficaram vermelhos e com vergonha. Passada a euforia, conversaram mais um pouco e a nossa leonina resolveu que estava na hora de ir. Se despediram. Deixou abraços e beijos à irmã e o número de telefone para entrar em contato quando fosse ao Brasil. Saiu da casa e, não tendo visto ninguém, chamou a Vi para buscá-la. E foram para casa.

Capítulo 24
Mia em Èze na França

Mia, quando não estava ocupada trabalhando ou treinando, gostava de escrever poemas. Sentada na sacada de casa, do nada veio uma inspiração para escrever um poema sobre o amor e o tempo. Após escrever, ficou admirada. Após reler, comentou:

— Verdade, só o tempo mesmo para superar as dores do amor.

Mal terminou comentar, foi teletransportada para outro lugar, muito familiar e ao mesmo tempo desconhecido.

— Que fascinante! Hum... está escrito na frente daquele prédio... Prefeitura de Èze, que língua estranha. Se bem que é mais estranho eu estar conseguindo ler. Bom! Vamos ver qual é a missão.

Caminhou por um tempo pelas ruas, cada vez mais apaixonada. Viu um grupo reunido, pareciam turistas. Chegou mais perto e tinha um rapaz lindo falando. Chegou mais perto para prestar atenção. Ele dizia:

— Èze fica na *Côte d'Azur*, uma bela cidade medieval, localizada no alto de uma montanha, encantando a todos com sua vista digna de um cartão postal e sua incrível arquitetura. Ainda pouco conhecida nas rotas turísticas da Riviera Francesa, ou Côte D'Azur, nossa pequena cidade é uma verdadeira beleza entre as montanhas a sudoeste do Mar Mediterrâneo e da França.

— Putz! Estou na França. Desde quando eu entendo francês?

Mi falou baixinho. Após o susto momentâneo, continuou prestando atenção ao guia, e resolveu seguir com o grupo. Afinal, precisava saber o máximo possível sobre onde estava, para assim descobrir por que estava ali. O rapaz continuou:

— O vilarejo fica entre Mônaco e Nice, um ótimo destino para um belo passeio. Na França é uma das regiões turísticas mais famosas. A Côte D'Azur possui um litoral com um profundo azul e cidades cheias de charme. Èze é destacada por preservar construções medievais sobre penhascos, onde a vista para o mar é privilegiada. A parte mais alta fica a em torno de 420 metros de altura, conhecida como Èze Village, onde ficam os hotéis, restaurantes, ruínas de um castelo medieval, o Jardin Exotique d'Èze, as perfumarias Galimard e Fragonard e a igreja da cidade. As ruas, com suas construções antigas feitas de pedra, possuem labirintos medievais e estreitos para serem explorados.

— Alguém tem alguma pergunta?

Uma senhora pediu para contar mais sobre a França. Ele todo contente começou a falar:

— A França tem suas raízes na Pré-História, no período Paleolítico, as culturas mais antigas desse período datam de 50.000-8.000 a.C., deixaram uma rica herança artística de pinturas rupestres, das mais conhecidas temos as de Lascaux. A cultura de La Tène, século V a.C., se expandiu do leste da Gália para todo o resto do mundo celta. Com a partilha do Império Franco de Carlos Magno, no Tratado de Verdun, fixado no século IX, a França foi considerada país, apesar de a monarquia francesa ser datada por volta do século V.

Ele fez uma pausa, tomou água e continuou:

— A cultura tem sido esculpida por eventos históricos, aspectos geográficos e influência de grupos internos. Nosso país desempenha um papel importante como espelho para a cultura da Europa e do mundo. Desde o século XIX, a França é um país exportador da moda, do cinema, da arte e da culinária, influenciando também o Ocidente nos campos da economia e da política. A cultura francesa é marcada por inúmeras diferenças regionais e socioeconômicas, além de causar fortes tendências unionistas.

— Mais alguma coisa que gostariam de saber?

— Que horas é a parada para o lanche?

— Agora. Estão liberados! Amanhã vamos conhecer os principais pontos turísticos da nossa bela cidade! Saída às 9 horas.

A turma começou a se dissipar.

— E agora o que vou fazer? Vai anoitecer, não tenho dinheiro, nem roupa, nem sei onde vou dormir.

— Minha família tem uma casa grande, talvez meus pais aceitem trabalho voluntário em troca do que está precisando.

— Você me entende?

— Sim. Fala muito bem nosso idioma. Se perdeu do seu grupo?

— Na verdade, sim. Mas é tão louco que não iria acreditar.

— Tenta. Já vi muitas loucuras por onde eu andei.

— Ok! Estava sentada lendo um dos meus poemas quando fui trazida para cá. Não faço ideia por quê.

Ele olhou para o horizonte e disse:

— Eu por acaso sei.

— Sabe mesmo?

— Sim. Veio para cá para poder recuperar as suas armas.

Mia riu intensamente. Mas parou quando viu que ele estava sério.

— Não é brincadeira?

— Não. A propósito, me chamo Matéo. E sei que é uma guardiã, vi seu colar. E reconheci da história, achei que fosse uma lenda até então. Pelo jeito sou o escolhido para guiá-la nesta jornada, já que vi, literalmente, você surgir do nada.

Mia mal podia acreditar que ele tinha visto. É a primeira vez que alguém vê.

— Ok! Obrigada por estar aqui, percebi que não é da sua vontade me ajudar. Mas parece que não tem escolha, isso?

— É. Isso mesmo. Faço parte de um grupo de historiadores descendentes da lenda. E qual é seu nome?

— Mia, desculpe. Sou um pouco distraída.

— Percebi. Vamos para a minha casa? Deve estar com fome.

— Sim. Pode ser. Antes disso, pode me responder que armas?

— Não faço ideia do que tem dentro da caixa, na história só sabemos que são armas que vocês precisam recuperar para as batalhas que virão, apenas isso.

— Ok! Obrigada mesmo assim. Vamos comer?

— Vamos lá.

Antes de jantarem, ele pediu à sua irmã para emprestar roupas e toalha para a convidada, se referindo a ela como "a lenda". A família inteira ficou entusiasmada para conhecer a moça da lenda.

Depois do banho, Matéo apresentou ela à família.

— Muito linda a sua casa! Mistura de rústico com moderno, ficou incrível.

— Obrigada! — *agradeceu a mãe do guia.*

— Bom, já conheceu minha mãe, Jamila, minha irmã, Mayellen, meu pai, Télio, meu irmão caçula, Leon, e por fim a minha irmã que te emprestou as roupas, Elyna. Nós somos a família Dubois. E, família, esta é a Mia, a moça da lenda.

— Sabia que seu nome é muito comum aqui na região? — *comentou Ely.*

— Que interessante, na minha região não tem ninguém.

— Deixemos as perguntas para depois. Vamos comer, estou com muita fome. Por favor!

— Sim, filho, deve estar cansado do turno dobrado. Depois conversamos mais.

— Pode deixar, mãe, eu vou amanhã — *falou May.*

— Valeu, mana, vou descansar amanhã.

— Não. Tem outra rota amanhã. Levar a Mia no trajeto da história. Mas podem começar depois do meio-dia. Durma toda a manhã — *falou o pai.*

— Se não tem outro jeito. Vamos comer!

No jantar foi servido Tapenade, que é um patê de azeitonas. É uma receita simples preparada com pasta de azeitonas, alcaparras, alho, azeite e anchovas, servido com pão torrado. Segundo prato, um Ratatouille Niçoise, um prato típico de Nice, mas muito usado em toda a Riviera Francesa. Feito com verduras picadas (pimentão, berinjela, abobrinha, tomate, cebola), temperadas com ervas mediterrâneas, e estufadas em fogo brando. Geralmente servida como acompanhamento do prato principal ou com pão. A receita parece muito com a *Peperonata* italiana. De sobremesa tinha Crepe Suzette, com açúcar caramelizado e toque de limão e laranja, e Profiterole, que é uma versão mais requintada das Carolinas Recheadas, a receita tem recheio de chantilly e de avelãs caramelizadas e calda de chocolate.

Depois da janta, os dois foram dormir cedo. Ela foi dormir no quarto das meninas, em uma cama improvisada, pois a casa estava cheia de parentes.

Na manhã seguinte, as gurias ficaram surpresas em ver que a Mi já havia levantado. Mas na verdade ninguém reparou que em meio às cobertas havia uma gata dormindo. Após ela acordar, viu que tinha roupas ao lado da cama. Resolveu tomar uma ducha e ir comer alguma coisa. Ao chegar à cozinha, a mãe comentou:

— A Ely disse que saiu cedo, foi dar uma caminhada? O nosso vilarejo é o mais bonito de Côte D'Azur, com estilo medieval, é lindo nesta época do ano, não tem muitos turistas, pode aproveitar melhor a vista.

Enquanto comia, percebeu que havia bastante gente transitando pela casa e ao redor e pediu:

— Por que tem tanta gente aqui?

— É casamento da Ely no final de semana.

— Que maravilha! Tem algo em que eu possa ajudar?

— Por enquanto não, se tiver eu aviso. Foca por enquanto o que veio fazer, mas não deixe de apreciar o passeio.

— Obrigada!

Nisso o Matéo chegou, sentou-se para comer alguma coisa, com o café tinha Madeleines, que são bolinhos em formato de concha, de limão mergulhada em chocolate branco, e Macarons, feitos com farinha de amêndoas (totalmente sem glúten). Logo depois que comeram, ele fez sinal para que Mia o seguisse. Chegando à rua em frente à casa, disse:

— Então a minha missão é você. E a sua é desenvolver seus dons e conseguir sua caixa.

— É! Estou ansiosa para ver quais são as minhas armas.

— Eu também. Vamos dar uma volta, conhecer a vila e ver se algum lugar te desperta algo diferente.

Depois de algum tempo de caminhada...

— Que cheiro bom!

— Estamos perto da fábrica de perfumes francês Fragonnard. Quer entrar?

— Não, tô sem grana. Venho em outra ocasião, talvez com as meninas.

— Poderiam mesmo vir nos visitar, vai ser muito bacana conhecer as outras guardiãs. Falando nisso, diz a lenda que cada uma de vocês tem certos dons, mas não diz quais. Poderia me contar?

— Não lembro todos de todas, mas os meus são mutação animal e aperfeiçoamento. Todas nós podemos conversar telepaticamente. Só que nesta missão estamos bloqueadas. Deve ser para não interferir.

— Quer dizer que pode se transformar em animais?

— Isso. Outra hora te mostro. Aqui é muito perigoso.

— Ok! Tem um lugar muito lindo que gosto bastante, o Jardin Exotique d'Èze.

— Deve ser muito lindo, que tipo de planta tem lá?

— Tem centenas de suculentas e outras lindas plantas. Seus caminhos são delimitados pelas "deusas da terra", esculturas de J.-Ph. Fica a 429 metros acima do mar Mediterrâneo, a vista contempla a Côte d'Azur e Saint-Tropez. Do alto do jardim, podemos apreciar a vista panorâmica do mar Mediterrâneo e das colinas abaixo. Com vistas deslumbrantes lá de cima!

Mia ficou olhando atentamente a explicação. Quando ele percebeu que estava falando como guia, ficou sem jeito, pedindo desculpas.

— Tudo bem. Eu achei muito bacana, já que não conheço nada por aqui. E posso ver o quanto gosta do seu trabalho, dá para sentir a paixão quando fala da vila e dos lugares daqui. Pode continuar.

— Obrigado, és muito gentil.

Subiram por caminhos lindos de pedra; ao chegar lá, era como se Mia fosse puxada; seguiu como se já soubesse onde deveria estar. Chegou em frente a uma cascatinha, havia várias fendas grandes, podendo dizer que eram pequenos túneis. Sentia que precisava entrar.

— Preciso entrar ali. Tem muita gente por aqui. A que horas posso voltar?

— Ao entardecer, todos descem para jantar. É quase meio-dia, vamos almoçar? À tarde se quiser podemos dar mais um passeio.

— Talvez outro dia. À meia tarde, quero estar aqui, para me concentrar, e olhar melhor o jardim.

— Tudo bem. Vou ver se a mana não quer descansar, pego de volta meu turno, ou vai precisar de mim?

— Quando acabar seu turno, poderia vir me esperar, caso eu precise de ajuda?

— Claro!

Desceram em silêncio. Ao chegar em frente à casa, Mia comentou:

— Poderia não falar dos meus dons a ninguém? É bastante assustador já você saber tanto sobre nós. Bom, inclusive desta missão, de que nenhuma de nós fazia ideia.

— Sim. Manterei segredo.

— Muito obrigada!

Almoçaram com toda a família no jardim atrás da casa, foi bem animado. Para comer tinha Poulet Frites, que é uma combinação entre frango e batata frita. O ponto alto que o diferencia é justamente o fato de a batata ser a única guarnição do prato, com molho de acompanhamento. E tinha Cassoulet, um prato muito semelhante à feijoada, feito à base de caldo de feijão branco, onde se coloca linguiça (podendo ser colocadas outras partes do porco, como o bacon, o joelho, o lombo e a bisteca, todos previamente defumados no vinho branco). De sobremesa tinha Profiterole, que tem a base de farinha e manteiga, com recheio de sorvete e cobertura com calda de chocolate (também pode ser colocado: raspas de amendoim, pistache ou noz-moscada). Depois Mia ajudou as mulheres da casa a recolher tudo e lavou a louça. Quando terminaram já era passado das três horas. E ela decidiu se organizar para ir ao jardim.

— Vou passear pela vila. Quero ver o pôr do sol. Já combinei com o Matéo de me encontrar no final do turno para me contar mais sobre o jardim, achei ele incrível, então não se preocupem conosco para a janta.

— Espera que vou fazer um lanchinho para os dois, sei que meu filho chega depois do trabalho com muita fome.

— Obrigada!!!

Lanche pronto, saiu para sua jornada. Se sentiu um pouco mal por mentir para elas. Mas não queria que se preocupassem. Saiu sem pressa, dessa vez já conhecia o caminho até sua parada, ia olhando a paisagem, contemplando a arquitetura. Uma vila lindíssima.

— Ainda bem que vim para a parte da montanha, já que não curto muito a praia.

Èze é uma cidade que pode ser dividida em duas áreas: a parte baixa que fica ligada diretamente ao mar chamada de Èze-Sur-Mer, e a parte alta da colina, chamada de Èze Village, que será onde a missão da Mia irá se desenvolver, que inclusive é onde fica a maior parte das atrações turísticas. *Lembrando aos caros leitores que a parte turística é verdadeira, o restante é fruto da imaginação desta que vos escreve. Continuando...*

Chegando à praça do jardim, foi até um banco para sentar e esperar, pois já não havia muita gente.

Quando o último turista saiu, ela levantou-se e foi em direção ao seu destino. Metamorfoseou-se em gata, assim poderia saltar e enxergar no escuro. Não era muito longo o túnel, parou em uma bifurcação, na dúvida de qual caminho pegar, olhou em volta acima da entrada de cada um, sentou-se e meditou, quando escureceu lá fora, a luz da lua pôde entrar e apontar uma direção, levantou-se e, ao chegar perto da entrada do túnel, viu no teto o símbolo do seu signo, entalhado cuidadosamente à mão. Olhando fixamente para ele, caminhou devagar e assustou-se quando pisou em algo que fez barulho. Ao levantar a pata, engrenagens começaram a mover-se, uma passagem menor se abriu. Resolveu transformar-se em rato para poder passar com mais facilidade.

Andou um pouco e o espaço apertado virou uma caverna iluminada por uma espécie de plâncton fluorescente, lindo de se ver. Voltou a ser gata. Foi com cuidado até o centro onde havia outro símbolo de Sagitário em uma espécie de altar esculpido em uma estalactite que brotava do chão, olhando bem de perto parecia que tinha arabescos entalhados na pedra. Uma voz soou:

— *Em meio à escuridão, com muita umidade em volta, como se faz o seu elemento?*

— O meu elemento.... Ah! Sagitário é do elemento fogo. Vou ter que virar humana para fazer fogo.

Procurou até encontrar duas pedras secas, se aproximou do altar, em cima dele, começou a bater uma contra a outra em direções opostas para gerar faíscas. Quando uma certa quantidade de faísca atingiu a pedra, os arabescos começaram a se iluminar de cima para baixo, eram como se fossem veias pulsando do topo da pedra até o chão. Quando a luz subiu, seu símbolo se iluminou intensamente e um barulho surgiu lá fora. Tudo se apagou como se nada tivesse acontecido. Mia saiu da mesma forma que entrou. Ao chegar à entrada, viu Matéo esperando-a. Saltou quase em sua frente, miando; depois que recebeu um cafuné na cabeça, saiu. Deus alguns passos e se transformou em mulher. Seu companheiro de jornada quase caiu de costas quando viu a cena.

— Oi! Escutou algum barulho aqui fora?

— Ahhh... sim. Lá da praça.

— Vamos lá ver o que apareceu.

Ele apenas a seguiu. Chegando perto da fonte do barulho, viram uma caixa avermelhada, parecia em chamas, o chão estava se fechando abaixo dela. Ao terminar de fechar, o fogo cessou, mostrando um lindo baú vermelho-sangue com arabescos dourados em forma de chamas.

— Mal posso acreditar que estava todo o tempo aí, no meio da praça, no caso embaixo. E você não brincou quando falou do seu dom.

— Claro que não. Não se pode brincar com coisas sérias.

— Vamos abrir para ver o que tem dentro. Mas como?

— Esse símbolo em cima parece com o teu colar, não parece?

— Sim. Acho que ele é a chave. Vamos tentar.

Retirou o colar e colocou-o delicadamente sobre o entalhe, encaixou perfeitamente; assim que terminou de colocar, ouviram um clic. Mia pegou o colar e colocou-o de volta no pescoço.

Abriu com cuidado a tampa, logo viu uma máscara, parecia de gata, na cor azul-marinho, em veludo com pedras de topázio azul, linda, ao lado de uma roupa que parecia de couro. Olhando melhor no baú, descobriu que a parte da frente era outra tampa e descia; quando a abriu, revelou três gavetas.

Na primeira gaveta, tinha um escudo com base de madeira nobre com veios marrom-escuros, na frente havia uma base para encaixar a espada, com lâminas que pareciam penas azuis e negras, detalhes desenhados em azul-turquesa e bem no centro o símbolo do seu signo entalhado em dourado. Ao lado uma espada com garras em estanho acima do cabo, antes de começar a lâmina, e entre elas o símbolo de Sagitário em relevo dourado, a base era feita do mesmo material do escudo, a lâmina era dupla, feita de ferro forjado, detalhes em azul-turquesa. Mia pegou-a e, num ato curioso, passou o dedo no símbolo e descobriu que era um botão, apertou e a espada se transformou em besta (um tipo de arco).

— Que incrível.

Apertou de novo e a espada voltou ao normal. Colocou de volta em seu lugar. Continuou a busca por novas armas. Na segunda gaveta, um arco da mesma madeira das anteriores, também com topázios azuis encrustados, ao lado uma aljava oval, de sua boca até a base, contendo várias flechas. Pegou uma para analisar, a mesma madeira, sua ponta dupla de ferro fundido, no outro lado as mesmas lâminas do escudo só que menores. Na terceira gaveta, havia uma lança com a mesma madeira, dividida em dois, para encaixar e ficar mais longa, na ponta uma lâmina em ferro forjado com o formato de garra na ponta, logo abaixo da lâmina o símbolo do signo, um pouco mais abaixo um topázio azul encrustado. Ao lado havia um guarda-chuva; ao pegar e analisar, percebeu que tinha dois botões; um abria para se proteger da chuva ou sol forte; o segundo, ao apertar, ouviu um clique, sua base ficou solta, ao puxar descobriu ser outra espada. O terceiro objeto é uma estatueta da torre Eiffel, que ao puxar virava uma adaga com bainha.

— Menina do céu, essas armas são pra lá de incríveis. São fantásticas!

— Verdade! Que loucura! Falando em louco, como vou levar de volta pra casa?

Nisso sua antecessora apareceu e disse que iria teletransportar para casa, assim que fosse fechado. Assim que Mia o fez, o baú sumiu.

— O que aconteceu? Para onde foi?

— Cada uma de nós tem uma antecessora, a antiga guardiã. Me disse que ia enviá-lo para casa. Zoe, eu gostaria de me despedir da família dele antes de ir, será que posso?

— Sim, pode. Me chame quando estiver pronta.

— Que bom que vai ter tempo para isso. Então vamos. Eles devem estar arrumando a mesa para jantar.

Eles desceram, jantaram e, depois de comer e conversar um pouco, Mia se levantou e disse:

— Gostaria de agradecer a hospitalidade. E as roupas emprestadas. Está na hora de ir.

Se despediu de todos, em especial da mãe e da irmã Ely. Matéo a acompanhou até a porta. Se despediram com um abraço. Depois Mia chamou sua antecessora e foi para casa.

Capítulo 25
Patrícia em Atenas na Grécia

Acordou com uma vontade enorme de passear, o que não era comum. Se arrumou, pegou a bolsa, olhou a previsão do tempo, resolveu levar um casaquinho. Desceu para tomar café. Quando terminou de fechar a porta, foi transportada para um lugar estranhamente conhecido. Estava quente, resolveu amarar o casaco na cintura.

Mais à frente, um grande grupo. Resolveu ir até eles. Havia uma guia palestrando sobre a história da Grécia Antiga. Como gostava muito desse assunto, resolveu escutar, e por sorte chegou bem no início. O sol estava forte, procurou em sua bolsa seus óculos escuros.

— Agora, sim.

A guia começou a falar:

— O termo usado para descrever as áreas próximas e o mundo grego antigo é Grécia Antiga. Ela estende-se desde 1.100 a.C. até 146 a.C., a história deste país tem início no período Paleolítico. Os gregos antigos chamavam-se helenos, pois seu país era Hélade, nunca usando o termo gregos para se definirem, tampouco chamavam seu país de Grécia, pois ambas são palavras latinas, sendo denominadas pelos romanos. Grécia Antiga envolve demais locais além da atual Grécia.

Ela fez um pequeno intervalo para tomar água e continuou:

— A cultura grega clássica, principalmente a filosofia, foi influenciada pelo poderoso Império Romano, o qual espalhou a sua versão de cultura por partes da região da Europa e do Mediterrâneo, a Grécia Clássica tem sua cultura "baseada" na cultura ocidental moderna. O povo grego teve origem de povos migratórios da península Balcânica em diversas levas, essas ondas de imigrações tiveram início no milênio II a.C.

Mais uma pequena pausa para se hidratar. Continuou:

— Atenas, nossa bela cidade, é a capital da Grécia. Ela abraça a região da Ática (uma das mais antigas do mundo), o território está sendo habitado sem interrupções há cerca de 3.400 anos. A Atenas Clássica era uma grande e poderosa cidade-Estado que atingiu o progresso com o porto Pireu. É epicentro filosófico, artístico e estudantil desde os tempos antigos, foi o cerne da Academia do Liceu de Aristóteles e de Platão, considerada por diversas pessoas o berço da civilização ocidental e da democracia, em sua maior parte pelo impacto causado por realizações culturais e políticas ocorridas nos séculos IV e V a.C. por toda a Europa. A cidade é um dos centros mundiais com uma ampla dimensão para as pesquisas arqueológicas; entre os sítios arqueológicos, evidencia-se a Acrópole, antigo centro sagrado de Atenas.

Assim ela concluiu o breve relato. Depois deu um tempo para as perguntas dos turistas. Não havendo mais nenhuma, dispensou o grupo, mostrando o caminho para seguir o roteiro.

— Agora tem uma pausa para quem quiser ir ao banheiro, depois embarquem todos nos ônibus que seguiremos para o Museu Arqueológico Nacional de Atenas. Aguardo vocês na entrada!

Patrícia se aproximou dela e pediu se poderia ir junto. Se não houvesse nenhum problema.

— Cheguei na cidade há pouco e estou um pouco perdida. Me chamo Patrícia.

— Claro, pode ir comigo de carro. Você me parece familiar. Vamos conversando para ver de onde te conheço. Ah! Eu sou a Larissa.

— Claro, vou gostar de fazer turismo com uma guia nativa.

— Vamos indo. De onde vem?

— Bosquelon.

— Fica onde?

— No Brasil. Por quê? Onde estamos?

— Atenas na Grécia. Fala bem a nossa língua.

Paty entrou em choque. Quase desmaiou. Mas sua nova amiga a segurou. Pois até então não imaginava que não estava mais no Brasil.

— Está tudo bem?

— Sim. Só levei um susto, não achei que estivesse tão longe de casa.

— Já sei de onde te conheço. Agora que vi seu medalhão, eu lembrei. És uma Guardiã, estás em uma missão para recuperar seu tesouro perdido.

Pensou por um instante. Falou mentalmente que só poderia ser uma missão.

— É. Como sabe disso?

— Sou responsável por guiar você nessa jornada. Faço parte de uma organização secreta de guias milenares. Estou tão feliz que está aqui. Podemos seguir o tour. Depois te levo para onde quiser.

— Perfeito! Já não estou mais perdida.

Seguiram conversando sobre possíveis locais, até que chegaram ao segundo ponto de parada do roteiro.

— O pessoal já está chegando, fique perto de mim.

Paty fez sinal de positivo. E seguiu a Lari. Prestou bastante atenção à explicação e a tudo o que via no caminho. Mas nada lhe chamou atenção de um modo diferente.

— Museu Arqueológico Nacional de Atenas, inaugurado em 1889, arquitetura neoclássica. Ele é conhecido como o mais significativo de todo o mundo, quando se trata sobre a Grécia Antiga; tem diversas exposições arqueológicas importantes, com diversos artefatos datados da época antiga e do período da Pré-História. Sua construção conta com dois andares repletos de coleções separadas por temas de diferentes culturas.

Ao fim desse passeio, a guia falou:

— Está na hora de almoçar, estão dispensados por enquanto. Nos encontramos na hora marcada, na Ágora Antiga. Até mais, pessoal.

Após todos se dispersarem, chamou Paty para ir almoçar na sua casa.

— Minha mãe fará salada grega, que é chamada aqui de Horiatiki Salata, significa salada camponesa. É colocado tomate, pepino, pimentão, cebola roxa e azeitonas, por cima, bastante orégano, azeite e uma fatia de queijo feta. E Moussaka, que é um dos pratos típicos, são camadas de carne moída de cordeiro alternadas com camadas de berinjela e, por cima, uma generosa cobertura de molho bechamel. Não há comida mais reconfortante. Não sei se terá sobremesa, ela gosta de fazer Loukoumades, que é um doce frito, parecido com os bolinhos de chuva que comi uma vez no Brasil, só que na receita grega são cobertos por mel.

— Interessante. Estou ansiosa para provar.

Chegaram na casa da Larissa, a sua mãe tinha acabado de pôr as coisas na mesa.

— Bom dia! Esta é Patrícia, a moça que te falei que viria, ela está fazendo estágio comigo. Minha mãe, Irene.

— Bom dia! Prazer em conhecê-la. Sentem-se, o teu mano e o pai vão demorar, sei que têm pouco tempo, então comam.

— Muito obrigada, mãe.

Depois de almoçarem, Irene trouxe os Loukoumades. Logo depois tiveram que sair, levaram alguns junto para o lanche.

— Obrigada!!! Estava tudo delicioso!

— Pode vir de novo comer aqui. Se puder venha jantar e me conte mais sobre o Brasil.

— Obrigada pelo convite, ainda não sei se não teremos turno dobrado.

— Eu deixo comida pronta, quando vierem, esquentem e comam.

— Obrigada, mãe, vamos comer, sim. Até mais tarde.

— Bom trabalho, meninas.

Elas saíram e foram direto ao próximo ponto. Os turistas estavam chegando, Lari se posicionou no local de costume, Paty ficou ao seu lado de frente para ela. Após todos chegarem, a guia começou a falar:

— Bem-vindos à Ágora Antiga. Neste local havia o mercado da antiga Atenas, sendo o centro da cidade. Ágora significa "reunir e orar" em grego. Aqui era uma assembleia para se debater assuntos em público, onde decisões cívicas eram tomadas, também eram feitos eventos corporativos e apresentações de teatro. A característica mais marcante daqui é a Estoa de Átalo. Tem também o Templo de Hefesto como local imponente e importante. É um templo antigo e muito bem preservado, em grande parte graças à igreja cristã, que o protegeu da destruição.

Fez uma pausa para perguntas e concluiu:

— Vamos entrar. Durante a caminhada que faremos pelo local, podem me fazer perguntas, que vou lhes contando sobre as esculturas e pontos principais.

Todos concordaram. Havia poucas perguntas, o que facilitava as explicações que Larissa tinha que dar. Seguindo o cronograma.

Quando entraram, ao analisar as estátuas no grande e largo corredor, em uma delas Patrícia viu o símbolo de Touro. Cutucou Lari e disse no ouvido dela:

— Já tinha visto esse símbolo antes?

— Não. Deve ser aqui o ponto inicial. Vamos concluir o passeio, pois ao chegar ao fim do roteiro já estará prestes a fechar, então podemos vir sem ter ninguém aqui.

— Certo!

E assim foi feito. Larissa liberou todos e encaminhou-os para a saída; vendo que não tinha mais ninguém, foi até o guarda e disse:

— Oi, Adônis. Preciso verificar uma estátua. Parece que vamos ter que encaminhar ela para a restauração.

— Tudo bem, pega meu walk talk, pro caso de precisar de algo. Ela vai junto?

— Sim. Desculpe, esta é Patrícia, ela veio do Brasil, está aqui para me auxiliar.

— Que legal. Acham que conseguem dar a volta em uma hora? Pois tem troca de turno e fecharemos tudo.

— Sim, é tempo suficiente.

Ele saiu. Elas foram direto à estátua com o símbolo de Touro. Quando chegaram, viram que o símbolo estava aos pés da escultura.

— Vamos ter que empurrar ela para poder ter acesso a ele. Como vamos fazer?

— Tudo bem, Lari, eu tenho força para isso.

Paty deslocou a escultura com muito cuidado para trás. Ao liberar por completo, puderam perceber que era um botão. Ao acionar uma porta se abriu aos seus pés e elas caíram por um longo túnel. Assim que a comporta se fechou, o símbolo sumiu e a estátua voltou para o local de origem. Durante o percurso, Paty usou seu escudo para proteger ela e sua mais nova amiga. Caíram sem se machucar nas ruínas que ficavam do lado de fora do prédio.

— Está bem, Larissa?

— Sim, estou. Que bom que tem esses poderes, ou estaríamos bem machucadas.

Ouviram um ruído de engrenagens e foram verificar o que era. Ao chegarem à fonte do som, viram que um obelisco de um pouco mais de um metro tinha surgido do chão. Havia um entalhe no seu pico. Logo perceberam o que encaixaria no formato: o colar de Touro. Assim que Paty o colocou, uma voz soou:

— *Em qual elemento Touro percorre por toda a sua vida?*

Patrícia pensou por um instante, a resposta parecia óbvia, mas tentou mesmo assim.

— O touro anda pela terra.

Outras engrenagens se fizeram ouvir, o obelisco começou a descer, rapidamente Paty pegou o colar. Ao sumir por completo, uma comporta começou a abrir perto dali e um baú começou a surgir, ele era marrom-escuro com entalhes arramados em dourado brilhante.

— Que lindo! Será que podemos chegar perto.

— Eu vou na frente, caso seja uma armadilha.

Ao terminar de subir, a porta abaixo se fechou, aproximaram-se com cuidado, vendo que não continha nada ameaçador ficaram mais tranquilas. Na tampa do baú, tinha o mesmo entalhe do pingente do colar do signo. Paty colocou-o e, assim que ouviu o som de clique abrindo, pegou-o e colocou o colar de volta no pescoço. Ergueu a tampa e pôde ver que tinha uma roupa preta, que parecia de courino, ao lado de uma linda máscara verde com detalhes em marrom, bem no centro acima do centro dos olhos uma cabeça de touro em pedra coral. Paty se abaixou e notou que tinha outra porta que abria para baixo; ao terminar de abrir, foram reveladas três gavetas. Na primeira ao puxar viu um escudo em madeira nobre marrom com veios em verde, bem no centro uma espécie de cruz com pontas afiadas, no seu ponto central uma pedra coral retangular com o símbolo de Touro, ao seu lado uma espada, não resistiu e a pegou, sua base continha a mesma madeira do escudo no formato de cruz, no centro a mesma pedra do escudo, a lâmina dupla de ferro fundido, manuseando a espada sentiu um botão, apertou e as lâminas se abriram tornando-se uma espada com lâminas opostas. Apertou novamente e elas voltaram à formação original. Colocou-a de volta, fechou a gaveta e abriu a próxima, tinha uma clava com a mesma madeira das outras, na ponta uma pedra coral com o símbolo de Touro, a pegou e viu um botão, ao acionar os espinhos surgiram, apertou novamente e eles sumiram. Colocou de volta, ao lado tinha uma lança da mesma madeira, estava dividida em duas partes, antes das lâminas um trabalhado em retângulos vazados, na ponta em formato de cruz, nas extremidades lâminas afiadas, na união das quatro pontas uma pedra coral retangular com o desenho do signo. Na terceira gaveta, um arco de madeira nobre marrom com veios verdes, que pareciam chifres, havia dois em cada lado virados para dentro e um menor em cada lado para fora. No centro um retângulo com uma pedra coral retangular em seu centro com o símbolo de Touro desenhado. As flechas estavam em uma aljava oval. Assim que fechou tudo, uma voz soou:

— Olá! Foi a primeira das meninas à completar a missão, pode deixar comigo, eu o levo para casa. Quer ir agora ou depois da janta? Se quiser pode ficar mais um pouco. Me chama que venho te buscar.

— Obrigada!

— Com quem está falando?

— Nós temos antecessoras, a minha do signo de Touro se chama Keila, ela vai levar o baú para casa, e pediu se eu quero ficar um pouco mais antes de ir.

— A mãe vai gostar, eu também, é claro.

— Ótimo. Então vamos?

— Sim.

Elas chegaram antes da janta, Paty conheceu o restante da família, conversaram muito. Acabou dormindo lá, de manhã bem cedo foi para casa depois de se despedir.

Capítulo 26
Gaby em Carmel na Califórnia

Gaby não estava conseguindo dormir, estava ansiosa, agitada, resolveu levantar, dar uma caminhada pela casa. Mal desceu as escadas, foi transportada para outra casa. Já estava clareando. Deu de cara com uma moça. Ela apenas sorriu e disse:

— Também não está conseguindo dormir? Estou indo para a cozinha comer alguma coisa, tomar um chá, quer me acompanhar?

— Sim. Posso perguntar por que não está surpresa em me ver aqui?

— Você não é a novata de intercâmbio que iria chegar por esses dias?

— Sim. Não faz muito que cheguei.

— Eu sou Abigail, pode me chamar de Abi.

— Eu sou Gaby. Mora aqui faz muito tempo?

— Desde que nasci. Deixa adivinhar, quer que eu te conte mais sobre a história de Carmel?

— Se não for pedir muito, seria ótimo!

— Vejamos... Carmel-by-the-Sea, chamada na maioria das vezes apenas por Carmel, uma cidade pequena do condado de Monterey, no estado da Califórnia. A palavra Carmel foi incorporada no dia 31 de outubro de 1916. Uma cidade bastante turística, principalmente após ter como prefeito o ator Clint Eastwood. Ela possui diversas galerias de artes e bastantes estabelecimentos hoteleiros. Antigamente foi habitada, por milhares de anos, por muitas tribos nativas norte-americanas até a chegada dos primeiros exploradores. Caso queira posso ser sua guia, sei de lugares ótimos para ver.

— Você é historiadora?

— Pode-se dizer que sim, mas prefiro professora de História.

— Que incrível. Pode me contar mais sobre a Califórnia?

— Claro! É um dos cinquenta estados dos Estados Unidos, está localizada na região que fica nos estados do Pacífico. A Califórnia é o terceiro maior em extensão e o estado que tem mais habitantes do país, sendo o líder nacional em produtos agropecuários e o maior centro industrial dos EUA. O nome do estado veio da novela do século XVI, *As aventuras de Esplandián* (*Las sergas de Esplandián*), escrita pelo espanhol Garci Rodríguez de Montalvo. Na novela, o autor narra sobre um paraíso que é chamado de Califórnia.

— Fiquei curiosa para conhecer melhor.

— Estou de folga esta semana, posso te levar em um tour.

— Seria maravilhoso! Só tenho um problema. Minha bagagem foi perdida no aeroporto, estou apenas com a roupa que tenho.

— Isso é horrível quando acontece, já perderam a minha também. Temos quase o mesmo tamanho, posso te emprestar algumas roupas.

— Muito obrigada!

— Vou deitar agora, de manhã podemos começar o passeio.

Gaby concordou com a cabeça. Estava frustrada por ter que mentir. Mas seria assustador se contasse toda a verdade. Tinha certeza de que era uma missão. Não tinha sono, resolveu caminhar ao redor da casa, uma mansão, era grande, na frente um grande jardim de flores, ao lado da porta estava escrito hotel.

— Agora entendi por que ela não se assustou. Deve estar acostumada a ver gente nova pelos corredores.

Estava amanhecendo, resolveu entrar, pediu café com omelete. Logo Abi se juntou a ela.

— Está ansiosa pelo tour?

— Sim, gostaria de me trocar antes, e um banho seria ótimo. Eu me perdi, não sei mais qual é o meu quarto.

— Claro, eu resolvo tudo isso.

Abi a levou até o quarto, buscou roupas e uma toalha. Depois de tudo resolvido, foram passear pela cidade. Ela ia contando:

— A 17 Mile Drive é uma linda rota que interliga Carmel a Monterey, com belíssimas paisagens de praias, campos de golfe, bosques de ciprestes e mirantes. O parque Point Lobos é cheio de belezas naturais que vale a pena explorar. Além de ter trilhas fantásticas, você pode mergulhas nas águas do oceano Pacífico, que banham a costa do parque, podendo ver nos passeios animais como lontras, focas e baleias cinzas. O Parque Garrapata State Park também é lindíssimo, ele fica ao sul do Point Lobos, tem belezas naturais como trilhas, montanhas, praias e uma rica flora e fauna para desfrutar. Dependendo de aonde quer ir, tenho que pegar o carro.

— Você quem decide. Sou uma turista e és minha guia.

— Então vamos a todos, espera que já volto com o meu possante.

Alguns minutos depois, estavam se direcionando à rota 17 Mile Drive, pararam para comer ao meio-dia, desfrutaram de Sushirrito (combinação de sushi com burrito), depois seguiram para o Point Lobos.

— Amanhã de manhã, iremos ao Garrapata. E à tarde vamos conhecer a Pilgrim's Way & Secret Garden, que é uma loja bem pequena, mas cheia de boas opções, além de ter nos fundos do estabelecimento um jardim onde você pode adquirir plantinhas exóticas.

— Ótimo.

O passeio foi incrível. Chegaram cansadas, mas felizes. Gaby, após um banho, comeu Mac and Cheese Pizza (a receita é massa, macarrão e queijo). Na manhã seguinte, foram ao State Park. Do nada Abi começou a falar:

— Sabia que Carmel é citada na série de livros *A Mediadora*, da escritora norte-americana Meg Cabot. Na série, a personagem principal, Suzannah Simon, pode ver e conversar com fantasmas. Ela se muda do Brooklyn, seu local de origem, para Carmel, a fim de morar com sua mãe, que se casou recentemente e mudou-se para lá.

— Que bacana! Lembrei agora, você mora no hotel?

— Minha casa está em reforma, por isso estou lá.

— Ainda não fez propaganda dele para mim.

As duas deram risadas.

— Não seja por isso. O hotel fica a uma curta caminhada da Praia de Carmel, ela abriga um dos jardins majestosos do mundo. Ele existe há mais de 100 anos, tem 75 quartos, ele é tido como um importante marco em um dos bairros mais especiais da Califórnia. Seus jardins são muito bem cuidados, os pátios são acolhedores e aconchegantes. Não posso esquecer da bela piscina no terraço, para os dias mais quentes, caso não goste de água salgada.

— Agora, sim! Está completo o itinerário.

As duas deram boas gargalhadas. Não sabia o porquê, mas estava ansiosa para chegar à última parada da lista. A Pilgrim's Way & Secret Garden era incrível; dentro, a livraria, fabulosa. Abi ficou escolhendo uns livros. Gaby resolveu ir sozinha ver a segunda parte, que ficava ao lado, em um corredor estreito cheio de plantas e vasos em suas laterais, bem aos fundos da passagem, uma espécie de pergolado mais aberto, havia uma mesa, fontes, e na parede viu o símbolo de Libra. Olhou em volta, por um acaso do destino não tinha ninguém por perto. Chegou mais perto, apertou e, bem no centro do espaço em que estava, ao som de engrenagens, logo surgiu do chão um obelisco e em seu topo um entalhe do seu medalhão, retirou-o do pescoço, colocou-o no entalhe e uma voz soou:

— *Sábia e mediadora, os pratos da balança permanecem no...?*

Pensou por alguns instantes e respondeu:

— Eles permanecem no ar.

— Correto, o que é seu por direito brotará onde dormes.

— Preciso ir para o hotel logo, e antes que escureça.

Pegou o colar, e o obelisco começou a descer. Procurou a Abi, logo chegaram ao hotel, disse que gostaria de caminhar sozinha pelo jardim antes de escurecer. Em um ponto distante, longe dos olhos curiosos, viu um baú em azul-celeste, com arabescos prateados. Chegou perto e viu o mesmo entalhe. Colocou o pingente do colar, e logo que ouviu o clique o retirou, depositando de volta ao seu lugar.

Abriu a tampa e viu uma roupa preta de courino maleável, e ao lado uma máscara branca com detalhes em rosa-claro, parece uma borboleta rainha, no centro em cima uma pedra em quartzo rosa, ao redor arames trabalhados em bronze, abrindo a segunda porta, revelou três gavetas, a primeira continha um escudo de madeira nobre com veios brancos, nas suas pontas pedras de quartzo rosa, no centro um livro em alto-relevo em estanho, acima o símbolo de Libra, uma balança em alto-relevo de cobre, ao lado uma espada em ferro forjado, duas pedras de quartzo rosa na ponta. De longe a espada formava uma cruz sutil. Na segunda gaveta, um arco simples, mas com várias pedras de quartzo rosa por sua extensão, e uma aljava oval com várias flechas. Na terceira gaveta, uma gada de cabo longo, na parte superior um trabalhado parecendo com um sutil Buda, com um botão abaixo de sua cabeça, sendo apertado surgem lâminas afiadas, por seu "corpo" duas pedras de quartzo rosa.

— Olá, Olívia, sabia que eu iria aparecer, muito sábia.

— Imaginei. Missão concluída. Tinha a certeza de que alguém iria vir me buscar e ao baú. Não posso sumir assim. Precisarei me despedir.

— Claro! Amanhã venho te buscar. Converse, se divirta, durma.

Assim foi feito, na manhã seguinte se despediu, e foi para casa.

Capítulo 27
Dricka em Colônia na Alemanha

Estava sentado ali, na mesa do bar, um rapaz com cabelos castanho-claros, olhos esverdeados, devia ter um metro e oitenta, mais ou menos, bonito, charmoso, um pouco musculoso, havia ao seu redor umas cinco garotas, contemplando-o e querendo tirar selfies. Ele aparentava ter uns dezenove a vinte anos.

Havia algo nele, fazendo com que as garotas viajassem nas nuvens, e que as deixava apaixonadas.

Foi quando uma garota de cabelos pretos, longos e lisos, olhos castanho-escuros, com apenas um pouco mais de um metro e sessenta, entrou roubando todas as atenções, inclusive a do rapaz. Sentou-se na mesa ao lado deles.

O garçom foi até a recém-chegada pedir o que gostaria de beber e comer.

— Vocês têm sucos naturais?

— Temos de laranja, morango, abacaxi com ou sem hortelã, e limão, o que vai querer?

— Abacaxi com hortelã seria ótimo, poderia trazer um por favor?

— Claro. Já trarei.

Havia alguns caras sentados ao balcão, acharam a novata muito bonita e diferente, resolveram ir até a mesa sondar quem era, da onde vinha, um dos três estava mal-intencionado, Dri percebeu na hora e logo pensou: "Estou sei lá o que fazendo aqui nesta cidade, só sei que a minha guardiã Jô me disse que era uma missão para achar alguma coisa importante para mim. E agora está vindo problema pra cá. Nem sou tão linda como a maioria das meninas da casa. Agora sei o que elas sentem nessas situações".

— Olá, mocinha! Podemos nos sentar para nos conhecermos melhor?

— Olá! Podem sentar-se ali onde vocês estavam. Vai ficar ótimo.

— Está zoando com a nossa cara?

— De jeito nenhum. Apenas estou de passagem. Não estou procurando problemas. Agradeceria se me deixassem quieta.

— Mas é claro que não, você vai ficar com a gente.

Nisso do nada o tal do rapaz chegou por trás deles e disse:

— Ela é minha amiga que veio passear na cidade. É assim que mostram a hospitalidade daqui? Estão querendo ter problemas comigo?

— Não, Andreas. De jeito nenhum. Estamos indo.

Depois que eles foram embora, o rapaz olhou no fundo dos seus olhos e pediu se podia sentar com ela para conversarem numa boa. Assim ninguém mais iria incomodá-la.

— Se for apenas para me fazer companhia enquanto estiver aqui, tudo bem. Só estou de passagem.

— Sou Andreas e você é...?

— Dricka.

— Vem de onde? Tem alguma coisa diferente, que não consigo...

— Não consegue usar seu poder para me conquistar ou me influenciar, era isso que ia dizer?

— Como assim...

— Como eu sei?

— Isso.

— Simples, também tenho poderes, e é só isso que precisa saber.

— Com licença, seu suco.

— Dinho, põe tudo o que ela pedir na minha conta.

— Certo, Andreas!

— O que espera ganhar com essa generosidade?

— Nada, nunca tinha conhecido mais alguém especial como eu.

— Nós somos em 12 meninas especiais. Mas a diferença entre nós e você é que ajudamos quem precisa, nunca usamos para o nosso proveito.

— Quero ajudar, posso ser útil. Sei que não deve estar aqui de passeio, conheço esta cidade como a palma da minha mão. Por favor, aceita a minha ajuda, sabe que não quero nada em troca a não ser conhecer outras pessoas diferentes. Sempre me senti sozinho, agora que sei que nunca estive, é incrível.

— Tudo bem, vou te dar uma chance, mas saiba que não sou uma moça indefesa que precisa de um homem para defende-la.

— Já percebi isso logo que entrou, mesmo assim fiquei curioso, por isso interferi. Os meninos não são ruins, apenas tiveram experiências ruins na guerra.

Alguns minutos em silêncio, depois Dricka respondeu:

— O que estou fazendo aqui, é o que quer saber. Bom, estou procurando alguma coisa muito importante para mim, mas não sei ainda o que é. Estou em uma missão para encontrá-la. Também não sei onde está, tenho que conhecer melhor aqui para ver aonde as "dicas" me levam.

— Você lê mentes?

— Sim. Agora só quando quero, no início não tinha controle.

— Incrível. Ok! Amanhã te levo para conhecer a cidade, serei seu guia turístico. Já sabe onde vai ficar à noite?

— Hotel, sei lá, faz só alguns minutos que cheguei, estava com sede.

— Uma última pergunta, de onde você é?

— Bosquelon.

— Fica onde?

— Brasil, por quê? Onde eu estou?

— Colônia na Alemanha.

Dri gritou mentalmente.

— Me surpreendi, fala muito bem a nossa língua, já fez curso?

— Nunca, nem sei como estou falando alemão. Só a Angel e a Maysa sabem mais do que uma língua lá em casa.

— Cada vez mais interessante. Vamos fazer o seguinte, percebi que ficou desnorteada, vamos para a minha casa, pode dormir no quarto com a minha irmã mais nova, já que a mais velha está estudando fora. Minha mãe vai adorar conhecer alguém de um lugar tão longe, ela é professora de História.

— Também sou professora, mas de séries iniciais, adoro as crianças.

— Perfeito, vai ser legal. Vamos?

— Rechts! *(quer dizer certo em alemão).*

Dricka ia caminhando em silêncio, sem escutar uma só palavra do que Andreas falava, e ele dizia diversas coisas. Chegaram em uma casa com dois pisos tipicamente alemã, linda, charmosa.

— Mama, gostaria que conhecesse uma nova colega da faculdade, veio fazer intercâmbio, fiquei responsável de apresentar a cidade a ela. Ela pode jantar conosco?

— Claro, sempre tem um prato a mais.

— Mama, esta é Dricka, ela é professora de crianças no Brasil, veio para cá fazer mestrado como a senhora, está na minha turma.

— Boa noite, senhora, prazer conhecê-la.

— Boa noite, me chamo Suyane, pode me chamar de Suya, como todos me chamam. Fala nossa língua muito bem.

— Obrigada, Suya.

— Chegaram bem na hora do jantar. Hoje fiz Königsberger Klopse no molho com Spätzle, de sobremesa Bratapfel. Traduzindo, almôndega no molho com macarrão, e a sobremesa é doce de maçã recheada.

— Vai ser muito interessante provar essas comidas típicas daqui, obrigada pela oportunidade.

— Imagina, gosto muito de cozinhar. Agora que estou aposentada tenho bastante tempo livre, cozinhar virou meu novo hobby.

Jantaram, conversaram um pouco, então resolveram ir dormir.

— Mama, é tarde, ela pode dormir na cama da Ane? Amanhã levo ela para conhecer a nossa cidade, quer ir junto?

— Não posso, vou ver sobre um trabalho. Claro que ela fica aqui.

— Minha irmã Heidi trabalha em uma pizzaria às noites no final de semana, está juntando dinheiro para a faculdade de engenharia civil, já avisei ela que estará dormindo na cama da Anelise. Amanhã conhecerá ela.

— Que bom, ela é bem esforçada.

— As três são, aqui é o quarto, a cama é a azul. A mãe disse para pegar um pijama da Ane que está ali na cômoda ao lado da cama. O banheiro é em frente. Boa noite!

— Boa noite, obrigada!

Dri achou que não iria conseguir dormir, mas nem ouviu a mana caçula chegar de madrugada. Dormiu e sonhou com um prédio grande que parecia com um museu.

De manhã, quando levantou, todos já estavam à mesa esperando-a, conversando animadamente.

— Bom dia, Dricka, dormiu bem?

— Sim, dormi muito bem, desculpa a hora, estava bem cansada da viagem.

— Tudo bem, deve ter sido bem cansativo vir de lá até aqui. Sente-se. Esta é a Heidi, minha caçula.

— Prazer em conhecê-la.

— O prazer é meu, senta aqui do meu lado, a mama como sempre exagerou na comida.

Todos riram. Comeram, logo depois saíram para começar o tour.

— Outro dom que tenho é da intuição, sonhei esta noite com um museu, ele tem o que parecem três colunas de parede e duas de vidro, numa coluna tem uma janela enorme, sabe qual é?

— Sim, é o museu Rautenstrauch Joest. Vamos começar por lá, depois se tiver um tempo vamos no museu do chocolate?

— Se der, sim, podemos ir.

— É longe daqui, vou pegar o carro

Ele tinha um Polo preto. Durante o percurso, Dri estava distante, pensativa, com milhões de ideias na cabeça. Nada lhe parecia plausível nesta viagem, que tipo de coisa é tão importante a ponto de nos jogar num lugar a que nunca fomos sabendo falar fluentemente a língua local. Muitas coisas lhe pareciam familiares, mas achava que era por causa do dom da intuição.

Chegaram perto do museu, era exatamente como ela tinha visto no sonho, cada detalhe.

— Vamos, quando falei em ser seu guia, falei sério.

Ao chegar em frente à porta, ele começou a falar:

— O museu foi inaugurado em 1906, começou com uma coleção particular com mais de 3.500 objetos, pertenciam ao viajante Wilhelm Joest, filho de um fabricante de açúcar da cidade. Após sua morte precoce em 1897, as propriedades tornaram-se propriedade de sua irmã Adele, que era casada com Eugen Rautenstrauch e morava em Colônia. Em memória do irmão e do marido, falecidos três anos depois, Adele Rautenstrauch financiou a construção do museu, cujo acervo hoje reúne cerca de 65.000 objetos da Oceania, África, Ásia e Américas, além de cerca de 100.000 fotografias históricas e 40.000 livros de referência.

Andreas fez uma pausa, então pediu:

— Quer saber mais sobre o museu ou posso passar para a nossa cidade?

— Pode, sim.

— Primeiro vou falar um pouco sobre a história: Colônia é a maior cidade da região alemã da Renânia do Norte-Vestefália e a quarta maior cidade da Alemanha. Está localizada na região metropolitana do Reno-Ruhr, uma das principais regiões metropolitanas europeias e a maior da Alemanha, com mais de dez milhões de habitantes. A cidade é um centro cultural que abriga dezenas de museus e centenas de galerias de arte. É uma das mais antigas cidades da Alemanha. A imensa história do local é refletida em sua arquitetura, que guarda traços dos mais diferentes períodos. Duas das atrações mais legais da cidade são o seu Museu de Chocolate e a Catedral de Colônia, que são dois lugares que eu quero que conheça.

— Fale um pouco mais sobre esses dois, por favor?

— Claro! A Catedral de Colônia é uma das igrejas mais incríveis do mundo e mais altas do mundo, tem 157 metros de altura. Em estilo gótico, a igreja demorou 632 anos para ser construída e guarda relíquias dos Três Reis Magos! Encante-se com os mais de 10 mil m² de vitrais coloridos.

— Nossa, que incrível, agora fiquei curiosa para conhecer.

— Te levo lá depois, vamos para o Museu do Chocolate, que foi aberto em 1993. O museu mostra toda a história do chocolate, desde o seu início com os olmecas, maias e astecas até produtos contemporâneos e métodos de produção. É possível fazer degustação de chocolate, ver o chocolate ser produzido, pedir uma barra customizada com os ingredientes que você quiser e visitar uma minifloresta tropical. Sem dúvida, a parte que mais gostamos foi a fonte de três metros de altura de chocolate em que um funcionário mergulha wafers no chocolate líquido e os distribui para os visitantes!

— Que maravilhoso. Como ainda não sei ao certo o que procuro, podemos, sim, ir aos dois. Mas primeiro vamos dar uma volta completa aqui. Quem sabe encontro alguma pista.

Um passeio incrível, cheio de detalhes arquitetônicos magníficos, a história dos lugares por onde passaram, um mais lindo que o outro. Quase no fim do passeio, Dri teve um forte pressentimento de precisar ir a um lugar.

— Tem algum lugar aqui perto em ruínas?

— Sim, tem o Praetorium, que é formado por belas ruínas, que foram encontradas na época em que a cidade foi reconstruída, após os bombardeios ocorridos na Segunda Guerra Mundial. Nesse local antigamente era a sede do governo romano, uma construção fabulosa e necessária, na minha opinião, já que do outro lado do rio Reno os "bárbaros" ficavam. A arquitetura de suas ruínas contava até com sistema de esgoto.

— Podemos ir lá agora? Ou acha melhor ir amanhã?

— Neste horário é melhor, pois tem menos turistas.

— Certo! Então vamos, por favor!

Chegando ao lugar, sentiu uma forte ligação, não sabia aonde estava indo, mas estava sendo guiada. O seu novo amigo e guia andava logo atrás dela. Passaram por um túnel longo muito bem feito, sua arquitetura do início ao fim em forma de arco. Mais ou menos na metade do túnel, Dricka percebeu um símbolo diferente desenhado na parede. Não havia mais ninguém lá dentro, estava prestes a fechar.

— Achei algo aqui, Andreas. É o símbolo de Capricórnio, meu signo. Preciso que fique longe, para não se machucar, ou caso eu precise de ajuda, pode ser?

— Sim.

Assim que ele se afastou, Dri colocou a mão no símbolo e percebeu que ele era na verdade um tipo de botão. Apertou e uma porta começou a abrir em sua frente, uma câmara secreta ou algo assim. Fez sinal para que ele a esperasse ali. Entrou, estava vazio exceto pelo fato de haver um obelisco de um metro e pouco de altura, estava bem no meio do cômodo, aproximou-se com cuidado, bem em cima no cume da pedra tinha o desenho do seu colar. Retirou-o do pescoço e posicionou-o delicadamente no entalhe. Uma voz soou:

— *A cabra representa seu signo, qual elemento a representa?*

— A terra é o elemento que a representa.

Nem precisou pensar muito, julgou ser apenas o início dos testes. Mas não. Sons de engrenagens foram ouvidos sutilmente. Andreas surgiu na porta e disse:

— Vamos sair. Estou escutando vozes.

Dri pegou o colar e saiu com ele; assim que chegaram ao corredor, a porta fechou e o símbolo sumiu. Quase na porta de saída, havia dois guardas.

— Estamos fechando, precisam sair.

— Obrigada!

Já lá fora, uma vontade imensa tomou conta dela e foi andando sem rumo, ele a seguia com cuidado. Perto dali havia um arco de pedra em ruínas, chegando perto um buraco abriu em frente a ele, um baú estava surgindo, as luzes piscaram e se apagaram por completo. Ao chegar mais perto, sentiu algo bom, pegou na mão dele e disse:

— Confie em mim, precisamos sair daqui agora.

Ele fez sinal que sim. Assim que eles encostaram as mãos na caixa misteriosa, foram teletransportados. Para outra área mais vazia, mas ainda estavam no Praetorium. Agora com calma puderam analisar melhor a caixa. Que na verdade era um lindo baú marrom escuro com arabescos em dourado. Logo acima, na tampa, um entalhe com o formato do colar.

— Meu colar parece ser a chave, assim como foi lá na câmara.

— Melhor abrir com cuidado, não sabemos o que tem aí dentro.

— Certo, tem razão.

Colocou com cuidado o pingente do colar no local do entalhe, houve um clique. A tampa destravou, abriu-a e sorriu quando viu uma máscara de borboleta na cor marrom com detalhes em verde e dourado e ainda com pedras em ametista nas anteninhas e detalhes do olho, ao lado uma roupa preta para a qual não deu muita atenção. Percebeu logo que a parte da frente era outra tampa e desceu-a, revelando três gavetas. Ao abrir a primeira, viu um escudo com base de madeira nobre com veios em tons de marrom, era lindo, havia uma espécie de asas com penas em chumbo e cromo com detalhes em verde e dourado. Pegou e pôde ver que na verdade eram duas armas de braço que ao apertar um botão abriam uma adaga bem afiada. Colocou de volta; logo abaixo do encaixe das braçadeiras, havia um espaço para colocar uma espada; esta estava logo ao lado, lâmina de ferro fundido; sua base era de tirar o fôlego, trabalhada à mão no detalhe do cabo que também era da mesma madeira que o escudo, tinha detalhes em chumbo e cromo, com pedras de ametista em ambas as armas. Fechou a gaveta e foi para a próxima. Que continha uma lança com ponta dupla e logo abaixo asas iguais às das adagas de braço, com penas em chumbo e cromo, muito afiadas, e ametistas encrustadas; seu cabo, com a mesma madeira das outras armas, estava dividido em duas partes; ao pegar e encaixar, notou um botão, apertou, as asas se abriram e, na base da lança, surgiu outra navalha em formato de pena. Com cuidado retornou as coisas exatamente como estavam para guardar e assim seguir para a próxima arma, que estava ao lado, era um machado com a lâmina negra de um lado a do outro uma asa semelhante às das outras armas. Na ponta inferior, o mesmo formato da lança. No terceiro e último compartimento, havia um arco com garras à frente de onde a mão fica posicionada. Em cada lado, havia penas negras com ametistas. Logo ao lado, uma aljava oval com várias flechas, pegou uma para analisar melhor, havia na ponta superior uma asinha de cada lado e uma ametista na ponta.

— Nossa! Que espetacular esse seu baú.

— Pois é! Essa missão me surpreendeu pra caramba!

Os dois ficaram mais um tempo admirando e comentando tudo o que aconteceu. Nisso apareceu a sua Jô e falou:

— Boa noite! Vim buscar o baú.

— Oh, Dri! Tá escutando essa voz?

As duas assustadas se entreolharam. Alguns segundos depois, ela respondeu:

— Na verdade, sim. Quem falou foi a Johanna, ela é minha antecessora. Desculpe o susto, mas nenhuma outra pessoa a não ser nós podemos ouvir ou ver. Foi um susto. Já havia ouvido vozes antes?

— Não que eu me lembre.

— Interessante — *comentou Jô.* — Bom! Sobre esta missão: Dricka conquistou suas armas não apenas por responder à charada. Para realmente poder conquistar o baú de Capricórnio, deveria mostrar que sabe dominar seus dons. Apenas assim poderia ter sucesso. Durante essas horas que passou aqui em Colônia, teve diversas provas, que a estavam testando.

— Por isso fizemos alguns passeios fora da missão final? — *Andreas perguntou.*

— Na verdade tudo fazia parte, inclusive você. O universo se encarrega de colocar as pessoas certas nas horas certas, mesmo que não se entenda no momento. Mas tudo tem um propósito.

— Legal! Que bom que o universo me escolheu. Pergunta: quais são seus dons que teve que provar para merecer completar sua missão?

— Como pôde perceber desde o primeiro momento das nossas conversas, tenho o dom de ler mentes, da intuição e da responsabilidade.

— Agora entendi alguns detalhes da nossa jornada!

— Já que estamos entendidos e chegamos ao fim desta missão, é hora de se despedir e de voltarmos para casa, minha cara sucessora.

— Claro! Poderia me levar a sua casa para me despedir?

— Na verdade, não. Hoje é aniversário de casamento dos meus pais, então vamos todos na pizzaria comemorar. Está convidada, se puder ir.

— Eu posso, Jô?

— Pode, sim. Me chame quando estiver pronta para partir. Adeus, Andreas! Dri, compre alguma coisa, não vá de mãos abanando.

— Muito obrigada!

Nisso ela sumiu com o baú. Eles foram dar uma volta para ver o que podiam comprar. Presente escolhido, foram jantar com a família. Conversas alegres e muitas risadas quando eles contavam peripécias de quando eram novos.

Após a janta, um comunicado:

— Gostaria de agradecer a hospitalidade, terei que voltar antes para casa. Surgiram uns imprevistos. Quem sabe volto um dia para passear e venho fazer uma visita? Se me aceitarem.

Todos começaram a falar junto, dizendo que pena, ou falando que seria um prazer recebê-la novamente. Se despediu de todo mundo, por fim de seu novo amigo e cúmplice.

— Vou levar ela até a rodoviária.

Na verdade, levou só até algumas quadras dali, pois seria estranho verem ela sumir do nada.

— Tenho que lhe agradecer pela ajuda que me deu.

— Eu que preciso agradecer, graças à sua missão pude ver o quão perdido eu estava. Vou em busca de um propósito para minha vida e meu dom.

— Então nada é por acaso mesmo.

Ambos deram risadas e se despediram com um aperto de mão. Dri disse a Jô que podiam ir para casa. E assim mais uma missão está completa.

Capítulo 28
Susan em Córdoba na Espanha

Acordou suada, estava tendo um sonho caliente, foi tomar uma ducha fria, quando terminou, olhou para o relógio, mais um pouco e iria levantar. Todas as manhãs, pegou por hábito correr, saía antes de o sol raiar, desta vez resolveu apenas caminhar, levou a bolsa e uma muda de roupa.

— Vou gastar essa energia na academia, um banho frio depois, e estarei diva.

Ao fechar a porta do quarto, foi transportada para um lugar muito lindo. Uma praça, desta vez ficou um pouco tonta, resolveu sentar em um banco perto. Olhando em volta, achou tudo familiar, mas não fazia ideia de onde estava.

Um rapaz muito bonito sentou-se ao seu lado e pediu:

— Oi, sou Javier! Está bem?

— Sim, só um pouco tonta da viagem.

— Veio de longe?

— Talvez. Por que quer saber?

— Posso ter sonhado com você esta noite.

Ela achou que fosse um galanteio, mas, quando olhou em seus olhos, se arrepiou. O rapaz do seu sonho, estavam nadando em uma praia, o clima estava quente. Não sabia o que dizer, só pensava se ele tinha tido o mesmo sonho.

— Sonhei que estávamos em uma praia, procurando alguma coisa. Ainda não sei seu nome.

— Susan. Sabe ler mentes, ou só quis me contar o que tinha sonhado? E pode me dizer onde eu estou?

— Não para a primeira pergunta, mas consigo sentir o que as pessoas estão pensando, não com exatidão, a maioria das vezes dá certo. E está em Córdoba.

— Eu estou na Espanha? Tão longe de casa, e ainda falando espanhol.

— Está, sim. De onde você vem?

— Sou do Brasil.

— Bacana. Sinto que tenho que te ajudar a encontrar o que procurava em nossos sonhos. E conheço esta cidade como a palma da minha mão.

— Que bom, mas eu nem te conheço, nem você a mim. Como saber se podemos confiar um no outro?

— Certeza não temos nenhuma. Mas sinto que, se eu fizer algo, pode facilmente me espancar.

— Isso é verdade, recebemos treinamento rígido.

— Então resolvido. Se está melhor, vou te contar sobre a história daqui, contudo começarei pela Espanha.

Susan fez que sim com a cabeça, ele fez sinal para ela o seguir. E começou o relato:

— Até o século XVIII, a "Espanha" era apenas distrito da Península Ibérica, se referindo assim ao conjunto do território ibérico e dos países que nele eram inclusos, e não somente a apenas um estado. Foi em 1876 que a constituição usou pela primeira vez o nome Espanha. Nosso país é conhecido pelo patrimônio cultural diversificado, sendo influenciado por culturas de diversas nações e povos em sua longa história. A cultura espanhola teve as origens vindas das culturas celta, ibérica, latina, celtibera, católica romana, islâmica e visigótica. A Espanha tem artistas altamente influenciadores para o desenvolvimento de diversos movimentos artísticos europeus. A arte espanhola tem uma diversidade geográfica, histórica e de gerações, com uma diversidade enorme de influências. Preciso de uma água, quer também?

— Sim, por favor.

Ele comprou duas em um restaurante de pequeno porte; depois de beber uns goles, continuou seu breve relato:

— Córdoba, na Espanha, foi criada em meados do ano de 169 a.C., na época em que os romanos fizeram seu acampamento militar junto ao rio Guadalquivir. No período do ano de 30 d.C., Córdoba foi denominada cidade e capital da Província Bética, assim se transformando em uma das cidades de maior importância do Império Romano. Nesse momento da história, foram construídas obras arquitetônicas grandiosas na cidade. No ano 1.000, foi uma das cidades mais povoadas do mundo, sendo uma das primeiras a receber iluminação pública. No decorrer do domínio muçulmano, foi realizada a construção de diversos palácios. Ao longo do califado de Aláqueme II, a biblioteca da cidade se tornou a maior do mundo. Com a subida do poder dos almóadas no século XII, Córdoba deixou de ser a capital, passando o posto para Sevilha. Já no século XIV, os cristãos que governavam a cidade fizeram reformas em várias das antigas estruturas defensivas, como o Alcácer dos Reis Cristãos e a Torre Fortaleza da Calahorra.

Fez uma pausa para tomar água e continuou:

— Localizada na região da Andaluzia, na Espanha, Córdoba é uma cidade cheia de histórias e de culturas, sendo considerada uma das principais cidades turísticas, com belas artes, obras arquitetônicas, gastronomia e costumes religiosos. Esses aspectos vêm da presença de vários povos, com suas culturas diferenciadas, que contribuíram para a cultura atual, ao longo do seu desenvolvimento. Com estilo medieval nas construções, combina os belíssimos bairros e ruas estreitas, além de os pátios estarem repletos de flores.

— Me apaixonei pela vista, pela história, estou ansiosa para ver seus pontos turísticos. Aonde vamos primeiro?

— Comer. Pois o melhor jeito de se conhecer o lugar é provando suas delícias locais.

— Pode ser.

Foram a um restaurante, ele pediu Salmorejo e explicou:

— É o prato típico de Córdoba, é uma sopa de tomate servida fria, com azeite de oliva, miolo de pão, sal e alho. Geralmente é acompanhado de jamón e ovo cozido. Esse prato é típico do verão, podendo ser encontrado durante todo o ano em restaurantes cordobeses.

— Interessante. Deve ser muito saboroso. Onde estamos agora?

— Estamos em um restaurante na Plaza de La Corredera, depois vamos à Ponte Romana, à Torre de Calahorra, no Templo Romano, e por fim à Muralha Romana e à Puerta de Almodóvar. À noite pode pousar na casa da minha irmã, eu moro na parte de baixo da casa, no porão. Ela vai gostar de te conhecer, podem conversar em português, o marido dela é do Brasil. Vou ser seu guia, tenho alguns dias de atestado do trabalho.

— Legal. Eu vi que está com o braço enfaixado. Quebrou?

— Não, tive uma luxação grave, não chegou a quebrar. Chegou a comida, depois vamos provar o Bolo Cordobês, que é uma torta folhada recheada de cidra, cabelo de anjo e, às vezes, eles colocam jamón (porco) serrano. É a sobremesa tradicional das festas de San Rafael.

— Ansiosíssima para provar.

O passeio foi fantástico, a cada lugar a que foram Susan ficava mais encantada e apaixonada pela cidade. Chegaram cansados do passeio. Ele apresentou a irmã, ela pediu se poderia tomar um banho, e disse que precisava de uma toalha. Depois desceu para jantar e conversar com ela. O marido trabalhava à noite, o veriam de manhã.

Francisca, irmã do Javier, fez para o jantar Berinjela com Mel (fatias de berinjela fritas com azeite de oliva e cobertas com mel de cana), Japuta Marinada (peixe chaputa, chamado de japuta ou palometa na Espanha, marinado, cortado em pedaços e servido com alho, cominho e vinagre), e Rebujito para beber (mistura de vinho manzanilla com refrigerantes como Sprite ou água com gás).

— Deliciosa sua comida, muito obrigada por aceitar uma estranha em sua casa.

— Imagina, é difícil Javi trazer alguém, ele não confia muito nas pessoas. E, quando disse que era do Brasil, pensei em fazer algo que você ainda não tivesse provado. Comi muitas delícias do seu país. Queria retribuir.

— Muita generosidade de sua parte. Fico grata.

Foram dormir. Su capotou. Estava exausta.

De manhã Fran bateu na porta e a chamou para o desjejum. Ela fez Tortilla de Patata (feita com ovos e batatas, bem semelhante à omelete), recheada com linguiça e pimentão, e café passado.

— À noite vou fazer o nosso prato mais conhecido: Paella e de sobremesa: Crema Catalana (feito com gema de ovo, leite, essência de baunilha, amido de milho, açúcar e pedaços de cascas de limão e laranja). Para levarem para o lanche fiz Croquetas (são bolinhos feitos de farinha e recheados com diversos ingredientes, como queijo e presunto, depois são empanados e fritos) e Torrijas (feito com fatias de pão amanhecido, empanados com ovos e fritos, depois servido com canela, caldas doces e acompanhado com um bom vinho ou leite).

— Desse jeito não vou querer sair da Espanha.

As duas deram risadas, nisso Javier, que tinha ido buscar os lanches, chegou.

— Do que estão rindo?

— Da nova paixão da Susan, minha comida.

— Também sou apaixonado por ela!

— Pela Su?

Ele, todo vermelho, disse que não. Mas percebeu que era brincadeira da irmã. Lanche arrumado, saíram cedo, o esposo ainda iria demorar mais para chegar. Combinaram de esperar ele para o outro dia no café. Itinerário definido, começaram a jornada.

— Hoje vamos à Calleja de Las Flores, aos Jardines de La Agricultura, aos Jardines de La Merced/Praça de Colón, ao Parque de Miraflores.

— Agenda bem cheia.

— Temos magníficos museus; se der tempo, no Alcázar de Los Reyes Cristianos.

— Se ele for grande, podemos deixar ele para amanhã?

— Ele é enorme, bem pensado. Vamos visitá-lo com calma.

Dos lugares a que foram, Su ficou maravilhada com a Calleja. Claro que adorou os outros lugares também. Estava tudo lindo, florido.

Rota feita, hora de voltar para casa. Tomou um banho rápido. E desceu para ajudar no jantar. Já estava quase tudo pronto, então ajudou a pôr as coisas na mesa. A Paella, simplesmente divina. A sobremesa fantástica.

— Já pensou em abrir um restaurante com comidas típicas?

— Acho que não teria jeito para isso. Gosto de cozinhar pouco.

Conversaram mais um pouco, depois foram dormir. Na manhã seguinte, Su não precisou ser chamada, o cansaço já havia ido embora. Desceu e ajudou a passar o café, enquanto Fran terminava os Churros (na Espanha eles não são recheados, nem tão doces quanto no Brasil). Javier levou vários para o lanche.

— Vou te contar um pouco sobre o Museo Alcázar Reyes Cristianos, em português: Alcácer dos Reis Cristãos. Uma fortaleza medieval. Tem o nome de Reis Católicos, porque Isabel de Castela e Fernando II de Aragão a usaram como sua principal residência. O palácio e a fortaleza, com sólidos muros, têm em seus interiores uma parte grande da revolução da arquitetura de Córdoba. O governo espanhol, no ano de 1950, o abriu como monumento nacional. Seus jardins são distribuídos em três níveis, e compostos com uma grandiosa variedade de vegetação, fontes e piscinas.

— Como sabe tanto sobre a história deste lugar?

— Na verdade eu trabalho como restaurador.

— Então foi por isso que muita gente te cumprimentou nos nossos passeios.

— Sim. Não sou muito de falar da minha vida, só quando perguntam.

— É melhor assim.

Estavam caminhando entre lindos arbustos desenhados parecendo pilares. Um monumento chamou atenção da Su. Tinha três estátuas, duas rainhas e um rei.

— Que monumento é esse?

— Essa estátua é a representação da reunião entre os reis católicos (Isabel de Castela e Fernando II de Aragão), com Cristóvão Colombo. O encontro ocorreu em Alcázar no ano de 1492, antes da primeira viagem que Colombo fez em direção às Américas.

— Bem expressivo. Por que não tem quase ninguém?

— Já está quase na hora de fechar.

Circulando o monumento, Su viu o símbolo de Aquário, exatamente atrás da rainha. Foi até ele e o apertou, um obelisco surgiu entre as três estátuas. Ela olhou em volta, já não havia ninguém na volta.

— Tenho que subir, me ajuda?

— Não, você está louca. Se pegam a gente, vamos presos, eu perco meu emprego.

Sem opção, usou seu dom da telepatia para ter a certeza de que não havia ninguém por perto, depois o da sedução para convencer ele a cooperar. Chegou perto dele e disse com uma voz sensual:

— Por favor, só preciso ver o que é aquilo que apareceu.

— Claro, eu te ajudo.

Ela subiu, viu que no pico do obelisco tinha um entalhe, o modelo era igual ao seu pingente, retirou o colar do pescoço e colocou-o no entalhe, uma voz soou:

— *Qual o elemento que o ser humano não vive sem, mas que não se pode ver?*
— O elemento é o ar.

Ruídos de engrenagens começaram a ser ouvidos. Pegou o colar e se preparou para pular, nisso o obelisco começou a descer. O símbolo de Aquário também sumiu.

Já no chão, primeiro libertou ele do poder mental da sedução, ela agradeceu e foi em direção ao som.

A apenas alguns metros dali, um baú começou a surgir do chão, era azul-celeste com arabescos em prata, lindo. Ao parar em frente, viu o mesmo entalhe do pingente, fez o mesmo que com o obelisco, mas retirou assim que ouviu um clique. Abriu a tampa de cima, logo viu uma segunda tampa, já desceu ela, revelando três gavetas, em cima tinha uma roupa preta, que Su pegou e começou a ver se servia, quando Javier chegou ao seu lado, a colocou de volta, ao lado de uma máscara com uma mistura de ondas desenhadas com formato de morcego, na cor vermelha com detalhes em lilás, com cinco pedras de turmalina negra entre os olhos em linha vertical e uma em cada lágrima.

Na primeira gaveta, um escudo em madeira nobre com veios vermelhos, em cima bem no centro um desenho em alto-relevo de um lindo jarro com água derramando em ondas na cor chumbo, ao lado uma espada estilo facão, com a lâmina larga em aço, cabo bem torneado, com uma pedra de turmalina negra de cada lado quase na união do cabo com a lâmina, nesse ponto uma sobrelâmina semicircular que vai até a ponta do cabo. Na segunda gaveta, um arco com a mesma madeira, com detalhes parecendo ondas saindo do próprio cabo, ao lado uma aljava oval com diversas flechas. Na terceira gaveta, uma lança dupla, a lâmina tem o formato, embaixo, de morcego, com uma ponta afiada no seu centro, isso em cada ponta, guardada estava dividida em duas partes, ao lado dez anéis, uma para cada dedo, o detalhe é que são como se fossem unhas afiadas, semelhantes às da mulher-gato (filme). Sara disse:

— Eu o levo para casa; amanhã venho te buscar após o café.

O baú sumiu, Su explicou meio por cima sobre a antecessora, e disse que ela o levou.

— Vamos para a casa da sua mana, antes que algum guarda nos pegue aqui.

— Sim, vamos.

Missão cumprida. Ficou até o café, pois tinha combinado de conhecer o marido da Francisca. Quando chegaram ela não estava, resolveram pedir pizza. Enquanto esperava foi tomar banho. Comeram e assistiram a um filme, depois foram dormir. De manhã, finalmente conheceu o Felipe, conversaram muito, um pouco em espanhol, um pouco em brasileiro (português do Brasil), ele nasceu em Santos, São Paulo.

Se despediu de todos, agradeceu muito por tudo, os convidou a ir conhecer sua cidade. Quando estava em um lugar sozinha, chamou Sara e foram para casa.

Capítulo 29
Bianca em Florença na Itália

Bubi estava voltando de viagem, uma missão que era para durar dias, levou apenas um e meio. Estava ainda eufórica, chegando em casa de mala. Ao tocar na maçaneta da porta, foi transportada para perto de uma praça. Andando distraída, acabou quase atropelando uma mulher.

— Me desculpe. Estou tão maravilhada que acabei me distraindo.

— Tudo bem. Também estava perdida em meus pensamentos. Não é daqui pelo jeito, veio conhecer Florença?

— Sim. Sou do Brasil.

— Fala muito bem o italiano local.

Bi pensou por alguns minutos, e levou um choque ao entender o que estava acontecendo. Estava na Itália. E sabia falar italiano desde quando? O jeito era improvisar.

— Obrigada! Eu sou Bianca, sou enfermeira, caso eu a tenha machucado.

— Me chamo Caterine, sou professora de Artes e arquiteta. Estou bem.

— Que bom. Vai parecer estranho, mas poderia lhe pedir para me contar mais sobre a Itália e Florença. Claro, se não for incômodo.

— De forma alguma, vou adorar. Vamos lá. A Itália foi uma grande influenciadora do desenvolvimento social e da cultura, tanto da Europa como do mundo. Muitos artistas, músicos, cientistas, exploradores, literatos nasceram neste lugar. Também é o local onde nasceram diversos movimentos intelectuais e artísticos que se espalharam pelo mundo, como o Barroco e o Renascimento. E a parte que eu mais gosto da história, a arquitetura italiana, que influenciou vastamente a arquitetura mundial. Inigo Jones, um arquiteto britânico inspirado pela arquitetura italiana de Andrea Palladio, levou a arquitetura renascentista italiana por toda a Inglaterra no século XVII. A arquitetura italiana foi usada para descrever o movimento renascentista.

— Pelo jeito que fala, dá para sentir o quanto ama essa área de atuação.

— Sim, muito.

— Pode me falar um pouco sobre Florença?

— É uma cidade e subcapital da região da província homônima e da Toscana. É vista como a origem do Renascimento italiano; na minha humilde opinião, uma das cidades mais belas do mundo. Muito conhecida por ser a terra natal do autor da *Divina Comédia*, Dante Alighieri. Chamada de Firenze pelos italianos, Florença é um belo destino para os turistas que procuram um ar romântico, típico da Toscana. As ruas possuem traços de milhares de anos, guarda vistas belas e muito diferentes de qualquer outra.

— Sensacional. Gostaria de conhecer melhor a cidade, aonde me sugere ir?

— Tantos lugares, mas vou focar em pontos que os turistas gostam mais. Vou fazer uma lista.

Enquanto escrevia, parou por um momento e disse:

— Quer saber, tenho aula somente hoje à noite, se quiser posso ir com você. Antes, meu carro está ali. Vamos levar sua mala lá.

Bianca pensou um pouco, o que seria mais arriscado do que confiar em uma estranha que quer guardar suas coisas? Bom, olhando por outro lado, ela também era uma estranha, e a moça resolveu ajudar. Vamos arriscar.

— Seria ótimo. Falando sobre a noite, saberia me dizer um lugar para pousar?

— Tenho um quarto disponível, posso alugar por um valor simbólico.

— Perfeito! Aonde vamos agora?

— Estamos na Praça Michelangelo, vamos explorar melhor aqui primeiro.

Enquanto caminhavam Cat começou a contar:

— De toda Florença e os seus monumentos, o mirante presenteia com uma vista de perder o fôlego. Foi projetada por Giuseppe Poggi, um arquiteto florentino, dando à praça uma vista panorâmica do rio Arno e da cidade. A praça foi construída para ser um monumento em homenagem a Michelangelo e suas obras, havendo uma réplica em bronze do "David" de Michelangelo. Hoje há um grande restaurante panorâmico e várias banquinhas.

Depois foram a ponte Vecchio, ela contou que:

— É a mais antiga da cidade e um símbolo de Florença, construída em 1345. Um belo ponto turístico, abaixo dela o Rio Arno, a ponte liga a parte sul à parte norte da cidade. À noite, sua iluminação especial torna a vista ainda mais apaixonante.

Estava começando a escurecer. Era hora de ir para casa, jantar e depois ir dar aula.

— Hoje vamos comer pastel, amanhã te farei algum prato típico para provar. Não se conhece por completo nenhum lugar sem conhecer sua comida.

— Verdade. Vou esperar ansiosa.

Cat encaminhou Bubi até o quarto, mostrou o banheiro.

— Tem uma chave reserva no chaveiro ao lado da porta, se quiser dar uma volta.

— Não precisa, quero um bom banho e descansar hoje.

— Ótimo, amanhã bem cedo, vamos ao meu local favorito. Mas vamos passar o dia inteiro lá. É bem grande.

Comeram os pastéis que Cat havia comprado na vinda para casa. Ela foi para a escola e Bi organizou as coisas na cozinha. Depois foi pegar a mala e levar para o quarto, escolheu uma roupa, pegou a toalha, e tomou um banho não muito demorado. Pegou um livro que havia trazido e deitou na cama. Algumas páginas depois... quase adormeceu. Levantou para guardar o livro e deitou-se, desta vez embaixo do edredom. Na manhã seguinte, quando ouviu a anfitriã levantar, foi lavar o rosto, depois desceu para ajudar a fazer o café. Se organizaram para sair após o desjejum.

— Vamos de carro, é um pouco longe da minha casa.

— Aonde vamos?

— Ao Jardim Giordano Bardini. Ele fica atrás do Pallazo Pitti, o fabuloso jardim lindamente decorado com esculturas construídas entre os séculos XVI e XVIII. Ele é um verdadeiro oásis que poucos conhecem. Foi indicado como "o jardim dos três jardins", que foi fruto da união de três jardins elaborados no decorrer de sete séculos. Contendo o espaço de quatro hectares. O jardim fica próximo às muralhas medievais da cidade.

— Fascinante.

Chegando ao local, deixaram o veículo um pouco longe, mas na sombra. Quando entraram a Bubi ficou de boca aberta.

— Não é nem o começo. Vou contar um pouco da história. Ele remonta à Idade Média, no século XIII, passou por vários proprietários, entre os séculos XVII e XVIII, sendo embelezado a cada apropriação. Ele representa uma parte de Florença e da história urbana. São sete séculos de história.

Almoçaram em um restaurante perto dali, depois voltaram às escadarias vitorianas. Realmente era enorme o jardim. Ao começar a escurecer, Cat foi para casa e lhe deu o número de um taxista seu amigo, para quando ela terminasse o passeio. Já que Bi achou algo familiar e quis continuar um pouco mais.

— Vou agora, para começar a nossa janta, espero que esteja com fome.

— Bastante.

— Ótimo! Até depois.

No seu passeio, Bubi subiu mais um pouco de escadas depois que Caterine saiu, mas desta vez algo lhe chamou atenção, não nas estátuas, mas no corredor, um arco florido do início ao fim, e em uma das pontas uma parede com um desenho que parecia de uma porta, chegando perto viu o símbolo de Escorpião acima do desenho central, teve o ímpeto de apertar, ouviu vozes e desistiu, quando olhou para ver quem era, descobriu ser um guarda, logo pensou no guarda que viu antes de começar o passeio e se transformou nele.

— E aí, cara, quase no fim do turno?

— Sim, já estou cansado de fazer ronda. Uns moleques estavam pulando nas estátuas, me mandaram vir e acabar com a brincadeira.

— Bah! Isso acontece muito. Até depois.

— Até!

Bubi fingiu subir; assim que viu que o guarda estava longe, voltou como ela mesma e apertou o símbolo. Nisso um obelisco surgiu atrás dela; ao se virar, notou no seu pico um entalhe que era exatamente como o seu pingente, o introduziu no lugar destinado, nisso uma voz soou:

— *Sou fundamental para a sua sobrevivência, seu corpo tem 70% de mim, que elemento sou?*

— Elemento água.

Nisso um ruído de engrenagens começou a se fazer ouvir. Logo em frente a onde estava o chão começou a se abrir, as pedras se moviam como se fossem quebra-cabeça, o obelisco começou a descer, Bi pegou o colar, esperou ele sumir, então foi até o novo achado.

O baú em azul royal claro com arabescos em ouro, na tampa o entalhe do seu colar, posicionou o pingente, ao ouvir o clique retirou-o e colocou-o de volta no pescoço. Abriu a tampa, logo viu uma roupa preta, parecia ser de courino, ao lado uma máscara: em cima até comum, mas embaixo como se fossem as garras de um escorpião, na cor amarelo-claro, detalhes em rosa pink ao redor dos olhos. Sentiu uma porta se mexer, viu que era outra tampa, a desceu e notou três gavetas, ao abrir a primeira tinha um escudo em madeira nobre com veios em amarelo-claro, no centro um desenho com 12 pontas, cada uma com uma pedra de granada, bem no meio uma pedra de ônix sextavada com o símbolo de Escorpião em aço, logo ao lado duas espadas, com cabo curto, entre ele e a lâmina (de aço) um ferro em formato de pinças de escorpião abertas, ao pegar uma das duas, percebeu que elas se encaixavam no cabo, colocou-a de volta. Na segunda gaveta, um arco com a mesma madeira das outras armas, por sua extensão tinha pontas, nelas pedras de granada, na parte da frente de onde se posiciona a mão pinças em ferro cravadas na madeira, ao lado uma aljava oval com várias flechas. Na terceira gaveta, uma lança de certa forma comum, se não fosse o detalhe das pinças em ferro logo abaixo da lâmina. Na união das três partes, uma pedra de granada, seu cabo estava dividido em dois, no lado uma adaga de mão, estilo soqueira. Assim que terminou de olhar, Giulia apareceu e disse que levaria ele para casa, e viria buscá-la depois de se despedir.

Assim que Gi levou o baú, ligou para o taxista, e foi até a casa da Caterine, desfrutar da comida local.

Cat fez de janta Crostini di Fegato (pão tostado acompanhado de pasta de fígado de frango, assim como anchovas, formando um patê), Gnudi (nhoque sem batata, feito com espinafre e queijos, entre eles ricota e parmesão), Pollo alla Fiorentina (filé de frango empanado servido em uma cama de espinafre com queijo), e de sobremesa é claro que foi Gelato (sorvete com muitos sabores naturais e consistência deliciosa).

— Sem palavras para descrever. Delicioso, fantástico.

— Muito obrigada, minha cara! É sempre um prazer mostrar um pouco da nossa cultura a uma boa apreciadora.

— Tenho que te agradecer imensamente por tudo. Tenho que voltar para casa, consegui uma passagem para esta noite, espero que não fique chateada, por eu sair assim.

— Imagina, claro que não. Foi um prazer acompanhá-la nesses dois dias. Ano que vem, vou retribuir a visita.

— Vou adorar, nossa cidade não tem tantas maravilhas quanto aqui, mas as nossas comidas são fantásticas.

Bubi ajudou com a louça e a deixar tudo organizado, subiu para pegar suas coisas. Quando desceu quis pagar pela estadia, mas ela não aceitou.

— Tive uma ideia brilhante. Vou entrar em um programa de intercâmbio e oferecer minha casa, assim terei companhias diferentes e posso trocar conhecimento.

— Ideia adorável, quem sabe volto um dia para ver como está.

— Será sempre bem-vinda.

Se despediu e saiu; assim que estava em um lugar vazio, chamou a Gi. Assim sua missão estava completa e pôde ir para casa descansar e mostrar as armas para as outras.

Capítulo 30
Carol em Lisboa em Portugal

Acordou cedo. Sentiu algo estranho no ar. Teve uma visão sobre um baú misterioso, ouviu em seu sonho que deveria se arrumar, separar um kit básico de viagem, com uma muda de roupa extra, pois iria para uma terra estranha, e em um ponto histórico irá achar o que procura. Levantou-se, tomou um banho, organizou a mochila como foi instruída. Desceu para tomar café, pegou bolachinhas e um pacote de salgadinhos, separou duas garrafinhas de água, colocou na sacola após o desjejum. Foi até a sala, quando ia se sentar no sofá na sala foi transportada para uma palestra, sentou-se em uma cadeira.

Logo pensou, "ainda bem que não errei a cadeira, porque seria um vexame". Chamou mentalmente Angel.

— Oi, estava dormindo, está tudo bem?

— Estou bem, fui transportada para uma palestra, sinto que estou bem longe de casa, mas tem algo familiar no ar. Acredito que seja uma missão, pois tive uma visão, preciso achar um baú.

— Interessante. Parece que várias meninas já saíram, não estou conseguindo falar com elas. A May está me chamando. Vai ficar bem?

— Sim. Até o fim da missão.

— Até.

Após conversar com a An, ficou bem mais tranquila. Começou a prestar atenção, afinal é uma palestra, deve ser muito importante para sua missão, chegou bem no início. Era um casal que estava palestrando. Eles se apresentaram:

— Bom dia! Somos Martim e Leonor, somos professores de história e turismólogos. Iremos contar um pouco sobre a história de Portugal e de Lisboa. Ela começou a falar:

— Portugal como uma nação da Europa data desde a Baixa Idade Média. Porém a presença de humanos nesse território de Portugal começou muito antes disso. Já na Pré-História, cerca de 500 mil anos atrás, há registros dos primeiros hominídeos. A civilização deixou muitas marcas nas leis, na religião e na língua. A datar do segundo milênio a.C., encontram-se construções importantes no território de estruturas de vários povos.

Ele continuou:

— A arquitetura foi influenciada pelos movimentos estéticos e culturais que representam as várias épocas da História da Arte, resultando em um legado patrimonial muito rico desde antes da criação do país no século XII. A arquitetura portuguesa foi influenciada pela história vivida no país, deixada pelos diversos povos que passaram pelo seu território.

Fizeram uma pausa para perguntas, logo após ela falou:

— Lisboa é a capital de Portugal e a mais populosa do país. É uma cidade com uma acentuada vida cultural. Ponto central dos descobrimentos desde o século XV, Portugal é o epicentro das mais variadas culturas. No ano de 1994, foi definida como capital europeia da cultura.

Deixaram meia hora para perguntas. Depois dispensaram a turma. Carol se aproximou deles e pediu:

— Oi, me chamo Carol, vocês conhecem alguém que poderia me ajudar, preciso de alguém como guia.

— Temos o dia livre, podemos ir.

— Que ótimo, quanto cobram? Eu ainda não troquei meu dinheiro.

— És de onde?

— Do Brasil.

— Que legal. Na república onde moramos, tem um brasileiro. Já tem onde ficar?

— Não. Cheguei na hora em que começaram a palestra.

— Pode ficar conosco. Se quiser. Vai ser divertido ouvir vocês conversarem no idioma de lá.

— Sim. Vai ser bom. E aonde pretendem me levar?

— Vamos começar pelo mais famoso monumento de Lisboa. Chegando lá te contamos sobre ele e a sua história. Antes o Martin precisa pegar o carro. Me ajuda a guardar as coisas enquanto isso?

— Claro.

Arrumaram tudo e foram à portaria esperar o companheiro com o veículo. Um tempinho depois, chegaram ao monumento e Leo falou:

— O Padrão dos Descobrimentos é um dos monumentos mais importantes para Portugal, seu formato representa uma caravela, sua localização fica de frente para o rio Tejo. Construído no ano de 1940, para homenagear as conquistas do país, contém os principais navegadores da época, incluindo Pedro Álvares Cabral. Não é apenas um monumento, ele possui um mirante, salas de exposições e um auditório.

Depois foram para a Torre de Belém. Chegando lá ela contou:

— A Torre é um símbolo para o país, construída no século XVI, contém o estilo de Manuelino, posta às margens do rio Tejo, o rei João II a idealizou, mas foi executada muito tempo depois pelo rei Manoel I. Foi projetada para controlar quem chegava pelos caminhos do mar. Ela se parece com uma bela torre de um castelo, tornando-se um dos mais importantes pontos turísticos da cidade.

Por último visitaram o Arco do Triunfo. Ele contou que:

— Foi construído na rua Augusta no ano de 1875. Pode-se subir no alto do arco, para quem gosta de apreciar belas vistas do mirante.

Cansados foram para a república, Martim explicou que apenas professores moram lá.

— Ainda bem que também sou professora.

— Sério? De quê?

— Profe de canto.

— Assim não vai quebrar a nossa grande regra.

Todos deram risadas.

— Na verdade, não existe nenhuma regra, apenas ao acaso só professores estão morando lá.

Chegaram, o Bento havia feito macarronada com molho à bolonhesa, e brócolis gratinado com molho branco e queijo. Um bom vinho para acompanhar; para quem não podia beber, tinha suco de uva. O casal apresentou a Ca para os outros, e pediram para ela contar um pouco sobre ela para os moradores, finalizando disse que provavelmente ficaria apenas duas noites ali. Jantaram, após foram dormir.

Para retribuir a gentileza do pouso e da comida, levantou cedo para fazer desjejum. Fez panquecas e café passado. Depois de comerem, continuaram o tour.

Ao sair foram no Palácio Marquês de Fronteira, Martim contou que:

— O Palácio se tornou uma das mais incríveis atrações de Lisboa, principalmente pelo seu magnífico jardim. Ele foi construído no ano de 1672 para João de Mascarenhas, que foi o primeiro Marquês de Fronteira; ainda nos dias de hoje, serve como moradia para a sua família. Da decoração externa há lindos azulejos na área do jardim, simplesmente deslumbrante. Nele há um lago cercado por azulejos em suas paredes, representando os ancestrais da família, após há uma escadaria que leva a diversos bustos de reis portugueses postos como se fosse uma galeria. No interior do palácio, tem painéis retratando batalhas da Guerra da Restauração. Para muitos uma das áreas que mais chama atenção é a capela, que é completamente decorada com conchas, pedaços de porcelanas, pedras e vidros.

Carol não ficou tão entusiasmada dentro do Palácio, mas sim quando chegou fora e viu o belo jardim belamente esculpido como labirinto. E o lago com os azulejos era historicamente fantástico. Algo dentro de si a "empurrava" para a fonte quase no meio do labirinto, chegando perto viu o símbolo de Gêmeos na base da fonte. Tinha que achar um jeito de distrair os seus guias. Não sabia se poderia contar a eles sobre sua missão. Distraída olhando a água, não percebeu que eles se aproximaram.

— Carol? — *chamou Leonor.*

— Sim.

— Queremos te fazer uma surpresa. Então vamos para casa agora. Como focamos o turismo, acabamos não te mostrando as nossas comidas típicas — *disse Leo.*

— Imagina, não precisam se incomodar.

— Ninguém conhece verdadeiramente um lugar se não provar sua comida. Pode continuar o passeio. Na hora de fechar, eu venho te buscar — *falou Martim.*

— Tudo bem. Combinado.

Eles saíram. Logo os turistas que estavam por perto também começaram a sair, deixando-a sozinha. Se abaixou e apertou o símbolo. Logo atrás dela, um obelisco surgiu do chão. Levantou-se e chegando perto viu o entalhe, um encaixe perfeito do seu pingente. O pegou e depositou no lugar destinado. Uma voz soou:

— *Entre todos os tempos (passado, presente e futuro), qual é o único elemento que na medida certa mantém todos os seres vivos?*

— É o elemento ar.

Nisso ouviu ruídos de engrenagem no lago, pegou o colar e foi até lá. O obelisco desceu atrás dela e na água perto da borda um baú surgiu.

Na cor azul-celeste, com arabescos em prateado. Nisso Beatriz apareceu.

— Quer abrir ele aqui ou em casa?

— Oi, Bea. Vou vencer minha curiosidade, pode ser perigoso abrir aqui e agora, pode levar. Gostaria de poder ficar e jantar com meus novos amigos, tudo bem?

— Claro. Você mostrou ser capaz, a minha pergunta era a segunda parte do teste. Provou que pode controlar muito bem seus dons. Amanhã, quando quiser ir, me chama.

— Muito obrigada, Bea!

Assim que à Bea e o baú se foram, tudo voltou ao normal. Até o símbolo havia sumido. Continuou o passeio, agora era apenas uma turista.

Na hora de fechar, foi até o portão e Martim já a aguardava. Foram conversando sobre o seu passeio solo. Chegaram, a janta estava quase pronta, resolveu tomar um banho primeiro. Quando desceu o cheiro estava fabuloso. Foi até a cozinha. Quando chegou, a Leo apresentou a comida como profe de história.

— Para o jantar, teremos Favas, podem ser cozidas sozinhas, ou com rodelas de chouriço e com outras carnes. Essa sopa de fava faz parte da identidade culinária da cidade. Para hoje usamos carne de gado como acompanhamento. Teremos também **Ovos verdes, que são** ovos cozidos, que cortamos ao meio, recheamos, empanamos e fritamos. A receita tradicional tem a gema emulsionada com azeite, salsa, vinagre e temperos. Para prato principal, Bacalhau à Brás com cebola, batata-palha, ovos mexidos, salsa e azeitonas pretas. Para a sobremesa, fizemos algo parecido com o Pastel de Belém, a versão lisboeta do típico pastel de nata, pode ser comido frio ou quente, com ou sem canela, recheados com um creme de ovo macio e sedoso, envolto em massa folhada caramelizada. Para beber vinho ou suco de uva — *contou Bento.*

Sentaram e apreciaram o banquete. Conversaram bastante, já era madrugada quando foram dormir, não antes de deixar tudo limpo e arrumado.

De manhã, após o café com os moradores, se despediu e saiu. Quando estava em um lugar vazio, chamou a Beatriz, foram para casa. Chegando foi ao seu quarto abrir o baú. Ele era muito lindo. Viu em sua tampa o entalhe do pingente. Colocou-o ali e, quando o ruído de abertura se ouviu, pegou-o e o depositou de volta em seu pescoço.

Abriu a tampa e viu uma roupa preta, pegou e deu uma boa olhada, não chamou muito sua atenção, colocou-a no lugar, ao seu lado havia uma linda máscara preta com detalhes em amarelo e dourado, ao redor dos olhos um desenhado como se fosse um delineador largo em dourado, na parte superior duas ondas de ar em cada lado em preto com arabescos dourados, bem no centro uma pedra de topázio azul.

Se aproximou mais e sem querer chutou o baú, nisso a segunda porta se abriu um pouco, ela a baixou, revelando assim três gavetas. Na primeira havia um escudo em madeira nobre com veios pretos, no centro um subescudo com um trabalhado em alto-relevo em ouro e pedras em topázio azul, saindo dele acima penas pretas, ao lado uma espada com cabo da mesma madeira, torneada e com detalhes em dourado, e pedras de topázio azul, sua lâmina de aço, um lado com três pontas salientes, do outro quatro pontas. Na segunda gaveta, um arco da mesma madeira, bem torneado com pontas em ambas as direções, em cada lado onde a mão segura penas pretas, ao lado uma aljava oval, com várias flechas. Na terceira gaveta, uma lança com o mesmo formato da espada, mas em escala três vezes menor, antes da lâmina duas penas pretas, uma de cada lado, seu cabo com a mesma madeira das outras armas, estava dividida em duas partes.

E assim Carol terminou sua missão para achar o baú de Gêmeos.

Capítulo 31
Maysa em Amsterdã na Holanda

Tinha acabado de acordar, olhou em volta e sentiu uma necessidade grande de arrumar uma malinha. Nunca duvidou de sua intuição. Levantou, tomou um banho e arrumou o básico, roupa para três dias, e como não podia faltar um livro. Desceu para tomar café, a malinha a tiracolo. Mal terminou de lavar a xícara, foi transportada para um lugar estranho, chamou Angel, para ver se ela sabia o que estava acontecendo.

— Oi, faz pouco que acordei.

— Fui transportada para um lugar em que nunca estive, mas muito familiar.

— Exatamente o que a Carol acabou de dizer. Parece ser uma missão, ainda não saí, as meninas que saíram de cassa, não tenho mais contato, mas sinto que estão bem. Fica calma, é treinada para missões loucas. Essa será apenas mais uma, só que solo. Nos vemos em casa depois. Se correr perigo, chame a antecessora. Até mais.

— Até!

Respirou fundo, se acalmou, olhou em volta, viu um grupo de turistas em volta de uma bela mulher, parecia bem nova. Resolveu ir escutar o que estava contando.

— Olá, pessoal! Me chamo Heidi, serei sua guia nesse tour de três dias. O que gostariam de saber primeiro?

Um senhor levantou a mão e pediu para contar um pouco sobre a história do país e da cidade.

— Ótimo. Começamos então com o nosso belo país, Holanda, que no primeiro século a.C. era habitado por tribos germânicas e celtas, e também os frisões. Quase a sua totalidade territorial foi conquistada por Júlio César. O comércio da região prosperou muito com o domínio romano, no ano de 925, fez parte do Sacro Império Romano. Nos anos que se seguiram, a fé cristã e do feudalismo dominaram as relações europeias. Os holandeses passaram a ser uma grande potência comercial e marítima no século XVII. A era dourada foi fortalecida pela cultura. Nosso país é considerado um dos países que têm maior índice de tolerância com relação a etnias e culturas, por causa da enorme quantidade de culturas regionais existentes na Holanda. Um país com grande mistura de culinárias e costumes.

Deu uma pausa para tomar uma água e continuou:

— Amsterdã está situada na província da Holanda do Norte, que fica a oeste do país. Teve origem no século XII, de uma pequena vila de pescadores, tornando-se um porto de grande importância para o país, sendo um dos mais importantes do mundo no decorrer do século XVII (Século de Ouro dos Países Baixos), como consequência dos resultados inovadores do comércio. Ao longo dessa época, Amsterdã era a principal fonte de diamantes e centro financeiro do mundo. A cidade se expandiu bastante entre os séculos XIX e XX, muitos subúrbios e bairros foram criados,

— Vocês preferem que eu fale agora sobre a história dos locais? Ou quando chegarmos a eles?

A maioria pediu para ser nos locais. Então falou:

— A melhor maneira de começar o passeio pela nossa cidade é de barco de turismo e andar pelos principais canais. Um tour tranquilo, com muita história e lindas paisagens.

Me sigam que iremos até o ponto de partida. Estavam perto, todos acomodados, a guia contou:

— O Mercado de Flores, ou Bloemenmarkt, é um tour cheiroso e fantástico para se fazer, sendo o único mercado de flores que é flutuante em todo o mundo, não apenas na primavera, mas em todas as estações do ano. Sua existência é datada desde 1862. As barracas com flores que estão nas casas flutuantes recordam os tempos em que o mercado recebia sua mercadoria por meio de barcos. Há uma diversidade de flores, vocês podem comprar sementes, bulbos, flores avulsas ou em forma de buquê. E o nosso marco, as tulipas, que estão prontas para exportação.

Deu um tempo para perguntas e comentários, além de permitir que comprassem flores. Chegando ao fim da rota, contou:

— O segundo ponto é o museu mais especial da nossa história, o Van Gogh.

Chegando em frente, explicou:

— O Museu Van Gogh está localizado na Praça dos Museus, contendo mais de 500 desenhos, 200 pinturas e cartas, sendo a maior coleção de Van Gogh. Nas sextas-feiras, o museu fecha mais tarde, tendo diversas vezes apresentações de músicos e artistas.

— Nossa próxima parada será divinamente colorida.

Não muito longe, empolgada disse:

— O maior clichê da Holanda são os tamancos. Poderão encontrar eles espalhados pela cidade, em diversas formas e tamanhos, desde lembrancinhas até enormes para poderem tirar fotos. Muitos dos habitantes usam os tamancos em seu dia a dia, pois os tamancos de madeira absorvem a transpiração. Muitas vezes vão encontrar eles nas cores amarelo com detalhes em preto e vermelho, que são as cores da nossa cidade, mas também há uma diversidade de cores e pinturas. Gostariam de comprar alguns e/ou tirar fotos?

Todos queriam tirar fotos, apenas alguns compraram.

— Por hoje chegamos ao fim do tour. Amanhã nos encontramos no mesmo ponto de partida. Alguns dos locais que visitaremos serão a Casa de Anne Frank, que é um destino turístico muito popular, e também o Hortus Botanicus Amsterdam, que foi fundado no começo da década de 1960, um dos mais antigos jardins botânicos do mundo. Mas vai ser um passeio bem diferente.

O grupo se dispersou e a guia se aproximou de Maysa falando:

— Vi que está nos seguindo, está perdida?

— Na verdade, sim. Meu grupo me deixou para trás. Vou ficar na cidade mais dois dias. E queria poder conhecer melhor tudo.

— Que horrível. Pode ficar comigo. Me chamo Heidi. E tem onde ficar?

— Não. Sabe de algum lugar?

Ela pensou por alguns minutos.

— Se importaria de dividir um quarto?

— Claro que não. No Brasil moro em uma república com mais 11 meninas.

— Que legal, deve ser muito divertido. Pode ir lá em casa. Divido meu quarto. Moro ainda com meus pais, para economizar para a faculdade, estou cursando História e Turismo.

— Que incrível. Tem certeza que posso ir?

— Absoluta. Aí pode contar sobre seu país, meus pais vão adorar, eles têm uma lancheria.

— Só não tenho muito dinheiro.

— Pode trabalhar nessas duas noites comigo, em troca de comida e pouso.

— Perfeito! É como se fosse intercambio voluntário.

— Sim.

Foram para a casa da Heidi, que ficava no andar de cima da lancheria, May deixou sua mochila e desceu para ajudar a servir as mesas. Quando acalmou, pegaram seus lanches e subiram, tomaram banho e jantaram, ficaram um tempo deitadas conversando, até que elas se entregaram para o cansaço. De manhã a mãe veio chamar. Levantaram, se arrumaram, desceram para tomar café, conversaram um pouco. Foram para o trabalho de guia. Chegando ao local de destino, esperaram todos chegarem.

— Hoje nosso passeio será de bicicleta. Esse item em particular é muito famoso aqui. Quase dá para dizer que temos mais bicicletas que moradores. A cidade está totalmente adaptada ao ciclismo urbano. Essa forma de locomoção é um meio de transporte típico e tradicional aqui em Amsterdam. Temos quase 500 quilômetros de ciclovias. Não se esqueçam de ter atenção com o trânsito. E, se fizerem um passeio solo, nunca esqueçam onde deixaram ela, já que são muitas por aí.

Cada um pegou uma bicicleta.

— Nosso tour hoje serão alguns parques. Temos mais de 30 parques na cidade, quase todos ficam próximo aos bairros, o do centro possui cercamento por diversos cinturões verdes. Vamos conhecer o Vondelpark, é o maior parque do país, ele fica perto dos museus e disponibiliza concertos gratuitos em seu teatro ao ar livre no verão, tendo muito espaço para um delicioso piquenique. Além do Hortus Botanicus, um dos mais antigos jardins botânicos do mundo. Criado no ano de 1683, com uma coleção exclusiva com mais de quatro mil espécies de plantas, também com várias ervas medicinais. Um local perfeito para um passeio ou apenas descansar, um pequeno oásis verde. Vamos lá!

Todos a seguiram. Um parque magnífico, o passeio durou a manhã inteira. Depois de almoçarem e descansarem um pouco, foram ao próximo. Ao chegarem Heidi falou:

— Um pouco mais longe do centro, localizado nos arredores da cidade, em Lisse, o que estamos agora é o Parque Keukenhof, ele tem o maior jardim de flores do mundo. Atualmente aberto do final de março ao final de maio, o parque é uma visão espetacular das tulipas e outras flores.

Estacionaram os "veículos", e começaram o passeio. A turma parou no primeiro ponto e ela contou:

— Amsterdam é mundialmente conhecida pelas suas flores, as tulipas. Isso vem desde a Idade de Ouro Holandesa, no século XVII, quando a ciência, o comércio e a arte se desenvolveram de maneira ímpar. Na Holanda são produzidas cerca de 4,32 bilhões de bulbos de tulipas por ano.

Andaram um bom pouco, Heidi parou e disse:

— Os moinhos de vento são históricos. São mais de dez moinhos de vento espalhados e enfileirados às margens do rio Zaan, são minimuseus ao ar livre. O Zaanse Schans é o lugar mais incrível para observar os moinhos de vento da nossa cidade.

Durante o passeio, Maysa viu o símbolo de Áries em um dos moinhos de vento. Parou ao lado de Heidi e disse:

— Podemos nos encontrar depois, na hora de irmos para casa? Gostaria de descansar um pouco.

— Claro, vamos dar a volta completa, depois passamos aqui antes de irmos.

— Obrigada!

Sentou-se na grama e esperou que todos estivessem a uma boa distância, levantou-se e foi até o moinho. Só viu porque a Hei parou para contar sobre as tulipas e alguém falou em outra língua que seria um bom lugar para esconder alguma coisa, nisso reparou melhor a construção e pôde notar bem abaixo de uma das janelas o símbolo de Áries. Colocou os dedos e sentiu se mexer, apertou com mais força, ouviu sons de engrenagem. Atrás do moinho perto da água um obelisco de um pouco mais de um metro surgiu, foi até ele, logo acima, no seu pico um entalhe igual ao seu pingente. Pegou o colar e colocou-o delicadamente no lugar de destino. Uma voz soou:

— Qual é o elemento que caminha no mato e não na estrada, e representa carneiro no zodíaco?

— Elemento fogo.

Assim que respondeu, ruídos de mais engrenagens, o obelisco começou a descer, ela pegou rapidamente o colar e o colocou de volta no pescoço. No rio, bem na beirada da água, surgiu um baú vermelho com arabescos dourados, exatamente como na sua visão. Assim que terminou de subir, Annabety surgiu e pediu:

— O que vai fazer?

— Você pode levar ele para casa, ou precisa chamar alguém do dom de teletransporte?

— Apenas nesta missão nós antecessoras podemos levar o baú e nossa sucessora de volta, independentemente dos dons. E a segunda parte do teste está finalizada. Mostrou autonomia e entendeu o que te pedi mesmo sendo em uma língua que ainda não aprendeu completamente.

— Se não tivesse feito essas escolhas, o que teria acontecido?

— O baú iria voltar para debaixo da água, e seria a única que não teria conseguido completar a missão, até agora. Vi que tem uma surpresa para você na casa de seus novos amigos, me chame quando puder ir.

— Obrigada!

Esperou a turma voltar. Mas agora aliviada. Não demorou muito. Finalizaram o tour, e foram para casa. Chegando lá foram pelos fundos direto tomar um banho, estavam conversando quando a mãe as chamou, quando desceram perceberam que os pais da Heidi fizeram uma surpresa para as duas, como sabiam que May iria embora no outro dia, e como haviam gostado muito dela, resolveram fazer um jantar com comidas típicas. Fizeram para a entrada Bitterballen (uma mistura de almôndega empanada frita e croquete), mais Stamppot (prato saudável de purê de batata, cenoura e cebola servido com linguiça ou almôndegas), como não poderia faltar o "carro-chefe" da lancheria: o Kipsaté (são espetos de frango com um molho de amendoim). De sobremesa Stroopwafel (um waffle feito de duas camadas finas de massa, recheadas com um caramelo ou xarope grudento, mas delicioso).

O jantar foi muito divertido e delicioso, conversaram muito. Foram dormir tarde. Na manhã seguinte, tinha Poffertjes (pequenas panquecas feitas em panelas que se pode comer com manteiga derretida e/ou generosamente polvilhadas com açúcar de confeiteiro).

Após o desjejum, Maysa se despediu, pegou sua mochila e foi em direção ao centro. Ao encontrar um lugar seguro e sem ninguém por perto, chamou a Annabety e foram para casa. Chegando em seu quarto, se jogou na cama.

— Não vai abrir o baú?

— Daqui a pouco.

Alguns longos minutos depois, levantou-se e foi descobrir o que havia dentro do seu novo bem adquirido.

Na tampa havia o entalhe do seu pingente, o colocou e logo ouviu um clique, retirou e depositou em seu pescoço o colar.

Abriu a tampa e logo viu uma roupa preta, não deu muita atenção, pois ao lado havia uma máscara preta em um formato que nunca havia visto antes, lembrava de longe um gato, ao redor dos olhos um delineado grosso em dourado, embaixo várias pedrinhas de diamante, de uma ponta do olho ao final. Bem no centro, o símbolo de Áries, acima um vazado, uma mistura de morcego com fantasma. Ouviu um leve ruído, foi até a porta e abriu.

— Senti que chegou. Como foi a missão?

— Um pouco estranha no início, mas me diverti muito no tour. Fui para Amsterdam na Holanda. E você, Angel?

— Depois te conto, estou mais curiosa para ver suas armas.

— Que armas?

— As que estão nas gavetas.

Ia pedir que gavetas, mas apenas disse:

— Entre e vamos olhar juntas.

— Tem uma tampa na frente que desce.

Maysa abriu e assim apareceram as tais das gavetas, eram três. Na primeira havia um escudo de madeira nobre com veios pretos. No centro uma placa de aço com várias pontas, em cada uma delas uma pedra de diamante, bem no centro o símbolo de Áries grande e em alto-relevo. Ao lado uma espada linda, a lâmina em aço forjado, na ponta e na base da lâmina havia duas pontas e no centro de cada "abertura" um diamante, o cabo com a mesma madeira do escudo, entre o cabo e a lâmina chifres de bode dourado. Na segunda gaveta, um arco cheio de pontas para o lado da frente, cada ponta um diamante, quatro símbolos de Áries espalhados pela sua extensão. Logo ao seu lado, havia uma aljava oval com várias flechas. Ao lado do arco e flechas, uma gada simples, logo abaixo no início do cabo o símbolo do signo, ao apertar releva os espinhos, apertando novamente eles somem. Na terceira gaveta, uma espécie de foice, sua lâmina era larga na base e afinando até sua ponta, com alguns diamantes encrustados e o símbolo do signo perto da base, seu cabo de madeira nobre, e uma espécie de fio largo dourado enrolado de uma ponta a outra. Em seu lado, um machado duplo, a lâmina era uma só com várias pontas e com diamantes encrustados, na sua base e ponta o símbolo de Áries, seu cabo estava dividido em dois.

— Lindas. Que bom que agora não precisamos usar como as guardiãs do passado necessitavam em momentos difíceis na história, como na era medieval.

— Verdade, May. Elas são incríveis. Quer descansar ou quer descer e conversar com as meninas, também cheguei faz alguns minutos, estava no quarto quando senti que chegou.

— Vou depois, preciso dormir mais um pouco.

Angel desceu para conversar com as outras e May deitou. Antes de dormir falou:

— Mais uma missão chegou ao fim.

Capítulo 32
Angella em Alexandria no Egito

Estava sonhando quando de repente foi acordada com alguém a chamando. Era a Carol, logo em seguida a Maysa, elas contaram que foram transportadas a um lugar diferente, mas familiar. Provavelmente iria acontecer também com ela, resolveu tomar um banho e arrumar a mochila apenas com o essencial. Tudo pronto, tomou café. Limpou a cozinha. Colocou a mochila nas costas, pegou a bolsa e quando passou pela porta da cozinha foi transportada. Resolveu ver se tinha mais alguém em casa para avisar. Apenas uma ainda estava, ela pediu:

— Mô! É a Angel, está onde?

— Em casa, An, por quê?

— Tem mais alguém aí?

— Não. Eu verifiquei. O que está acontecendo?

— Ainda não sei, nem dormi muito, na hora em que acordei fui mandada para um lugar em que nunca estive, mas que parece familiar, não consigo falar com nenhuma das outras meninas, deve ser porque é a única que ainda está em casa. A Luna me disse antes de eu vir para cá que tenho uma missão para conquistar e recuperar algo muito importante, e que todas vão passar por isso. Mas não achei que fossem todas juntas.

— E eu, por que ainda não fui?

— Não sei. Eu acordei com a Carol e a Maysa me chamando, me disseram que haviam acordado em lugares diferentes, que assim como eu, nunca estiveram lá, mas parecia tudo familiar. Nisso Luna apareceu, estávamos conversando quando eu fui transportada, desde então estou tentando chamar pelas outras, mas foi a única que ainda não saiu.

— Bom, então o jeito é esperar.

— Enquanto espera... preciso que vá até a cozinha, onde tem meu café favorito, pegar um pacote para sua proteção. Tenho que ir. Seja forte como sempre. Até!

— Até mais.

— Tenho que descobrir onde estou.

Tinha uma moça morena, bonita, com feição egípcia conversando perto dela com outra moça loira, com leves traços egípcios. Se aproximou devagar, a morena estava falando:

— As primeiras civilizações egípcias a serem formadas foram os nomos, que foram divididos em dois reinos (Alto Egito e Baixo Egito). Cerca do ano de 3200 a.C., o rei Menés do Alto Egito conquistou o outro reino, unificando os dois. Após a unificação, Menés tornou-se o primeiro faraó egípcio, assim iniciando o período dinástico. O povo egípcio aperfeiçoou conhecimentos nas áreas da astronomia e da matemática. Na área da medicina, os estudos foram desenvolvidos graças às técnicas de mumificação. Eles desenvolveram sistemas de escritas, são três tipos, a Demótica, que era utilizada pelos escribas, a Hierática, que era uma versão simplificada da escrita hieroglífica, e a Hieroglífica, que era utilizada nos túmulos e templos.

— Kéfera, pode me contar mais sobre a história daqui?

— A cidade de Alexandria é a segunda que tem maior população do país e o maior porto de todo o Egito. Antigamente, Alexandria era uma das cidades de maior importância do mundo. Foi criado em 331 a.C. em volta de um vilarejo pequeno, por Alexandre, o Grande. A arqueologia marinha da cidade, no ano de 1994, revelou detalhes antes da chegada de Alexandre à cidade, na época em que esta se chamava Rhakotis. A arquitetura e a arte eram os campos que realmente mantinham-se egípcios.

Angel pensou mentalmente: estou no Egito, que maravilha, sempre sonhei em vir para cá. Acabou não reparando que a morena percebeu que estava escutando a conversa, se aproximou para confrontar a forasteira.

— Não sabes que é feio ouvir conversas alheias?

An levou um susto, pois estava tão empolgada com a realização do seu sonho.

— Me desculpe, sou arqueóloga e estou aqui em intercâmbio, notei que estava falando tão bem sobre a história da cidade e do país que quis escutar.

— Eu também sou arqueóloga. E esta é Isis, minha auxiliar, está começando esta semana, estou treinando ela. Por hoje é só, pode ir, minha nova escudeira.

Ela se despediu e saiu. Assim que ela se foi, Kef pediu:

— Mas o que a traz de verdade aqui? Tenho meus sentidos bem aguçados e sinto que está mentindo.

— Incrível! Já que está sendo direta, vou ser também. Me chamo Angella, venho do Brasil, não menti sobre minha profissão, mas vim em busca de um baú antigo que passa por gerações, o meu é o da Guardiã de Peixes. Ao total somos 12 meninas, uma de cada signo. Mas não faço ideia de onde ele está, nem de como conseguir encontrá-lo.

— Se não me engano, ouvi minha avó falando algo sobre isso. Quer ir fazer uma visita a ela para descobrir?

— Lógico, serei eternamente agradecida.

— Vamos.

Ela estava de moto, por sorte tinha trazido o capacete extra. Foram até a casa da vó. Chegando lá disse:

— Ela não gosta de muitas perguntas, nem de estrangeiros que ficam bisbilhotando, então fale o mínimo possível.

Concordou positivamente. Entraram e foram até a sala.

— Vovó Tali, esta é minha amiga arqueóloga do Brasil, estava contando a ela sobre lendas, e não me lembro direito daquela que me contou sobre o baú. Você lembra?

— Olá, Guardiã de Peixes, seja bem-vinda à minha casa.

As duas se assustaram.

— Como sabe quem sou?

— Seu rosto é igualzinho ao da primeira Guardiã.

Ela levantou-se e pegou um velho livro que estava escondido atrás de outros livros em um compartimento secreto. Voltou a sentar.

— Sentem-se. Achei que teria mais um ano até contar toda a história à minha neta e passar o legado da família. Mas vamos lá. Eu sou Talibah, e você vem de uma linhagem importante para a história, as Guardiãs batalham escondidas nas sombras para não serem mal compreendidas e julgadas de forma errada, mas nem sempre foi assim, em uma época distante eram veneradas. Conforme foi passando o tempo, todos os que têm poderes sofrem de inveja ou causam muito medo, começaram a ser perseguidas. Esse é o ciclo que nunca acaba.

— Uma hora temidas, em outra veneradas — *comentou Kéfera*.

— Exatamente, por isso resolveram ficar nas sombras e evitar todo e qualquer tipo de problema, digamos assim. Vejam, aqui a pintura.

Ela abriu o livro e mostrou uma moça desenhada, a feição era exatamente igual à da Angel, apenas o cabelo era liso e mais escuro.

— Sabe dizer por que meu baú está aqui no Egito?

— Sim. Quando os primeiros Guardiões surgiram, cada um desceu em um lugar, separados, e é onde eles pisaram na Terra pela primeira vez que estarão suas armas. Pois eram tempos de guerra e naquela época eram necessárias. Agora são apenas uma forma de provar que são merecedoras de conquistá-las. Não sabemos certo onde é. Pois fazemos um juramento de nunca passar adiante.

— Eu sonhei com a história, no início eram seis "anjos" homens e seis "anjas" mulheres, mas apenas o Elo de Peixes permaneceu fiel ao seu propósito, por ter conhecido o amor puro que uma mãe tem aos seus filhos, e era esse tipo de amor que ela tinha perante os filhos de Deus, os humanos. Vendo os seus companheiros sucumbirem, implorou a Ele para os salvar.

— E assim Ele fez quando permitiu que voltassem como humanos, mas com a memória no subconsciente dos anjos. Nas últimas gerações, apenas mulheres vieram, talvez em alguma outra geração futura possam vir homens, pois não sabemos quando terminará o "castigo" por terem sido os primeiros a ceder às tentações terrenas.

— Fantástico. Sou muito grata por tê-la conhecido, e ter podido trocar esses conhecimentos.

— Estou igualmente agradecida, por ter sido na minha geração. É uma honra para a nossa família e para mim ser um caminho para essa sua missão. Minha neta irá lhe mostrar alguns pontos turísticos que podem ser o seu destino. Voltem para casa antes da noite. Farei um bom jantar, e pousará aqui.

— Muito obrigada! Vou adorar passar mais um tempo com a senhora.

— Será um privilégio, vovó! Ainda está cedo, vamos começar logo?

— Sim. Sei que parece clichê, mas podemos ir primeiro à Biblioteca?

— Com certeza, foi o primeiro lugar que pensei.

Elas se despediram e saíram em direção à sua primeira parada; assim que se aproximaram da Biblioteca, Kef contou:

— A biblioteca de Alexandria, durante muitos séculos, era uma das mais importantes e grandes do antigo mundo. Ela possuía grandes obras de pensadores importantes da antiguidade, como Sócrates, Homero e Platão. Infelizmente, por motivos desconhecidos, ela foi totalmente queimada. No mesmo local da antiga, foi construída a nova biblioteca, contendo atualmente duas coleções permanentes, quatro museus, sete bibliotecas especializadas e uma enorme biblioteca virtual disponível pelo acesso à Internet Archive.

Vendo que Angella olhava curiosamente, pediu:

— Espero que me desculpe, tenho esse costume de contar sobre a história dos locais aonde eu vou.

— Pode continuar. Gostei muito.

A visita não demorou muito, pois era apenas para conhecer e procurar por algum sinal. Foram para a próxima parada. Chegando Kef contou:

— Estamos em frente à Coluna de Pompeu, localizada no sítio arqueológico de Alexandria. O templo grego Serapeu era um dos maiores templos da região, agora somente ruínas sobraram. Foi construído para homenagear o imperador romano Diocleciano, em torno de 297 a.C., com quase 27 metros de altura.

— Vamos comer alguma coisa, depois continuamos.

— Pode ser.

Foram a um restaurante perto, almoçaram, descansaram por alguns minutos e foram ao próximo local.

— Um antigo palácio que abriga belos jardins e um museu é o Palácio Montaza, com uma incrível vista de uma praia mediterrânea. Foi construído por volta do ano de 1892, o Khedive Abbas II encomendou a sua construção. Nos dias de hoje, é utilizado como um lindo local para piqueniques, descanso ao ar livre e passeios, um belo ponto turístico. Muitas pessoas aproveitam a sombra das tamareiras para desfrutar da vista.

— Um belo lugar, mas nada de sinal. Ainda dá para visitar mais um local hoje?

— Sim, vamos.

O último ponto de parada do dia. Já perto da porta, Kef contou:

— Um dos mais belos lugares para se visitar no fim do dia, pelo seu jogo de cores entre as luzes e as sombras. A fim de proteger a cidade de possíveis ameaças, foi construída como ponto defensivo a Cidadela de Qaitbay, fundada em 1477 d.C., pelo Sultão Al-Ashraf Qaitbay. Como base para a construção, foram utilizadas as ruínas de uma das Sete Maravilhas do Mundo Antigo, o lendário farol de Alexandria, Pharos, que em meados do século XIV acabou sendo destruído por uma repetida onda de terremotos.

Sem dúvida uma visita belíssima, os efeitos de luz e sombra realmente superam expectativas. Já cansadas foram para casa.

A vovó disse para tomarem um banho e virem pôr a mesa, que estava quase pronta a comida. Assim foi feito. Ela havia feito Kebab e Shish Tauok — pode ser feito de carne de cordeiro (Kebab) ou frango (Shish), podendo ser servido com tahine ou com salada de iogurte — e Kafta (feita com carne marinada e temperada no espeto, depois grelhada, pode ser servida com vegetais). E de sobremesa Kunafa — feita com massa bem fina, manteiga, calda de açúcar; podem ser recheadas com nozes e uvas-passas, creme de leite ou queijo. Algumas confeitarias criaram variações de recheios para esse doce típico, como Nutella, tâmara, manga, morango, creme de biscoito lótus e chocolate.

— Como sei que estão cansadas, fiz comidas rápidas e práticas.

As duas agradeceram a atenção e concordaram. Jantaram e foram para a cama.

De manhã Angel se surpreendeu com o café da manhã deles, tinha fava temperada em grãos, omelete, conservas de pimenta, azeitona, tameya (um bolinho frito feito de feijão), salada, queijo branco e pão baladi, um pão redondo feito com uma mistura de trigos e assado no forno. Para beber chá preto com menta e café solúvel com leite. An foi no café.

Após o desjejum, foram para as Catacumbas de Kom el Shoqafa. Antes de entrar, uma breve história:

— Uma das atrações turísticas de Alexandria são as catacumbas. Com um valor arqueológico inestimável, possui uma mistura de arquitetura egípcia e greco-romana. Representa a grande e última construção feita em homenagem à religião egípcia antiga. Distribuído em três níveis conectados por escadas em espiral, está uma das Sete Maravilhas do Mundo Moderno, o ossuário. As catacumbas possuem bancos para que os visitantes descansem, nichos para guardar sarcófagos e capelas pequenas que se abrem nas rochas.

— É aqui, eu sinto.

E não estava errada, quando chegaram no centro, antes de descerem as escadarias do pavilhão, viram o símbolo de Peixes. Mas naquela hora estava muito cheio, precisavam voltar depois de fecharem. Foram a outros lugares para aproveitar o dia. Como museus. Depois do horário de fechar, voltaram.

— Como vamos entrar? Tem alguma ideia, Angella?

— Na verdade tenho, mas não vai gostar muito.

— Diga.

— Lembra quando a sua vó disse que somos temidas ou veneradas por causa dos nossos dons?

— Sim.

— Eu tenho o poder de me mover para lugares, teletransporte. E assim pensei em entrar.

— Tem razão, não curti. Mas vamos fazer isso.

Quando chegaram na sala, Kéfera se desequilibrou por ter ficado com náuseas da viagem, caiu e se machucou, prontamente Angel a acalmou e disse que poderia resolver, e a curou sem deixar sinal, revelando seu segundo dom. O que não imaginou é que teria que usar outro dom.

Espíritos antigos guardavam aquele local.

— Kef, preciso que confie em mim. Fique bem quieta aí, espero que não tenha medo de fantasmas, pois tem alguns aqui, vou ver o que eles querem.

Claro que ficou em choque. Mas obedeceu a seu pedido.

— O que vocês querem?

— Consegue nos ver e ouvir então?

— Sim, nasci assim. Para alguns um dom, para outros uma maldição. Há alguma coisa que posso fazer para ajudá-los a se libertarem e assim se unirem aos seus?

— Não estamos presos, é uma escolha nossa voltar para testar a Guardiã de Peixes. E seus dons foram todos testados, nada é coincidência. Temos uma charada, se adivinhar poderá seguir, se errar sua missão fracassará.

Angel fez que sim com a cabeça e falou:

— Certo, podem perguntar.

— *A lua se espelha em mim à noite e o sol de dia, quando os seres se aproximam também podem se ver bem. Que elemento eu sou?*

— O elemento é água.

— Muito bem, é sabia. Sua missão está completa.

— Obrigada!

— Adeus, senhorita Fahim!

Ela ia dizer que era Freguéllys, mas eles sumiram.

— Eles já foram.

— Ótimo. Não os vi, mas os senti. Que som é esse?

Nisso o som de engrenagem ficou mais forte, uma abertura surgiu no teto perto de onde Angel estava. Era ele, o baú estava descendo por uma abertura que surgiu no teto, estava sendo descido por um sistema de engrenagens e correntes; quando encostou na base que fica ao pé das escadas, as correntes se soltaram e subiram fechando totalmente o compartimento. Era como se nada tivesse acontecido, até o símbolo sumiu.

Simplesmente lindo, azul royal com arabescos em prata. Na tampa o entalhe do seu pingente.

— Vamos para a sua casa, é mais seguro abrir lá. E sua vó deve estar curiosa.

— Sim. Será que cabe na sala?

— Bem pensado, vou levar você primeiro, aí faz espaço que levo o baú.

Plano traçado, desse modo foi feito. As duas foram sozinhas; enquanto fazia espaço, Kef contava para a avó o que havia acontecido. Mal tinha terminado, apareceu Angel com o baú e com a Luna.

— Bem-vinda! Veio levar ele para casa, antiga Guardiã?

Angel e Kef se assustaram quando a vó falou olhando para a Luna, a qual não estava surpresa. Angel contou a Kef que quando voltou o espírito da sua antecessora estava guardando o baú. E veio junto, depois de vermos o que tem dentro dele, ela iria levar para a república. Eu estaria liberada para ficar mais um pouco.

— Que bom, assim pode provar o que eu fiz de comida.

— Vovó, nunca falou que pode ver fantasmas.

— Não posso, apenas vejo ela por ser Guardiã. É a nossa ligação. Depois que aceitar ficar em meu lugar também verá. Vamos abrir antes que a comida esfrie.

— Claro.

Angel já havia notado o entalhe do seu pingente, o pegou e depositou no lugar destinado. Após o clique o pegou e colocou de volta em seu pescoço.

Abriu a tampa e logo notou a segunda tampa, já a desceu, revelando as quatro gavetas, em cima uma roupa preta, não deu muita atenção, pois estava com fome e queria olhar rápido. Também em cima uma máscara azul anil com detalhes em dourado, pareciam chamas azuis, seu formato lembrava a face de um dragão, tinha até o desenho de chifres, na máscara havia 11 pedras de água-marinha em formato de losango espalhadas por sua extensão. Na primeira gaveta, um escudo e uma espada. O escudo era de madeira nobre com veios esverdeados, havia mais duas sobrecamadas com o mesmo formato dele, a primeira na cor verde-mar, a segunda em anil, no centro dois peixes, símbolo do signo, em alto-relevo em platina. A espada com lâmina de prata, de um lado uma ponta bem no meio, do outro lado duas pontas abaixo do meio, dependendo de como olhar o fio da navalha tem um brilho esverdeado, o cabo com a mesma madeira do escudo, um fio parecendo de ouro em espiral da ponta onde tem uma pedra de água-marinha até a base que sustenta a lâmina, e na união das duas partes sete pontas em tamanhos diferentes na cor anil semelhantes a unhas de dragão. Na segunda gaveta, um arco e uma aljava oval com várias flechas. O arco da mesma madeira das outras, seu formato era como de asas de dragão com garras na ponta de fora, bem no centro um círculo com o desenho de dois peixes em alto-relevo em platina. Ao lado um Charkan duplo (pois mexendo descobriu que ele tem um encaixe que se divide em dois) na cor anil na borda, e a lâmina em um tom esverdeado. Na terceira gaveta, uma lança com a lâmina de prata com o fio da navalha esverdeado, seu cabo estava dividido, e no encaixe formava duas minilâminas em ângulos opostos, havia uma pedra pequena de água-marinha logo abaixo de cada lâmina, na base uma lâmina em semicírculo e também uma pedra antes da lâmina. Na parte que une o cabo à lâmina principal, quatro penas em anil com o centro dourado, logo abaixo mais uma pedra. Na quarta gaveta, dois machados duplos, que estava dividido em duas partes, seu cabo de madeira nobre com pedras de água-marinha em três tamanhos com formato de losango espalhadas por sua extensão, cada uma das lâminas muito afiadas juntas formavam quase um círculo completo, analisando melhor perceberam que eles podiam se encaixar formando um supermachado duplo. Ao lado deles, havia uma corrente, em cada ponta uma lâmina que era uma mistura de machadinha com foice.

— Essa última arma pode enrolar na cintura como um cinturão. As lâminas se encaixam, se tornando apenas um grande pingente, digamos assim. Juntas se tornam inofensivas, mas separadas o fio da navalha fica livre, pode até usar para subir montanhas se precisar.

— Que legal, Tali, eu não fazia ideia de que podia existir uma arma assim.

— Luna, pode levar ele para seu novo destino. Se quiser voltar, sempre será bem-vinda. Agora vamos comer, meninas.

Enquanto a vó finalizava a refeição, elas foram tomar um rápido banho, trocar suas roupas empoeiradas, assim que voltaram organizaram a mesa.

Talibah fez Fatta (a base do prato é feita com arroz branco, que é intercalado com pão baladi e regados com molho de tomate refogado no alho e carne vermelha cozida ou frango). E Molokheya (preparado com o caldo do cozimento do frango ou da carne, em que é adicionado coentro e alho frito na manteiga ghee). E para a sobremesa fez Umm Ali (é um pudim de pão feito com pistache). Para beber tinha Suco de Faraola (Morango) ou Chá de Hibisco.

Comida maravilhosa, companhia excelente, as duas a convidaram para ficar até o café da manhã. Ela aceitou.

Após o desjejum, Luna apareceu.

— Bom dia! As meninas estão quase todas em casa. Eu vim te buscar. Nesta missão só poderá ir de volta comigo, é uma regra que impuseram.

— Tudo bem.

Se despediu das duas e foi para casa. Mais uma missão completa.

Capítulo 33
Mônica em Adelaide na Austrália

Faltam apenas algumas horas para o meu aniversário. Acho que na hora de assoprar as velinhas vou pedir algo muito valioso para mim, pois sou ambiciosa, quando se trata de conhecimento, seria incrível se ganhasse alguns livros para minha coleção.

Nossa, como estou ansiosa, o que está acontecendo comigo? Que horas será que são? Já deve estar na hora de levantar.

"Que coisa, ainda está escuro lá fora. Vou levantar, um bom banho talvez ajude a me acalmar."

"A Angel já deve estar acordada, o que será que ela planejou para o meu aniver? Ela sempre planeja as festinhas mais surpreendentes da casa."

"Acho que me enganei, está tudo quieto demais, poxa, será que esqueceram do meu aniversário? Cadê todo mundo?"

Tudo estava quieto até que de repente ouve uma voz:

— Mô! É a Angel, você está onde?

— Em casa, An, por quê?

— Tem mais alguém aí?

— Não. Eu verifiquei. O que está acontecendo?

— Ainda não sei, nem dormi muito, na hora em que acordei fui mandada para um lugar em que nunca estive, mas que parece familiar, não consigo falar com nenhuma das outras meninas, deve ser porque é a única que ainda está em casa. A Luna me disse antes de eu vir para cá que tenho uma missão para conquistar e recuperar algo muito importante, e que todas vão passar por isso. Mas não achei que fossem todas juntas.

— E eu, por que ainda não fui?

— Não sei. Eu acordei com a Carol e a Maysa me chamando, me disseram que haviam acordado em lugares diferentes, que assim como eu, nunca estiveram lá, mas parecia tudo familiar. Nisso Luna apareceu, estávamos conversando quando eu fui transportada, desde então estou tentando chamar pelas outras, mas foi a única que ainda não saiu.

— Bom, então o jeito é esperar.

— Enquanto espera... preciso que vá até a cozinha, onde tem meu café favorito, pegar um pacote para sua proteção. Tenho que ir. Seja forte como sempre. Até!

— Até mais.

Foi até a cozinha pegar o tal do embrulho.

— Mais essa agora, ela disse que não sabia o que estava acontecendo, mas deixou um pacote de proteção. Eita, só ela para pensar em tudo que é possibilidade.

Quando abriu o armário, levou um susto, saltaram confetes na sua cara. Lá dentro, com o pacote, tinha um cartão de aniversário. Que ao pegar e ler, viu que todas tinham deixado sua assinatura com beijos escritos ou desenhados.

— Elas não esqueceram!!! O que será que tem no embrulho?

Pegou logo, desembrulhando cuidadosamente. Mal podia conter sua alegria, gritou dizendo:

— Um livroooooooo!!!!!

Ao abri-lo, algo mudou, sentiu uma tontura, quase caiu, fechou os olhos para ver se passava, ao abrir se viu em um lugar estranhamente familiar.

— Até que enfim fui transportada. Mas onde estou?

Mexendo as mãos, não sentiu nada, ficou desesperada, e agora o que ia fazer? Seu novo livro não estava em lugar nenhum.

— Ele deve ter ficado em casa, afinal é uma missão para recuperar algo importante. Não dá...

Uma voz soou em sua mente:

— Calma, Mônica, está em casa, vou colocar no seu quarto.

— Ivy! Obrigada! Sabe alguma coisa dessa missão?

— Não, nem poderia estar falando com você, estou quebrando as regras por causa do livro, sei que se não soubesse onde ele está não iria se concentrar no que realmente precisa. Boa sorte!

— Ok! Certo, então vamos para a missão.

Ela pensou por alguns instantes.

"Que coisa, missão para pegar algo importante, que não fazemos ideia do que é, nem de como é. Muito menos onde estamos e para onde devemos ir. Que missão mais... sei lá..."

Olhando em volta, decidiu por onde começaria.

— Vamos descobrir onde estou e quando no tempo estou.

Andando pelas ruas, parou quando se deparou com um prédio fascinante, parecia com um castelo, sua arquitetura era fabulosa.

— É isso, um museu, perfeito para saber onde estou. Vamos entrar e descobrir um pouco sobre este lugar.

Entrou naquele magnífico prédio, logo foi à parte onde tinha a história da cidade. Estava escrito o seguinte:

Adelaide

Breve história sobre a cidade.

Adelaide era habitada pelo povo Kaurna, isso ocorreu milhares de anos antes de os primeiros pioneiros ingleses chegarem ao país. Ainda hoje há descendentes desse povo, que deixaram seu legado cultural em vários pontos da cidade, como locais batizados com nomes pertencentes a eles.

Em 1836 os colonos europeus começaram a chegar em Adelaide. William Light, coronel inglês, foi responsável por planejar a cidade, no projeto foram adicionadas muitas praças, ruas largas, quarteirões rodeados por enormes parques (comuns nas cidades europeias, os bairros jardins).

Adelaide foi colonizada por trabalhadores livres, ao contrário do que aconteceu com outras regiões da Austrália. Eles construíram um lugar agradável e sofisticado para viver.

No fim do século XIX, Adelaide tinha vários edifícios e casarões feitos de pedra, também foram construídos prédios públicos imponentes e belíssimas igrejas. Nessa época as ruas já eram divididas por carruagens puxadas a cavalo e bondes.

Adelaide desenvolveu sua economia por meio do comércio e da agricultura, destacando o cultivo de uvas para a produção de vinhos, uma das essenciais atividades da cidade.

Atualmente a cidade é a quinta maior cidade do país, com cenários cultural, social e econômico muito importantes da Austrália.

— Que legal, eu estou em Adelaide, que fica na Austrália, que fica na Oceania. E não sei como, mas estou conseguindo ler em australiano. Cada vez menos sentido essa missão está fazendo para mim. Espero que as outras não estejam tão perdidas quanto eu.

Nisso veio uma guia, Mônica resolveu segui-la para saber mais sobre aquela bela cidade. Ela estava falando que:

— Esta bela cidade fica no estado de South Austrália, na parte sul do território australiano. Banhada pelas águas do Golfo de Saint Vincent, essa metrópole moderna fica também aos pés do Monte Lofty, uma cadeia de montanhas a leste da cidade. Adelaide é a capital e maior cidade do estado, com uma população de mais de 1,2 milhão de pessoas. Fica a cerca de 720 quilômetros de Melbourne, a segunda maior cidade da Austrália.

Como ninguém fez perguntas, ela continuou:

— A encantadora Adelaide oferece aos seus habitantes uma enorme rede de lazer e entretenimento. A cidade conta com dezenas de áreas verdes, onde é possível praticar esportes e fazer passeios ao ar livre. A cidade tem bicicletas gratuitas à disposição em diversos pontos, então, pegue uma e explore Adelaide a partir de outra perspectiva. É possível trafegar com segurança por ciclofaixas que ligam os parques às praias.

— Geovana, poderia nos dizer mais sobre a culinária?

Um cara que estava ao lado da Môni pediu à guia. E ela, radiante com a pergunta, respondeu:

— Temos um cardápio cultural cheio de opções, os amantes da gastronomia encontram aqui em Adelaide restaurantes dedicados à culinária internacional, com destaque para as cozinhas oriental, italiana, francesa, africana e latina. Existem milhares de restaurantes de *chefs* descolados, que servem pratos dos mais simples aos sofisticados.

Após uma pequena pausa, ela falou:

— Para quem gosta de sossego e momentos relaxantes, vale a pena fazer um passeio partindo da região de West Beach, passando por Henley Beach, Grange até Semaphore Beach. Essas praias têm alguns trechos para banho de mar, no entanto, a paisagem belíssima é a grande atração, pois é onde estão as melhores localizações de Adelaide para apreciar o pôr do sol.

A guia fez uma pausa olhando para cada um, então perguntou:

— Quem quiser fazer o tour completo é só preencher o formulário na recepção. Temos vários lugares para ir ainda, o tour completo com museus, galerias de artes, teatros, cinemas e casas de shows, além de um excelente roteiro pelas construções históricas da cidade, como as imponentes catedrais de St. Peter e St. Francis Xavier.

Após mais uma pausa, ela finalizou:

— Obrigada a todos, este breve passeio chegou ao fim, para quem preencher o formulário, até amanhã. Aproveitem o passeio!

Após todos saírem, ela chegou até mim e pediu:

— Está perdida?

— Está tão na cara assim?

— Um pouco. Por acaso veio do Brasil à procura de se encontrar?

— Menina, tu é vidente?

— Não. Ainda bem que não dei mais um furo.

A guia começou a rir, quando percebeu que a outra não estava entendendo ela explicou:

— Um dia pedi a uma moça a mesma coisa, ela disse que sim. Deu a maior confusão, não era quem eu procurava, apenas uma mulher querendo se encontrar.

Ao terminar de falar, riu novamente. A Mô só sorriu ainda meio sem entender.

— Desculpe, é que foi bem engraçado depois de um tempo, mas na hora foi tenso. Resumindo, a nossa família é treinada a gerações para receber a guardiã e auxiliar o início da sua missão. Seu rosto é parecido com o retrato da última moça. Por isso fui direta.

— Obrigada, Senhor, por me amparar, e enviar pessoas incríveis em meu caminho!

— Fico lisonjeada. Meu turno está acabando, quer dar uma volta, ou quer dar um passeio e ver o início da minha apresentação sobre o museu?

— Conhecimento nunca é demais, vamos ao tour, por favor, minha guia. Ah, meu nome é Mônica.

— Vamos lá. O South Australian Museum desempenha o compromisso de tornar o patrimônio cultural e natural da Austrália divertido, envolvente e acessível há mais de 150 anos, sendo o local onde as famílias podem crescer e aprender unidas. No museu há a maior coleção de artefatos culturais aborígenes australianos do mundo inteiro. Ele tem como papel fundamental e oficial aumentar a compreensão e o conhecimento referentes ao patrimônio cultural e natural, além de servir à comunidade preservando, adquirindo, apresentando e interpretando evidências materiais sobre a natureza e as pessoas, e também oferecendo oportunidades de prazer, estudo e educação.

Olhou sorridente para Mô e pediu:

— O que achou?

— Deixe-me pensar... simplesmente incrível, você e o museu! Claro, e a cidade também. Isso que só conheço um pedacinho.

— Eu te mostro tudo depois da sua missão estar completa.

— Combinado.

— Agora vamos para a minha casa. Quero que conheça todos e que eles te mostrem a história da nossa família como guias.

— Nossa, é tão lindo fora quanto dentro do museu. Que linda esta arte, parecem bancos grandes, dispostos dessa forma ficaram incríveis, montando uma arte surreal. Não que eu entenda de arte, mas encanta muito.

— Sim, são fabulosos.

Andaram durante alguns minutos, conversando sobre a vista de diversos pontos da cidade, Mônica estava deslumbrada com tanta beleza. E Giovana estava amando falar sobre a sua cidade.

Ao chegar em casa, Gi animada falou:

— Pessoal, finalmente ela chegou, sorte que foi na minha vez!!!

Mônica estava se sentindo estranha, empolgada, mas ao mesmo tempo com receio de ser alguma pegadinha ou algo mais sério. Mas, se for, está bem treinada para se defender. Sentia-se muito estranha por não conhecer nada da cidade, mas mesmo assim se sentir tão em "casa".

— Antes de encherem ela de perguntas, vamos tomar um banho e trocar de roupa, pode ser, pessoal?

Todos concordaram. Subiram para o quarto.

— Vi que não trouxe nada contigo, então vou separar uma roupa e uma toalha para que possa tomar um bom banho, creio que minhas roupas te sirvam.

— Muito obrigada! Realmente preciso.

— Depois vamos jantar, minha família está louca para saber mais sobre você. Mas não se preocupe, eles são uns amores. Se abusarem das perguntas, eu te salvo.

As duas deram risadas. Tinha Fish and Chips (peixe com fritas), filé de atum grelhado, de sobremesa Pavlova, que é uma torta de frutas, esta feita com morango, merengue e suspiro.

Conversaram por um longo tempo durante e depois da janta. Percebendo que sua convidada estava cansada e como prometido, salvou-a de mais perguntas.

— Está tarde! Vamos dormir que amanhã vai ser um longo dia!

Na manhã seguinte, acordou cedo. Gi já estava esperando para tomar café.

— Conversei com minha colega, pedindo para me substituir hoje. Disse que tinha uma rota especial para fazer com uma cliente Vip. Provavelmente não faz ideia de onde deve ir?

— Não. Com certeza deve ser em algum lugar turístico antigo e calmo.

— Tenho dois lugares em mente: o primeiro é o fundado em 1857, o *Adelaide Botanic Garden*. Com em torno de 51 hectares de jardins repletos de plantas exóticas e nativas, oferece um refúgio exclusivo em meio à natureza, tranquilo, fora da agitação da cidade. Tem uma área dedicada à produção de rosas, a Rose Garden, contendo inúmeras espécies. Tem a estufa, considerada a maior do hemisfério sul, o Bicentennial Conservatory, que proporciona aos visitantes uma sensação de estarem em meio a uma vegetação exótica e internacional. Eles oferecem visitas guiadas, além de espaços abertos para piqueniques e de trilhas para caminhadas.

— Deve ser muito lindo, gostaria de conhecer. E o outro?

— *Adelaide Hills*, está localizada na região das colinas. Acolhedora, romântica e com muito charme. Algumas vinícolas, posso dizer que das melhores, ficam lá. Para ir até lá, pode usar o transporte público, ou se gostar de caminhar ou andar de bicicleta, fica a poucos minutos do centro da cidade. Além das vinícolas, a região oferece cervejarias, em que se pode escolher qual fruto vai compor a bebida e também tem fábricas de chocolates e queijos. Eu gosto muito de café alemão em Hahndorf quando faço essa rota, ele é simplesmente delicioso.

— Nossa, que incrível! Certo que deve ser uma dessas opções. Vamos nas duas, primeiro no Botanic Garden, depois visitar as vinícolas?

— Sim, vamos. Ah! Antes que me esqueça, gosta de andar de moto?

— Sim, gosto! Vai ter tempo para tudo isso?

— Claro! É uma honra fazer esses passeios contigo. Vamos ser apenas duas amigas aproveitando um dia para conhecer lugares de tirar o fôlego. Vai ser ótimo ser turista em vez de guia hoje. Pode ser?

— Com certeza! Vai ser muito divertido! Muito obrigada!

Antes de ir, a mãe da Gi separou frutas, água e outras guloseimas em uma mochila para cada uma.

— Aproveitem o passeio. Obrigada por fazer isso com minha filha, fazia tempo que eu não via ela tão animada.

— Ai, mãe, assim fico com vergonha.

— Não fique. É lindo como ela se preocupa com você.

— Obrigada, mãe, te amo! Agora vamos, não sei a que horas vamos voltar. Mas não se preocupe. Estaremos bem.

Depois de despedirem, foram comprar o cartão para Mô. Realmente era um passeio deslumbrante. Após o passeio pelo Botanic Garden, resolveram pegar o Trams para ir ao segundo ponto turístico.

— O lugar que eu mais amei foi o roseiral, as meninas iriam enlouquecer com tudo. É muito lindo o espaço, as esculturas, tudo.

— Que bom que gostou. Sempre que venho aqui, renovo minhas energias.

Conversaram sobre cada coisa que acharam diferente e maravilhosa.

— Levou o dia inteiro, está começando a escurecer. Vamos para casa. Amanhã nós vamos a Barossa Valley, é a minha favorita! Fica a 60 km da cidade, tem mais de 150 adegas, com uma quantidade enorme de vinhos. Espero que goste!

— Sim. Melhor descansarmos, caminhamos tanto. Conversamos bastante. Um passeio alegre e divertido, com tantas coisas para ver.

Já em casa de banho tomado, desceram para jantar com a família, contaram sobre o passeio. E que iriam visitar as vinícolas no outro dia. Todos acharam uma ótima ideia.

No outro dia, cedo as mochilas e o café já estavam prontos. E as duas foram à nova jornada do dia.

— Mô, depois para relaxar podemos ir no mirante fazer um piquenique. Ou prefere praia?

— Vamos aonde você preferir.

— Precisa ver a paisagem do mirante do monte, é de tirar o fôlego, principalmente ao pôr do sol, quando o sol vai sumindo e as luzes da cidade começam a ser acesas.

— Perfeito!

Fizeram treze paradas durante o percurso das vinícolas. Já cansadas de tanto andar, mas felizes pelo lindo passeio, foram ao Monte Lofty ver o festival de cores das luzes naturais da natureza e artificiais da cidade.

— Que bom que hoje não tem quase ninguém. Geralmente está cheio.

— O mirante parece um obelisco gigante. Muito bonito! Essa vista é fantástica, obrigada por me trazer aqui. Vamos nos sentar ali nos bancos?

— Vamos. Lembrei por que tem pouca gente, tem várias atividades na cidade esta semana.

Sentaram-se, retiraram as coisas das mochilas e desfrutaram de um piquenique com a vista magnífica. Já quando não havia mais ninguém por perto, Mô ouvia ruído de água, olhava em volta, mas não via de onde poderia estar vindo.

— Gi, tem água corrente por aqui?

— Até onde eu sei, só nos canos, por quê?

— Estou ouvindo algo, parece estar me chamando.

— Eu guardo as coisas, dá uma volta e vê se acha, talvez seja aqui a sua missão afinal.

— Tomara que sim.

Mônica seguiu o som que a chamava, e se surpreendeu em estar dentro do mirante. Estava examinando a porta quando sua colega de jornada chegou e disse:

— Geralmente está trancada, mas talvez tenham esquecido aberta hoje.

E por sorte tinham deixado aberta. Entraram, subiram até uma sala no topo, não havia janelas nem outra saída, apenas a escada que leva até ali. Bem no centro, havia um pedestal e em cima uma pedra lindamente esculpida com arabescos, em uma lateral havia um símbolo do signo de

Câncer e bem no topo uma imagem entalhada, Mô logo entendeu que a chave era o seu colar.

— Não sei certo o que vai acontecer aqui, mas seria melhor se você estivesse em segurança lá embaixo.

— Certo! Vou ficar de guarda lá embaixo, vai que alguém se lembra de trancar a porta, aí estaremos em apuros.

— Bem pensado, Gi.

Mônica deu um tempo para ela descer em segurança e com calma, já que as escadas eram bem antigas. Depois retirou o colar e colocou-o delicadamente no vão da chave. Esperou um pouco, não aconteceu nada. Analisou bem o símbolo, estava levemente torto. Apertou e sentiu mexer, girou até ficar na posição correta. Escutou um clique. Uma voz soou:

— *Que elemento câncer habita?*

Mônica pensou por um instante e respondeu:

— Câncer habita o elemento água!

Nisso um ruído forte de água começou a brotar debaixo do pedestal. Em um instinto de luta, logo lembrou que sua nova amiga estava na porta e poderia se machucar, então pegou o colar e começou a descer rapidamente as escadas. Quando chegou à porta, deu um salto, correu em direção a Gi e puxou-a para longe.

Pararam a alguns metros respirando ofegantes, escutaram o barulho da água descendo feroz pela escadaria. Se viraram para olhar. Ao sair pela abertura, a água começou a se movimentar como se fossem veias pulsantes, foram até a beirada no monte e entraram na terra. Um ruído de engrenagens começou a se formar, e lentamente uma abertura do chão vinha surgindo, quando os barulhos cessaram um lindo baú preto com arabescos em azul--celeste brilhante subiu, logo em seguida o chão se fechou. Com cuidado elas se aproximaram para olhar a caixa mais de perto.

— Que linda, Mô, será que este é o objetivo da sua missão?

— Tem um símbolo em cima igual ao da pedra, o mesmo formato do meu colar, antes ele foi a chave, agora deve ser também. Vamos abrir.

Já estava em sua mão desde que retirou da pedra, colocou delicadamente sobre o entalhe, encaixou perfeitamente, assim que terminou de colocar ouviram um clique. Logo colocou-o de volta no pescoço.

Abriu com cuidado a tampa, logo viu uma máscara branca com diversas pérolas em formato de gotas delicadamente espalhadas pela máscara, maravilhosa, ao lado uma roupa preta, parecia couro, tocou-a, parecia gelada. Deixou-a de lado para analisar melhor o restante, logo descobriu que a parte da frente era outra tampa e descia, quando a abriu, revelou três gavetas. Na primeira gaveta, tinha um escudo com base de madeira nobre com veios de prata e branco, na frente havia uma base para encaixar uma espada, com um coração grande e o símbolo de Câncer no centro, logo abaixo um caranguejo delicadamente colocado na madeira, ele era todo em prata. Ao lado uma espada magnífica de prata, perto da união entre o cabo e a lâmina um coração em pérola com o símbolo de Câncer em prata, logo abaixo duas lâminas brancas com pérola dentro, afiadas na parte de cima, seu cabo de madeira nobre igual ao escudo. Na base do cabo, mais um coração em pérola. Ansiosa para ver mais, fechou a gaveta com cuidado e puxou a segunda. Nela havia um machado duplo com lâminas em prata, seu cabo estava em duas partes, logo percebeu que era de encaixe. Seu cabo era da madeira igual ao das armas anteriores, mas possuía um fio prata delicadamente enrolado da base ao topo. Entre as duas lâminas do machado, havia um coração grande em pérola que as unia. Fechou a gaveta dois e abriu a três, continha um arco lindamente trançado com corações em pérola encrustados e entalhes em prata, na base onde segura para atirar as flechas o cabo era exatamente igual ao cabo do machado, mas o detalhe especial estava em cada lado, um coração dividido em ambos os lados de pérola e com o símbolo de Câncer em prata desenhado em alto-relevo. Depositada ao lado, uma aljava oval com várias flechas, cada uma tinha um coração em pérola na ponta de lançamento e um antes da lâmina.

— Divinas!!! São perfeitas para mim!!!

— Que incrível, sua missão era conquistar as armas.

— Não somente isso, cada missão para recuperar as armas tem a ver com seus dons.

— Oi!

— Com quem está falando?

— Desculpe. Cada uma de nós tem uma antecessora, que apenas nós podemos ver, a minha se chama Ivy, ela estava me contando que apenas consegui pegar o baú por causa dos meus dons, pelo que entendi. Eu precisava trabalhar eles para poder assim conseguir completar esta missão.

— Pode me dizer quais são?

A antecessora fez sinal que sim.

— Meus dons são encorajamento, amor e amizade, e hospitalidade.

— Graças à sua ajuda, Gi, completamos minha missão, serei eternamente grata. Ah! A Ivy está dizendo que tenho que me despedir de vocês e voltar para casa. Ela vai levar o baú agora e vem me buscar depois.

— Eu que agradeço por esta jornada linda! E vamos nos despedir jantando!

Assim foi feito, um jantar em família com muita hospitalidade, amor e amizade.

A Gi e a mãe fizeram carneiro assado coberto com tempero de menta e vinagre, com acompanhamento de cenouras, ervilhas e batatas. De sobremesa Lamingtons, um bolo estilo esponja cortado em quadrado e revestido por uma camada de cobertura de chocolate e coco ralado, dentro duas fatias com recheio de creme ou geleia de frutas, tinha as duas opções para provar, com um café para finalizar.

Depois da maravilhosa degustação de comidas típicas, Mô se despediu e foi para casa com a Ivy.

Capítulo 34
Ela Mora Ali

Foi assim naquela tarde de segunda-feira, quando ela finalmente saiu da casa, parecia que tinha muito a fazer lá dentro. Patrícia foi apenas a primeira a chegar das missões, estava com sua adrenalina a mil, por isso resolveu ir até a loja da Flor, era assim que elas chamavam a floricultura da rua.

Comprou algumas flores para alegrar a casa. Tinha realmente muito a fazer, estava tudo empoeirado. Após enfeitar tudo, resolveu deitar-se na rede da varanda social. Ar fresco, cansaço tomando conta, acabou adormecendo.

Sem perceber algo mudou. Ao fundo ouviu um boi mugindo, galinhas cacarejando. Foi se acordando lentamente julgando ser um sonho. Ao abrir os olhos, viu que estava em uma rede, mas a árvore acima não deveria estar ali, era imensa.

Pulou assustada e mal conseguiu entender.

— Onde eu estou? Meninas, parem de sacanagem comigo. Me levem de volta para casa, agora.

Sem resposta.

— O que estou fazendo aqui? Nem sei onde é o aqui.

Sem entender nada, pegou seu gravador e começou a gravar.

— Estou em uma fazenda, muitos bois e vacas, galinhas, cavalos e até algumas cabras ou eram ovelhas? Acho que são os dois tipos, estão muito longe.

Parou quando avistou uma mulher a cavalo vindo em sua direção.

— Oi, Djen! Cê acordou. Tá todo mundo te esperando lá no celeiro, bóra comemorar seu aniver.

Sem saber o que dizer, simplesmente aceitou carona no cavalo. Mas é claro que estava curiosa com o fato de ela achar que fosse essa tal de Djen. Como uma boa repórter, resolveu investigar para ver se não era uma peça das meninas.

— Cê qué trocá de ropa antes?

— Sim.

Foram direto para a casa.

— Vamo que te ajudo a escolhê uma bem bonita.

Resolveu deixar, já que não fazia ideia de onde era o quarto. Subiram para o segundo andar da casa, chegando ao quarto, achou algo até familiar, com o quarto onde morava com seus pais. A moça escolheu um vestido florido bem bonito. E foi pegar uma sandália, porque estava quente lá fora.

— Se troca aí, que ocê tá atrasada.

— Está bem.

Quando tirou a blusa, a moça viu a tatuagem nas suas costas e quase surtou.

— Da onde surgiu esse troço aí?

— Do que está falando?

— Como se diz... tatuagem.

— Faz tempo que eu tenho.

— Ocê tá loca, não dá pros otros vê isso aí, vai matar sua mãe do coração. À noite vamo falá disso aí.

— Não vamos, não. É meu aniversário, não quero briga.

— Tá bem, vô procurá otro vestido, que cubra isso aí.

Acharam algo leve, florido e que cobrisse a tatuagem da Paty. Depois foram para o celeiro comemorar o aniversário de outra pessoa. Antes de entrar, resolveu falar:

— Não sei quem acha que sou. Meu nome é Patrícia. E não faço ideia de por que estou aqui no lugar dessa moça que confesso que é bem parecida comigo, pude ver nas fotos da sala quando descemos.

— Cê tá ficando loca de vez.

— Como vou entrar em uma festa de aniversário de outra pessoa como se fosse o meu? Não conheço ninguém, nem sei quem é você.

— Do jeito que ocê fala até dá pra acreditar. E onde tá a Djen?

— Não sei. Nem sei onde eu estou.

— Tá no Kansas. De onde ocê é?

— Do Brasil.

— Sabe falá bem nossa língua.

— Verdade, não tinha me tocado disso ainda. Como vamos fazer?

— Sei, não. Faiz o seguinte, eu não saio do teu lado, e ocê entra como se fosse ela. Depois nóis sai e procura. Por que cê disse agora que ela sumiu, vai dá pió.

— Tudo bem, vou falar bem pouco.

— Pode sê, a Djen é tímida.

Entraram na festa, Patrícia entrou na personagem. Deu tudo certo. À noite, antes de todo mundo ir dormir é que foi o problema. A mãe da Djen viu a tal da tatuagem quando a Paty estava colocando a blusa após o banho.

— Cê tá de brincadeira com tua mãe, que porcaria é essa nas tuas costas?

Nem deu tempo de a Paty se defender, a mãe a pegou pelo braço e levou para baixo, o pai e os irmãos estavam lá, inclusive a moça, que no meio da festa descobriu que se chamava Nancy.

— Eu disse que não era pra deixá ela estudá fora. Oia o que deu.

Nisso ela virou a Paty e ergueu a blusa.

— Chega. Você não tem o direito de fazer isso comigo.

Falou Patrícia ao segurar a blusa.

— Eu não sou sua filha. Só fiquei porque a Nancy pediu para eu ficar, já que a Djen tá sumida. Meu nome é Patrícia, e não sei como eu vim parar aqui.

A mãe começou a rir, os outros também, menos a Nan, e continuaram a falar sobre a besteira que tinha feito em desenhar uma cabeça de touro nas costas.

Irritada saiu porta afora, Nan a seguiu.

— Vamos procurar a Djen. É sempre assim que eles a tratam?

— Sim. Ela é a caçula, não veio por querê. A mãe não queria mais filho, o pai não deixô ela tirá.

— Não me admiro ela não ter vindo. Bom, temos que descobrir se ela não veio porque não quis, ou se aconteceu alguma coisa com ela. Eu vou chamar uma pessoa, não quero que se assuste, mas eu e minhas amigas temos um espírito que nos ajuda e protege.

— Tipo um anjo?

— Isso, o nome da minha anja é Érika.

Paty a chamou, explicou o que estava acontecendo e pediu:

— Faz ideia de por que estou aqui no lugar dela?

— Não, até achei que estivesse em casa.

— Teria como descobrir onde ela está?

— Vou ver com as meninas. Espera um pouco.

— Obrigada!

Depois de alguns minutos, ela voltou com a Lana e a Angel. A Nancy quase caiu de costas com o susto.

— Meninas, poderiam ter avisado. Ela não está acostumada com isso. Nan, estas são duas das minhas amigas que te falei, a Lana e a Angella. Cada uma de nós tem poderes. Nós recebemos esses dons especiais para ajudar as pessoas, não precisa ficar com medo.

— Tô com medo, não. Só levei um baita susto.

As meninas se apresentaram e pediram desculpas.

— Vamos encontrar a Djen. Lana, poderia percorrer a fazenda e ver se ela está por aqui?

— Sim, fui.

— Angel, poderia usar seu poder da mente para tentar ouvir ela?

— Claro, só vou me afastar um pouco, você viu fotos dela, como ela é?

— Muito parecida comigo, quase gêmeas.

— Assim facilita.

Uns cinco minutos depois, Lana voltou e disse não ter visto ninguém fora os de dentro da casa. Logo depois Angel falou:

— Acho que achei ela. Está na fazenda vizinha com um cara, e está um clima romântico.

— Quê, ocê tá brincando?

— Não. Ele inclusive a chamou de Djen – *comentou Angel.*

— Vamos até lá?

— Você quem sabe, Paty – *falou Lana.*

— Quer ir, Nancy? – *Pediu Patrícia.*

— Vamo, tenho que pegá o jipe.

282

— Não precisa, a Angel leva a gente.

— Como é a primeira vez que vai viajar com a gente, feche os olhos e saiba que vai dar ânsia de vômito quando chegarmos – *explicou Angel.*

— Bóra.

Após chegarem deram alguns minutos para a Nan se recuperar. Depois ela foi bater na porta, já que não conheciam as outras meninas.

Quem abriu foi o cara.

— Cadê a Djen?

— Ela não tá aqui.

— Ocê para de menti que a Anjo viu ocês no amasso.

— Que Anjo?

— Oi, sou eu. Na verdade é Angel, de Angella.

— Cê tava espiando minha casa?

— Ela não estava. Imagina uma pessoa sumir no próprio aniversário e eu ter que fazer o papel dela — *falou Patrícia.*

Ele olhou incrédulo para a Paty, e olhou para dentro, e fez isso mais umas três vezes, e disse:

— Djen, cê tem irmã gêmea?

— Tá louco, claro que não.

— Olha aqui fora.

Ela veio até a porta e viu perto da porta a Nancy, e mais duas ao lado direito, e ao lado esquerdo a Paty.

— Cê é igualzinha a mim.

— Pois é. Será que podemos entrar e conversar?

Ela olhou para ele e pediu:

— Podemos?

— Sim, entrem.

Foram para a sala. Mal chegaram e Paty pediu:

— Por que não foi na sua festa?

— Ninguém me queria lá. Já que você foi, como se sentiu?

— Como se não conhecesse ninguém. Mas parando para pensar, realmente, com exceção da Nan, todo mundo me ignorou.

— Tá aí tua resposta. Se eu sumisse, eles nem teriam notado. Só não sei por que você está aqui.

— Nem eu.

Nisso Angella falou com uma voz estranha:

— As duas terão um desafio para passarem, no bosque tem uma cabana, onde mora uma feiticeira, deverão ir lá e saber por que Djen veio ao mundo. A outra deverá ter seus dons testados antes de saberem a resposta.

— Uma missão, eu sabia que não poderia ter vindo para cá sem motivo. Vamos de uma vez. – *Paty disse*. E quem é você?

— Me chamo Nair, é tudo o que precisam saber. E tenha calma, mocinha. Tudo tem seu tempo. É noite, devem esperar amanhecer. As meninas podem, sim, ir junto. Mas na cabana só entra as duas. No teste apenas uma.

— Tudo bem, obrigada!

— Estou com fome — *disse Angel*.

— Não é novidade. Bom, para quem não sabe, a Angella tem o dom do teletransporte, ouvir e falar com espíritos, no caso antes quem falou foi outra pessoa. Toda vez que ela fala por alguém como agora, dá fome e cansaço nela. A Lana tem velocidade e brilho (luz), eu tenho força e escudo. Ao total somos em 12 meninas, somos as Guardiãs desta geração, estamos aqui para ajudar e proteger. – *Paty explicou*.

Os três só se olhavam, meio incrédulos, até que Lana fez uma bola de luz com a mão e Angel sumiu e voltou com um pote de bolachas que ela achou na cozinha. E Paty por fim levantou a cadeira com a Nan sentada. Eles ficaram entusiasmados.

— Podemo ir junto? Eu sei onde é a tal da cabana.

— Tudo bem, qual é seu nome mesmo?

— Jordan.

— Certo. Vamos todo mundo.

— Eu levo uma tenda e comida — *disse a Nancy*.

— Que bom, já que não sabemos quanto tempo vai demorar.

— Desta veiz vamo de jipe.

— Ok, Nan.

Plano traçado. Jordan convidou as meninas para ficarem. Angel foi para casa avisar as outras e buscar roupas para as três. Acordaram cedo, o sol estava começando a aparecer. Tomaram café e foram até a tal da cabana no meio do bosque. Há uns dez metros de distância, em uma linha em que pudessem ver a porta da casa, montaram o acampamento. Paty e Djen foram até a cabana, os outros ficaram de prontidão.

Bateram na porta, uma voz feminina disse para entrarem. Quando entraram se surpreenderam, nem parecia a mesma cabana que viram por fora, que parecia tão velha, dentro havia móveis novos, paredes bem pintadas com lindos arabescos desenhados, perto das paredes tinha várias cordas próximo do teto com ervas penduradas.

— Olá, eu sou a Alice. Vieram para descobrir alguma coisa, acertei?

— Eu sou Patrícia e esta é Djen. Precisamos da sua ajuda. Tem um segredo do passado que envolve a Djen.

— Hum, certo. O método mais eficaz é a regressão. Mas vai ser difícil porque tenho que enviar vocês duas juntas para o passado dela. Vejo que ela não conseguirá sozinha.

— Não tem problema. Vou junto.

— Lembre-se que não podem se separar, ou não vou conseguirei trazer as duas de volta. Existem dois tipos de regressão, a espiritual, que é sobre as vidas passadas, e a regressão de memória. A princípio iremos fazer a memória, se for necessário a espiritual, e é aí que você entra, Paty, para ajudar ela a não se perder no espaço/tempo.

As duas concordaram.

— Querem tomar uma água ou ir ao banheiro? Pode demorar um pouco.

Djen aceitou a água, mas tomou apenas alguns goles. Alice instruiu-as a deitar uma em cada sofá.

— Vou amarrar um cordão para focarem quando saírem do corpo. Mais para formalizar a união de vocês duas. Fechem os olhos e relaxem.

A anfitriã colocou uma música suave ao fundo para que elas conseguissem ficar tranquilas e descansar o corpo. Depois de alguns minutos, ela falou:

— Paty, pense na Djen, e você, Djen, lembre-se de quando era mais jovem, está lembrando do quê?

— É meu aniversário de 15 anos. Ninguém veio, só a Nancy, minha família tá lá no canto comendo e dando risada.

— Tudo bem. Vamos voltar mais no tempo, consegue ver quando era bebê? O que está vendo e ouvindo?

— Acabei de nascer, meu pai tá dizendo que sou muito bonita, pena que não sou dele. Minha mãe tá dizendo que queria ter me tirado, mas que ia contra os princípios dela e da família. Meu irmão mais velho chegou e quando ouviu a conversa pediu o que tinha acontecido.

— Continue.

— Eles não queriam dizê. Mas no fim aceitaram, desde que eu nunca soubesse o que o vizinho tinha feito. Tudo começô quando o pai conseguiu o empréstimo do banco pra aumentar a fazenda e construir a casa nova, o vizinho tinha tentado a mema proposta no memo banco, e não conseguiu. Por inveja e rancor, um dia à espreita, quando a mãe tava distraída estendendo a ropa nos fundo, ele esperô até que não tinha ninguém em casa, bateu na cabeça da mãe e violentou ela. Ela tava acordada, mas muito tonta para fazê alguma coisa. Antes dele sair, ele disse o porquê. Então saiu dando risada e dizendo que era culpa do pai. No início, a mãe só chorava; no dia que o vizinho caiu do trator e quase quebrô a cabeça, até foi levado pro hospitar, só quando a mãe ficô sabendo que ele morreu conseguiu contá pro pai tudo o que tinha acontecido. Ele ficou furioso, saiu porta afora a pé. Voltou depois de horas. Disse que a criança não tinha curpa nenhuma, e que não iria culpá a muié. Que o desgraçado teve o que mereceu. Iriam esquecê que tinha acontecido.

O que ninguém imaginava dessa tragédia era que nunca iriam esquecer. E, toda vez que viam a Djen, lembravam de tudo. Por isso a evitavam. Não a tratavam mal. Mas também não a tratavam bem.

— Volte, Djen. Volte, Patrícia.

Alguns segundos depois, as duas acordaram. E Alice falou:

— Não precisamos ir a fundo, já que ouviu a conversa. No seu subconsciente, ficou guardada essa lembrança. Mas esquecida. Agora que foi revelada toda a verdade, deve seguir seu caminho, sem ódio no coração. Ache a melhor saída, Djen, fique mais um pouco deitada. E você, Paty, preciso que me ajude a colocar algumas coisas no lugar. Já que tem muita força, esse vai ser o pagamento por hoje.

— Tudo bem, o que quer que eu faça?

Ela mudou vários móveis de lugar. Quando Alice ficou satisfeita, deu dois pacotinhos para cada uma e disse:

— O de laço rosa é para o banho, dividam em quatro, na sexta-feira após o banho coloquem em água morna e despejem do pescoço para baixo. O do laço verde é para chá, dividam em sete, tomem o primeiro hoje e sigam sem interrupção nos próximos seis dias.

— Gratidão! Que sempre tenha esta graça!

— Obrigada, Patrícia!

Djen apenas a cumprimentou, sorriu meio sem jeito. Saíram e foram ao encontro dos outros. Paty pediu para conversarem depois, quando estivessem em casa.

Ao chegarem, o Jordan, anfitrião da casa fez um café e trouxe umas fatias de bolo de milho. Sentaram em torno da mesa da cozinha, então Djen contou o que tinha acontecido. Todos ficaram sensibilizados e com um pouco de raiva pelo que o cara tinha feito. Mas aos poucos entenderam que tudo acontece por um motivo, e que se não tivesse acontecido ela não teria vindo ao mundo. Pois o pai de criação tinha se machucado feio num acidente na fazenda e não podia mais ter filhos.

— Djen, você quer ir hoje lá conversar ou quer deixar para amanhã?

— Quanto antes, melhor.

Se organizaram e foram para a fazenda da família da Djen. Quando chegaram na casa da Djen, chamaram todos para conversar. Lana, Angel e Jordan ficaram lá fora, um pouco afastados, para dar espaço às meninas. Quando a família viu as duas iguais, quase surtaram.

— Agora vamos conversar, já que pelo jeito entenderam que eu falei a verdade noite passada.

— Descobri por que não me queria, mãe. Mas saiba que não tenho culpa.

— Comé que cê descobriu?

— Não importa agora. Como ninguém daqui me qué, vô embora, cêis não carecem mais de se preocupar.

— Não precisa, filha.

— Tô decidida, vô me casá com o Jordan.

— Cê num pode, tem o mesmo sangue.

— Não temo. Ele não é filho do velho que fez a maldade com ocê. Foi o jeito que mulher acho para se cobrá pela traição. Pió que ele nem ficô sabendo antes de morrê. Só vim avisá da minha decisão. Não tô brava com ocêis. Só quero segui minha vida.

— Tá bão, filha.

Assim foi resolvido um assunto pesado, mas com calma e da melhor forma possível. Djen foi arrumar suas coisas, Paty a ajudou a pegá-las e levar para o carro de Jordan. Nancy veio se despedir das meninas e também ajudou a levar algumas coisas da irmã.

— Cê sabe que nunca te quis mar.

— Sim, foi a única que sempre me cuidou e protegeu.

— Ocê pode vir quando quiser lá em casa, cunhada. Agora ela mora ali.

Ele falou orgulhoso, sobre ela morar ali na fazenda ao lado com ele. Depois das despedidas, foram até a casa dele e ajudaram a descarregar.

— Vai ficar tudo bem agora. Precisamos ir. Nos chamem para o casamento.

— Claro! Cêis são muito bem-vindas, sempre.

Após as despedidas, foram para casa. Depois de contarem o que aconteceu para as outras, Paty resolveu pesquisar sobre tatuagem, queria saber o porquê de tanto preconceito. Estava chegando à biblioteca, quando abriu a porta se deparou com a Angel no computador, ao ver Paty entrar Angel fala:

— Sabia que, durante um prolongado tempo da história da tatuagem, os desenhos que eram gravados no corpo geravam diversas polêmicas e, em certos casos, causavam preconceitos. Hoje em dia, as pessoas colocam na pele os mais diversos tipos de desenhos, que têm os mais diferentes significados, antigamente apenas se tatuavam pessoas de grupos, para marcar território, digamos assim.

— Também veio pesquisar sobre a mesma coisa?

— Quando me contou da reação deles por causa da sua tatuagem, fiquei curiosa.

— Senta aqui, pensei em ligar para a minha tatuadora, ela fez curso de História.

— Ótima ideia.

Angel ligou, algumas chamadas depois, ela atendeu:

— Oi, Angel, como está?

— Oi, Sabrina, tudo bem e com você?

— Tudo ótimo! Do que está precisando?

— Sá, gostaria de saber mais sobre a história das tatuagens, teria um tempo para contar?

— Por um acaso estou livre por um tempo.

— A Paty está aqui comigo, vou colocar no viva-voz.

— Olá, Paty!

— Oi!

— Bom, os primeiros registros apareceram entre os anos de 3370 e 3100 a.C.; em uma múmia fossilizada (Múmia do Similaun), havia 61 tatuagens. Diversas outras múmias foram encontradas ao redor do mundo com tatuagens, que eram feitas com instrumentos feitos de ossos e tinta vegetal. A camada mais superficial da pele era pintada, esse processo é parecido com o Stick and Poke Tattoo.

Sá fez uma breve pausa e voltou a contar:

— Para os romanos, no início apenas escravos, condenados ou criminosos usavam tatuagem. Com o tempo, o exército começou a usar para evitar desertores. Mais tarde começaram a usar desenhos para simbolizar a coragem e as conquistas de guerras. No século XI, nas cruzadas, os homens passaram a tatuar uma cruz, para serem enterrados com honras, caso morressem em batalhas. Contudo, o cristianismo acabou condenando o uso de tatuagens, afirmando ser profanação do corpo. As tatuagens foram banidas por toda a Europa durante a Inquisição Católica.

— É um vai e vem entre aceitar ou não, será que algum dia vai ser totalmente aceito?

— Não sei dizer, Paty, espero que sim. Vou continuar. Na China, os exilados eram marcados com tatuagens. Alguns grupos esporádicos usavam para marcar meninos e meninas que passavam para a vida adulta, entre os 3 e os 14 anos. Elas eram tatuadas nos braços, pernas, mãos e parte da sobrancelha, recebiam figuras de animais como tigres, dragões ou outros tipos que mostrassem a virilidade. No Japão, o conceito inicial era o mesmo sobre o uso. Na era de Tokugawa, elas eram usadas para simbolizar a luta contra a repressão. Contudo, após esse período, voltou a ser malvista por causa dos membros da máfia Yakusa, eles causavam muitas mortes, usando de desenhos para marcar seus associados, isso durou muitas gerações, ainda nos dias de hoje há bastante preconceito. A boa notícia é que a técnica de tatuar ficou bastante estigmatizada pelos fatos históricos que deixaram marcas.

Uma pausa para uns goles de água, e Sabrina prosseguiu:

— O dinamarquês Knud Harald Lucky Gegersen trouxe as tatuagens para o Brasil no ano de 1959. Ele abriu o estúdio em Santos, tatuava principalmente os marinheiros. Esse grupo usava os símbolos pelas suas causas. Nessa época as pessoas tatuadas não eram bem vistas, muitos relacionavam com depravação ou com a criminalidade. Infelizmente, ainda nos dias de hoje, existem pessoas que têm preconceito, claro que muito menos que antigamente.

— Verdade, Sá, ainda existe muito preconceito.

— Sim, Angel. Mas tem uma nova onda que está sendo muito benéfica. São as tatuagens funcionais, ou seja, desenhos que são utilizados de forma preventiva, eles usam as tatuagens para descrever doenças (como diabetes) e alergias. A diabetes, por exemplo, é uma doença silenciosa que mata muita gente, são em torno de 13 milhões de pessoas que perderam a vida só aqui no Brasil. Em diversos casos, a tatuagem auxilia a salvar vidas: caso a pessoa desmaie, o desenho ajuda na hora de receber medicamentos. Tem pessoas que são altamente alérgicas, por isso descrever ao que tem alergia é uma boa ideia. O ponto e vírgula é um movimento em favor da vida, para prevenção ao suicídio e para a promoção da saúde mental. Na gramática o ponto e vírgula é usado quando o autor quer descrever algo intermediário entre este símbolo, em outras palavras, poderia ter escolhido acabar com a frase, mas não quis. O nome do movimento vem do inglês: no Semicolon Tattoo Project, "o autor é você e a sentença é sua vida".

— Muito bacana isso, gostei muito desse movimento do ponto e vírgula.

— Sim, Paty, achei bem interessante que as pessoas usam a tattoo como um meio útil para salvar suas vidas. Eu abomino qualquer tipo de preconceito em relação a como usar tatuagens. Claro que tem pessoas que exageram, mas, se elas se sentem bem com isso, não tenho nada a ver com a vida delas, muito menos tenho o direito de dizer o que elas devem ou não colocar em seu corpo — *desabafa Angel*.

— Concordo plenamente, Paty, não temos o direito de interferir na vida das pessoas, se elas querem ser como gibis, ótimo, elas são livres para isso.

— Que história é essa?

— Minha vó me disse depois da minha terceira tatuagem que eu ia ficar que nem gibi, eu achei engraçado e bonitinho. Imagina se ela visse agora que tenho 13 tattoos.

As duas riram muito, imaginando a cara da vó da An. Claro que provavelmente no fim ela iria aceitar, pois ela ama muito seus netos. Nem sempre concorda com tudo, mas os respeita.

Capítulo 35
Viagem Espiritual

Uma nova missão.... Desta vez Angel sonhou e Carol pressentiu...

Quatro iriam, três voltariam...

Angella cogitou não ir, para não perder ninguém. O medo a assombrou, a paz lhe fugiu.

Em um breve relance, sua mentora lhe surgiu e disse para ir sozinha ao jardim em que outrora estivera para buscar a calma e também conforto.

Assim fez. Comunicou que iria para o "retiro dos espíritos", chamado dessa forma pelas meninas, procurar por respostas e uma solução para essa missão.

— Não vão antes que eu volte. Todas as antecessoras estarão lá, vocês não terão proteção extra. Prometam pelo medalhão.

Uma a uma pegou o medalhão e prometeu não ir à missão sem que o grupo estivesse completo.

An, antes de ir, incumbiu-as de descobrir tudo sobre o porquê dessa missão.

— Vocês são as melhores profissionais, amigas e família. Amo todas!

Comovidas juntaram-se abraçando An coletivamente.

— Meu corpo ficará em meu quarto, preciso que sempre tenha alguém em casa. Em hipótese alguma, me deixem sozinha na casa.

— Certo! — *todas responderam.*

Nisso veio Susan com uma bandeja em cada mão. Uma com xícaras e bule, outra com bolo formigueiro e bolachas.

— Nada de dormir sem comer. Precisa ter o corpo forte e alimentado para resistir. Todas as manhãs vou te dar seu cappuccino de avelã com um pouco de leite, o seu favorito. Sei como fazer sem te atrapalhar.

— Se demorar te coloco soro na veia, para permanecer forte.

— Valeu, Bianca!

— Eu vou fazer fisioterapia e massagem para manter seu corpo ativo.

— Perfeito, Lety! Obrigada!

— Tudo o que falar vou escrever para ajudá-la após acordar.

— Ótima ideia, Dricka, se for melhor, coloque uma câmera, para que você possa dormir! E, Gaby, terá duas missões, ficar de olho em tudo e cuidar da nossa linda gata mascote, que vai ser mimada e ensinada a usar todos os poderes. Será a melhor de nós. Se não se desviar do caminho. E, galera, sem estressar nossa gravidíssima, por favor.

— Angella?

— Sim.

— É uma previsão?

— Infelizmente, sim. A cada dia, mais fortes e claras ficam. Sei tudo o que está para acontecer, por isso preciso ir. Relaxar e me centralizar. Retornar meu equilíbrio Ying Yang.

— Vai dar certo, é só continuarmos unidas como sempre.

Despediu-se, subiu ao quarto e deitou-se. Fez uma prece para seus guias.

— Será que estarei pronta a tempo?

— Estará sim, minha pequena lótus.

— Bisa! Que bom lhe ver, sua aura está claríssima. Está tão linda, exatamente como me lembrava.

— Tem mais alguém aqui que veio lhe ver.

— Vó Lorena! Quanta honra em poder ver vocês.

— Olá, mapri!

— Criscie, senti tanto sua falta.

— Eu sei. Demorei tanto para conseguir descansar. Por que sempre alguém ficava chamando e chorando por mim.

— Por que mapri, An?

— É a junção de mana com prima, uma coisa só nossa, vovó. Coisa de criança travessa, né, Cris?

— Pois é.

Muitas risadas. Criscie era prima mais nova por parte de pai, antes de partir.

A Bisa Beatriz era bisavó paterna, desencarnou quando Angel tinha apenas três anos. Mas as duas continuavam se vendo até os sete anos de Angel. Depois a pequena lótus, que era como chamava sua primeira bisneta, apenas sentia sua presença, na maior parte das vezes pelo perfume Alma de Flores, o preferido da Bisa.

A vovó Lorena era por parte materna. Tinha contato com ela sem saber que fazia parte da sua família biológica, mas sempre a chamou carinhosamente de vó. As duas tinham a mesma paixão, flores. No início da entrega dos medalhões, elas duas planejaram tudo e deixaram acertado cada detalhe. Mas infelizmente não pôde ajudar An. Ela sofreu um acidente no boxe do banheiro e quebrou o osso da bacia. Como tinha diabetes, sua cicatrização era difícil. E por um erro de um enfermeiro descuidado, sua saúde piorou. Acabou por desencarnar, sabia que já estava na sua hora de ir, foi sem dor. Desde nova também tinha o dom de cura, era uma boa benzedeira, como a chamavam. Sempre disposta a ajudar.

Quem diria que sua neta seria igual? O que Angel não sabia era que sua mãe biológica também tinha o dom de benzer.

— O que fazem aqui?

— Nós seremos suas guias espirituais — *disse a vó.*

— Tem alguns amigos que desencarnaram e não estão conseguindo aceitar sua situação atual. Precisam de alguém conhecido para fazê-los entender — *completou Cris.*

— Está pronta, pequena lótus?

— Sim, Bisa! Ainda não esqueceu minha flor favorita?

— Não. Pois essa flor tens em teu coração há várias encarnações. Carrega consigo vida após vida. E além-vida terrena também. Em sua casa espiritual que conseguiu por mérito na vida passada, você materializou uma fonte, com uma flor de lótus bem no centro, em que cai água entre as pétalas. Ao redor na água há pelo menos umas quatro espécies dessa flor, branca, roxa, rosa-clara e rosa grande mais escura. Você até tentou enxertar para criar outras cores. Não sei se deu certo.

— Eu sabia. Já sonhei com essa fonte várias vezes.

— Na verdade, sempre quando pode vai até lá e fica horas só olhando para seu jardim. Parece querer decorar cada detalhe.

— Sério, Cris. Que bom. Acho que é meu lugar de paz e sossego.

— Conversamos demais, hora de ir.

— Certo, vó. Pergunta: posso continuar chamando vocês por vó e bisa?

— Sempre que quiser — *disse Lorena*.

— Ou até a próxima reencarnação — *completou Beatriz*.

Angel fechou os olhos e entrou em um sono profundo. Em alguns minutos, via seu corpo deitado, estava flutuando perto do teto, ao lado direito da cama. Muitas vezes sonhava com isso, agora tinha a certeza de que não era sonho.

As três a estavam esperando

— Como é sua primeira vez consciente, feche os olhos e pense na casa de sua antecessora, onde foi treinada.

— Certo, vó.

— Mentalizando a casa, agora deseje ir até lá.

— Ok! Criscie!

Em alguns instantes, chegaram ao portão da Cidade Luz da Aurora.

— Chegamos. Abra os olhos — *falou Carol*.

— Por que não estamos na casa? Por que estamos aqui fora?

— Todo e qualquer ser sempre precisa de permissão para entrar.

— Olá, Sofia — *as três disseram juntas*.

— Como elas disseram, sou Sofia. A mentora-chefe. Cuido dos que chegam e dos que saem. Está sendo aguardada nas câmaras de recuperação. O nosso hospital, como alguns chamam. Seja bem-vinda de volta, Angella!

— Obrigada!

— A partir daqui, só uma das três irá acompanhá-la, as outras têm muitos afazeres para ajudá-la de outras formas. Cristina ficará com a biblioteca. Lorena com as suas amigas. E Beatriz com você. Caso precise, estarei por perto, é só mentalizar meu nome que virei. Agora ao trabalho, pois o tempo humano é curto.

O que Angel não imaginava era que seu pior trauma viria à tona, lembranças ruins e muito tristes.

Por um momento, quase sucumbiu às sombras, por dor. Mas Bea estava ali para lhe dar apoio e lhe mostrar o caminho da luz.

Entrando no prédio, parecia um hospital normal. As paredes brancas com bege, as camas pareciam flutuar. Uma luz verde focava onde o "paciente" tinha dores e/ou feridas. Nada de soro, nem fios. Apenas a luz sobre ele e uma jarra com água em uma mesinha ao lado de cada um.

— Por que a água?

— Esse é o bem mais precioso, sem ela não há vida, nem pureza. Ela limpa tanto por fora quanto por dentro. Água fluidificada é o remédio.

{Para quem está lendo e não sabe, a água é energizada com fluidos bons. Os médiuns que são como médicos mentalizam energias positivas, por assim dizer, para cada pessoa de acordo com o que precisam.}

— Agora venha, precisa ver uma pessoa.

Logo ao chegar, reconheceu o homem que está sentado na cama.

— Ele insiste em voltar. Chega aqui cada vez pior. Passa pelos portões, se perde e fica fraco e debilitado.

— Posso caminhar pelo jardim com ele?

— Se acha necessário levar o senhor Wilson, pode!

— Olá, chefe! Com presa para sair? Vamos dar uma volta, preciso te mostrar que sua casa agora é aqui. Tenho certeza que vai amar como eu amo este lugar.

— Vai ser bom passear e conversar. Estava com saudades.

— Eu também.

Caminharam um tempo em silêncio. Até chegaram ao jardim. Sentou-se em um banco e fez sinal para que ele sentasse ao seu lado.

— Seu Wilson, ainda não percebeu que está fazendo tudo de maneira errada?

— Como assim?

— Lembra o que aconteceu antes de vir parar aqui?

— Foi estranho. Senti uma dor muito forte, não vi mais nada, senti meu corpo cair. Um tempo depois, me vi deitado no chão. Muitas pessoas vieram, homens de branco me levaram na maca para o hospital, tentaram me reanimar. Mas eu não estava mais lá, vi tudo. Depois um senhor de branco muito iluminado apareceu ao meu lado. Pediu-me se eu não gostaria de descansar.

Como sua companhia não disse nada, continuou o relato:

— Disse-lhe que não. Então explicou que meu corpo tinha morrido. E que estava na hora de voltar para minha casa espiritual. Mas antes passar por uma recuperação no hospital, para tirar todas as impurezas e limpar meu espírito. Atordoado eu fui.

— E por que não aceita ficar aqui?

— Não tenho nada aqui. Minha vida não é aqui. Isso de que meu corpo morreu é loucura. Como pode isso?

— Todos morrem. Seu corpo morreu na Terra. Mas o espírito é imortal. E quem disse que não tem ninguém aqui?

— Todo esse tempo aqui não vi sequer alguém conhecido. Hoje você apareceu. Também morreu?

— Não morri. Sou médium. Consigo vir aqui para ajudar quando necessário.

— Sim, por isso creio que ainda vivo.

— Infelizmente, não. Eu falo com espíritos desde criança.

— Fala com gente morta?

— Sim. E com vivos também!

— Eu não falo mais...

— Está falando comigo. Estou viva.

— Ah é. Sempre foi diferente, né, pequena!

— É, no começo tinha medo do que os outros iam pensar. Mas agora amo ser diferente. Voltando ao assunto, sobre seus parentes terrenos que desencarnaram antes de ti.

— Isso! Onde estão?

— Está doente ainda. Não pode vê-los. Precisa estar bem. Tem que se tratar para poder ir ao encontro deles. Tem que prometer.

— Se é para estar entre eles, prometo.

— Pode demorar um pouco. Depende de seu tratamento. É como num hospital na Terra. Seguir direitinho o que o médico/médium lhe disser.

— Vou me tratar e esperar pacientemente.

— Quando estiver bem, poderá trabalhar em algo que goste para passar o tempo e aprender mais. Eu quando estou com tempo livre, o que não é muito fácil, trabalho na biblioteca. De vez em quando, poderá me ver pelo jardim cuidando das flores ou falando sozinha.

— Legal. Ainda não perdeu esse costume?

— Não. Agora volta pra cama pra descansar. Também preciso de um pouco de descanso. Gastei muita energia.

Ambos foram deitar. An acordou-se no outro dia. Após uma tigela de sopa com gosto de nada, mas vitaminada, ficou bem-disposta.

Visitou vários espíritos desencarnados. Ajudou a curar alguns com suas próprias mãos. Arrumou camas. Buscou água. Fluidificou algumas. Seu espírito estava forte e em paz.

A semana passou. Mas o tempo espiritual passa mais devagar.

— Olá, Angella!

— Olá, Sofia!

— Está na hora de sua maior provação. Antes, saiba que as meninas estão todas bem e Gaby quer colocar o nome na pequena de Cyndy.

— Meu segundo nome?

— Todas se inspiram em ti. Se tornou o elo, criando uma família, forte e unida.

— Fico muito emocionada com essa homenagem.

— Mudando de assunto. As antecessoras voltaram. E suas três guias irão contigo resgatar uma pessoa há muito perdida. Ele chegou aqui mal. Quando melhorou um pouco, fugiu para te procurar. Quando te viu com outro, foi para o lado sombrio. Ele ajudou a sobrecarregá-la. O que acabou causando em parte seu blackout, como chamou.

— Meu ex-noivo?

— Sim. Ele está nas sombras arrependido, mas nenhum de nós consegue trazê-lo para cá. Só aceitará vir quando a vir e tiver certeza de que está bem.

— Acha que estou preparada?

— Está! Amanhã vocês quatro irão até lá. Mais dois "enfermeiros" irão junto levando a maca para trazê-lo. Só não se desvie da luz. Sempre há uma possibilidade. Todos nós temos um pouco de sombra dentro de si. Seja forte.

Angella mal conseguiu acreditar no que havia escutado. Julgara que Jhonny tinha renascido, ou que estava em outra cidade espiritual. Jamais imaginara tal situação.

Suas três guias e sua mentora induziram-na ao sono. Para assim poder estar forte.

Na manhã seguinte, os seis já estavam cedo no portão, Sofia explicou onde os deixaria. Chegariam a apenas alguns passos dele, estava irreconhecível, eu deveria reconhecê-lo pela minha intuição e pelo que sentia por ele. De certa forma, funcionaria como um ímã.

Chegando lá, muitas "almas" vagavam perdidas. Muitas se esconderam por causa da luz. Alguns xingavam. Havia um em especial que An via com a aura diferente.

— É ele!

Caminhou até um vulto encolhido perto de uma pedra grande. Estendeu a mão sobre seu rosto e viu um breve relance do que ele já fora um dia.

— Olá! Vim te buscar, passarinho.

Ao ouvi-la, sentou-se e sorriu.

— É você, minha passarinha?

— Sim. Por que não quis sair daqui? Esse lugar não combina contigo.

— Eu a procurei.

— Me disseram. Sinto muito. Nunca quis que passasse por tudo isso. Também sofreu por minha causa.

Angel começou a chorar. Sua aura começou a brilhar.

— Não chore, as coisas aconteceram assim porque era para acontecer. Era o que sempre me dizia.

— Eu sei. Mas...

— Nada de mas Angella.

— Me conta o que aconteceu depois que me achou.

— Quando te encontrei, estava com outro. Sei que eu te disse para ser feliz com ou sem mim, mas senti muito ciúme, vozes começaram a dizer para ser mal, fazer coisas ruins. Sombras me seguiam. Fiquei com raiva, as ouvi. Angel, quando vi você cair no chão, percebi o quanto estava sofrendo, me arrependi, então fugi, vim parar aqui. Me perdoa? Não quis machucá-la.

— Não machucou. A culpa foi minha. Eu não estava fazendo o certo. Nasci para curar e ajudar as pessoas, não estava fazendo nada. Isso causou meu mal. Vem com a gente para se tratar e voltar a ser um passarinho solto?

— Vou por ti.

Nesse instante Angel ficou tão feliz que nem percebeu o brilho que irradiava de seu espírito. Mas muitos viram.

Quando chegaram, Jhonny foi levado para tratamento. Angella caiu desacordada. Ao acordar na cama do hospital, Sofia estava ao seu lado.

— O que houve?

— É mesmo muito poderosa. Enquanto estava lá, 13 pessoas pediram ajuda e mais 26 socorros. Tivemos muito trabalho. Todos disseram que viram um anjo com asas. E, perguntando aos que foram contigo, disseram a mesma coisa. No umbral seu espírito se elevou a tal nível que eu nunca tinha visto. Surgiram asas, grandes e brancas de pura luz. Eu senti daqui da porta. Todos os superiores sentiram. Seu espírito é o que há de mais puro em séculos.

— Olá! Sou Raphael! Você é uma ancestral primária. Só existem 12 iguais. Mas em todo esse tempo, desde que Anjos desceram dos "céus", nenhum havia se elevado novamente. Foi seu coração puro e sua vontade de ajudar que purificaram seu ser.

— Olá! Conheço essa história, sonhei com ela.

— Não, meu bem. Lembrou de uma das suas vidas, a primeira aqui na Terra. Foi a única que ficou. A que se reportou ao Pai e pediu ajuda. Seu coração permanece puro, por mais tentações que tenham lhe ocorrido em suas vidas passadas. Sobre suas asas que pensou em me pedir, são apenas espirituais. Suas amigas e todos que tiverem coração puro irão vê-las.

— É tão estranho. Sei que tudo isso eu vivi. Mas ao lembrar parece que foi outra pessoa.

— E foi. Em cada uma de nossas vidas terrenas, somos outra pessoa.

— É para aprendermos?

— Sim. Os erros que comete em uma vida deve repará-los em outra. Se não reparar, acumula para a próxima vida e assim sofrerá mais. Lei do retorno: tudo o que fazes a outro voltará para ti na mesma intensidade ou maior. Se desejar o bem, o bem terás. Agora, se desejar o mal, o mal terás em dobro.

— Já conhecia essa lei.

— Ótimo. Agora deverá sair. Vá dar uma volta. Fiquei feliz!

— Obrigada!

Angel foi caminhar, sentou-se em um banco perto do "hospital". Via espíritos sendo trazidos para tratamento. Começou a se lembrar de como sua vida era boa quando era noiva de Jhonny. Sua mente vagava entre as lembranças. Até chegar à morte, foi aí que An ficou triste, com raiva. Suas asas estavam ficando cinza. Em sua mente, vieram todas as mortes que presenciara. A dor começou a castigá-la. Desmaiou.

Acordou em um lugar sombrio, com um rio de lava correndo ao seu lado. Havia uma casa a alguns metros à sua frente. Algo a chamava. Foi até lá.

— Olá, criança! Perdida?

— Não. Você me chamou. O que quer de mim?

— O que está fazendo com sua vida? Está tentando acabar com o mundo?

— Do que está falando?

— Veio até aqui sozinha. Chamei-a assim que chegou. Para que outras coisas não a achassem. Aqui ninguém conseguirá localizá-la.

Como An não falou nada, a senhora prosseguiu.

— O que estava fazendo antes de chegar aqui?

Angel não conseguia lembrar de nada. Era como se não existisse antes daquele momento. Ficou com medo.

— Vou lhe ajudar. Venha, sente-se aqui no sofá ao meu lado.

Sentou-se ao lado dela. Então a senhora colocou as mãos em sua cabeça, na fronte, uma de cada lado e fechou os olhos.

— Onde está? O que está fazendo?

— Estou sentada em um banco. Tenho asas, estão ficando escuras. Meu rosto está ficando com rugas. Estou feia e brava. Tem vários espíritos correndo em minha direção. Não chegaram a tempo, eu desapareci.

— Agora vamos ao seu corpo. Onde está? Como define a aparência?

— Está em um hospital. Ligado a aparelhos. Tem muita gente no quarto. Médicos e enfermeiros estão dando choque no meu corpo. Vários espíritos estão lançando luz. Meu corpo está estático, meio verde com cinza. Meu rosto parece estar ficando velho e desbotado.

— Agora volte!

— Por que está acontecendo isso?

— Já lhe digo. Agora coloque suas mãos em minha fronte como fiz com você. E diga o que vê?

— Certo! Vejo o planeta Terra de cima. Está escurecendo. O verde está perdendo a cor. Os oceanos escuros.

— Mais perto.

— Pessoas brigando por todo o lado. Espíritos escuros muito maus passeando livremente por qualquer lugar.

— À frente?

— Um espírito negro com asas lançando luz negra cheia de trevas, ódio, rancor, medo.

— É você?

— Sim. Sou eu. Não quero ser assim.

Nisso tirou as mãos, levantou-se e ficou andando de um lado para o outro.

— Isso é o futuro. Não está acontecendo ainda. Por isso está aqui. Chamei você antes que outro alguém a achasse e fizesse isso. Cegar de ódio e dor. Isso que estava acontecendo lá no banco. Seu corpo está morrendo. Tudo irá sucumbir se a única que sobrou de nós for para as trevas. É a nossa salvação, assim como foi em nossa primeira visita à Terra.

— Lua!

— Meu primeiro nome terreno. Meu verdadeiro nome é Lhúcian. O seu verdadeiro nome é Anghelis, o que é bem parecido com o seu agora, Angella. Sou o anjo das previsões. Treinei Liane para ser antecessora e achar a próxima guardiã, sua amiga Carol. Apenas você teve permissão para retornar a renascer. Os outros de nós estamos espalhados pelo mundo cuidando de tudo e lhe ajudando. Agora nesse momento estão lhe enviando energia para protegê-la. Entende que é nossa única salvação? Se cair, nós também cairemos. E as trevas estarão livres para agir.

— Entendo. Desviei-me de meu caminho. Agora estão sofrendo. Perdão!

An ajoelhou-se e fez uma prece pura de coração. Sua luz voltou a brilhar. Suas asas brilharam intensamente quando voltaram à cor branca, percebeu que as pontas das asas estavam prateadas com brilho. Seu corpo terreno voltou ao normal. Mas sem acordar, já não precisava dos aparelhos.

— Viva! Está de volta.

— Graças aos meus irmãos.

— Nos salvou, é hora de retribuirmos.

— Obrigada!

— Agora volte à Cidade Luz. Estão todos apavorados. E não se esqueça de mandar uma mensagem às suas amigas, estão desesperadas.

— Ok! Até! Muita luz a você e meus irmãos.

— Vá com Deus! Que os espíritos de luz nunca a deixem só.

Angel mentalizou o banco em que estava. Em um passe, estava sentada lá. A primeira pessoa que chegou foi Sofia. Levantou-se rapidamente.

— Onde estava? Como saiu e entrou sem passar por mim?

— Como passei não sei. Onde estava não sei. Só sei que precisava reviver algumas coisas do passado para evoluir completamente e achar meu verdadeiro eu.

— Suas asas estão magníficas, mapri!

— Oi, pessoal! Desculpe o susto, não tive intenção. Precisava passar por essa provação.

— Tudo bem. Pequena lótus, estávamos preocupados. Mas agora passou. Está bem. Isso que importa.

— Venha, vamos descansar. Mas antes vamos dar uma volta com sua velha vó.

— Vamos!

Andaram até chegar a uma casa cheia de flores. Com uma pérgula de roseiras, trepadeiras lilases e glicíneas também lilases. A casa era da cor verde-mar, janelas e portas salmão claras com detalhes brancos em volta delas. Porta grande com campainha em formato de rosa.

— Vamos dar a volta pelo lado.

Nos lados estava cheio de rosas de vários tamanhos e cores. Atrás da casa, a fonte de lótus, ao redor dela várias minirroseiras de diversas cores. Em um lado, nos fundos outra pérgula com roseiras e glicíneas brancas. Embaixo uma mesa oval e um banco circular atrás com encosto e várias almofadas coloridas com bichinhos, flores e estampas variadas espalhadas pelo banco.

— É minha casa?

— Sim. Nós três viemos morar aqui também, pois odiava ficar sem companhia para conversar e cuidar das flores. Dizia que tinha que sempre ter alguém em casa para não as deixar sozinhas.

— Bem minha cara.

Muitos risos.

— Sente-se e envie uma mensagem para as meninas. Vou preparar uma sopa, a Cris e a Bea logo vêm também.

— Certo.

Assim fez. Sentou-se, mentalizou as meninas e disse:

— Olá, Gatas! Estou bem! Tive uma provação para passar. Perdão pelo susto. Logo estarei de volta. Obrigada por cuidarem bem do meu corpo. Vi que está bem. Amo vocês!

Todas sorriram aliviadas.

Após o almoço, Criscie disse que tinha uma notícia importante para dar. Foram à sala. Cris disse que iria reencarnar.

— Vou nascer como filha da Gaby. Deverei me chamar Sofhy. Cuide disso para mim, An.

— Sim, cuidarei.

— Não lembrará que sou eu, pois será uma nova vida. Só saberá o nome da criança. E que reencarnei em algum outro lugar.

— Entendo.

— Essa era sua missão e nossa. Três de nós viemos, e só duas voltarão. Eu demorarei um pouco ainda.

— Que bom que era essa a missão. Tinha tanto medo pelas meninas.

— Hora de voltar.

Angel despediu-se e mentalizou seu corpo. Chegou ao lado. Deitou-se. Ao abrir os olhos, viu um cara parado de costas anotando em uma prancheta. Sentou-se e disse:

— Estou com fome!

O médico ao se virar quase teve um ataque do coração ao ver sua paciente corada e sentada. E ainda por cima falando normal.

— Você está normal.

— Acho que sim. A que horas vem o jantar?

— Às oito.

Ele ainda a olhava incrédulo. Pela recuperação milagrosa.

Nisso entrou Vicky.

— Senti que estava acordada. Oi, doutor. Ela já pode ir para casa com a gente?

— A gente quem?

Nisso entraram as outras meninas.

— Não podem ficar todas aqui.

— Quem vai tirar? — *disse Bubi.*

— Calma, meninas. Desculpe pelo susto. Doutor?

— Marcos. Doutor Marcos.

— Quando poderei voltar para casa?

— Terá que ficar em observação esta noite. Amanhã, se estiver bem, poderá ir.

Dricka se aproximou de An e lhe deu um saco que cheirava muito bem.

— Como já te conhecemos, trouxemos comida. E, doutor, faça vista grossa, por favor!

— Certo. Só se forem para casa e a deixarem descansar.

— Certo! — *todas responderam.*

Na manhã seguinte, o doutor lhe deu alta como prometido. Mas pediu que viesse após quinze dias para a revisão.

Ao chegar em casa, havia cartazes de boas-vindas, balões, docinhos, salgadinhos, e até um bolo.

— É morango moreno, seu preferido!

— Obrigada, Gaby! Meninas, como senti falta de vocês. Abraço coletivo. Estou precisando.

Vieram ao seu encontro e a abraçaram. Após comerem e beberem, Angel contou tudo o que lembrava.

— Gaby, o nome de sua filha deverá ser Sofhy. Ela que me pediu. Sei que preferia dar o nome de Cyndy. Sinto-me muito orgulhosa. Seu marido, Emanuel Paz, também sente que deve ser o nome da nossa nova gata.

A mamãe ficou pensativa por um tempo, se acostumando com a ideia. As outras meninas já estavam preocupadas que ela não iria aceitar. Pois estava tão feliz com o nome e o motivo pelo qual o escolheu. Após alguns minutos, olhou para Angel e disse:

— Então minha filha já tem opinião própria e nem nasceu. Sabe o que significa? Eu digo. Muito trabalho. E ainda bem que tem todas vocês para ajudar. E quem mimar muito vai se ver com o pai dela.

Todas riram. Durante o fim da tarde, aproveitaram para descansar e festejaram muito por terem formado uma família incrível.

Capítulo 36
Uma Fusão Muito Louca

Em uma manhã qualquer... Carol acordou assustada, suando frio. Olhou em volta, viu que estava segura em seu quarto. Chamou mentalmente por Angel. Alguns minutos depois, ela surgiu.

— Perdoe-me por demorar, estava lavando o rosto, tive um pesadelo horrível e fora do comum.

— Com pessoas geneticamente modificadas, com DNAs de felinos e caninos?

— Putzgrilhis. Agora virou doideira. Precisamos saber se já aconteceu ou se vai acontecer.

— Bom! Pela minha experiência, quando meu sonho é mais claro, é porque já aconteceu. Como estava meio borrado às vezes e não tão claro, creio que seja no futuro.

— A próxima vez olhamos em volta para procurar um calendário ou jornal do dia.

Cá olhou incrédula e, após alguns segundos, falou:

— Sabe que não escolho o que ver, né?

— Foi mal, esqueci. É que nos meus eu posso modificar alguns detalhes.

— Sério?

— Sim. Principalmente se estou em transe. Só não consigo mudar em sono profundo. Mas já tentei.

— Ok! Vamos voltar a dormir, já que são duas horas da manhã.

— Ah! Sim. Antes de eu ir, vou verificar como estão as outras. Só um minuto.

Angel fechou os olhos, posicionou as mãos juntas e fechadas na frente do rosto, respirou fundo. Uma luz brilhou ao seu redor. Cinco minutos depois, abriu os olhos piscando para se acostumar com a falta de claridade no quarto, depois olhou para a moça que estava de boca aberta, ainda sentada na cama, e disse:

— Todas estão bem! E sobre nosso sonho: irá acontecer daqui a alguns anos se não conseguirmos impedir nas próximas semanas. Amanhã à noite, saberei mais sobre como e onde. Alguns espíritos irão verificar.

— Ah... Tá...

— Boa noite!

Puf... An sumiu. Deixando-a sem palavras. As duas deitaram e rezaram cada uma para os "seus" a quem eram devotas. Depois dormiram, para alívio das duas sem nenhum sonho.

No outro dia, relataram para as outras o acontecido.

À noite Angel estava sentada no sofá meditando, as outras espalhadas pela casa. Com ela, tinha Mia, que ronronava ao seu lado, e Maysa, que estava ensinando Dricka a falar francês.

Carol estava descendo as escadas quando começou um brilho em torno da Angel. Demorou uns dez minutos. Mia só se virou, para não pegar claridade em seus olhos felinos. As outras duas pararam e começaram a admirar. Mentalmente uma começou a chamar a outra. Até que todas estavam presentes. Algumas espantadas, outras apenas se acomodaram nos sofás e almofadas em volta. Quando An voltou, todas estavam sentadas e olhando à espera de notícias.

— Olá, pessoal! Chamo-me Dulce. Estou aqui com a permissão da Angel. Vim contar sobre o que descobrimos.

Como era de se esperar, as novatas estavam apavoradas. Até que Susan falou que já havia acontecido algumas vezes e que era normal. Todas se acalmaram. Então An/Dulce prosseguiu:

— A primeira missão de vocês será destruir a fórmula e apagar a memória recente dos criadores, que são três. Estão trabalhando escondido acima do antigo terminal rodoviário. Lá tem um prédio abandonado, onde eles têm seu laboratório. Exatamente como a Carol viu na visão.

Fez uma interrupção, respirou fundo, então continuou:

— Primeiro investiguem e descubram tudo. Nomes, idades, perfil, códigos, senhas, rotas, enfim, tudo. Depois do plano de ação concluído, coloquem em prática. Se der errado, ficará o triplo pior. Deixei instruções para Angel e para as suas mentoras. Sigam à risca. Até!

Após vários e longos minutos no mais completo silêncio, An falou:

— Estou com fome.

— Novidade! — *falou Susan fazendo todas rirem.*

Depois da janta...

— Carol, como foi sua visão, eu só partilhei dela, gostaria que delegasse a função e os detalhes para nós. Ainda temos um tempo, pense hoje à noite, use o ponto forte de cada uma, podemos começar amanhã bem cedo. Hoje durmam tranquilas. Já vou subir e dormir. Boa noite, meninas.

Cada uma foi para seu próprio quarto. E, por incrível que pareça, todas dormiram como nunca haviam dormido. Acordaram calmas e dispostas. Carol chegou primeiro na cozinha, adiantou o café; quando as meninas chegaram, estava ansiosa para mostrar o planejamento que tinha feito. Então falou:

— Café da manhã primeiro, pois o dia vai ser puxado. Não se esqueçam de fazer pausa para o lanche.

Angel, como sempre a última a sair da mesa, gostava de saborear a comida. Dizia que era uma das melhores coisas da vida material.

Assim que todas chegaram à sala, a responsável por esta missão tomou a frente e falou dos pontos fortes de cada uma, e o que tinha planejado fazer.

As meninas ficaram surpresas com todo o planejamento e com tantos elogios, apenas uma delas não tinha se surpreendido, Angel se sentia mais como uma mãe orgulhosa vendo sua pupila. Ela não era a mais velha, mas agia como tal, ninguém sabia ao certo se era por pura preocupação por ser o elo ou se era muito além disso. An tinha esse instinto materno desde que nascera, muitos acham ser um dom ou até maldição, por não conseguir viver sua vida sem se preocupar com mais ninguém. Estava tão acostumada a ser assim que não parecia errado, não sabia ser diferente.

— Tudo detalhado, cada uma com sua função esclarecida, vamos trabalhar.

Todas trabalhando, Carol ajudava e conferia tudo, a cada pouco verificava se as outras meninas estavam indo bem e se sentiam-se bem.

Mia e Bubi ficaram com a parte da vigilância dos três homens, pois eram ótimas em disfarces e camuflagem.

Dricka, Susan e Lety treinavam para apagar mentes e convencer as pessoas a fazerem o que elas em conjunto queriam. Apenas as três juntas eram capazes de apagar e devolver as memórias. Pelo menos agora no início.

Vicky e Paty ficaram com a vigia das câmeras externas, intercalando nos horários.

Gaby, Maysa e Môni ficaram com a parte de desenvolvimento do projeto. Tinham que pensar e desenvolver rotas de ataque e de fuga. Plano A, B e C... D se desse tudo errado.

Angel ficava um terço do tempo em transe. Um terço de olho em tudo. E o resto do tempo indo e vindo teletransportando coisas de que as outras precisavam.

— Meninas! Vamos pedir comida de uma tele-entrega? Só hoje ou esses três dias? O que sugerem?

— Para hoje pode ser tailandesa, Cá?

— Perfeito, Susan!

— Para os outros dias? Vicky, levantou a mão primeiro, depois a Bianca.

— Para amanhã chinesa, minha favorita.

— Terceiro dia italiana.

— Se tiver quarto dia, dá para pedir xis para o almoço e dogão para a janta?

— Pode ser, Angel. Escolhido então, depois cada uma liga para pedir almoço e janta. O que acham, meninas?

Concordaram. Ligaram e já deixaram combinados os horários.

Ao meio-dia em ponto, chegou o motoboy, An foi até a porta buscar e pagar. Entrou, colocou na mesa e disse:

— Vamos comer, meninas!

No final do terceiro dia de observação, elas decidiram que na noite seguinte iriam agir de forma rápida e silenciosa.

Chegando a hora, Mia entrou durante a madrugada para averiguar, quem desconfiaria de um rato passeando por um lugar abandonado em busca de comida?

Foi o que um dos três pensou que a ratinha estava fazendo, procurando abrigo e comida, achou bonitinha e não deixou os outros baterem nela. Deu até um pedaço do queijo que retirou do seu sanduíche.

Mia pegou por educação, o cheiro estava bom, e como ele continuou a comer, teve certeza de que não tinha veneno, então comeu e saiu a bisbilhotar. Depois de olhar tudo, foi para fora, contar a Bubi, que estava à sua espera.

Chegando lá fora, acharam melhor ir para casa contar para todas, e ver como iriam proceder. Pediram mentalmente que Angel viesse buscá-las.

Quando estavam todas juntas, Mia contou o que tinha visto no laboratório, como era a rotina dos três.

Como Carol havia imaginado, tinha um mandante, o cara que idealizou tudo, os outros dois, um deles era simpatizante da causa, o terceiro era apenas trabalho braçal (o que deu o queijo para nossa visitante).

— Então, meninas, vamos agir da forma certeira. Vou explicar os planos:

❂ Plano A: Mia entra como rata de novo, já conhece o local, sabe onde ficar para ver tudo sem ser vista. Assim que os três estiverem distraídos, vai até um lugar aonde as meninas possam chegar. E atacam as três juntas e sem dar tempo para eles pensarem. Trocamos a memória deles e levamos eles para casa.

❂ Plano B: começa com a Mia também. Dessa vez esperamos quando o mandante sair para atacar os dois. Quando ele voltar, Bubi se transforma no simpatizante e dá uma cacetada na cabeça dele. Com os três presos, mudamos a memória e deixamos eles em casa.

❂ Plano C: Chegamos todas juntas, atacamos, modificamos a memória e largamos eles em qualquer lugar.

— Que isso, descartar plano C, nem sei se quero ouvir o plano D. Sinceramente o plano B é mais sutil, eficaz e discreto.

— Na verdade, Carol, criamos o C e o D só para dar luz às várias possibilidades. Não que colocaríamos em prática, só em último caso.

— Ok! Meninas, o que acham? Plano B?

Todas concordaram.

Na noite seguinte, foi feito exatamente como o planejado, sem transtornos, nem maiores estragos. Assim que os três estavam inconscientes, as meninas responsáveis por modificar a memória entraram e puseram em prática todo o treinamento. Primeiro, o Senhor Músculos (acharam melhor dar apelidos, já que não queriam descobrir os nomes), quando terminaram Angel e Bubi o levaram para casa, deixaram ele no sofá. O segundo, Senhor Simpatizante; finalizado o trabalho, as duas o levaram, deixando-o na cama. Chegou a vez do terceiro, o Senhor Idealista, memória trocada, deixado na cama em casa. Só para ter certeza, Angel verificou a memória dele para saber se não ficou nenhum resquício da ideia insana.

— Tudo certo, as meninas são incríveis!

Angel voltou ao laboratório para buscar as meninas e para destruir tudo.

— An, sei que seria difícil, mas qual a possibilidade de transportar todo o prédio para um lugar onde pudéssemos explodi-lo.

— Podemos tentar, Carol.

As meninas foram para o lado de fora do prédio. Ele não era grande, tinha o subsolo, térreo e meio andar, pois estava quase todo destruído.

— É muita coisa. Ainda não tenho esse grau de poder.

— Então se concentra no subsolo, já que está tudo lá.

Assim Angella fez, concentrou-se na parte do subsolo.

— Vou conseguir, mas não consigo levar todas. Lana, teria como você proteger mais uma ou duas dentro do prédio?

— Claro! Quem vai?

— Eu vou.

— Eu também vou.

— Certo, Bubi e Carol, desçam com a Lana até o subsolo. Assim que estiverem prontas, me avisem. Aí começamos, vamos para o deserto, já está amanhecendo.

Meninas prontas e protegidas. An começou a se concentrar. Imaginando o prédio no deserto. Ele começou a tremer e sumiu; em alguns minutos, estavam no deserto do Saara.

As três saíram. Lana indignada.

— Tinha que ser tão longe? África?

— Foi mal, foi o único que lembrei na hora.

— Conseguiu trazer o prédio todo, que legal.

— Sim, Carol, tentei todo; caso não desse, traria só a parte de baixo.

Elas contemplaram por algum tempo a paisagem árida do deserto, então conversaram sobre o que fazer. No fim, concordaram com mesma coisa. Angel iria subir a uma boa altura com Bubi e soltá-la para que com a força dela e o impacto fizesse um bom buraco na areia. Depois An traria o prédio para dentro e Lana usaria diversas bolas de luz para explodir toda a construção. No final, todas usariam seus poderes para jogar areia por cima dos destroços. Assim foi feito. Prontas, foram de volta para onde ficava o laboratório, as outras meninas ainda estavam à espera.

— O que vamos fazer com esse rombo que ficou no chão?

— Tive uma ideia, mas preciso que todas ajudem.

Todas aceitaram.

— Precisamos ver diversos locais que têm construção abandonada. Trazer para cá tudo o que der, tomando cuidado para ninguém ver nem sentir falta. E devemos fazer rápido, pois não falta muito para amanhecer.

— Certo, Carol, o que acham de nos dividirmos em três grupos? Um comigo, segundo com a Vicky, que vai trazendo, e terceiro fica aqui com a Lana, que traz as coisas de perto, as que ficam podem organizar o que vem e cuidar com curiosos.

Assim que aprovaram a ideia da Angel, começaram a se dividir. Carol lembrou de outro ponto faltante para o plano:

— Antes de irmos, precisamos colocar panos na altura do antigo prédio, fechar a frente com tábuas, colocar placas de cuidado e com horário de implosão. Quando chegar a hora, Bubi, Lana e Angel causam uma miniexplosão com bastante poeira.

Unidas, cada uma fazendo sua parte em conjunto com o grupo, em um pouco mais de meia hora parecia que era apenas um terreno baldio. Só faltava esperar chegar a hora da implosão e tudo certo.

Bubi se disfarçou de operário-chefe, An gostou da ideia e se vestiu de operária também, Lana não curtiu, mas aceitou, dizendo:

— Tudo pelo anonimato. Claro que ia gostar, sempre que pode usa fantasia.

Todas riram, pois sabiam que Angel adorava festas à fantasia e tudo que podia ir a caráter. Até tentava convencer a Mia a embarcar na loucura, muitas vezes conseguia.

Plano pronto para a execução, as meninas foram para casa. Perto da hora marcada, as três foram de van vestidas de operários, assim ninguém estranharia.

Paty foi um pouco depois e filmou de fora a implosão, para postar no jornal a seguinte matéria: Proprietários pagam empresa para implodir prédio caindo aos pedaços.

Assim fechando o plano com chave de ouro.

Na hora marcada, teve o barulho da explosão e muito pó. Após um tempo esperando a poeira baixar, retiraram os panos e as placas, deixando as tábuas. Como era cedo, tinha poucos curiosos, todos iam para perto da repórter pedir o que estava acontecendo.

Plano executado com perfeição, foram para casa descansar. Depois de um bom banho e um café da manhã que Gaby tinha preparado com a ajuda de Maysa e Mônica, se reuniram na cozinha esperando as quatro meninas estarem prontas para confraternizarem juntas saboreando o café da manhã como uma grande família.

Capítulo 37
Vida, Incrível Vida

Vicky estava em choque, nem sabia ao certo o que estava acontecendo. Estava sentada no cordão da rua com um cobertor nos ombros. Barulho por toda parte, gente chorando, gritando...

— Vi? Estou aqui, é a Angel, consegue me ouvir?

Ela não respondia. Então resolveu ir ver o que estava acontecendo em sua mente. Estava uma bagunça. Mas conseguiu chegar ao início do acidente. Era como um filme.

Victória estava com sua mãe no carro, resolveram aproveitar o dia para passear, um lindo dia de sol em meio à primavera. Já na volta para casa, à tardinha, rindo e aproveitando a companhia uma da outra.

Quando de repente ouviram freios, Vicky não conseguiu desviar tudo, mas conseguiu que o outro carro batesse apenas na traseira. Que susto, estava tudo bem com as duas. Saiu para ver como o outro cara estava, tinha desmaiado. Não sabia se era por causa do impacto.

Ligou para a emergência, informou o acontecido. Antes de desligar, mais freios, um caminhão vinha em alta velocidade e não conseguiu frear a tempo. Bateu com tudo neles. Quando acordou estava zonza, foi jogada longe, por sorte caiu na grama florida. Lembrou vagamente do que estava acontecendo, correu cambaleando até o seu carro, tentou acordar sua mãe, mas não estava conseguindo. Sentiu uma dor forte no peito e desmaiou.

Quando acordou novamente, tinha ambulâncias e a polícia, tinham deitado ela em uma maca.

— Minha mãe. Cadê ela?

A enfermeira tentava acalmar, mas era em vão. Levantou e foi até o carro. Estavam tentando tirar a mãe das ferragens, estava acordada.

— Filha, está bem?

— Sim, mãe, vai ficar tudo bem, já vão te tirar daí.

Os policiais a tiraram de perto.

— Precisa ver seus ferimentos e dar espaço para os bombeiros trabalharem.

— Quero ficar com ela.

— Agora só vai atrapalhar.

Relutante foi para a ambulância. Chamou Angel mentalmente.

— Preciso de você. Me ajuda, minha mãe está mal.

— Estou indo.

Nisso houve uma explosão, precisavam tirar a mãe rápido, o caminhão estava prestes a pegar fogo e explodir a carga de botijões de gás. Os bombeiros estavam arriscando a vida para tirar o máximo de botijões da carga. Quando o motor explodiu ainda ficaram sete cascos, não sabiam se estavam cheios ou não.

Tiraram a Francine das ferragens. O que não podiam imaginar era que com o segundo impacto um dos destroços tinha perfurado a veia principal, estava sangrando por dentro, e ao deitá-la na maca deslocou o estilhaço e o sangramento piorou, agora por ambos os lados. Tentaram em vão estancar.

Angel parou de ver a memória de Vicky na hora em que se viu chegando. Foi no momento em que a mãe de Vicky foi deitada na maca. A viu tossindo sangue, e enfermeiros estavam apavorados tentando estancar.

— Angella, vá ver como está a Vi, não podemos fazer mais nada pela Francine aqui.

— Tem certeza, Xia?

— Sim, está na hora dela. Vou cuidar para que ela não sinta dor.

— Obrigada! Que estranho, estou ouvindo uma poesia dramática, de onde vem? Vicky...

"Hoje minha alma chora.

Meus olhos se enchem de lágrimas.

Meus ouvidos preferem não ouvir.

Minha boca não se abre.

Meu nariz escorre, por não ter nada mais a fazer.
Meu coração dói.
Minhas mãos estão suadas.
Meus nervos estão a mil.
Meu amor-próprio foi ferido.
Tudo dói, sangra.
Meus ouvidos escutam coisas as quais meu coração e minha alma temem de dor.
Minha boca e mãos estão incapazes de se defender do agressor.
Meus olhos apenas capazes de chorar.
Meu coração foi ferido mortalmente.
Meus nervos dizem: faça alguma coisa, mas não posso, não devo.
A pessoa que mais amo, agora me faz sofrer.
Só o que posso fazer é ouvir e me calar, por não ter explicação.
Explicar o quê?
Nem sei... será que algum dia saberei por que aconteceu isso? Estou tão perdida.
Só o que me resta agora que ela se foi é sentar e chorar."

Tinha um homem xingando muito a Victória, ofendendo-a, era o pai. Estava culpando ela por tudo. Angel interveio e o tirou de lá.

— Ela não é culpada. Se continuar agindo assim, vai perder sua filha também. Já não basta uma perda.

— Que perda?

— Sua esposa perfurou a veia principal, não resistiu aos ferimentos. Eu sinto muito.

Ele surtou. Correu para a ambulância.

— Eu a vi morrer. Se eu não a tivesse convencido a dar uma volta comigo.

— Sabe que ela teria ido de outro jeito. A Xiaolian estava aqui, cuidou para que sua mãe não sentisse dor. Ela vai ser bem cuidada. Agora vou cuidar de ti.

Angel já havia passado por isso antes, já sabe a dor que um acidente pode causar. Mas não seria capaz de imaginar a dor que Vi sentia pela perda da mãe.

— An, a Francine já está em tratamento espiritual, me pediu para dizer que ela implora que cuide da filha e dê uma atenção ao filho e ao marido.

— Sim, Xia. Eu irei fazer isso.

— Por que ela falou contigo e não comigo?

— Ela só veio contar que sua mãe está em tratamento e bem. E se preocupa contigo. Então precisa se cuidar para poder ajudar seu irmão e seu pai.

— Ele me culpa por isso.

— A culpa não foi sua. Eu vi nas tuas lembranças o que aconteceu. Você é inocente de tudo o que aconteceu aqui. Vamos para o hospital agora, ficarei contigo até ir para casa.

— Mas e as missões?

— Terminei a minha um pouco antes de me chamar. Uma das meninas vai trazer suas roupas assim que soubermos para qual posto de tratamento vamos. Fica tranquila agora, precisa ficar bem. Bubi vai ajudar o seu pai. E por acaso já percebeu que quase quebrou o braço? Eu vejo que o osso está trincado. Estou te ajudando a não sentir dor.

— Não vou olhar, está feio?

Angel só fez sinal que sim.

Foram para o hospital onde Bianca trabalhava, aí fica bem mais tranquilo, tendo uma amiga perto para ficar de olho na paciente. Depois do tratamento, Vi foi levada ao quarto. Logo Paty chegou com a Lana para trazer roupas e fazer uma visita.

Angel, vendo sua colega e amiga desolada, pensou em uma coisa para animá-la. Durante a noite, com permissão do plano superior, quando Vicky estava dormindo, levou seu espírito para ver a mãe.

Chegando ao plano espiritual, foram até a sala de tratamento. Ao ver sua mãe deitada e dando risada com a atendente, Vi se tranquilizou um pouco.

— Vamos lá falar com ela?

— Sim.

Andaram alguns metros. Ao chegarem perto da cama, Angel falou:

— Francine, olha quem eu trouxe para te ver.

— Filha! O que está fazendo aqui? Não me diga que também morreu.

— Não, Fran. Eu pedi uma autorização para ela te ver em sonho, quando ela acordar não vai lembrar, mas vai ter a sensação de que você está bem. Eles só permitiram porque nós já ajudamos de várias formas.

— Que bom! Obrigada! Como está, Victória?

— Bem, eu acho. Ainda não sei o que vou fazer sem ter você por perto.

— Mas eu ainda vou estar por perto. Quando sentir meu perfume, vai ser porque estarei do seu lado. Era minha hora, meu bem. O destino está traçado. Quando devemos partir, vamos, não importa quem seja o condutor. Não foi sua culpa. Eu sinto por ter sido você que presenciou tudo. Mas saiba que não senti dor alguma.

— Eu posso abraçar minha mãe, An?

— Não é o mais indicado. Pois vocês estão em níveis diferentes, digamos assim.

A atendente fez sinal que sim. Então, deram um longo abraço. E lágrimas rolaram. Conversaram mais um pouco.

— Precisa ser forte, Victória. Eu não vou estar lá para colocar juízo na cabeça do seu pai e do seu irmão. Vai ter que ficar de olho neles por mim. Ok?

— Sim, mamãe. Mas acho que o papai me odeia. Ele acha que eu fui a culpada.

— Não, filha. Foi no momento de raiva. Ele está arrependido de tudo o que te falou.

— Ainda bem.

— Está na hora de ir. Antes a moça vai te fazer um passe de limpeza. Aí vamos de volta. Como te disse, não vai lembrar de nada, vai ficar apenas com o sentimento.

— Tudo bem, Angel. Já é o suficiente. Não tenho como te agradecer pelo que está fazendo por nós.

— Somos família. Temos que nos ajudar e proteger. Sei que faria tudo o que estivesse ao teu alcance se fosse ao contrário.

— Com certeza.

— Agora preciso que volte ao seu corpo e descanse. Pois temos muita coisa para fazer. Tem todos os trâmites do velório e sepultamento.

De manhã bem cedo, Patrícia e Mônica vieram ver e ajudar a Vicky.

— Oi, meninas. Tive um sonho bom com a minha mãe. Sinto que ela está bem.

— Que ótimo. A Bubi está ajudando seu pai com a papelada e todo o resto. Fica tranquila. O médico vai te dar alta para poder se despedir de sua mãe. Depois, se sentir dor, deve voltar, isso porque a Bianca disse que iria ficar o tempo todo ao seu lado.

— Tenho que agradecer a todas. Não sei o que faria se estivesse sozinha neste momento.

— Nada de ficar triste. A Angel nos contou que sua mãe fez uma ótima passagem e que está bem. Sabemos que frequenta a umbanda. Mas no fim todas as religiões podem coexistir pacificamente.

— Sim. Gosto muito da casa, dos rituais, e quando estava perdida, digamos assim, foi onde me senti em paz, onde eu me encontrei. Tenho muito respeito pelos umbandistas.

— Um dia vamos com você conhecer, sei que a An também vai adorar conhecer, ela ama culturas diferentes.

— Ela vai parecer uma criança. Sabem como ela fica toda empolgada com demonstrações culturais.

— Vai ser legal. Se der podemos ir quarta que vem que é gira mista. No dia eu explico bem certinho como funciona. Sabem me dizer para quando foi marcado o enterro?

— Depois de amanhã, às dez horas da manhã.

— Se querem que ela vá, devem deixá-la descansar.

— Sim, doutor. Estamos indo.

— E você, mocinha, trate de dormir um pouco, para ter energia suficiente. Vai precisar controlar um pouco suas emoções, sei que será muito difícil. Mas seu corpo ainda está bem machucado.

— Vou ficar bem, doutor, as meninas estarão lá comigo. Todas as 11.

— São em 12 amigas? Que número específico.

— Nós moramos juntas. E, por mais intrigante que pareça, cada uma de nós é de um signo.

— Interessante. O destino é uma coisa muito complicada e engraçada às vezes.

— Tem razão. O Destino muitas vezes prega peças. Algumas muito difíceis, como a minha de agora, é uma missão bem pesada, pela qual tenho que passar.

— Mas a vida é isso! Recebemos diversas missões. Todas elas são propósitos para cada um de nós crescer e evoluir. Pelo menos é o que eu penso.

— Teu pensamento é bem intrigante, mas de certa forma estimulante. Obrigada!

— Agora descanse, voltarei a ver como está na ronda à tardinha antes do meu turno acabar.

— Até mais tarde!

Assim que ele saiu, Vi tentou dormir. Mas algo ainda a incomodava.

— Angel, pode vir aqui ou falar comigo? Tem algo me incomodando.

— Não posso ir agora. Mas posso conversar. Sabe o porquê dessa sensação?

— Ainda não, mas tem algo errado com o acidente.

— Vou pedir ajuda para a Carol, talvez ela consiga ver de outro ângulo o que aconteceu.

— Obrigada! Me conte assim que descobrirem alguma coisa.

— Claro!

Passado o tempo que a Victória deveria ficar no hospital, na hora da alta, todas as meninas estavam esperando na recepção. Bianca foi falar com o médico responsável antes de saírem.

— Locamos uma Kombi para irmos todas juntas. Espero que não ache brega.

— Claro que não, Susan. O mais importante é estarem aqui comigo, não importa o meio de transporte.

— Vamos ao velório. Entraremos depois de você.

Fez que sim com a cabeça. Foi muito triste e de certa forma emocionante, pois o pai estava tão abatido, mas, quando viu a Vicky ainda com a tipoia, percebeu que poderia ter perdido sua filhinha também. Veio ao encontro dela e a abraçou aos prantos pedindo desculpas.

— Está tudo bem, pai, eu sei que foi em um momento de desespero.

— Nem fui te ver no hospital.

— Sinto que estava mal por tudo o que me disse naquele dia. Não fique assim. Eu te entendo. E te perdoo. A mãe está bem, pai, eu sinto. Temos que orar para que ela tenha paz. Se quiser, quinta vou com o senhor e o mano no culto.

— Mas não é de outra religião, filha?

— Sou, mas não me impede de ir a outras em busca de paz e conforto, vou pelo senhor.

— Então combinado, já viu sua mãe?

— Ela não está mais ali, pai, é só o corpo.

Ele fez sinal que sim com a cabeça.

— Tá difícil me acostumar sem ela.

— Vamos ficar bem por ela.

— Sim.

Foram até o caixão. Vi não resistiu, desabou em lágrimas, ainda mais quando seu irmão chegou perto dela e a abraçou. O enterro foi estranho, todos estavam em total silêncio. Quem fez a oração foi o pastor da igreja dos pais de Vicky. Foi muito emocionante. Depois todos foram para casa.

As meninas chegaram em casa em segurança. Cada uma foi para seu quarto, pois era domingo e todas estavam de folga de missões. Após um tempo, Carol chamou Angel para conversar, elas foram ao quarto de Vi.

— Como você desconfiou, Vi, não foi normal esse acidente. O carro que bateu no seu carro apenas estava tentando parar o de trás. O motorista que causou a primeira colisão é um suicida, ou seja, ele quis se matar, jogando o carro contra um caminhão, mas o motorista do caminhão conseguiu desviar. Então o motorista suicida perdeu o controle e bateu no carro que vinha atrás de vocês. Sem maiores danos até então, se não fosse pelo outro carro que vinha atrás, que o motorista estava olhando o telefone assim se distraindo do movimento da estrada e causando a segunda colisão. Foi aí que tudo piorou e sua mãe, que estava apenas pouco ferida, ficou muito machucada.

— Sua mãe disse para a Xia que era a hora dela ir. E que não devíamos procurar culpados. E o cara que tentou se matar conseguiu com a segunda batida. Mas como foi um acidente ele não é suicida.

— Por que as pessoas que tentam se suicidar não fazem isso sem machucar mais ninguém?

— Geralmente eles não pensam nas consequências, apenas agem, na mente deles é a coisa certa. Pois o destino quer que seja assim. Independentemente de ser suicida ou não, todos que morrem pela mão de outra pessoa estão predestinados a isso.

— Obrigada, meninas.

— Agora descanse um pouco. Vamos fazer o mesmo. Até mais tarde.

Como não conseguia dormir, Victória resolveu descer para tomar um chá, desta vez fez um de hibisco. Então foi até a biblioteca.

— Oi, Vi, também não conseguiu dormir?

— Oi, Angel, não. Fiquei pensando sobre morte e como elas são vistas pelas religiões, será que todas têm a mesma visão?

— Nem todas. Quer que lhe conte o que eu aprendi nos anos que estudei Teologia?

— Sim, por favor.

— Ok! Vamos lá. Para que entenda melhor, vou falar de uma religião e fazer uma minipausa, depois a outra. A morte pode significar para muitas pessoas o fim da vida. Mas cada religião tem um jeito de olhar diferente.

— Catolicismo: para eles a morte é a passagem para a eternidade. A vida se transforma, não é perdida. Na hora da morte, chega a hora de pesar os atos feitos em vida, para saber a qual destino sua alma irá ter direito, ao céu, ao inferno ou ao purgatório. No final dos tempos, Deus irá ressuscitar os justos.

— Para os Evangélicos, a crença de céu e inferno é semelhante à dos católicos, a diferença é que eles não acreditam no purgatório. Eles creem que a pessoa vai ficar "adormecida" até o momento em que o juízo final chegar, aí cada um irá ser julgado e ter o destino decidido por Deus (inferno ou céu).

— Já no Espiritismo, eles acreditam que nossos espíritos vêm de um plano espiritual e que após concluirmos nossa missão aqui na Terra voltaremos para lá. Esse processo é a reencarnação. Nessa doutrina não existe a morte, apenas a passagem terrena para o nosso aprendizado e evolução espiritual.

— No Budismo, os praticantes acreditam na reencarnação, acreditam que o espírito volta em outro corpo depois da morte, e que são as ações em vida que vão determinar em qual escala de evolução irá voltar. Esse ciclo irá se repetir até que a pessoa possa se libertar do carma, que é causado pela lei do retorno (causa e efeito). Nessa doutrina é necessário se desapegar de todas as coisas materiais, praticar o bem, purificar todos os pensamentos e a todo custo evitar praticar o mal para assim alcançar a plenitude e a libertação.

— Candomblé: os atuantes dessa prática creem que a morte não é o fim, mas uma mudança de estado e do plano de existência, em que após a morte o espírito vai para outra dimensão, com os outros espíritos, guias e orixás. Nessa religião eles não permitem a cremação, o corpo deve ser enterrado, para assim realizar o ciclo da vida.

— No Protestantismo a morte é a passagem pela vida em comunhão com o Senhor, como os evangélicos creem na ressureição do corpo na vinda do Senhor. Eles acreditam em inferno e céu, mas o julgamento é feito pela fé e amor que a pessoa tem por Deus.

— Judaísmo: a morte é vista com naturalidade, porque a alma é eterna, a preocupação que eles têm é com o que se faz em vida. Ao morrer apenas o corpo tem um fim. Eles também não permitem a cremação. Um detalhe que acho interessante é que a comunidade faz o enterro, para aliviar a dor da família.

— Já no Islamismo, acreditam que a morte é uma separação do corpo e da alma, ocorrendo a passagem para a vida eterna. Creem no inferno, no céu e no juízo final. Não permitem a cremação, pois creem que quando o dia da ressurreição chegar Alá irá julgar quem voltará.

— Que interessante, Angel. Tenho uma dúvida, apenas os evangélicos são crentes?

— Não, Vicky. Toda pessoa que crê é crente, até os ateus são crentes, pois acreditam que não existe Deus.

— Nunca havia pensado por esse lado.

Nisso chega a Dricka.

— Ouvi alguém aqui. Não conseguiram dormir?

— Não. Resolvi ocupar a cabeça. Estava pedindo para a An me contar sobre como cada religião lida com a morte — *Vicky relatou.*

— Interessante pesquisa. Você tem por escrito, Angel?

— Não, mas posso escrever ou te contar.

— Se quiser contar novamente.

Ficaram conversando e debatendo sobre o assunto.

Cada pessoa enfrenta a morte de um ente querido de uma forma que julga ser a certa. Não existe forma errada, é preciso saber dosar a maneira como é feito.

Capítulo 38
Testemunhando

Em uma noite qualquer de inverno, enquanto Mia voltava para casa, ouviu gritos, como não era nada curiosa foi até a rua, onde os gritos eram mais altos. Ao chegar lá, decidiu virar uma gata para poder se aproximar mais. Mas o que viu a fez entrar em choque. Uma mulher ensanguentada deitada no chão, e um homem a violentando.

Começou a miar cada vez mais alto. Todos os gatos da rua vieram ao seu chamado. Ela os induziu a atacarem o homem.

A cena era no mínimo estranha para quem via. Uns 15 gatos em volta do cara, miando e se eriçando. Ele se assustou, pois nunca na vida ouviu relatos sobre isso.

Gritou e xingou os felinos, ameaçou com um pau que havia utilizado para atacar a mulher. Queria continuar o que começou.

Mia se enfureceu e atacou primeiro, os outros a seguiram.

Ele bateu em dois gatos, mas não machucou, são gatos de rua, eram ágeis e espertos.

O "Home", como os gatos o chamavam, viu que não tinha chance, escolheu fugir sem terminar o "serviço".

Mi agradeceu aos felinos. E chamou telepaticamente a Angel e as meninas.

Vicky trouxe a May e a Lana. An trouxe a Susan e a Môni. As outras meninas estavam fora em outras missões.

Chamaram o Samu, até ele vir An tentou conectar-se mentalmente com a mulher. Estava apavorada.

— Olá! Como se chama?

— O... Oi! Catarina. O que está acontecendo?

— Você foi atacada. Mas agora está salva, as meninas e eu estamos aqui para protegê-la. Já chamamos o socorro. Vai ficar bem.

Sirenes soando perto.

— Meninas, vocês vão para casa. Apenas eu e a Mia ficamos.

— Ok! — *todas responderam.*

Então elas foram.

— Está tudo bem, Mi?

— Nem sei. Mas vai ficar.

— Você e a Catarina irão precisar de um acompanhamento psicológico.

— Tudo bem Angel.

Chegaram os paramédicos. A imobilizaram na maca. Um deles pediu o que Angel e Mia eram da vítima. Disserem eram amigas e testemunhas. Deixaram a gente acompanhar.

Depois de preencher os papéis no hospital. A cena seria engraçada se não fosse tão séria e dolorosa, a cada pergunta An tinha que se concentrar e se conectar com a moça para responder à recepcionista.

Quando terminaram tiveram que ir na delegacia prestar depoimento. Mia chorava enquanto contava que quando chegou o cara ainda estava machucando a moça.

— Foi horrível, seu delegado, já havia ouvido relatos, visto na mídia. Mas jamais imaginei ser testemunha de um ato tão cruel.

— O que vão fazer com ele quando acharem?

— Olha, Angella, agora precisamos de um retrato falado. Mas sua amiga está em choque, não vai lembrar com detalhes o que aconteceu. Nem vai saber descrever o suspeito.

— Sei que muitas vezes são os detalhes que fazem o suspeito ser pego.

— Verdade. Vou deixá-las ir para casa descansar. Amanhã peço a um policial para buscá-las. Para o retrato falado.

— Ok! Até amanhã! — *respondeu An.*

Mia apenas balançou a cabeça.

Ao chegar em casa.

— Minha querida amiga, o que acha de tomar um banho quente e demorado, depois um chocolate quente?

— Seria muito bom.

— Então pode ir, eu farei o chocolate com marshmallow como você gosta.

Ela foi. An então chamou Maysa e Patrícia.

Preciso que vocês desenhem o cara que Mia viu. Vou entrar na mente dela e falar cada detalhe para que ela não precise passar por isso na delegacia.

— Claro que fazemos, só vou buscar meu material para desenhar.

Assim que voltou, sentaram-se em semicírculo. Paty fazia perguntas a Angel, enquanto estava em transe, e escrevia num bloquinho as respostas. May desenhava.

— Alto, não é magro, nem gordo, um pouco musculoso, cabelo castanho-claro, rosto um pouco oval, bochechas salientes, olhos verde-escuros, nariz não muito grande, a boca... Lábio inferior carnudo, lábio superior tem uma pequena cicatriz no lado esquerdo, mãos grandes, uma tatuagem nas costelas, lado direito, não vejo bem o que é, pois só tem alguns rasgos das unhas dos gatos, parece com um tigre.

— Tem alguma outra cicatriz?

— Não que eu possa ver. Ele tem uma tribal no pescoço, lado direito, no braço esquerdo também uma tatuagem, mas não consigo identificar o que é, parece uma coruja ou ave.

— Ok, An. Pode voltar.

Nisso Dricka e Susan chegaram.

— Nós levamos o desenho.

— Pode ser, mas amanhã de manhã. Muito obrigada!

Assim que todas saíram, An foi para a cozinha fazer o chocolate quente, quando estava quase pronto Mia desceu.

— O cheiro está ótimo. Deixa que eu pego os marshmallows.

— Certo. Vou ver se mais alguém quer.

Telepaticamente chamou as meninas. Pediu uns minutos antes de virem.

— Está tudo bem, Mi?

— Sei lá, me sinto estranha, com raiva, mas com pena dela e com raiva de novo.

— É normal sentir isso depois do que você passou.

— A polícia vai achá-lo?

— Claro que sim, nem que para isso nós tenhamos que procurar e entregá-lo para as autoridades. Agora se acalme e tome seu chocomashy.

— Gostei do nome.

Uma a uma, as meninas foram chegando. Dizendo palavras de conforto à Mia.

As últimas a chegarem foram Bianca e Carol, contaram sobre a sua missão, principalmente as partes engraçadas, assim distraindo um pouco a Mi.

— Meninas! Acho que agora vamos dormir, são três e meia da manhã.

— Concordo, Gaby — *falou Bubi*.

Todas subiram para dormir, mas nem todas conseguiram. A noite durou horas incontáveis para Mia. Era só fechar os olhos e a cena voltava. Resolveu sair. Seus passeios noturnos de gata eram comuns.

Andou sem destino, sem imaginar que estava indo ao mesmo beco de antes. Ao chegar assustou-se. Pensou que deveria enfrentar seu medo. Sentiu seu corpo ficar tenso, ouviu ruídos, apavorada subiu em uns entulhos e pulou na base da janela do segundo andar do prédio do outro lado da rua onde ainda no chão havia a marca do sangue. Viu um vulto se aproximar, ele se abaixou e remexeu em alguns papelões que estavam perto da cena do crime.

Brilhou quando puxou, era um colar de prata com um crucifixo cheio de pedras transparentes, poderiam ser cristais. O sujeito levantou-se, olhou em volta e não vendo ninguém retirou o capuz para colocar o colar no pescoço.

Mia petrificou quando o reconheceu. Era o mesmo cara, ele virou-se e dessa vez estava com uma arma na cintura. Chamou Angel. Mas demorou uns minutos para chegar.

— Mia? Cadê você?

— Miau.

— Desça, está tudo bem.

O cara, que havia se escondido atrás de uma caçamba de tele-entulho quando viu An chegar, fez um gesto brusco, agarrou Angel e colocou a arma na cintura dela.

E agora o que fazer?

— Oi, viu minha gatinha por aí? Ela saiu ontem à noite para dar uma volta e ainda não voltou.

— Odeio gatos; se ela aparecer, eu mato.

— Está todo arranhado nos braços, por isso odeia gatos?

— Também. Chega de conversa. Só quero uma coisa, já que veio até mim.

— Não vim até aqui por você, vim pela minha gata.

— Isso é desculpa. Comece a tirar a roupa ou eu atiro nas suas pernas para que não possa correr.

— Não, muito obrigada! Que tal darmos um passeio?

— Está falando do quê?

— Meninas, precisarei de todas no final do píer. Estou levando um convidado para brincarmos.

— Não vou sair daqui. Quero ver me tirarem. E quanto mais mulher aqui, melhor para mim, vou adorar brincar com vocês.

Angel riu e disse:

— Mia, já volto pra te buscar.

Puf... E só alguns segundos depois os dois estavam no píer, An aproveitou que ele estava assustado e num golpe o desarmou e o jogou no chão. Ao tentar levantar, Bubi disse:

— Fica no chão ou será muito pior para você.

O cara levantou-se um pouco e olhou em volta, várias mulheres em um círculo ao seu redor.

— Quem são vocês? O que querem de mim?

— Nada, meu bom homem, és um exemplo de cidadão respeitador — *falou Dricka*.

— Seja o que for, eu não fiz nada, pegaram o homem errado.

— Claro que sim. Meninas, vou buscar a Mia.

Puf... Mia ainda estava na janela.

— Vamos, linda. É hora de pescar.

Em um pulo, atingiu os entulhos, depois com outro o chão.

— Poderia ir como gata até lá?

Mia pulou no colo de An, então foram de volta ao píer.

Ao chegarem Paty estava sentada sobre o homem.

— Ele quis se levantar — *disse ela gargalhando.*

As outras também riram. Nossa gata pulou no chão e sentou-se em frente à cara do meliante. Olhando para Paty, levantou a patinha num sinal para que ela se levantasse de cima dele. Olhou para Angel.

— Pode — *respondeu An.*

Começou a metamorfosear-se de volta para a forma humana. Quando a transformação estava completa, sentou-se na frente dele e pediu para que ele se sentasse.

Simplesmente num surto ele obedeceu sem dizer uma palavra. Só conseguia imaginar ser um sonho, ou melhor, um pesadelo. Nenhuma mulher seria capaz de pegá-lo. Ainda mais agora que estava armado e em plena forma física.

— Agora me vendo ainda nega que não fez nada?

— É só um pesadelo. Já vou acordar.

— Já que é um pesadelo, podemos brincar com você?

— Depende, como querem brincar?

— Só sabemos de um jeito — *Mi sorriu maliciosamente.*

Acho que ele imaginou outro tipo de brincadeira.

Vicky o pegou pelos ombros e jogou na água. Só um, porém nessa brincadeira ele não sabia nadar. O que divertiu um pouco mais. Quando ele imergiu pela segunda vez, An o trouxe para cima com levitação.

— Está muito pesado.

Deixou-o cair novamente na água, as meninas riam. An fez isso umas três vezes.

— Chega, acabou a graça — *disse Gaby.*

— Só mais um pouco — *pediu Lana.*

— Ouviram. Agora chega. Está na hora de entregar ele para a polícia.

— A Carol tem razão — *disse Bubi.*

— Foi muito pouco comparado ao que ele já fez — *justificou Susan.*

— Eu sei, meninas. Mas se fizermos o que todas pensam em fazer vamos ser piores que ele — *explicou Gaby.*

An trouxe-o de volta. E pediu que Maysa ligasse para o delegado. E comentou:

— Mas alguém tem que se molhar para dizermos que o resgatamos da água.

Mônica se ofereceu. Saiu correndo, deu um salto e caiu na água. Salto profissional. Digno de medalha.

— Agora pode me tirar daqui, An.

— Ok! Nossa atleta olímpica.

De volta ao píer, Môni comentou:

— Não temos que amarrá-lo e inventar uma história?

— Bem lembrado. Susan, pode mudar a memória dele?

— Sim. Qual é a história, Gaby?

Mia levantou a mão e disse:

— Nós estávamos procurando a gata, no caso eu, que é de estimação e muito querida por todas...

— Menos, Mi — *reclamou Vicky.*

— Está bem. Voltando... estávamos a duas quadras do acontecido, quando ele pegou An, que conseguiu desarmá-lo. Quando ele viu todas as outras meninas, fugiu e nós corremos atrás dele até o píer. Ao chegar aqui, ele tentou bater na Bubi com aquela madeira ali. Mas, como sabe se defender, ela acabou desarmando-o, fazendo com que se desequilibrasse e caísse na água. Pensamos em deixá-lo morrer. Mas não somos assassinas nem criminosas. Então Môni pulou para salvá-lo.

— Perfeito! — *exclamou Dri.*

Todas bateram palmas. Lana correu até o barco mais próximo para pegar cordas. Muito veloz. Quando terminaram de amarrá-lo, ouviram as sirenes ao longe. Foram levando-o até o início do píer.

— Todas se lembram da história?

Todas responderam juntas:

— Sim, Carol.

Mia parou e pediu quem iria levá-la no colo. Susan abaixou-se e disse que levaria desde que não fosse uma gata gorda e pesada. O que apareceu foi uma linda gata siamesa, com coleirinha de pedras e brilhinho na testa.

— Às vezes você consegue exagerar.

— Ela merece desta vez, Paty.

A polícia chegou, algemou o cara, colocou na viatura, um deles veio até as garotas e pediu:

— Espero que não tenham virado justiceiras.

Elas se olharam e Gaby disse:

— Claro que não. Deve dar muito trabalho. Cuidar dessa gata fujona já nos dá bastante ocupação.

— Preciso que vão à delegacia prestar depoimento.

— Certo, seu guarda. Podemos ir pela manhã? Precisamos descansar um pouco — *pediu Bubi*.

— Podem, sim.

Assim que as viaturas saíram, Vicky pediu:

— Querem caminhar?

Todas responderam em uníssono que não. Então foram teletransportadas até em casa. Algumas correram escada acima para um banho e cama. Algumas subiram lentamente. Mia simplesmente pulou no sofá e aninhou-se entre duas almofadas.

Assim que bateram nove horas no relógio, todas estavam na delegacia depondo. Ao terminar foram ao hospital ver Catarina. Já estava fora de perigo, iria ficar bem.

Mia entrou no quarto dela com An.

— Vieram me ver!

— Sim. Agora somos amigas — *confirmou Mia*.

— Obrigada! Não tenho ninguém da minha família perto. Sou órfã, morava com meu avô na Turquia quando resolvi vir para cá.

— Agora tem uma família. Somos loucas, brigamos com frequência. Mas nos amamos. Né, Mia?

— Realmente somos uma família.

— Se precisar de ajuda, pode nos procurar. Moramos na República das Flores.

— Sim, já ouvi falar. São muito gentis.

— Agora deve descansar. Vamos vir visitá-la amanhã de novo.

— Obrigada, meninas.

Despediram-se e saíram.

Todas em casa, sentaram-se na sala para conversarem.

— Mais uma missão concluída. Ou será que não foi uma missão?

— Sim, Maysa. Foi a missão da Mia. Ela teve que superar seu medo para pegar o responsável por vários crimes bárbaros. No final deu tudo certo. Bandido preso. Ganhamos mais uma amiga. Foi um sucesso.

Caro leitor, não deixe ninguém sofrer desse mal, pois ninguém deve ser forçado a fazer o que não quer. Amor é para dar prazer e não dor.

Capítulo 39
Minha Vida É Um Sonho?

Bianca estava sempre cansada nos últimos dias. Nada parecia certo para ela. Nada rendia como antes. Já não sabia o que fazer. Toda noite tinha sonhos loucos, muitas vezes sem nexo. Resolveu consultar. Pediu remédio para dormir. Mas não ajudou muito, dormia algumas horas, a maior parte da noite passava acordando ou tendo sonhos malucos.

Voltou a consultar, o médico encaminhou seu caso para uma psicóloga, na primeira consulta ela explicou o seguinte sobre o relato das noites maldormidas de Bubi:

— Do ponto de vista da psicanálise, a interpretação dos sonhos é uniforme. Na psicologia analítica, a simbologia não tem significados conectados com memórias e experiências de quem sonha. Aprofundar e analisar os significados da simbologia dos sonhos para quem os tem é um procedimento que se faz por meio de associações às situações ocorridas em sua vida. Por diversas vezes, não é suficiente anotar o que se lembra do sonho, é necessário conversar com um especialista para ajudar a otimizar e amplificar, para assim descobrir o que de fato ele está querendo dizer.

— Então quer dizer que os meus sonhos, por mais loucos que sejam, estão ligados ao que eu passo no dia a dia?

— Geralmente, sim. Algumas vezes tem ligação com coisas de vidas passadas. Temos que descobrir qual é o seu tipo de sonho.

— O que posso fazer para descobrir mais sobre meus sonhos e assim descobrir a fonte deles?

— Existem dez benefícios que a ajudarão a se conhecer melhor, a partir do que você sonha. Primeiro; aprofundar o relacionamento que tem consigo: entrando em contato com os sonhos, percebe-se diversas características pessoais emocionais e psíquicas, assim criando um vínculo maior com a intuição, elaborando e notando sintomas físicos, modificando comportamentos e atitudes, e tendo a consciência das atitudes da vida.

— Segundo; compreender melhor o universo interno e o externo: quando sonhamos percebemos que há dois mundos — o que vivemos (tempo que passamos acordados) e o que observamos (dormindo em sonhos).

— Terceiro; demonstrar o modo da nossa individualização: ao acompanharmos os sonhos, podemos traçar uma história que se conecta com o processo da vida, em que traçamos um caminho apenas nosso.

— Quarto; ofertar instrumentos grandiosos para uma boa terapia: para o terapeuta, a aplicação clínica da análise dos sonhos é importantíssima, dando uma localização do processo em que o sonhador está.

— Quinto; balancear e compensar a psique: a função principal é a compensadora do sonho, ela faz um balanço das vivências internas com as externas, podendo assim parear ambas. O sonho traz alívio da tensão psíquica formada pela discordância entre o interno e o externo, mesmo que seja temporariamente.

— Sexto; comprovar o que fazer: diversas vezes os sonhos tratam de sintetizar tarefas para que uma condição fique preenchida, fases que o sonhador precisa passar para chegar a um nível mais alto de consciência. Pode-se analisar o sonho como se fosse uma peça de teatro, em que a situação sonhada pode apresentar um problema e a solução muitas vezes.

— Sétimo; diminuir acontecimentos traumatizantes: sonhos que se repetem, na maioria das vezes são situações que traumatizaram o sonhador. Eles acontecem para poder desgastar, diminuir a energia acumulada pelo trauma, ocorrendo assim até que possa esgotar a energia ou que o trauma seja transformado pelo consciente, superando o trauma.

— Oitavo; comunicação: sonhos telepáticos são inexplicáveis, mas sua existência é inegável. São sonhos em que pessoas sonhando conversam entre elas, ocorre com baixa frequência, podem ambos não saber um do outro, como desconhecidos conversando aleatoriamente, podem ocorrer com conhecidos também, mas nem sempre esses sonhos são lembrados ao acordar.

— Nono; prever acontecimentos: é mais raro, mas existem sonhos premonitórios ou prospectivos, são difíceis de identificar, até que aconteça o fato. Pode se tratar de mortes, gravidez, acidentes, grandes eventos ou alguns fatos do cotidiano.

— Décimo; aportar e viabilizar insights criativos: quando estamos nos conectando aos nossos sonhos, somos capazes de conectar nossas ideias de uma forma mais livre, assim nossa criatividade pode fluir melhor. Podendo algumas vezes tornar as ideias reais.

— Jamais imaginei que tantas coisas podiam influenciar nossos sonhos.

— As pessoas não se dão conta dessas pequenas coisas. Mas cada detalhe pode desencadear novas mudanças.

— O que podemos fazer no externo, por exemplo, em casa, para melhorar nossos sonhos?

— A morada dos sonhos é onde moramos. Independentemente de se for alugada, emprestada ou própria, estamos sempre representados nela, seja com fotos, cores ou mobílias com nosso estilo, ajeitando-a de uma forma que seja especial para nós. Fazendo com que nossas crenças, desejos e esperanças sejam manifestados do lado de fora. Utilizamos o nosso lar conscientemente ou não como um aliado para concretizarmos os nossos sonhos, as nossas verdades e a nossa vida. O interessante é que, quando mexemos em nossa casa, acabamos mexendo em nós também. Por exemplo, todas as manhãs abro a janela para deixar a claridade do sol entrar, para ventilar a casa, trocando os ares, toda vez que faço isso, estou também me abrindo para coisas boas virem para mim. Ao limpar a casa, tirando sujeiras, limpamos a nós mesmos, tirando sujeiras emocionais. Toda vez que trago objetos, flores e novas pessoas à minha casa, estarei me abrindo para o novo, para a experiência de evoluir e crescer. Por esses motivos, entres outros, devemos cuidar do nosso lar, para que se reflita em si mesmo, assim nos trazendo o que tiver de melhor para que possa ser vivido.

— Muito interessante, e o que posso fazer para melhorar o fluxo, digamos assim, da casa?

— Comece jogando fora o que estiver quebrado, venda ou doe o que não usar mais ou não estiver precisando. Deixando a casa livre de entulhos, desapegando do passado para se abrir ao novo.

— E depois?

— Coloque em sua casa objetos que tenham histórias importantes para você. Fotos suas e de quem ama, objetos que te trazem boas lembranças, serão essas coisas que te darão um impulso bom, elas te lembrarão quem você é, te ajudando a seguir seu caminho.

— Estou louca para chegar em casa e fazer aquela faxina no meu quarto, e nos meus pertences. Vou contar às meninas sobre tudo o que me contou, pois moro em uma república.

— Tenho certeza que elas vão se sentir incríveis depois da "faxina".

— Muito obrigada, até daqui a quinze dias.

— Até.

Ainda era cedo quando Bianca chegou em casa, estava de folga aquela tarde. Então resolveu fazer uma faxina em suas coisas, resolveu colocar tudo o que estava quebrado fora, o que não servia ou não usava mais, para doação. O que ela não percebeu é que estava treinando alguns de seus dons ao fazer a tal da faxina, que é a inteligência e o raciocínio rápido. Já estava de noite quando terminou.

E adivinhem vocês, caros leitores, que no outro dia a metade das meninas estavam fazendo faxina, inspiradas pela atitude de Bubi. As outras conseguiram fazer apenas no fim de semana. Mas todas fizeram, e se sentiram ótimas depois de se livrarem das coisas de que não precisavam mais.

Capítulo 40
Um Conto de Páscoa

Mônica amava a Páscoa e seu significado. Conhecia tantas histórias, cheias de simbolismo e significado religioso relacionado ao crescimento espiritual e da renovação da fé. Sua mãe sempre contava uma história no domingo à tarde depois do almoço pascal, era um momento para a família e amigos se reunirem para refletir sobre o verdadeiro significado dessa data comemorativa.

Sua mãe dizia:

— Muitas crianças não conseguem entender o que é Páscoa; para muitas delas, Páscoa é época de comer ovos de chocolate. Devemos considerar que a Páscoa é uma época tão especial e simbólica, pois esse conceito é muito vago, então, nada melhor do que ensinar por meio de **histórias, contos**, mensagens que ensinam às crianças o que realmente é a Páscoa.

Depois de espalhar ovos de chocolate pelo jardim no raiar do dia, ela fazia algumas pegadas da cozinha até a saída dos fundos como se fosse um coelho desastrado que tropeçou no pote de farinha.

As crianças ficavam eufóricas procurando os tesouros perdidos. Era isso, uma caça ao tesouro.

Quando achavam todos os ovinhos, a dona Célia chamava-os para entrar, colocavam todos os achados em uma cesta com feno que havia preparado no dia anterior.

— Vamos lavar as mãos para tomar café. Depois todas podem ir brincar. À tarde vou contar uma história para vocês e dividiremos os ovinhos igualmente. Certo?

Ninguém discutia com a mama. Era feito como o combinado.

JOVI ESCHER

Lá pela meia tarde, ela ia para a cadeira de balanço ao lado da lareira na sala, e todos já sabiam que era hora da história. Cada um ia chegando e se ajeitando aqui e ali. Nos sofás ou em almofadas no chão, na mesa de centro a cesta com os ovos de chocolate à espera da partilha. Quando todos estavam acomodados ela começou a recitar o Conto de Páscoa (Alcântara, 2008):

"Sentado na beira da calçada, com um ovo de chocolate pequenino nas mãos, olhar sério, aquele menino se pôs a imaginar. Havia muitas coisas que ele não entendia, por mais que tentasse.

Durante a semana toda, na escola, na rua, em casa, em todos os lugares só se ouvia falar de Páscoa, coelhinho e ovos de chocolate. A professora até colocou Jesus no meio da história, mas só aumentou a sua confusão; ele não conseguia organizar o pensamento. Jesus não é aquele que nasceu no Natal? Faz tão pouquinho tempo, e ele já morreu?!

Não, decididamente ele não entendia nada. Não sabia exatamente o que uma coisa tinha a ver com a outra. Afinal de contas, por que comemorar, se Jesus morreu? Por que os ovos são de chocolate? E o coelho, o que ele faz nessa história?

Complicaaadooo!!! Separava somente as coisas que entendia, e sabia o que era...

Entendia que estava esperando ganhar um ovo bem grande, daqueles que tinha visto na televisão, embrulhado num papel brilhante e com um laço de fita vermelha, que não veio, e ele sabia por quê: o dinheiro não deu.

Ele sabia. Nem seu pai e nem sua mãe tinham prometido dar-lhe um ovo de páscoa; e ele sabia, também, que o coelhinho não o trazia para ninguém. Então, como é que ele poderia satisfazer a sua vontade de comer chocolate? Como ia passar o domingo de páscoa sem comer ovo de páscoa? E a ideia veio assim, de repente!!! Por que não???

Foi até o primeiro semáforo daquela movimentada avenida e, quando o sinal ficava vermelho ele se lançava entre os carros e ia pedindo:

— *'Moço, dá um ovo de páscoa pra mim?'*

— *'Senhor, poderia me dar um ovo de páscoa?'*

— *'Moça, dá um ovo de chocolate pra mim?'*

Assim, ia pedindo e ouvindo as mais esfarrapadas respostas, quando alguém respondia.

Até que, enfim, parou um carro velho, todo manchado de ferrugem. Dentro, um homem com cara de bravo... Ele tomou coragem, foi até lá e arriscou o mesmo pedido:

— 'Moço, eu quero um ovo de páscoa'.

E qual não foi sua surpresa quando aquele homem pegou, no banco do passageiro, um embrulhinho e lhe estendeu pelo vidro.

— 'Brigado, moço!!!'

E saiu em disparada. De volta à sua calçada, ele olhou o ovinho e sorriu feliz. Afinal, agora ele comemoraria a Páscoa".

— Espero que tenham aprendido com esse menino da história a ter esperança e com o moço do carro velho a dividir o pouco que tem. Pois quem tem muito um dia, no outro pode não ter nada.

Depois de uma pausa, ela olhava se todos haviam entendido a lição e perguntava:

— Quem sabe qual é o verdadeiro significado do dia de hoje?

As crianças levantavam timidamente a mão, tinham medo de errar, mas queriam arriscar um palpite.

— Diga, Mônica, já fez a primeira eucaristia, deve saber. Conte para os outros.

Ela toda encabulada levantou-se e disse:

— A Páscoa é uma das festividades de maior importância para o cristianismo, porque retrata a história da ressurreição do filho de Deus, Jesus Cristo. A data é comemorada anualmente no primeiro domingo após a primeira lua cheia que ocorre no início do outono (no Hemisfério Sul) e da primavera (no Hemisfério Norte).

— Muito bem. Agora pode pegar o primeiro ovo, e dividir os outros com todos. Até os adultos ganham um pequeno, para as crianças os maiores. Combinado?

Todos assentiram. A tarde seguia animada. Ao final do dia, a maioria ia para suas casas. Alguns ficavam mais um dia ou dois.

Quanto mais perto da Páscoa, mais animada Mônica ficava, pois era nesse dia que as esperanças se renovavam. Já sua irmã Carol preferia o Natal, pelas festividades e luzes, ela quando criança vivia contando que:

— O dia 25 de dezembro é feriado religioso, pois em muitos lugares do mundo representa o nascimento do menino Jesus. Para o cristianismo, tem o ciclo do Natal, que é comemorado durante 12 dias, de 25 de dezembro a 6 de janeiro, o período que os três reis magos (Baltazar, Gaspar e Melchior) levaram para chegar até a cidade onde Jesus nasceu, Belém.

— Você sabia que o Natal se iniciou em festas pagãs realizadas na antiguidade? E que nessa data os romanos comemoravam o solstício do inverno, cultuando o Deus Sol, e realizando festividades em honra a renovação? Os mesopotâmios também celebravam a chegada do inverno nessa data, chamavam de "Zagmuk", uma festa pagã em que um homem era escolhido como sacrifício, isso ocorria porque acreditavam que, com a chegado do ano, monstros despertavam. Foi apenas no século IV, na consolidação do cristianismo, que a data foi oficializada como *Natale Domini* (Natal do Senhor). Eles não sabiam que dia realmente Jesus havia nascido, então deram uma nova simbologia à festa dos romanos.

— E o termo Natal vem do latim "natalis", derivado do verbo "nãscor" (nascer). Oficialmente a data foi escolhida pelo Papa Julius I (337-352); somente mais tarde, no ano de 529, o Imperador Justiniano decretou feriado nacional.

Depois de uma certa idade, Carol já não achava mais tanta graça ficar contando suas descobertas para os outros. Mas ainda amava as festividades, a família reunida ao redor da árvore para abrir os presentes. Era o seu presente especial: ver a família toda junta comemorando cada um do seu jeito.

Depois de passarem essas festividades dos últimos anos separadas, Mô queria fazer algo diferente, já que sua irmã estava de volta. E agora estavam com a rotina mais calma, já que as missões haviam diminuído. Queria poder reunir as meninas da casa e contar o conto de Páscoa. Queria fazer caça aos ovos, seria divertido, mas será que elas topariam? Por que não tentar?

— Sabe que não pode fazer nada aqui sem que eu saiba, ou descubra.

— Nossa, Angel. Quer me matar do coração?

— Estou aqui sentada já faz uns cinco minutos, só observando você nas suas lembranças. Não estava ouvindo nada dos seus pensamentos, só analisando sua feição. Mas essa última parte sobre nós fazermos uma caça aos ovos você falou em voz alta. Achei interessante e divertido. Vai ser difícil esconder de todas. Se quiser fazer surpresa, posso ajudar no dia tirando elas de casa, até arrumar tudo.

— Faria isso por mim?

— Claro! Somos uma família, meio louca, perturbada, cheia de problemas... enfim. Uma família.

A antecessora da Mônica surgiu e falou:

— Eu também topo.

— Oi, Ivy!

— Oi, meninas! Vai ser divertido. As outras antecessoras também querem ajudar. Podemos encontrar alguma maneira de tirar as guardiãs de casa. Aí ninguém vai suspeitar.

— Verdade! Todas sabem que adoro armar surpresas. Se forem as antecessoras, não vão desconfiar.

Uma semana antes, Mônica já tinha comprado os ovos, e vários adesivos de pegadas de coelho para espalhar pela casa. Não achou feno, mas encontrou algo semelhante para colocar na cesta.

— Putz! Esqueci a cesta. Tenho que comprar uma cesta.

— Para que uma cesta, mana.

— Falei em voz alta?

— Sim. O que está tramando?

— Nada de mais. Estava pensando em levar alguns ovos de chocolate para as crianças do orfanato, e pensei que levar em uma cesta seria bacana.

— Muito legal, elas iriam adorar. Bom, vou indo, tenho que treinar.

Após a Carol sair, respirou aliviada.

— Ainda bem que lembrei dos ovos das crianças. Posso usar a mesma cesta para as duas ocasiões. Tenho que parar de falar em voz alta, ou confirmar que não tenha ninguém em volta.

Tudo orquestrado com a Angel e as antecessoras. Elas lhe dariam duas horas para arrumar tudo.

Na véspera, Mô mal conseguiu dormir de tanta agitação, estava ansiosa para ver a reação das meninas. Estava na hora de levantar e arrumar tudo...

Ao chegar à sala, estavam todas reunidas. Estranhou um pouco.

— O que está acontecendo?

— Olha!

Havia ovos de chocolate em cima da mesa de centro. Doze ovos, cada embalagem pintada a mão com arabescos e os símbolos de cada signo.

— Não fui eu — *Angella já se defendeu.*

Todas a olharam sem acreditar muito. Mas ao ver a cara de surpresa começaram a acreditar pouco a pouco.

— Bom, presente é presente. Descobriremos depois de onde veio. Luna está me chamando. Tenho que ajudar alguém.

— Verdade, gente, também tenho compromisso.

Foram sendo chamadas pelas antecessoras e saindo como o combinado inicial. Quando estava sozinha, começou a organizar conforme o programado. Tudo pronto. As meninas estavam quase chegando. Quando todas estavam em casa, Mô disse:

— Organizei uma caça aos ovos, e é terminantemente proibido dizer que não. Pelo espírito da renovação da esperança, peço que entrem na brincadeira. E para me verem feliz também é claro.

Levaram um susto inicialmente, mas aos poucos foram aceitando e começaram a busca pelos tesouros. Foi uma manhã divertida. Mônica havia feito ponche de frutas geladinho, já que estava quente. Após acharem todos os ovos, sentaram-se ao redor da mesa de centro, depois de terem colocado os ovos na cesta. Vicky serviu ponche para todas, depois se serviu e sentou-se.

Estavam animadas pela brincadeira. Era divertido e trazia muitas lembranças da infância.

— Tem alguém vindo, Kati falou a Angel, avise para ficarem tranquilas, é uma visita boa.

— Meninas, não sei o que a Kati e a Karla estão aprontando, mas parece que teremos visita. Não se assustem, é confiável, pelo que entendi.

— Bom dia, guardiãs!

— Você!

— Oi, Dri! Surpresa!

Depois do susto inicial, ela o apresentou:

— Esse é Andreas, foi ele quem me ajudou a encontrar o baú com as armas. Ele tem dons também e pode ouvir as antecessoras.

Todas ficaram surpresas.

— Eu vim fazer uma visita e trazer uns presentes, achei que iriam gostar.

— Ah! São seus esses ovos de chocolate?

— Sim, trouxe direto da fábrica, especialmente para vocês. Dricka comentou durante o passeio na fábrica de chocolate que uma das meninas era louca pela Páscoa, e seria uma boa ideia comprar ovos para ela e as outras. Chamei diversas vezes pela Kati até que ela resolveu descobrir o que eu queria. No início estava bem furiosa, mas, quando contei sobre a surpresa, aceitou me ajudar. Ela teve que pedir ajuda a mais alguém. Para

Xia, a antecessora de Virgem, que tem o poder de teletransporte. Então aqui estamos.

As gatas ficaram animadas com a surpresa e com a visita inusitada.

— Pegue um copo e venha beber conosco, não é alcoólico. A Mônica, nossa guardiã de Câncer, que fez e planejou a nossa minimissão de caça aos ovos, por amar esse dia especial e querer dividir com a gente. Estamos muito felizes!

— Eu que agradeço por me deixarem dividir com vocês!

As conversas seguiram animadas. Muitas histórias foram lembradas. Foi um dia magnífico, renovaram o espírito da união e da esperança.

Capítulo 41
A Natureza e as Amizades

"Certo dia estava andando na mata, quando escutei um ruído, fui ver o que era. Andando por uma trilha aberta, cheguei a um riacho, continuei andando, subindo pelo lado direito da água, foi quando alguém colocou a sua mão em meu ombro, virei-me devagar e assustada, apenas relaxei quando vi que era minha amiga Lana..."

Susan gostava de relatar em um diário tudo o que acontecia durante o dia. Esse era o início da aventura nada feliz do dia. Após algumas missões... Era verão, feriadão de carnaval, nenhuma menina estava a fim de se fantasiar nem de ir pular ou dançar. Foi aí que Patrícia teve a ideia de irem todas acampar. A maioria adorou a ideia, algumas fizeram algumas exigências como levar colchões e uma bateria para as luzes. Tudo certo, então resolveram acampar na Amazônia.

Contrataram um ônibus para serem apenas um grupo de turistas acampando como qualquer outro grupo que não curte carnaval, carregaram as coisas e começaram a jornada. A viagem foi incrível, algumas paradas para abastecer e usar o banheiro. Angel pedia para parar em todas as cidades para comprar lembrancinhas. Bianca no início parava, da metade em diante começou a cansar. Até que disse:

— Eu estou dirigindo há horas, An, podemos apenas ir?

— Ok. Na volta paramos nas que ainda não paramos.

— Está parecendo uma criança que nunca saiu de casa, dona Angella!

— Siiimmm! É a primeira viagem que fazemos juntas, quero ter muitas lembranças.

— Tudo bem, então paramos nas outras cidades. Vai dar tempo de chegarmos antes do anoitecer, já que saímos bem cedo.

— Obrigada, Bubi!

Agora vou contar o que aconteceu depois de Lana assustar Susan:

— Estava preocupada contigo. Sumiu de repente, não sabe o quanto corri até achá-la.

— Perdão. Sabe como sou curiosa. Ouvi um ruído, ainda não descobri o que é.

— Então vamos descobrir, depois voltamos para o acampamento com as outras.

— Certo.

Susan ia na frente, Lana a seguia em silêncio. Caminharam mais uns metros fora da trilha, então acharam a fonte do barulho estranho. Era um lindo pardal preso em uma armadilha.

— O que esse treco está fazendo aqui?

— Não faço ideia. Vou soltá-lo.

Soltaram o pássaro, que estava assustado. Então olharam em volta, havia mais bichos presos em arapucas. Resolveram soltá-los quebrando e inutilizando qualquer armadilha que encontrassem.

Juntas destruíram a última. Ao verem que estava tudo como deveria estar, olharam em volta e viram que estavam perdidas. Tinham algumas horas para encontrar as outras.

— Ótimo! Sem mapa, sem bússola, sem sinal de telefone. E agora, Lana?

— Eu vou correr e ver a direção certa, aí venho buscá-la.

— Combinado.

Virou-se e pisou à frente posicionando-se para correr, algo estalou, Su gritou pelo susto, Lana olhou-a e quis tranquilizá-la, foi então que foram suspensas no ar por uma rede. Gritos e pavor foi o que Su sentiu e fez. Lana só tinha raiva por não ter sido rápida o suficiente para escapar.

— Como não vimos a rede?

— E agora?

— Tem algum canivete ou algo assim, Su?

— Não, deixei tudo no acampamento.

— Deixe-me pensar em alguma coisa.

Começaram a ouvir vozes.

— Estamos salvas, acho que são as meninas nos procurando.

Lana estava desconfiada, mas não quis alarmar sua amiga. E estava certa, não era a salvação, era mais problema. Os caçadores estavam se aproximando. E com muita raiva por verem suas armadilhas todas quebradas. Chegando perto das meninas, um deles disse:

— Olha, chefe, encontramos duas belas aves.

— Tirem-nos daqui agora mesmo — *Susan disse com raiva*

— Acho que são duas feras, César, e não me chame de chefe, não sou índio. Sou Álex. Solte-as com carinho, Estevam, e, Artur, ajude-as.

Estevam cortou a corda com força, quando caíram Lana furou a perna com um pedaço de uma armadilha que tinham quebrado. Estava com muita dor, não podia mais correr. Susan estava tão apavorada que não conseguia fazer nada, nenhuma ideia lhe vinha, só pensava o quanto sua curiosidade havia custado.

— Seu inútil, como é que vamos vender essa aí, machucada. Vamos ter que cuidar até sarar, vai ser um prejuízo. Vou descontar da sua parte, Estevam.

— Sim, chefe.

— Já disse, não me chamem de chefe. Só tem idiotas trabalhando para mim.

— Vender? Vai nos vender como bichos?

— Sim, donzela, alguns senhores pagam caro por bonitas mulheres. Eles gostam de bichinhos com que possam brincar de pega-pega.

Todos riram. Eles as amarraram. Artur ficou com pena da loira e resolveu carregá-la. Então as levaram junto, para onde elas não tinham ideia.

Enquanto isso no acampamento:

— Meninas, um pouco de silêncio. Por favor. Tem algo errado.

Todas pararam de falar e cantar.

— Estão faltando duas meninas e já vai começar a anoitecer. Alguém viu para onde foram?

— Eu vi, An, elas foram por aquela trilha ali. Su foi primeiro, Lana disse que iria assustá-la e foi atrás. Mas já deveriam estar aqui — *contou Maysa*.

— Sinto que estão em perigo. Vejo quatro homens numa trilha e as duas presas. Lana está sangrando na perna direita. Susan está apavorada. Estão chegando em uma cabana, parece abandonada.

— Tem certeza, Carol? Passado ou futuro?

— Passado, mas aconteceu há pouco tempo, An. São caçadores, estão armados.

— Certo. Vamos pensar no que fazer. Não adianta todas irem para a mata procurar. Eles têm armas e podem ferir alguma de nós, ou prender a gente também.

— O que seria muito azar para eles — *gracejou Dricka*.

Quase todas deram gargalhadas, algumas apenas sorriram.

— Vou tentar conversar com a Su telepaticamente. Temos que planejar o que cada uma irá fazer.

Enquanto An tentava se comunicar com as duas, Gaby tomou a frente.

— Bubi, arrume um kit de primeiros socorros para a Lana. Mia, precisamos que vire um falcão, sobrevoe a área e localize a cabana abandonada. As outras, preciso de uma fogueira e armem as barracas, iremos acampar aqui mesmo até trazer as meninas de volta. Maysa e Vicky poderiam ir até em casa pegar mais comida, já que não sabemos quanto tempo vai demorar, aproveitem para trazer a pistola com os dardos que Su esconde embaixo da cama.

Todas foram às suas tarefas.

— Consegui falar com a Su. Ela se sente muito culpada, isso faz com que bloqueie seus dons. Lana está com dor e ainda tem farpas em sua perna, não conseguirá correr. Se demorar muito para resgatá-las, irá infeccionar e...

— Sem e... Vamos tirar elas de lá, colocar esse homo sapiens das cavernas na cadeia por contrabando.

— Certo, Ga!

Enquanto isso na cabana...

Artur aproveitou que os outros foram conferir outras armadilhas antes que escurecesse para buscar o kit de primeiros socorros. Depois pegou uma vasilha com água e se aproximou de Lana.

— Poderia me deixar cuidar de seu ferimento?

— Não.

— Sim, pode cuidar da perna dela.

— O que está fazendo, Susan?

— Cuidando de você. Por favor, deixe ele te ajudar, é minha culpa estarmos nessa situação. Não quero que sofra mais.

— Tudo bem. Mas sem gracinha.

Ele fez que sim com a cabeça.

— Não lhe desejo mal. Só quero que fique bem.

Com uma tesoura, ele cortou a calça na altura do ferimento acima do joelho do lado de fora da perna, lavou a ferida, assim vendo que ainda tinha farpas. Levantou e foi buscar um alicate para tirar. Pegou também uns comprimidos e um copo com água. Voltando os entregou para Lana.

— Tome, são para dor e inflamação. Sempre tenho. Pois alguém sempre se machuca na mata.

Ela fez que sim com a cabeça, pegou e tomou.

— Agora vou tirar as farpas, vai doer, quer morder um pano?

— Não. Eu aguento, pode tirar.

— Muito corajosa. Vou fazer rápido para que não sinta tanta dor.

Tirou todas as farpas, lavou novamente, passou uma pomada, e enfaixou com cuidado. Entregou uma calça de moletom dele.

— Acho que somos do mesmo tamanho. Vista, por favor. Alguns homens são muito tarados quando veem coxas tão bonitas. Melhor não arriscar. Vou até lá fora para que troque. Só não posso desamarrá-la. Consegue se trocar assim?

— Sim, consigo.

Ele levantou-se e foi até a porta, quando abriu. Lana o chamou.

— Artur! Obrigada por me ajudar! Por que está fazendo isso?

— Não gosto de ser igual aos outros. E simpatizei com você.

Então saiu. E Lana trocou de calça devagar para não sangrar mais.

— Não acha estranho, Su?

— O quê?

— Ele ser tão diferente, parece que não se encaixa aqui. Tão educado, fala melhor do que os outros, atencioso e preocupado conosco. Até deu água para bebermos.

— Não tinha reparado nisso. Ah, An entrou em contato comigo antes dos homens saírem. Elas estão nos procurando. Não consigo usar meus poderes.

— Nem eu estou conseguindo.

Bateram na porta.

— Está pronta?

— Sim, estou.

Artur entrou trazendo frutas. Comam logo antes que os outros voltem.

— Obrigado, és muito gentil.

— É um prazer ajudá-las. Só sinto por não poder soltá-las, eles me matariam.

— E se fosse conosco?

— Não posso abandonar meu pai. Ele é minha única família.

— Qual deles é seu pai?

— Álex. Era um bom homem, até que tudo deu errado. Minha mãe morreu por causa de câncer há oito anos, desde então ele mudou completamente. Virou caçador, dificilmente se mistura com outras pessoas, e tem raiva das mulheres porque acha que a mamãe o abandonou.

— Como ela se chamava?

— Lucinda.

— Sentimos muito por sua perda.

Ouviram passos. Artur pegou as frutas que restaram e colocou escondido na sua mochila. Guardou tudo e foi sentar-se perto da mesa.

— Por favor, não falem nada e tentem não os encarar, eles são muito agressivos, então não deem motivos para baterem em vocês.

Fizeram que sim com a cabeça. Susan tentou falar com An para dizer que estavam bem e que um dos homens era bom, estava ajudando-as.

No acampamento...

Todas estavam prontas esperando o próximo passo. Mia pousou na mesa, andando para a ponta voltou à forma humana e disse ter achado uma cabana, e que viu três homens armados saindo dela, um deles quase a acertou.

— Meninas, Susan está mandando um recado. Estão bem e um dos homens está ajudando-as. Fez curativo na Lana e deu remédio. Comeram frutas e tomaram água. E que, por favor, ajudemos o pobre rapaz que está nessa situação por dó do pai, não querendo abandonar o único familiar.

— Que loucura — *comentou Mônica.*

— O que faremos? – *Pediu Vicky.*

— Bom, tive uma ideia, mas não vão gostar muito, pois teremos que ter uma isca.

— Diga, Dri. Moça das ideias malucas.

— Poderíamos ir caçá-los. A Mia pode se transformar em uma onça e afastar eles, enquanto a Vicky e a Angel teletransportam elas para cá. Vamos ao posto de saúde que vi no caminho para cá, podemos dizer que estávamos acampando quando a Lana caiu em uma armadilha.

— Se fizermos isso, os caçadores vão matar o rapaz que está ajudando as meninas, por ter deixado elas fugirem.

— Não tinha lembrado disso, Gaby.

Todas sentaram-se preocupadas, pensando em algum plano.

Na cabana, Lana falou para Susan quando Artur foi lá fora buscar temperos, ele estava preparando o almoço:

— Você é muito idiota, sabia?

— Por que está brigando comigo?

— Simples, desde quando é culpada por eu estar assim? Foi você que colocou as armadilhas? Que quis dar um susto em uma amiga por saber que ela é muito curiosa e iria se assustar fácil? É você que está caçando em uma reserva florestal que deveria estar protegida? Para de se culpar pelos outros. E comece a se concentrar em como vai me tirar daqui. Entendeu?

Su fez que sim com a cabeça. Foi um choque tudo o que ouviu, jamais esperava que a Lana fosse direta e um tanto quanto cruel. Mas serviu para trazer sua consciência para a situação presente. Pensou um pouco e decidiu o que fazer. Nisso ouviram vozes não muito distantes. Eram os outros caçadores. Antes de eles chegarem, enviou uma mensagem para a Angel contando seu plano.

No acampamento An chamou as meninas e contou o que Su estava planejando.

— Dri, ela gostou do seu plano. Mas deu um jeito na parte em que estávamos com problema. Su disse que vai usar seus dons para convencer de levarem Artur junto na caçada. Então elas vão estar sozinhas na cabana, daí vamos buscá-las. Depois de afastar eles, Mia, pode se transformar em um bicho bem pequeno, deixe eles passarem, só aí se transforme em um pássaro e volte para cá. Por favor, não corra nenhum risco, ok?

— Pode deixar, Angel. Joaninha é um bichinho pequeno e muito bonito, assim posso voar para perto de uma copa da árvore mais próxima, antes de virar águia.

— Que bom que ela conseguiu desbloquear seus dons. Se preparem. Meninas que não estão no plano, me ajudem a organizar as coisas, vamos recolher tudo e estar prontas para sair quando todas chegarem de volta.

— Sim, Gaby — *as meninas responderam.*

Plano feito e revisado. Agora era com a Su.

Na cabana. Os homens entraram e gritaram para o guri, reclamando que a comida não estava pronta.

— Estou terminando.

Eles nem repararam que Lana estava com outra calça. Melhor assim.

Almoçaram e foram deitar. Artur deu comida para elas e água.

— Sua comida é muito boa.

— Obrigada, Susan!

— Por que eles não te convidam para caçar com eles?

— O pai sabe que não gosto, então ele manda eu fazer tudo aqui, dizendo para os outros que precisa ter alguém para proteger e cuidar da casa, para terem para onde voltar, eles acreditam. E eu fico aliviado. Mas uma hora vou ter que ir.

— Chega de conversa fiada, meu filho. Não pode se apegar a elas. Sabe o que vai acontecer.

— Tudo bem, pai.

Nisso ouviram um rugido.

— Isso é o quê? — *Lana fingiu estar com muito medo.*

Su entrou na onda, mas estava telepaticamente fazendo com que o pai levasse todo mundo na caçada.

— É uma onça, guria. Pegue a arma, fique de guarda lá fora, não quero que se machuque, na próxima você vai. Vamos, cambada. Esse bicho não deveria ter vindo no meu território.

Assim eles saíram a caçar a Mia. An e Vi chegaram.

351

— Vamos?

— O Artur não foi junto. Está ali fora. A força do amor pelo filho foi maior do que meu poder de persuasão.

Nisso Mia chegou como águia gritando acima da casa. Vi foi pegar ela e trouxe para dentro.

— Vou chamar ele e levamos junto. Vamos ir direto à polícia. Assim podem prender os caras. Artur vai preso também, mas pega pena leve com a nossa ajuda.

— Certo. Façamos isso.

— Arthur, socorro.

Quando ele entrou, Angel o desarmou. Susan falou telepaticamente a ele o plano, dizendo que não tinha escolha.

— Para eles não desconfiarem, Dri mandou uma mensagem para destruirmos esta casa e colocarmos fogo. Eu concordo, menos com a parte do fogo. A polícia precisa achar eles.

E assim fizeram, começaram a quebrar as coisas. E se teletransportaram para o acampamento.

— Não podemos demorar muito, eles já devem estar pensando em voltar, já que não acharam a onça. Vi, me ajuda a transportar o ônibus para a rua perto da vila.

— Tem certeza, Angel?

— Sim. Vamos direto para a delegacia, a Lana está bem, o Artur cuidou muito bem da ferida. Depois te curo. Por agora precisamos mostrar o ferimento a polícia.

Estavam todas ansiosas e nervosas. Mas o plano seguiu sem maiores problemas. Após a denúncia, duas viaturas foram pegar os caçadores, uma policial acompanhou para fazer o corpo de delito, para o boletim de ocorrência. Depois de tudo feito conforme os trâmites legais, estavam liberadas para irem para casa. Todas defenderam Artur dizendo que, se não fosse a intervenção dele, a Lana poderia ter uma infecção e a ferida ter tomado uma proporção maior. Não iriam prestar queixa contra ele. Mas, perante a lei, vai pegar uma pena leve, por formação de quadrilha e caçada ilegal. Já os outros, a pena será bem grande.

Depois de saírem da delegacia, Gaby perguntou:

— Quem está a fim de ir em um piscar de olhos para casa?

Todas levantaram as mãos.

— Não querendo ser estraga prazeres, mas temos que sair da vila primeiro.

— Verdade, Angel. Meu cansaço fez com que por um instante esquecesse desse detalhe.

— Tudo bem, Gaby. Eu dirijo. Quando estivermos seguras, a Vi me ajuda a irmos direto para o pavilhão lá de casa. Depois eu o tiro de lá, antes que o Noite chegue para treinar de manhã.

— Tecnicamente estamos de férias por mais três dias — *reclamou Lana*.

— Assim que chegarmos, ele vai sentir que estamos de volta. Você vai estar liberada. Mas nós não. E antes que comece: não é culpa sua, Susan. Nossa missão desta vez foi acabar com a quadrilha de caçadores e salvar os animais da reserva.

— Obrigada, Gaby.

— Não foi apenas por isso que essa missão nos encontrou. O outro motivo é para aprendermos a ser menos curiosas, e para termos mais cautela quando vamos fazer alguma coisa em lugares que não conhecemos. Su, você aprendeu a superar suas culpas, e entender que nem tudo acontece por consequência dos seus atos. O que está destinado a acontecer, de uma maneira ou outra, vai se realizar.

— É, essa missão serviu para me superar. Obrigada, meninas, por estarem ao meu lado! Vocês são muito importantes para mim.

— An, que tal um brigadeiro para comemorar quando chegarmos em casa?

— Estou tão cansada. E ainda tenho que te curar.

— Eu faço, meninas, já vi tantas vezes você fazer que descobri o segredo.

— Sério, Paty. Que bom, obrigada!

Chegaram em casa com segurança. Vi teletransportou Lana do ônibus para a sala. Depois que descarregaram tudo, Angel levou o veículo para fora, antes verificou que na rua atrás do antiquário não havia ninguém. Quando entrou sentiu o cheiro de brigadeiro, Patrícia estava na cozinha finalizando, quando ficou pronto dividiu igualmente em 12 potinhos e levou para a sala, todas a estavam esperando. Degustaram com calma. Não era exatamente igual, mas bem semelhante. Ninguém queria conversar, apenas ficaram ali por um tempo. Uma a uma foi subindo para o quarto.

Antes de ir para o seu, Angel curou Lana. As duas subiram juntas. Um boa noite de descanso para repor as energias. Então mais uma missão chegou ao fim.

Capítulo 42
Resgatando Um Passado

Alguns anos depois, várias missões depois. Muita coisa mudou.

Uma das meninas está casada e engravidou. Quatro estão namorando, seis estão em algum tipo de relacionamento. E uma apenas segue com um único propósito: ser uma boa guardiã, a Angel, que continua à espera do seu amor. Envolvia-se de vez em quando com alguém. Mas nunca dava seguimento. Algo sempre acontecia e atrapalhava. Na maioria das vezes, eles tinham medo da mulher forte e popular. Um dia chegaria sua hora. Enquanto isso dedicava seu tempo às meninas e às missões, pois nenhuma delas parou de ser guardiã. Apenas a Gaby saiu da casa, por causa da gravidez, foi morar com o marido. Porém quando lhe era cabido e permitido ela ajudava.

Com o tempo, elas aprenderam a mexer com o pensamento das pessoas para que não vissem o que não era necessário. Como se usa a névoa em Percy Jacson, e a magia em Harry Potter, elas usavam telepatia ou, como alguns preferem dizer, "o poder da mente".

A cada dia, ficavam mais fortes e mais sábias.

Em certo dia, depois de uma cansativa missão para resgatar algumas pessoas de um cativeiro da Iugoslávia...

— Em casa finalmente, estou tão cansada que até sinto cheiro de café — *comentou Dricka.*

— Depois de cinco meses fora, estou louca pela minha cama — *Bubi desabafou.*

— Eu vou descansar aqui mesmo nessa almofada fofa e cheirosa. Sinto cheiro de café. Deve ser cansaço.

Puf... Mia se metamorfoseou em gata, seu animal favorito e se esticou na almofada mais próxima.

Todas cansadas estavam subindo aos seus quartos. Ninguém reparou em alguém sentado na cozinha tomando café.

No topo da escada, Angel ia atrás das outras quando parou bruscamente e disse:

— Parem! Desçam, temos visita.

As meninas se entreolharam, Mia começou a farejar e se eriçou, voltando rapidamente à forma humana disse:

— Esse cheiro é familiar... Cheiro de problemas.

An foi a primeira a chegar à porta da cozinha.

— O que queres aqui desta vez?

— Nada de mais. Só estava com saudades de você, Angella.

— Já pode ir, Game. Viu-nos, estamos bem. Dá o fora.

— Quanto carinho, colega.

— Não somos colegas. Você é estúpido, se acha, e não tem o mínimo de dignidade com seus inimigos.

— Quer ajuda para sair?

— Nossa, Patrícia. Não será necessário.

— Você quer nossa ajuda, mas é tão orgulhoso que desistiu de pedir.

— Bem! É isso aí, vidente Carol.

Angel gargalhou com Bubi. As outras ficaram apreensivas, porém curiosas. O cara mais safo, esperto e ardiloso dessas décadas estava querendo ajuda.

— Qual é o golpe, Game?

— Nenhum desta vez, Angella. Eu realmente preciso de ajuda para resgatar minha família.

— Você tem família? — *pediu Maysa*.

— Que crueldade — *cobrou Mô*.

— Leia a mente dele, Dricka, e mostre para nós.

Ao longo dos anos, elas formaram um elo de telepatia. Uma podia ouvir os pensamentos das outras, e também ver e sentir o que quisessem compartilhar. A única coisa que não poderia ser passada eram as visões do futuro. As do passado e presente Dricka podia apenas mostrar a Angel.

Na visão na mente do Game, assim ele se intitulava. Mas seu verdadeiro nome só An sabia, pois eles eram antigos colegas de escola. Só que Game não sabia que An o conhecia dessa época. E também que ela via além dele e através, enquanto Dricka vasculhava sua mente. Angel lia seus movimentos e expressões faciais enquanto via o mesmo que a leitora de mentes da casa.

— O que você fez para que raptassem sua família, Arnold?

— São boas mesmo, até descobriram meu nome de batismo. Ou foi só um chute, Angella?

— Faz anos que sei seu nome, Arnold José Pliskhn Junior.

— Eita! De onde? Vê se não espalha.

— Espalhar o quê, Game? — *pediu Lety.*

As outras também o olharam como se estivesse falando sozinho.

— Ainda não entendeu que posso falar com você mentalmente? Se quiser dou uma demonstração de todo meu poder mental, causando dor e loucura, José Jr.

Game arregalou os olhos e fez que não com a cabeça.

— Nada não, galera. Achei que fossem melhores em vasculhar a cabeça.

Paty ameaçou pegá-lo, mas Vicky se impôs na frente. A única que escutou foi a Dri, mas achou melhor não comentar nada, foi divertido ver a cara dele.

— Vamos parar com isso, meninas. Iremos ajudar ou não? — *Dricka pediu.*

— Votação. Quem quer ajudar levanta a mão — *Môni falou.*

Seis levantaram.

— Quem não quer? — *pediu Môni novamente.*

Seis levantaram. Contando com o Game.

— E você, An! O que decide?

— Vejo que é verdade o que ele pede, pessoas inocentes correm perigo. Mas, por outro lado, este patife tentou arruinar muitas das nossas missões. Mau caráter, sem escrúpulos e nada confiável.

— Obrigado!

— Não são elogios.

— Agradeci pela sinceridade.

— Vamos ajudar. Mas, na primeira vez em que pensar em nos trair, ou a qualquer deslize, serão 12 gatas que terá que enfrentar. Todas com muita raiva e sede de vingança. Não te preocupa, não iremos matá-lo. Prefiro tortura física e psicológica.

— Que bom.

— Isso só fazemos com os piores bandidos.

— Melhor não se sentir bom o bastante. Ok, meninas! Hora de descansar. Amanhã vamos planejar o que fazer e como fazer — *falou Dri*.

— O quê? Amanhã?

— Sim. Você tem oito dias de prazo. A partir de amanhã. Temos tempo para recuperar nossas forças. Sem reclamações — *rebateu Dri*.

— Está ok!

— Você pode dormir no sofá.

Môni se ofereceu para trazer um travesseiro e cobertor.

— Muito hospitaleira. Obrigada!

— Sei — *respondeu Angel*.

Todas subiram, menos Mia, que ficou deitada escondida, para ficar de olho no hóspede. Môni trouxe as coisas e desejou boa noite, depois subiu.

Na manhã seguinte, o Game ainda dormia, quando Vicky teletransportou-se para a cozinha para adiantar para o café.

Susan desceu antes e acordou Mia discretamente, então sentou-se ao lado do hóspede e acordou-o.

— Ainda é cedo — *falou Game bocejando*.

— Desci antes para falar com você.

— Ok! O que você quer?

Su usou seu poder de sedução para envolvê-lo e ter certeza de que realmente estava falando a verdade.

— Certo!

Falou, se levantou e foi para a cozinha, deixando o Game suspirando sem entender nada.

Todas foram descendo uma a uma. Tomaram café. Foram à biblioteca planejar o que fazer. Plano traçado. Isca escolhida.

— Por que eu?

— Porque é o único homem aqui. E o responsável por esta missão.

— Ok.

O plano era simples. Só cinco iriam: Dricka, Mia, Angel, Paty e Vicky.

Plano B ficou Susan, Bubi e Maysa. Em casa ficaram Gaby, nossa gravidíssima, e Môni, de vigia nas câmeras.

Game deveria se entregar, em troca sua família seria libertada. Mas se tratando da máfia todos sabiam que não sobravam testemunhas.

Mia foi com ele. Disfarçada de piolho. Lá pularia dele e assumiria a forma de uma barata e iria até os reféns. Ao chegar passaria as coordenadas, então Vicky e Angel os teletransportaria de lá. Paty e Dricka causariam uma distração para que no final todos fossem presos.

Na hora da distração, Plano B. As outras três entrariam e soltariam o Game e prenderiam os outros. Planos executados com perfeição. Ao chegarem em casa, houve uma explosão. As meninas não sabiam que a ideia dos bandidos deu reverso, em vez de matarem o Game e a família, se mataram tentando desarmar a bomba. Ninguém dos que estavam na casa tinha visto a bomba.

No final Angel e Dricka apagaram aquele sequestro da cabeça da família do Game. E da cabeça dele também. Vicky levou um por um de volta a suas casas.

Angel levou o Game, pois era a única que sabia ao certo onde ele se escondia, as outras preferiam não saber para não correrem o risco de cair na tentação de torturá-lo ou coisa assim. Lá na casa, An fez mais do que só apagar sobre o sequestro. Mudou quase toda a memória dele. Entrando fundo descobriu que ele ficou assim por causa de dois valentões da escola que só faziam bullying todo santo dia. Nessa memória não pôde mexer, por ser uma memória base. Mas pôde ir à casa desses dois caras e fazê-los pedirem desculpas a Arnold. Agora ele podia ser útil para os outros.

Game ficou chocado com o poder de Angel.

— Jamais imaginei que fosse tão poderosa, e tão gentil a ponto de querer ajudar a mim, que tanto prejudiquei vocês. Poderia ter deixado tudo como estava. Mas fez mais. Descobriu o porquê de eu ser assim, foi atrás de quem prejudicou minha vida, conversou com eles, os fez reconhecer que faziam isso por puro medo de serem tachados como idiotas e burros. Agora eles não são nada, mal têm emprego, moram de favor com parentes.

— Você tem casa, uma família que te ama. E tem bom coração apesar de tudo. Senti isso em ti, por isso quis te mostrar que tem outro caminho.

Se continuasse nesse caminho, iria morrer em alguns meses. Agora depende de você. Quer ter uma vida longa ao lado de sua família e ajudar os outros, ou uma vida curta sem ninguém?

— Com certeza a segunda opção.

— Vou ter que apagar parte da sua memória, tudo bem? Não vai lembrar-se dos nossos poderes nem das missões suas e nossas. Mas vai lembrar-se de nós. E poder contar com a gente sempre que precisar. Só estou fazendo isso porque a Dricka pediu que eu achasse uma forma de te ajudar. Ela viu em sua mente que tinha algo errado. Não podia negar.

— Sim. Pode fazer o que precisa. Confio em você, An, e agradeça a ela por mim.

— Me chamou pelo meu apelido, em vez do meu nome. Estamos progredindo.

Angel despediu-se dele antes, depois apagou sua memória, o que era necessário.

Em casa novamente, juntou-se na sala com as outras e contou-lhes tudo. Nesse instante apareceu no noticiário da TV sobre a explosão:

"— Vinte integrantes da máfia morreram criando e testando bombas. Conseguiram retirar um com vida, que contou que a bomba estava dentro de um pacote de presente, que era uma nova forma que tinham para 'presentear' seus inimigos. Quando iria contar para quem era a bomba, teve um ataque cardíaco e veio a óbito".

— É, meninas, 21 bandidos a menos em dois dias — *observou Gaby.*

— Vinte mortos e um restaurado — *falou Môni.*

— Se soubéssemos que isso ia acontecer, poderíamos ter tentado salvar eles — *disse Angel.*

— Eu não vi nada — *comentou Carol.*

— Era para acontecer por isso. Estava no destino deles — *Bianca discursou.*

— Gaby! Seu marido volta quando de viagem?

— Amanhã à tarde. Por que, Dri?

— Assim podemos ficar mais um dia todas juntas como nos velhos tempos.

Todas riram concordando.

— Brigadeiro para comemorar o fim desta missão?

— Sim, An! — *todas responderam juntas.*

Enquanto comiam o brigadeiro, Dri falou:

— Meninas, eu pedi para a Angel que ajudasse o Game, pois vi que boa parte do que ele se tornou tem a ver com o bullying que ele sofreu na infância. Muitas vezes é por essas agressões que as pessoas se tornam más.

— Verdade. É até legal na maioria das vezes para quem comete. Mas para quem sente... Pode gerar vários traumas dependendo de com quais "defeitos" a pessoa é tachada.

— Sei que muitas de vocês sofreram algum tipo de agressão física ou verbal quando eram menores. Então vou explicar como professora: a palavra bullying é de origem inglesa, ainda não há uma definição em português, é usada para referir-se a atitudes que "machucam" e afetam a outra pessoa, geralmente acontece mais com crianças e adolescentes. Existem dois tipos de agressão, a física, realizada por atos que ferem fisicamente, como brincadeiras que machucam, socos, empurrões etc. Ou podem ser agressões verbais, como ofensas deferidas com palavras, machucando os sentimentos das pessoas, magoando-as profundamente. Pode ser também em forma de intimidação, humilhações por motivos diversos, exclusão, discriminação por raça, sexo ou cor, entre outros motivos. As agressões verbais são mais comuns do que as físicas, geralmente ocorrem com mais frequência nas escolas. Na maioria das vezes, quem sofre as agressões se sente inseguro e envergonhado para denunciar esses atos.

— Eu sempre ensino as crianças a respeitar o próximo, porque um dia pode acontecer de quem comete o ato de violência precisar dessa pessoa a quem está atacando. Jamais saberemos o que o destino reserva para o nosso futuro.

As meninas ficaram conversando sobre seus traumas e como os superaram. Ainda comendo brigadeiro.

"*Caro leitor, eu te respeito muito, saiba que gosto de você exatamente como você é!*"

Capítulo 43
Produzindo Algo Excepcional

Uma linda tarde de sábado, Gaby estava sentada em frente ao salão de eventos "pegando" um pouco de sol, enquanto esperava a equipe da montagem, e os floristas. Estava tudo cronometrado, com folga no horário caso algo desse errado, estava preparada caso algo acontecesse, e saberia lidar com muita sabedoria. Ela sempre usava um ditado popular:

— É sempre melhor prevenir do que remediar.

Era festa em comemoração ao ano novo! Todos os anos, os comerciantes com a organização de moradores se reuniam e faziam uma grande feira com produtos coloniais, que durava uma semana. Para esse evento, eram convocadas cinco pessoas que ficavam responsáveis pela feira, uma das pessoas escolhidas esse ano era Gaby, a parte dela era organizar o baile da virada. Esse ano foi escolhido o tema musical "bandinha" para o baile de encerramento, então ela contratou bandas da região, inclusive tinha uma na sua cidade. Mas, antes de fazer tudo isso acontecer, sondou a Lana e a Angel, já que elas eram muito boas em organizar festas. Ouviu atenciosamente e anotou tudo, assim criou um cronograma. E seguiu rigorosamente suas anotações.

O evento foi um sucesso. Nada deu errado. Tudo perfeito. Seu dia estava estranho, parecia que muitas coisas estavam acontecendo de maneira repetitiva.

No outro dia, na hora do café, as meninas elogiaram muito a festa.

— Parabéns, Ga! Conseguiu produzir uma festa excepcional! — *elogiou Angel.*

— Verdade! Estou muito orgulhosa — *falou Lana.*

— Muito obrigada, meninas. Vocês que são incríveis. Eu tenho que agradecer pelo incentivo e as dicas — *respondeu Gaby.*

Conversaram mais um pouco, depois as meninas foram saindo para os seus afazeres. Quando ficaram apenas ela e Angel na cozinha, resolveu pedir:

— Sabe aquela sensação de que algo está acontecendo exatamente como outra vez? — *Gaby pediu para Angel.*

— Sim, sei. Déjà vu. É uma reação psicológica fazendo com que sejam transmitidas ideias de que já esteve naquele lugar antes, já viu aquelas pessoas, ou outro elemento externo.

— Imaginei que saberia.

— Tudo que tem um pouco de místico tem a ver comigo. Se quiser saber mais, depois podemos conversar mais sobre isso. Tenho uma missão agora.

— Boa ideia. Vou te esperar. Até mais.

Terminou o café, lavou suas louças. Resolveu ler algum livro, para esperar. Umas duas horas depois, Angel voltou e a procurou, ainda estava no escritório lendo.

— Oi, Gá! Quer conversar agora?

— Oi, sim.

An sentou em uma cadeira perto da Gaby e começou a contar:

— Alguns anos atrás, me sentia estranha, sempre com a sensação de ter algo se repetindo. Então conversei com psicólogas e um psiquiatra, mas todos me disseram que de certa forma é um acontecimento normal, que eu não estava ficando louca como estava pensando. Que muita gente tem déjà vu (ou déjà vi, como alguns preferem dizer). Esse termo vem de uma expressão francesa, significando "já visto antes". Sua definição é a sensação de já ter vivido ou visto antes o mesmo fato, pode ser uma lembrança de alguma coisa que aconteceu de forma rápida ou uma memória que permaneça armazenada na memória de longo prazo, não passando pela memória imediata, ou seja, alguma coisa que você acha que "não presenciou", mas sim, e ao acontecer de novo pode ter a sensação de já ter vivido aquilo.

— Interessante, continue.

— Existe uma explicação científica para isso, diz que nosso cérebro contém diversos tipos de memória: imediata, que é aquela em que você lê alguma coisa rápido e em seguida não lembra mais; memória de curto prazo, que a lembrança fica por horas ou dias, depois esquece; e por fim a memória de longo prazo, que pode durar meses e anos. Então o déjà vu ocorre quando há uma falha no cérebro, fatos que aconteceram vão direto para a memória de longo ou médio prazo, sem passar pela imediata. É nessa hora que o "já visto antes" surge. Até onde eu sei existem esses tipos:

— Déjà vécu, geralmente usado como "já visto" ou "já vivido assim". Ocasionalmente ocorre, e acredito que todos já tiveram alguma experiência de ter visto ou falado a mesma coisa anteriormente e em outra ocasião como se do nada surgisse em nossa memória. Quando dizer ter um déjà vu na verdade é déjà vécu. Normalmente está ligado a eventos banais ou algo forte que é lembrado muitos anos depois de acontecer. Existem também os sonhos premonitórios, lembra que a Bubi estava tendo e nos contou, depois de falar com a psicóloga?

— Sim, lembro. Nós até fizemos faxina nas nossas coisas, para desapegar de coisas quebradas e que não usávamos mais.

— Verdade, foi isso mesmo, Gá. Bom. Continuando...

— Déjà senti se refere a "já sentido", é exclusivo para um acontecimento mental, sendo muito raro permanecer na memória logo depois.

— Déjà visité é a sensação que menos ocorre, por envolver um estranho conhecimento de um novo lugar. Geralmente é vivenciado isso quando se chega a um lugar em que nunca se foi antes e se tem a sensação de já ter estado lá, como se tivesse sonhado ou alguns até acreditam ter vivido lá em outras vidas. Pode até acontecer quando se lê com riqueza de detalhes sobre o local, e quando se está lá é realmente como se já conhecesse.

— Por último o jamais-vu, que vem do francês e significa "nunca visto", essa expressão é exatamente o oposto de déjà vu. É como se já tivesse presenciado um fato ou visto algo, e não lembrar, mas ter a sensação de que algo está errado, uma insegurança, medo de estar perdendo alguma coisa. É relacionado às vezes com alguns tipos de epilepsia e de amnésia.

— Há diversas teorias para explicar esses fenômenos. Mas a maioria acredita que é apenas algo similar a algo que possa ter acontecido, fazendo com que imaginemos que seja exatamente igual. Há quem acredite em premonições, como se fosse uma visão do futuro, mas é impossível saber com exatidão quando e se irá acontecer até acontecer. A maioria dos especialistas dizem que é uma experiência que é base de alguma memória e que nosso cérebro é responsável por criar esses déjà vus.

— Nossa, que legal, An. Não fazia ideia de que era tão comum.

— Sim. Tem muita coisa para aprender ainda, imagina se fossemos aprofundar mais sobre isso...

— Conhecimento traz sabedoria. Curioso.

— O quê, Gaby?

— Eu fiquei muito impressionada com sua vontade de conhecer coisas novas. É exatamente assim que uma pessoa sábia deve ser definida: ser uma boa ouvinte, e ter muito conhecimento para repassar aos outros.

— Tem razão, Ga, não havia pensado por esse ângulo. É sempre bom trocar conhecimento. Falando nisso, sua vez de me contar alguma coisa.

As duas deram boas risadas. Ficaram horas debatendo sobre déjà vu. An contou sobre alguns que teve. Algumas meninas vieram fazer parte da conversa durante o almoço. E assim mais uma missão da Gaby chegou ao fim. Desta vez intelectual.

Capítulo 44
Gênio Difícil

Em uma noite, Lana estava em seu quarto deitada, após um banho quente. Ainda se sentia cansada da última missão. Mas feliz por tê-la finalizado com sucesso. Quando, do nada, começou a se lembrar de como era difícil conviver com o seu pai. Sentia tanta falta da sua mãe. De repente uma dor forte em seu peito, uma vontade absurda de chorar e sair correndo.

Carol abriu a porta dizendo:

— Senti que não estava bem, vim correndo, o que está sentindo?

— Muita dor no peito e vontade de chorar, preciso sair daqui.

Nisso Angel apareceu.

— Tenho algo a te contar, Lã. Mas primeiro: vamos dar uma volta?

— Claro! Vamos para a praça que gostava de ir quando mais nova.

— Por que lá?

— Era aonde costumava ir quando seu pai brigava contigo, não era?

— Sim. Mas qual é o sentido?

— Quando estivermos lá, te conto tudo o que quiser saber, ok?

— Tudo bem. Vamos, preciso de ar.

Angel teletransportou-se com as duas para a praça onde Lana morava com seus pais. Faz alguns anos que eles se mudaram para uma casa menor que ficava atrás da casa do segundo filho, no mesmo terreno.

Ao chegarem, foram sentar perto da fonte.

— Ela ainda está funcionando.

— Na verdade faz pouco tempo que eles a reformaram. Eu vi um pessoal limpando e pintando tudo quando passei por aqui há algumas semanas — *disse Carol.*

Esperaram a Lana se acalmar.

— Temos que te contar algo. Mas precisamos que seja forte e aja com responsabilidade.

— Falem logo, e sem rodeios.

— Sua mãe precisa muito de ti, vai precisar passar um tempo com ela. Seu pai teve um infarto há pouco, foi na hora em que você sentiu a dor no peito. No caso o que sentiu foi a dor da sua mãe pela perda que ela sofreu.

Lana não sabia o que dizer, mil coisas passavam pela sua cabeça. Precisava digerir o que ouviu. Seu pai estava morto. Nunca mais o tinha visto, desde aquela noite que mudou sua vida. Via sua mãe frequentemente, sempre quando ele não estava. Não era por medo dele. Mas tinha receio de que ele brigasse com sua mãe quando ela saísse.

— Está bem? — *Carol pediu.*

Balançou a cabeça positivamente. Pensou por alguns minutos, se achou estranha, mas não sentia falta nenhuma dele, não tinha amor pelo pai, também não havia mais o ódio em seu coração. Não sabia o que sentia por ele.

— Isso é normal, An? Sei que me escutou.

— Sabe que não sou a melhor pessoa para responder sobre isso. Nem sei certo o que sinto pelos meus pais biológicos. Amo meus pais adotivos por tudo o que me deram e ensinaram. Mas acho normal não saber definir o que você sente depois de tudo o que passou. A coisa mais incrível de saber é que não o odeia. É sinal de que seu espírito é superior, e que entende que deveria ter passado por isso para achar o caminho certo a seguir. Passou por tudo aquilo para se tornar uma mulher forte e independente. Todas nós temos orgulho de que faça parte da nossa família.

— Obrigada! Sempre sabe o que dizer. Também me orgulho de vocês e da nossa família.

As três se abraçaram.

— Vamos voltar para casa? As meninas querem te ver. Depois todas nós vamos contigo ver sua mãe. Enquanto fica com ela, vamos ajudar seus irmãos com os trâmites do velório e funeral. Não precisa se preocupar com nada disso. Só dá força para ela.

Ela concordou positivamente com a cabeça. Em alguns segundos, estavam em casa. Todas reunidas na sala, ninguém falou nada, apenas um abraço coletivo. Uma a uma, após um abraço individual, foram se trocar para acompanhá-la.

Um dia nublado e triste. Mais uma missão, desta vez sem aventura. Algo triste, mas com uma paz sutil no ar. Uma nova jornada para uma alma, com muitos arrependimentos para tratar... uma nova vida para a mulher que nunca o abandonou, por saber em seu subconsciente que era sua missão nesta vida. E por fim uma nova missão de superação pessoal para a gata de Leão, que precisa entender os seus próprios sentimentos.

Após os atos fúnebres, Lana resolveu passar um tempo morando com sua mãe. Para lhe fazer companhia e tentar entender os seus sentimentos em relação a tudo o que aconteceu e entender o porquê de sua progenitora nunca ter abandonado alguém que lhe fazia mal. Mas antes:

— Vamos ver quanto poder eu tenho. Vamos dar uma animada no dia.

Lana se concentrou, e criou um minissol, claro que em um local em que ninguém poderia ver o que estava fazendo, queria dissipar as nuvens e iluminar aquele dia que já estava triste demais.

— Deu certo!!!

Lana ficou tão feliz naquele momento. Nisso a Violet apareceu e disse:

— Parabéns! Seus poderes estão aumentando. Vamos testar sua velocidade.

Foi correndo até em casa contar às meninas. Estava a 15 km, levou apenas um minuto. Elas ficaram felizes pelas conquistas da amiga e colega.

Passados dez dias, Cleonice, sua mãe, pediu que ela a acompanhasse na igreja. Relutante, a princípio não quis ir.

— Tenho uma proposta para ti, minha filha. Um desafio. Vai comigo à igreja uma vez por mês, e eu vou morar sozinha.

— É uma proposta injusta, já que quem se beneficia é você, mãe. Morar sozinha é um sonho para a maioria das pessoas.

— Tem razão nessa parte. Mas para mim vai ser uma missão quase impossível, já que nunca pensei em mim, sempre na família. Vou precisar muito da sua ajuda. Não sei viver para mim.

Só aí Lana se deu conta do que sua mãe estava falando. Nunca havia pensado nela desse jeito. Sentiu uma forte dor no peito só de pensar que a pessoa que mais amava nunca tinha vivido de verdade, apenas sobrevivido até então.

— Aceito seu desafio, Dona Cleo!

— Ótimo! Hoje é sexta, quero ir na missa domingo de manhã. Quer que eu te conte o que eu sei sobre o catolicismo?

Nossa leonina não tinha a menor vontade de aprender, mas ao ver sua mãe tão feliz e empolgada concordou.

— Vá passear com suas amigas hoje. Amanhã te ensinarei.

Assim foi feito. Passou a noite com as meninas, nem todas estavam em casa, algumas estavam em missões fora da cidade. Resolveram comer lasanha. A mãe adotiva da Angella veio fazer uma visita como de costume e desta vez trouxe cinco lasanhas de sabores diferentes, tinha de frango, carne de gado, legumes, quatro queijos e a preferida de Na: bacon com cheddar. Fizeram rodízio de lasanha.

No outro dia, bem cedo Lana foi à sua missão, aprender tudo sobre o catolicismo com a sua mãe. O que ela não sabia era que teria uma ótima professora.

Chegou em casa, ao abrir a porta viu sua mãe sentada ao lado da mesa com uma convidada.

— Bom dia, filha, esta é a Jovi, lembra dela?

— Sim. Lembro. Tudo bem contigo?

— Tudo bem. Sua mãe comentou comigo que queriam saber mais sobre as religiões do Brasil, fiquei muito animada, acabei de fazer uma pós em Ciências da Religião, vai ser maravilhoso repassar os conhecimentos.

— Que ótimo, Jô, parabéns.

— Tomou café, filha?

— Sim. A Maysa fez mocaccino para nós. E a Gaby fez broa de milho.

— Ótimo. Sente-se aqui ao meu lado. Vamos começar?

Ambas concordaram com a cabeça. E Jovi começou a falar:

— No último censo do IBGE (IBGE, 2010), diz que as principais religiões com mais adeptos no Brasil são a Católica (Apostólica Romana) e as diversas Evangélicas; logo após vem o grupo que se declara sem religião. E ainda diz que "o catolicismo continua dominante no Nordeste e nas regiões de agricultura do Sul, mas nas grandes cidades ele não representa mais do que os dois terços da população e no caso do Rio de Janeiro, a metade".

— Mas, pelo que eu tenho lido, está cada vez mais diminuindo, porque tem várias outras religiões surgindo.

— Sim, é verdade, Cleo.

Jô continuou:

— A origem do catolicismo no Brasil remonta à colonização com a Ordem dos Jesuítas. Os missionários fundaram escolas e ensinaram os índios, assim espalhando a religião pelo país. Os católicos creem na Santíssima Trindade (Deus Pai, Filho e Espírito Santo), para eles os três são um. Creem que Jesus é a encarnação do próprio Deus, se revelando aos humanos para que conhecessem o amor, a glória e a misericórdia Dele. O cristianismo prega que, após Jesus ser morto (crucificado), ressuscitou no terceiro dia ascendendo ao Céu, "lavando com sangue" o pecado de toda a humanidade. Os católicos acreditam em santos e na Virgem Maria, que deu à luz Jesus Cristo, sendo muito devotos e orando para eles.

— A maior parte dos discípulos brasileiros são católicos — *Cleo comentou*.

— Sim. A segunda maior religião é o protestantismo, sendo representado pelas igrejas evangélicas. Essas igrejas podemos dividi-las nas subcategorias, que são: Evangélicos Tradicionais, Pentecostais, Neopentecostais e Não Determinadas, ou seja, os que por diversas razões não quiseram identificar aquela à qual seguiam. O Evangelicalismo é uma definição geral para as intitulações cristãs que surgiram depois da Reforma Protestante. Apesar de essas intitulações evangélicas possuírem a mesma raiz, suas subdivisões são muito diferentes entre si. O evangelicalismo tem grupos distintos, como os evangélicos de missão, os pentecostais, os neopentecostais e evangélicos não determinados. Os evangélicos acreditam fielmente na Bíblia, que ela contém a palavra de Deus, e que deve ser espalhada e obedecida. Creem que Jesus Cristo foi crucificado e morreu para a remissão dos pecados da humanidade. Não apresentando tantos rituais em seus cultos, estes são estudos dedicados a passagens da Bíblia. Não acreditam em santos, oram somente a Jesus.

— Para os evangélicos, a palavra de Deus, que vem da Bíblia, é sagrada, sendo basicamente a lei maior, tendo que ser seguida e repassada entre os povos — *completou a mãe*.

— Exatamente. Temos também mais ou menos 8% da população brasileira que se declaram não ter uma religião definida. Podem acreditar em Deus e/ou na força do universo, muitos têm um lado espiritual desenvolvido, porém eles dizem se sentir bem em não ter uma religião específica para seguir. Essa porcentagem pode mudar a cada censo.

— Não fazia ideia de que havia tantos brasileiros que como eu não seguem uma religião específica.

— Sim, Lana, há bastantes brasileiros que se sentem bem em não seguir uma doutrina específica. A próxima da lista é o Judaísmo, dizem que essa religião tem suas sementes espalhadas pelo país desde o início do século XVII, desde quando ocorreu a colonização portuguesa. Essa religião tem uma longa história, existe por cerca de três mil anos, e pode ser considerada a primeira religião monoteísta do mundo. É uma das três religiões abraâmicas, as outras são o islamismo e o cristianismo. O judaísmo se iniciou quando Deus ordenou a Abraão que migrasse para Canaã, a terra prometida, mas antes pediu que abandonasse as práticas politeístas. Jacó, neto de Abraão, teve 12 filhos, estes fundaram as 12 tribos que compuseram o povo judeu. A Torá é o livro sagrado que possui as escrituras sagradas. Os templos dos judeus são chamados de Sinagogas, nelas os fiéis se reúnem para ouvir a leitura dos textos sagrados. O Rabino é o sacerdote desses templos, seu papel fundamental é ser como um professor ou mestre, ensinando as práticas judaicas. No Brasil existem várias designações do judaísmo, algumas com influência direta do judaísmo de Israel, algumas com modificações.

— O judaísmo no Brasil sofreu uma mistura com a cultura, fazendo com que essa religião tenha alguns traços diferentes do seu local de origem — *lembrou Cleo*.

Jovi concordou com a cabeça, tomou uns goles de água e continuou:

— Já na religião islâmica, além de São Paulo, a maior parte dos adeptos fica no Paraná. As comunidades islâmicas aqui no Brasil também se deparam com uma mistura cultural, entre a inserção, a identidade étnica e a confissão doutrinária, muitas vezes afetando as relações de poder e o crescimento interno do grupo.

— Das religiões afros, o candomblé possui muitos adeptos em Salvador, Rio de Janeiro e São Paulo. No Rio Grande do Sul, São Paulo e Rio de Janeiro, ficam muitos umbandistas. O Candomblé e a Umbanda são as duas religiões afro-brasileiras com um número grande de adeptos no Brasil. No período da escravatura, em nosso país, milhares de africanos com etnias diferentes vindos de vários locais foram trazidos para o trabalho escravo, forçando-os a conviver com a religião local, gerando uma mistura cultural, religiosa e linguística entre os grupos. Os "Senhores" tentavam sempre silenciar o culto de suas religiões, por esse motivo as religiões afro-brasileiras são diferentes das de suas origens, por terem que modificar seus costumes.

Mais uma pausa para água...

— No que se refere à Umbanda, existe uma mistura de culturas nos cultos aos Orixás africanos com sincretismos católicos e elementos indígenas. Os umbandistas acreditam em Olorum (único Deus onipresente), em Entidades espirituais (também chamados de Guias) e nos Orixás (divindades que representam e controlam ofícios humanos como pesca, agricultura etc. e os elementos da natureza, como mar, vento, raios etc.), cada um deles possui um ritual diferente. Para a adoração, usam roupas específicas, danças, músicas e ofertam objetos e alimentos distintos a cada Orixá. Eles trabalham com incorporações mediúnicas, em que a Entidade usa o corpo do umbandista para poder se comunicar com quem vem buscar orientação espiritual. Também usam ervas para rituais de cura e de limpeza, usando-as em banhos ou em defumação.

— Quanto à religião do Candomblé, ela permanece mais fiel às origens, não tendo sofrido tanto com a mistura de religiões do país, pois eles têm seus rituais mais fechados aos seus membros, com exceção de datas comemorativas, que são feitas em terreiros abertas a convidados e visitantes. Como os umbandistas, acreditam nos Orixás e Deus criador, a maioria das casas cultuam apenas doze dos mais importantes Orixás. A noção de mau ou bom, de errado ou certo vai depender da relação do Orixá com quem o "recebe" (o candomblecista), o que é proibido a um Orixá pode ser aceito por outro, os rituais são complexos, compostos por vestimentas próprias, dança, música, ofertas de objetos e comidas, e até sacrifícios de animais. Muitas pessoas que não entendem sobre as crenças e culturas dessas religiões têm medo e acabam por diversas vezes achando que são feitas de magias negras. O que não é verdade, pois, de certa forma, em todas as religiões tem a parte "negra".

— Sério, Jovi, não fazia ideia.

— Sim. As religiões afro-brasileiras na maior parte são pertencentes à religião Yorùbá e outras religiões tradicionais da África, há também uma parte que vem das religiões como o Vodou do Haiti e da Santeria de Cuba, essas são menos conhecidas aqui no Brasil.

Fez uma pausa para ir ao banheiro, depois continuou:

— Agora falarei sobre o Espiritismo. Muitos adeptos de outras religiões frequentam centros espíritas, dizendo que não é uma religião, e sim uma doutrina. Mas na verdade os dois estão corretos, é uma religião com doutrinas. Entre elas há a Kardecista de Allan Kardec, a mais comum aqui no Brasil; ele criou essa doutrina como uma forma de unir a religião, a ciência e a filosofia, para assim compreender o mundo metafísico e o material. Os espíritas acreditam na mediunidade, que é a capacidade de se comunicar com espíritos que já partiram do mundo material. Apesar de os espíritas não seguirem várias doutrinas do cristianismo, muitos se consideram cristãos, pois eles veem em Jesus Cristo a fonte de inspiração para as práticas da caridade e para o desenvolvimento moral, muitas vezes utilizando passagens bíblicas para provar a existência da mediunidade. Eles acreditam que a vida aqui na Terra é uma forma de crescer e evoluir espiritualmente, reencarnando quantas vezes forem necessárias para que cumpram sua evolução e o objetivo determinado por Deus.

— Os espíritas creem que existe vida após a morte, que o espírito é eterno, e que vivem várias vidas aqui neste plano astral (Terra), cada uma dessas vidas são chamadas de reencarnações — *completou a mãe.*

— Isso mesmo, Cleo. Referente à população que cultua as religiões indígenas, estão espalhados pelo Brasil, mas a maior parte está em Roraima. Quando o Brasil foi "descoberto", viviam aqui apenas índios, e agora são menos que muito pouco comparado a outras religiões.

— Sim. Isso é uma realidade chocante — *comentou Lana.*

— Continuando. Há uma minoria da população que cultua outras religiões, como os budistas, os muçulmanos e os neopagães. Temos cerca de 15 milhões de pessoas que se declararam sem religião (8% da população), são chamados de ateus ou também conhecidos como deístas.

— O Budismo possivelmente tem a maior concentração de adeptos entre as religiões minoritárias do Brasil. O budismo tem suas origens bastante conhecidas pelas pessoas. Ele surgiu utilizando esse nome na Índia, cerca de 2.600 anos atrás, quando o príncipe da região onde hoje fica o Nepal, Sidarta Gautama, abandonou a sua vida na realeza quando percebeu o sofrimento que as pessoas que não moravam no castelo passavam, ele se dedicou a encontrar uma solução para as aflições vividas pela humanidade. Em 1908 a filosofia do budismo veio para o Brasil com os imigrantes japoneses, que vieram em busca de uma vida melhor, nessa época as tradições culturais eram mantidas restritas aos imigrantes asiáticos. Apenas no início da década de 1950 foi que o Brasil aderiu a essa filosofia. Passando a ser cultuado por diversas pessoas além dos asiáticos. Há quem diga que hoje em dia existem mais cultuantes de nacionalidade brasileira do que asiáticos. Existe quem diga que o budismo apenas chegou ao Brasil no final da década de 1950, e que o crescimento de adeptos prosseguiu de uma forma bem lenta, vendo-se os resultados em análise de longo prazo.

— Vamos fazer uma pausa para um cafezinho e umas bolachinhas?

— Pode ser, mãe, enquanto isso a Jô descansa um pouco.

— Adoro café! Se quiser posso continuar contando enquanto faz ele.

— Pode ser, Jovi — *fala Cleo enquanto se encaminha para a cozinha.*

— Temos aqui no país os que se declaram ateus, ou seja, não acreditam na existência de Deus, eles acreditam na ciência.

— Neopaganismo ou paganismo contemporâneo engloba diferentes práticas religiosas que se voltam para resgatar o culto aos deuses de civilizações pré-cristãs (civilizações antigas). A mais conhecida no mundo, que tem mais praticantes, é a Wicca. Criada por um antropólogo amador, Gerald Gardner, na Inglaterra, supostamente entre os anos de 1940 e 1950. A Wicca tem uma mistura de influências de práticas e rituais das sociedades secretas, que se alastraram pela Europa no final do século XVIII.

— No censo, foi colocado religião Católica Apostólica Romana, mas além desta no Cristianismo temos várias outras como Adventismo, Anglicanismo, Mormonismo, Igreja Ortodoxa. Temos também as Testemunhas de Jeová, que está em quinto lugar com mais seguidores. E não podemos esquecer do Hinduísmo.

Pausa para uns goles de café. Jovi continuou:

— A primeira Igreja Adventista foi construída em 1884 no Brasil, na cidade de Brusque, no estado de Santa Catarina. Os adventistas acreditam que toda a Bíblia Sagrada é segura e que é a única regra de esperança e fé. As doutrinas praticadas por eles são seguidas fielmente dos ensinamentos e fundamentos bíblicos. Os adventistas guardam o sábado, não comem alguns tipos de carne, não têm vícios, usam o batismo como uma confissão da fé, entre outros ensinamentos bíblicos que são seguidos rigorosamente. Creem também que as escrituras sagradas foram "inspiradas" por Deus, creem no Deus Triúno (como Santíssima Trindade para os católicos), que o mundo foi criado por Deus, e a humanidade foi criada a partir de Sua semelhança. Entre outras crenças.

— Sobre a religião do Anglicanismo, a sua história se iniciou no Brasil no século XIX, com a transferência da corte portuguesa para o nosso país, trazendo consequentemente as primeiras capelas dessa religião. Os anglicanos creem nas Escrituras Sagradas e na Santíssima Trindade. Escolheram um caminho entre o catolicismo (têm padres, bispos e arcebispos) e o protestantismo (não creem na autoridade do Papa).

— A religião Mórmon chegou ao Brasil em 1923, por intermédio dos imigrantes alemães, mas o trabalho iniciou-se apenas em 1929. Eles acreditam que existem três Deuses em vez da Santíssima Trindade. Que Deus, assim como os humanos, tem um corpo material. Para eles o homem se iguala a Deus, e Jesus é filho Dele, foi criado como todos os humanos.

— A Igreja Católica Apostólica Ortodoxa foi uma consequência de uma fragmentação da Igreja Católica Apostólica Romana, que surgiu em 1054, depois da Cisma do Oriente. O catolicismo ortodoxo chegou ao Brasil com os imigrantes gregos, poloneses, russos, ucranianos e árabes. Eles pregam e creem que a salvação vem somente da fé. Não acreditam em purgatório. Para eles o bispo tem liberdade em relação à sua igreja, não existindo um líder acima. As decisões são realizadas de uma forma "colegiada". Durante dois períodos do ano, os adeptos devem jejuar ou não comer certos alimentos. Já recebem todos os sacramentos no batismo. E o sacerdócio não é exclusivo para os celibatários, mas também para homens casados.

Pausa para mais um café.

— As Testemunhas de Jeová tiveram seu surgimento pelo ano de 1870, nos Estados Unidos, Pensilvânia, pelos ensinamentos feitos por Charles Russel. Eles creem que a Bíblia é a palavra de Deus, baseando suas crenças a partir dela. A diferença é que eles chamam o Velho Testamento de Escrituras Hebraicas, e o Novo Testamento de Escrituras Gregas Cristãs. Não há hierarquia entre eles, os fiéis passam de casa em casa evangelizando.

— Já no Hinduísmo eles creem em divindades que fazem parte do cotidiano deles, podendo haver milhões delas. Não há um fundador específico como na maioria das outras religiões. O culto é realizado em cada lar, havendo um altar para seus Deuses favoritos, mesmo tendo templos. Os dogmas não são duros, permitindo que incorporem outras tradições nas crenças. Mas acreditam e respeitam os textos sagrados, que geralmente estão escritos em sânscrito.

— Nossa, que bacana esse, Jovi. Aprendi bastante coisa. E não só do catolicismo.

— Eu fiquei tão feliz que gostou, Cleo.

— Não fazia ideia que havia tantas religiões só no Brasil, imagina quantas devem ter sido mescladas com outras e formado novas. Que incrível!

Você poderia um dia ir palestrar para as meninas. Assim como eu, tenho certeza que elas vão amar aprender mais sobre as religiões. Vamos marcar um dia em que todas estejam e podemos fazer pipoca doce e salgada com mate e chimarrão.

— Parece uma ideia fabulosa. Tenho que ir agora, muito obrigada pelo convite. Adoro passar conhecimento adiante.

— Nós que agradecemos, Jovi. Muito obrigada por ter vindo, combinamos um dia para você ir lá em casa.

— Claro! Tchau, meninas.

As duas se despediram, Cleo a acompanhou até a porta. Quando voltou falou:

— Ainda vai ter que me acompanhar nas missas.

— Vou, sim, contigo. Mas tenho outra proposta, nós vamos iniciar uma nova jornada. Sempre que der, vamos conhecer um lugar diferente, para aprender na prática como as religiões funcionam. Não precisa deixar da sua religião, vamos apenas conhecer novos lugares e novas pessoas.

— Maravilhoso! Essa vai ser a nossa missão, filha!

Conversaram durante a manhã inteira. Lana ajudou a mãe com o almoço, descansaram um pouco depois. Enquanto conversavam mais, resolveram fazer faxina. Em um breve momento, Lana teve uma ideia.

— Mãe, o que acha de começar a separar as coisas do pai? Podemos doar para pessoas que precisem. Assim ele vai ser honrado.

— Vai ser um pouco difícil para mim. Mas aceito, desde que me ajude e depois leve as coisas.

— Claro! Uma boa ação para ajudar o pai a se libertar.

Sempre que Cleo desanimava, Lana puxava assunto sobre religião. E ela voltava a se animar. E assim seguiu o fim de semana. E como prometido as duas embarcaram na nova missão entre mãe e filha.

Cada pessoa precisa se "agarrar" em alguma coisa para superar a perda de alguém, para assim poder seguir em frente. Mas é claro que com a ajuda de alguém que fique ao seu lado é muito melhor. Qualquer tipo de violência doméstica deve ser denunciado. Seja física ou verbal. A família deve proteger e amar, não o contrário. A você que perdeu alguém, não se feche para o mundo. Dê outra chance para novos recomeços, para novas alegrias.

Capítulo 45
O Amor que Complica?

Em uma linda tarde de outono, convidaram Maysa para dar uma palestra no centro infantil. E a desafiaram a falar sobre os pecados capitais. Como sabia apenas meio por cima do assunto, resolveu ir à biblioteca pública municipal pesquisar.

O que ela não contava era que teria muita coisa para ler e estudar. Quanto mais procurava, mais achava. Ficou apavorada, chegou a pensar em desistir. Mas falou consigo mesma:

— Ok, May. Você aceitou o desafio, agora aguenta. É, mas não imaginei que fosse tão complexo. Acho que vamos para os sites primeiro. Acho muito mais fácil pesquisar digitalmente.

No primeiro site que achou:

— Site central do franqueado, interessante. Escrito por Cristiano Ritzel, sobre os sete pecados capitais: saiba quais deles podem afetar a sua franquia. Não é legal para as crianças, mas posso aprender um pouco para ensinar a quem precisa.

Começou a ler:

"Independentemente de crença ou religião, boa parte da população já ouviu falar sobre os 7 pecados capitais. Eles representam 7 comportamentos básicos que trazem malefícios para a vida de quem os pratica, seja a nível ético, moral, prático ou espiritual. Eles estão relacionados a sensações universais, às quais todos nós estamos suscetíveis. São elas: avareza, gula, inveja, ira, luxúria, preguiça e soberba.

Fato é que os 7 pecados capitais estão presentes no nosso dia a dia. Sendo assim, apresentá-los-eis de uma forma que afeta o ambiente de trabalho.

Avareza é sinônimo de ganância e está relacionada ao principal recurso do mundo dos negócios, aquilo que é o motivo do sucesso e do fracasso de todos que já se aventuraram pelo empreendedorismo: o dinheiro. Um ambiente de trabalho dominado pela avareza pode desencadear uma série de problemas. Um colaborador ou gestor avarento tomará todas as suas decisões baseadas no lucro instantâneo, muitas vezes passando por cima do planejamento e não respeitando fases necessárias de um projeto.

Gula, apesar de muito interpretado como o pecado da fome, também pode ser entendido como um desejo excessivo por qualquer coisa. Nesse sentido, se assemelha à avareza. Entretanto, a avareza está relacionada exclusivamente ao dinheiro e seus benefícios, enquanto a gula é mais abrangente. No mundo dos negócios, então, a gula pode ocasionar comportamentos abusivos por parte de gestores e líderes, uma vez que estarão todos em uma competição por reconhecimento, oportunidades ou qualquer outra coisa relevante para o mercado em que atuam. Na prática, isso pode resultar no que chamamos de "puxada de tapete" e outras atitudes desonestas por parte dos responsáveis.

Inveja dispensa apresentações e contextualizações mais específicas. Todos sabemos do que se trata e, muito provavelmente, já a experimentamos alguma vez. Assim, não é difícil imaginar o estrago que ela pode causar em um ambiente de trabalho. Colaboradores que invejam seus colegas estão a poucos passos de desrespeitá-los e, assim como no pecado anterior, pensar em movimentos para tomar seus lugares. Isso é uma prática desonesta e que acaba por intoxicar todo o setor em que ocorre.

Ira, conhecido como o pecado da raiva, pode acabar gerando um ambiente de trabalho hostil onde colaboradores podem desenvolver conflitos por coisas mínimas a qualquer momento. Um ambiente de trabalho dominado pela ira é um local que não preza pelo respeito ao próximo e permite atitudes grosseiras. Consequentemente, esse ambiente de trabalho não contará com o trabalho em equipe e a colaboração mútua necessária para um bom desempenho coletivo e individual. Nesse contexto, a tendência é que o setor em questão — ou a empresa toda, se for o caso — produza menos e não alcance os resultados esperados.

Luxúria, podemos dizer que a luxúria está entre a avareza e a gula. É a supervalorização de determinados recursos, mas a partir de uma lógica exibicionista. Isto é, enquanto a avareza parte apenas do acúmulo de capital, a luxúria trata esse acúmulo como uma oportunidade para ostentar. É muito fácil entender como esse pecado pode prejudicar sua empresa. Um gestor atacado pela luxúria tentará passar uma imagem não condizente com a realidade de sua empresa. Grandes exibições de poder podem acabar saindo caro para os cofres da empresa, que necessitam ser tratados com a maior honestidade e seriedade possíveis.

Preguiça, uma pessoa preguiçosa pode afetar diretamente uma equipe e sua produção, já que sempre deixará as coisas para depois, acumulando tarefas. Pior do que um colaborador preguiçoso, é uma equipe toda desmobilizada, uma vez que comportamentos inadequados para o ambiente de trabalho tendem a se tornar contagiosos. Assim, se não forem combatidos rapidamente, podem acabar comprometendo setores inteiros do seu negócio. Além disso, a preguiça pode motivar algum colaborador a procurar atalhos em suas demandas, pulando ou simplificando fases importantes para a produção. Dessa forma, operações relevantes para o bom funcionamento da empresa podem acabar defasadas.

Soberba está relacionada ao orgulho em excesso. Sua presença pode levar colaboradores e gestores à arrogância e à falta de respeito com seus colegas e funcionários. Dessa maneira, a soberba pode levar uma empresa aos níveis mais altos de descontentamento profissional, o que geralmente acarreta pedidos de demissões e outros tipos de problemas. Um chefe soberbo é a pior coisa possível para a moral de seu time. Ninguém irá se sentir motivado a produzir para quem lhe trata com desprezo e arrogância. Assim, aqueles que não saírem, com certeza entregarão menos do que o necessário para atingir as metas e objetivos da empresa e, com certeza, menos do que entregariam com um bom líder.

3 dicas de como combater os 7 pecados capitais?

Primeiro – Reforce as regras de convivência. Antes de tudo, é necessário que as normas de boa conduta sejam claras para todos. Com regras fixas, é mais difícil algum colaborador dar continuidade a sentimentos ou impulsos negativos no local de trabalho. Identificando o problema, a segmentação permite atacar o mal pela raiz.

Segundo – Conte com os serviços de um psicólogo. A psicologia organizacional visa entender pensamentos e atitudes de indivíduos presentes no mundo dos negócios.

Terceiro – Utilize estratégias de coaching. O coaching funciona a partir de estratégias de mentoria" (Ritzel, 2022).

— Caramba, que legal. Nem imaginava que pudesse afetar tanto assim, até mesmo empresas. Bom, vamos achar algo mais light para as crianças. Vejamos, está aqui, do site Significados. Os 7 Pecados Capitais escrito por Denise Alves:

*"Os sete pecados capitais são, segundo a doutrina católica, **os principais erros ou vícios que dão origem às diversas ações pecaminosas** cometidas pelas pessoas. Em outras palavras, pode-se dizer que são a raiz dos pecados, os "líderes" das más ações e dos maus pensamentos. O termo "capital" tem origem na palavra latina caput, que significa "cabeça", "parte superior".*

***Soberba:** pode ser definida como orgulho excessivo. É a tendência de se considerar melhor do que as outras pessoas. A soberba é o pecado da pessoa extremamente vaidosa, que pensa e age como se estivesse acima de tudo e de todos. O oposto da soberba é a humildade. Para os católicos, a soberba é o principal pecado ou a raiz de todos os pecados, já que ela faz parte do pecado original, descrito no Gênesis. Deus proibiu que Adão e Eva provassem do fruto da árvore do conhecimento do bem e do mal, mas a tentação gerada pelo demônio em forma de serpente os fez cair e provar o fruto proibido.*

***Avareza:** também chamada de ganância, é o apego excessivo aos bens materiais e ao dinheiro. A pessoa avarenta é mesquinha, isto é, não gosta de compartilhar o que tem e faz de tudo para ter sempre mais. A avareza é o oposto da generosidade.*

***Inveja:** O invejoso é aquele que se sente mal pelas conquistas alheias, e é incapaz de ficar feliz pelos outros, como se a vitória da outra pessoa representasse uma perda pessoal. O oposto da inveja é a caridade, o desapego e o altruísmo.*

***Ira:** raiva ou fúria é uma manifestação intensa de indignação que pode levar a agressões verbais ou físicas. O oposto da ira é a paciência. Há muitas passagens bíblicas que abordam o vício da pessoa irritadiça, furiosa ou violenta.*

***Luxúria:** lascívia ou libertinagem é o pecado associado aos desejos sexuais. Para os católicos, esse pecado tem a ver com o abuso do sexo ou a busca excessiva do prazer sexual. O oposto da luxúria é a pureza.*

***Gula:** é o pecado associado ao desejo de comer e beber de maneira exagerada, para além das necessidades. Esse pecado tem a ver com a perda de controle em relação ao próprio corpo. O oposto da gula é a moderação. A gula é uma manifestação da busca da felicidade em coisas materiais.*

***Preguiça:** é a falta de vontade ou de interesse em atividades que exijam algum esforço, seja físico ou intelectual. Ela pode ser definida como a falta de ação, a ausência de ânimo para o trabalho e outras tarefas do dia a dia. O oposto da preguiça é o esforço, a força de vontade, a ação. Para os adeptos do catolicismo, o pecado da preguiça tem a ver com a recusa voluntária ao dever do trabalho (da busca do pão de cada dia), mas também se relaciona com a falta de ânimo nas práticas de devoção e na busca da virtude.*

A origem dos pecados capitais: *Os pecados capitais surgiram no século IV, numa lista elaborada pelo monge grego Evágrio Pôntico (345-399). O objetivo desse monge ao criar uma lista de pecados era fazer um levantamento dos principais vícios que atrapalham uma rotina voltada ao exercício espiritual. A lista de pecados capitais variou ao longo do tempo. A formulação original do monge ganhou contornos oficiais só no século VI, quando o Papa Gregório I (540-604). No século XIII, o frei Tomás de Aquino (1225-1274) recuperou a lista. Apesar de estarem relacionados à temática bíblica, os sete pecados capitais não são assim denominados nem listados na Bíblia".*

— Caraca! Quanta informação. Sempre achei, na minha certa ignorância, que os pecados vinham da Bíblia, mas não. Foram escritos por um monge. Mas é claro que estão ligados ao livro sagrado de alguma maneira.

Pesquisou mais um pouco. Mas nada parecia legal o suficiente para as crianças. Acabou nem percebendo que havia chegado ao seu lado uma mulher, até o momento em que ela falou:

— Oi! Me chamo Júlia! Sou a bibliotecária, vejo que está com dificuldade de encontrar alguma coisa, acaso posso lhe ajudar?

— Claro! Tenho que ministrar uma pequena palestra para as crianças e falar sobre os pecados capitais. Estou encontrando muitas coisas, mas nada bom para a ocasião.

— Eu tenho um livro que seria perfeito para isso.

— Sério. Qual seria?

— *Curando Emoções* de Roque Savioli (Savioli, 2015). Ele escreveu sobre esse assunto. E acho uma forma divertida para passar a informação um tanto quanto pesada aos seus pupilos. Vou pegar. Leia com atenção e depois decida se quiser retirar.

— Perfeito! Obrigada!

A moça foi buscar, não demorou muito, e logo apareceu com o exemplar em mãos.

— Aqui está.

— Certo! Vou ler antes de decidir. Savioli escreveu que:

*"**Luxúria:** Para algumas pessoas a felicidade está na satisfação dos prazeres. O que tem ocorrido é um exagero na busca pelo prazer, liberdade e libertinagem da vida moderna, causando doenças como o infarto, o acidente vascular cerebral, o câncer e a Aids. Na literatura médica, encontramos escrito que a angina durante o ato sexual surge em 9% dos casos e que a morte, em*

três a cada 500 homens. Estudo que analisou 5 mil 559 pacientes verificou que a morte súbita durante o ato sexual ocorreu em 34 casos, com um detalhe interessante: nesses 34 casos a relação era adúltera. Provavelmente o sentimento de culpa tenha sido o responsável pela morte.

Ira: *A ira mata ou, pelo menos, aumenta significativamente os riscos de desencadear algum problema sério de saúde, de crise alérgica a infarto fulminante. Estudos demonstram que as pessoas que se irritam intensamente, e com frequência, apresentam três vezes mais chances de ter um infarto do que aquelas que encaram os problemas com serenidade.*

Inveja: *Querer ser como alguém, ou querer o que ele tem é saudável. Errado é sentir-se triste pelo que nosso irmão tem ou é. A inveja leva ao ódio, tristeza, ressentimento, depressão, sentimentos que vão levando a alterações crônicas do psiquismo, com consequências nocivas ao coração físico, podendo provocar hipertensão, infarto, câncer, aterosclerose e outros males.*

Avareza: *Por avareza se entende o excesso de amor pelo dinheiro e a tristeza enorme que a pessoa sente quando é obrigada a gastá-lo por alguma necessidade. Porque nunca se contenta com o que tem, porque sempre quer ter mais e gastar menos, o avarento vive em desarmonia psíquica e espiritual. Em decorrência desse descompasso, adoece fisicamente. Isso se confirma na rotina dos consultórios, onde se vê pessoas avarentas obrigadas a gastar dinheiro com doenças.*

Soberba: *Os soberbos chegam ao consultório médico já interferindo no tratamento indicado, sugerindo medicações e tratamentos alternativos sem valor científico comprovado. Alguns deixam de tomar o medicamento receitado, acreditando que a oração vai curá-los. Depois de algum tempo, voltam em condições clínicas desfavoráveis e obrigados a seguir as condutas médicas.*

Gula: *A gula, que é a compulsão por comer, quase sempre leva à obesidade e consequentemente a todas as complicações decorrentes dela, como hipertensão arterial, diabetes, infarto do miocárdio e morte. Segundo a Organização Mundial de Saúde (OMS), no século XXI caminhamos para uma epidemia mundial de obesidade.*

Preguiça: *A inatividade física é reconhecidamente um dos importantes fatores de risco para as doenças cardiovasculares. O estilo de vida sedentário, em associação com o tabagismo, a hipertensão arterial e a dislipidemia compõem os fatores de risco que levam às doenças cardiovasculares".*

— Bastante explicativo, está ligado à nossa saúde, não fazia ideia que poderia nos afetar assim. Mas ainda acho pesado para as crianças. Tenho que achar algo mais sensível, digamos assim.

— Certo. Vou dar mais uma pesquisada, caso encontrar te procuro.

— Obrigada! Também vou dar mais uma olhada. Ou vou resumir.

— Boa ideia.

May pesquisou por horas. Mas tudo parecia inadequado. Separou alguns livros e revistas para dar uma lida com calma em casa. Depois de um longo banho e um gostoso café da tarde com bolinhos de chuva que Bianca havia feito, decidiu ir até a sala e pegar o material para dar mais uma analisada. Quando chegou, Gaby e Angel estavam lendo sobre sua pesquisa.

— Espero que não se importe em estarmos mexendo.

— Na verdade não, An, se quiserem me ajudar, ficarei até aliviada.

— Tem materiais muito bons aqui, por que nada te agradou?

— Sim, Gaby, tem. Mas tenho tanto amor pelas crianças que acho tudo isso um tanto grosseiro de dizer.

— O amor complica muitas vezes. Mas já pensou que deve ser por amor que precisa ensinar elas sobre coisas que mais ninguém falaria?

— Não havia pensado por esse lado. Obrigada, Gaby!

— Imagino que pensou em milhões de coisas complicadas, te conhecemos bem — *falou Angel*.

— Sim, pensei. Mas achei uma pesquisa que eu acho que servirá bem para a palestra, vou ler e vocês me dizem o que acharam, pode ser?

As duas fizeram que sim com a cabeça, então May começou a ler:

— Do site Bibliaon, são vários escritores, entre eles tem o pastor Malett *et al.* (s.d.) (Malett, et al., s.d.), eles dizem que:

"Ira: todos ficamos zangados, mas o que é condenado é quando fica fora de controle. Não é bom agir com ira. Precisamos aprender a controlar, para não infectar o coração e se tornar em ódio, levando a ações ruins.

Orgulho: *é se achar superior a outras pessoas, desprezando-as. Além de pecado, o orgulho é ridículo! Todos somos igualmente amados por Deus e cada pessoa é especial. Se achar superior somente por ter alguma vantagem é ilusão. O remédio para o orgulho é a humildade.*

Inveja: *quantos problemas são causados pela inveja! A inveja nos impede de ver e desfrutar das bênçãos que Deus nos deu. O resultado é insatisfação constante.*

Luxúria: *é falta de controle sobre os desejos carnais, principalmente sexuais, caindo em todo tipo de excesso. A luxúria destrói o corpo e distorce os pensamentos. Toda imoralidade sexual começa na mente, que é o primeiro lugar que devemos vigiar contra a luxúria.*

Preguiça: *é ruim para o preguiçoso e para todos à sua volta. Todos precisamos de descanso, mas a preguiça é evitar persistentemente todo tipo de trabalho. Isso significa que outros terão de trabalhar mais para compensar e, no fim, o preguiçoso ficará pobre.*

Avareza: *é amar mais o dinheiro que as pessoas. O avarento tem medo de gastar seu dinheiro; somente acumula. Como é fácil cair nessa armadilha! Por vezes precisamos nos desafiar a ser mais generosos, para não cairmos na avareza.*

Gula: *é talvez um dos pecados mais ignorados atualmente. Gula significa viver para comer, caindo frequentemente em excesso. Os resultados para a saúde são óbvios, mas a gula também afeta nossas finanças e nossa capacidade para fazer um bom trabalho. Um pouco de moderação a comer é sempre sensato".*

Depois da breve explicação, as duas ouvintes se olharam e bateram palmas.

— É isso!!! Está muito bom.

— Sério, An?

— Sim! Está falando com o coração, de uma maneira que as crianças vão entender e as professoras não vão achar pesado.

— Que maravilha! Vou escrever para não correr o risco de me dar um branco e acabar esquecendo alguma coisa.

No dia programado para a palestra, Maysa estava nervosa, suando frio, nunca tinha falado em público assim. As suas duas ouvintes e conselheiras foram assistir para lhe dar uma força.

Assim que começou a falar, o nervosismo aliviou um pouco. As crianças prestavam muita atenção. E achavam legal quando May fazia caras e bocas para entonar algumas partes importantes.

Todos amaram as explicações!

E assim se encerrou mais uma missão. Em que a gata de Áries entendeu que o amor complica muita coisa. Mas é preciso discernimento para aceitar que às vezes é por amor que precisamos complicar.

Essa missão também foi para treinar seu dom da palavra, e a autonomia, fazendo com que pegasse vários conhecimentos e formulasse um com suas palavras para assim poder explicar às crianças e a quem possa interessar sobre os sete pecados capitais.

ATO 3

Capítulo 46
Mãe Biológica

Martha era uma mulher simples que sempre trabalhou muito na vida. Aprendeu a costurar com a mãe. Muitas vezes ela ia fazer as entregas, enquanto a mãe ficava em casa costurando.

Jhúlius era taxista, amava dirigir. Em um dia de chuva intensa, foi chamado para ir buscar um passageiro em uma casa chique. O que não podia imaginar é que nessa corrida iria conhecer o amor de sua vida. Martha tinha ido a essa casa levar costuras para a dona da casa, que pagara sempre a mais para entregar em domicílio.

Eles se encantaram um com o outro. Como se tivessem se reconhecido de alguma forma. Por que não?

Encontraram-se mais duas vezes ao acaso, ou não. Dizem que o destino prega peças. Conversaram muito, adoraram passar momentos juntos.

Demorou uns meses até que ele teve coragem de pedi-la em namoro. Ela aceitou. Casaram-se cinco anos depois. Três anos de casamento, nasceu Carlos. Quando o pequeno fez dois anos, o pai de Martha faleceu de câncer. Foi duro, pois eles eram bem ligados.

Em um dia comum de trabalho, Jhúlius foi assaltado e morto. Martha passou muito mal, foi levada ao hospital e aí descobriu que estava grávida de quase três meses. Agora viria a pequena Angella. Um ser iluminado que vem em momentos tão trágicos.

Aos cinco meses de vida de Angel, sua avó materna faleceu por um erro médico. Tecnicamente o erro foi do enfermeiro que executou um procedimento errado. Mas tudo bem, a Maria estava pronta para ir, foi em Paz, já sabia que era sua hora.

Falando nisso ninguém morre de véspera, cada pessoa vem com um propósito, uma missão para concluir. Mas esse assunto é muito complexo. Vamos voltar para a história.

Esse acontecimento abalou muito a nossa querida costureira. Entrou em depressão. Sentia-se mal. Mas não ia consultar, pois achava ser apenas tristeza. Meses se passaram e levava a vida sem muito ânimo. Pensou várias vezes em dar fim à sua vida. Seu único motivo para continuar era sua pequena bebê. Tudo piorou quando desmaiou de dor de cabeça, resolveu finalmente consultar; quando foi mostrar os exames, descobriu sobre os dois tumores, e ainda pior: que eram quase inoperáveis. Levou mais de uma hora para voltar, sua filha tinha ficado com a vizinha. Foi buscar, mas nada comentou.

Alguns dias se passaram, aí teve a ideia de levar a pequena Angel e entregar para a família que tinha vindo de fora. Levou mais alguns dias para planejar tudo e criar coragem. Plano executado, coração dilacerado, mas a certeza de que sua pequena filha estaria segura e teria uma vida melhor. Voltou para casa aos prantos, pegou sua mala e uma mochila e todo o dinheiro que tinha guardado, comprou uma passagem de ônibus para uma cidade qualquer e foi para outro estado. Na viagem acabou passando mal, um senhor não muito mais velho que ela a acudiu.

Por acaso ou por destino, ela iria para a mesma cidade que ele; durante as horas seguintes da viagem, ela contou a ele dos tumores, e ele contou a ela que estava voltando de um seminário sobre câncer, que seu carro havia quebrado, então resolveu voltar de ônibus para não se atrasar demais. O senhor pediu se aceitaria tentar um novo tratamento que ele estava desenvolvendo. Ela disse:

— Estou preparada para morrer, mas se isso lhe ajudar, eu aceito. Não tenho mais nada a perder.

— Mas você vai precisar se tratar com uma psicóloga, tudo bem?

— Sim. O que achar certo para mim.

Ele comovido a acolheu em sua casa, fizeram o tratamento completo, os tumores diminuíram, assim puderam ser retirados. Aos poucos os dois se apaixonaram. Antes de eles se casarem, ela contou tudo o que tinha acontecido, e pediu que um dia gostaria de ver como seus filhos estavam. Ele ficou chocado no início, mas entendeu que fez isso em um momento de desespero. Samuel era viúvo fazia anos, e quando saiu o resultado final de que Martha estava completamente curada a pediu em casamento. Ela aceitou, mas primeiro gostaria de ver seus filhos e explicar o que havia acontecido, e se a perdoassem gostaria que eles estivessem no casamento. Ele fez outra proposta:

— Vamos casar no civil, e depois com seus filhos juntos casamos na igreja, já que ambos somos viúvos, não terá nenhum problema.

— Se assim deseja, aceito.

Marcaram para uma semana, as testemunhas foram o irmão Martha, Miguel e esposa, e sua irmã Ana Maria com seu esposo e filho. Eles sabiam de toda a história e aprovaram o casamento.

Na noite de núpcias, ele a presenteou com um envelope pardo grande. Quando ela abriu, viu que era sobre seus filhos, onde moravam e como estavam.

Samuel iria se aposentar em alguns meses, então os dois iriam se mudar para Bosquelon, assim ela poderia se aproximar aos poucos dos filhos. O jeito que ela achou de ver a filha foi na loja de filmes. No início não sabia nada de filmes, então pediu à atendente Angel para descrever cada um, resolveu levar um de cada tipo para casa. Não gostou muito do de terror, suspense mais ou menos, o que mais gostou foi de comédia e romance, assim ficaria sempre feliz e apaixonada.

Ficou triste quando a loja fechou, acompanhava a filha de longe. Sabia que uma hora teria que criar coragem e contar toda a verdade. Ficou tão feliz quando ela se mudou para a casa que ficava atrás do antiquário, assim virou sua vizinha de frente, a via quase todos os dias.

Em uma tarde de primavera, foi comprar flores e se encontrou com a filha. E pediu se ela estava disposta a tomar um café. Angel disse que sim, pois estava de folga naquele dia, e realmente precisava dar um tempo fora da casa e do trabalho.

— Nos conhecemos há um bom tempo e sempre senti que queria me contar alguma coisa.

Martha se surpreendeu com o que ouviu. Então contou:

— Minha história é um pouco triste, tem certeza que quer ouvir?

— Eu sinto que precisa desabafar, então me conte.

— Casei cedo com um homem honesto e trabalhador, tivemos um filho muito lindo, trabalhava e estudava muito, nem tinha tempo para namorar. Meu marido era taxista, foi assaltado e morto trabalhando, passei mal quando soube, aí descobri no médico que estava grávida. Mais tarde nasceu uma linda menina, meu anjo. Quando ela tinha alguns meses de vida, perdi minha mãe. Comecei a passar mal, até que um dia fui consultar e descobri dois tumores, um perto do coração e outro na cabeça, os dois eram quase inoperáveis, os médicos me deram no máximo um ano de vida. Acabei fazendo a única coisa que achei que era certo na época, me afastei do meu filho mais velho e entreguei para a doação minha pequena. Peguei minhas coisas e comprei uma passagem qualquer, nessa viagem conheci meu marido, ele é especialista em câncer. Fui sua cobaia para um novo tratamento; assim que os tumores diminuíram, puderam ser retirados. No tempo que passamos juntos, acabamos nos apaixonando e casamos no civil. E agora estou à procura dos meus filhos. Eu os encontrei, estão tão bem que tenho medo de me aproximar e contar quem eu sou. Eu demorei tanto tempo para te procurar porque, voltando para cá, tudo voltou, os sentimentos de perda, a sensação de saber que iria morrer, tive que tratar meu problema com o suicídio.

— Nossa, deve ter sido bem intenso voltar. Mas deve fazer isso, eles não devem fazer ideia de tudo o que passou.

— Se fosse você, me perdoaria?

— Claro que sim.

— Era tudo o que eu precisava escutar hoje, Angella.

— Por que estou sentindo que não é só isso?

Martha começou a chorar e disse:

— A filha que eu deixei na porta da casa de um casal que tinha um filho e que queria mais um filho é você.

An ficou em choque por alguns minutos. Sem saber o que dizer. Se sentia estranha, ao mesmo tempo parecia que algo se encaixava, algo que há muito tempo lhe fazia falta.

— Eu não a culpo pelas suas decisões, não te odeio, mas espero que entenda que vou precisar de um tempo para me acostumar.

— Tudo bem, eu imaginava que isso podia acontecer. Quando se sentir bem com tudo, gostaria que fosse comigo conversar com seu irmão.

— Sei onde mora. Te procuro, prometo não demorar muito.

— Obrigada!

Se despediram, cada uma pagou sua parte da conta na cafeteria. Angel estava andando distraída pela rua quando encontrou Carlos e Susan passeando de mãos dadas. Vendo a cara da amiga, Susan falou:

— O que está acontecendo?

— Minha mãe biológica me encontrou.

— Como assim? Vamos sentar em algum lugar. Ele pode ir junto?

— Claro, a praça está perto, vamos lá.

Foram até um lado, sentaram no mesmo banco onde Angel viu o espírito de Maykel pela primeira vez. Após sentarem, An contou:

— Ela me disse que abandonou a mim e se afastou do seu filho porque descobriu que tinha dois tumores, um perto do coração e o outro na cabeça, os médicos deram menos de um ano de vida a ela. Quando estava indo embora, conheceu um médico de câncer e foi sua cobaia, conseguiu se tratar e operar. Por fim estavam apaixonados e se casaram no civil. Agora que está bem resolveu nos procurar, ela quer que eu vá junto falar com meu irmão.

— Que doideira, mana. E o que vai fazer?

— Não sei, Su. O que você faria, Carlos? Sei que também foi abandonado pela sua mãe.

— Olha, se fosse a mesma situação da sua, que ela passou por tudo isso, eu perdoaria. Não consigo imaginar tudo por que ela passou. Ter a certeza de que iria morrer, mas achar uma saída no meio da sua fuga, depois de ter que abrir mão de tudo. É muito louco tudo isso. Mas se fosse minha mãe eu jamais a culparia.

— Pensando por esse lado, tem toda razão. Vou lá nos meus pais conversar com eles, e contar tudo.

— Quer companhia?

— Tudo bem, preciso ir sozinha, afinal cheguei sozinha pela primeira vez naquela casa, não é?

— Não sei como consegue pensar nessas coisas nesses momentos. Se precisar é só chamar, vou estar lá no Carlos. Mas sabe que vou correndo.

— Obrigada, mana, te amo!

— Também te amo.

Cada um foi para um lado. Chegando em casa, apertou a campainha, seu pai veio abrir, como na primeira vez. Ao entrar um cheiro de bolo de cenoura inundou o ar.

— Entra, filha, sua mãe acabou de tirar o bolo que gosta do formo, está fazendo a cobertura de chocolate para pôr por cima. Vamos lá na cozinha?

— Vamos, pai.

Foram abraçados até lá.

— Olha quem sentiu o cheirinho do seu bolo, amor!

— Do outro lado da cidade. Que olfato bom. Oi, filha!

— Oi, mãe, como está?

— Muito bem, os exames que mostrei para o médico hoje de manhã estavam tudo certo, nada de errado.

— Que bom saber disso.

— Mas não parece estar feliz.

— Não é por isso, mãe. Eu tenho que contar uma coisa, mas é um pouco complicado.

— Deixa só colocar a calda no bolo, aí tomamos um suco, seu irmão está quase chegando.

Ele chegou, todos foram para a sala, então Angel contou o que havia acontecido.

— Eu e sua mãe já sabíamos dos tumores, ela tinha escrito no bilhete que deixou com você. Mas achávamos que era só uma desculpa, jamais imaginamos que podia realmente ser verdade. E como ela se chama?

— Martha. Ela por acaso virou minha vizinha de frente quando fui morar no casarão do antiquário.

— Ela levou todo esse tempo para te contar?

— Sim, mano, pelo que me disse, antes de ir embora ela pensou várias vezes em se matar. E quando voltou todos os sentimentos voltaram, então teve que se tratar por um longo período contra a vontade de se suicidar.

— Isso é muito pesado, filha, estava lendo ontem sobre isso, uma matéria que a Fran Martins escreveu, ela disse que:

"O suicídio é uma ocorrência complexa, influenciada por fatores psicológicos, biológicos, sociais e culturais. Segundo dados da Organização Mundial da Saúde, mais de 700 mil pessoas morrem por ano devido ao suicídio, o que representa uma a cada 100 mortes registradas. Entre os jovens de 15 a 29 anos, o suicídio aparece como a quarta causa de morte mais recorrente. A restrição do sono é um fator relevante para a manutenção da saúde mental de modo geral, mas principalmente quando relacionada a crianças, adolescentes e o desenvolvimento infanto-juvenil.

Sinais e sintomas: transtornos mentais são caracterizados por mudanças no padrão de comportamento que trazem prejuízos nas atividades diárias. Quando o indivíduo muda suas condutas e isso passa a prejudicá-lo, seja no trabalho, na vida social, na vida escolar ou em qualquer outro âmbito, essas alterações devem servir de alerta. Entre as crianças e adolescentes, os pais precisam ficar atentos aos seguintes sinais:

Mudanças na rotina do sono (insônia ou alteração de horários para dormir e acordar);

Isolamento da família e do contato social de forma repentina;

Comentários como "eu prefiro morrer do que passar por isso";

Uso de roupas de mangas longas, mesmo quando está calor, comportamento que pode indicar marcas de automutilação nos braços ou antebraços;

Diminuição do rendimento escolar.

De acordo com Antônio Geraldo, toda ameaça de suicídio deve ser tratada com veracidade. Se a pessoa fala que vai tentar suicídio, que está querendo morrer, não pode haver aquela história de 'cão que ladra, não morde'. Cão que ladra, morde sim. Se uma pessoa falou em suicídio, ela precisa entrar em um projeto de cuidado, de atenção e de atendimento. Pode não ser hoje, pode não ser amanhã, mas pode acontecer" (Martins, 2022).

— Nossa, pai, não imaginava que havia tantas mortes assim por suicídio. O que se pode fazer?

— O Sistema Único de Saúde (SUS) *"Disponibiliza atendimento para pessoas em sofrimento psíquico por meio dos serviços da Rede de Atenção Psicossocial (RAPS). A Atenção Primária à Saúde é a porta de entrada para o cuidado e desempenha papel fundamental na abordagem dos Transtornos Mentais, principalmente os leves e moderados, não só por sua capilaridade, como também por conhecer a população, o território e os determinantes sociais que interferem nas mudanças comportamentais, dispondo de melhores condições para apoiar o cuidado. Serviços de saúde de caráter aberto e comunitário, constituído por equipe multiprofissional e que atua sobre a ótica interdisciplinar, podem ser encontrados. Durante o mês de setembro, o Ministério da Saúde divulga uma série de conteúdos sobre a importância da conscientização e do cuidado com a saúde mental. Informação é o primeiro passo de qualquer tratamento"* (Saúde, 2022).

— Sim, eu sempre vejo as propagandas na tevê no setembro amarelo. Mas nunca imaginei que fosse afetar tantas pessoas.

— Pois é, filha. Não posso nem imaginar tudo por que sua mãe biológica passou. O que vai fazer?

— Não sei, mãe. Eu precisava conversar com vocês antes de tomar qualquer decisão.

— Que bom ouvir isso, An. Independentemente da decisão que tomar, ainda seremos família, né, maninha?

— Sim, manão.

— Vamos comer bolo para comemorar a nossa família!

— Vou fazer aquele café para acompanhar, mãe.

As duas foram para a cozinha, como nos velhos tempos. Tomaram café e comeram bolo, conversaram mais sobre tudo o que aconteceu hoje. Angel decidiu dormir ali hoje, amanhã contaria para as outras meninas sobre sua outra mãe.

Assim foi feito. No outro dia, contou tudo às meninas, todas a apoiaram e lhe deram força. Teve que sair em uma missão, dois dias depois voltou e foi procurar sua mãe biológica. Era sábado. Entrou na casa dela, tomaram um café, conversaram um pouco e decidiram ir logo procurar o seu irmão biológico.

— Tem certeza que está pronta, filha?

— Sim e você, mãe?

— Pode me chamar de novo?

— De mãe?

Martha começou a chorar de emoção. Resolveram dar uma caminhada antes de ir na casa do Carlos.

— Agora vamos?

— Sim.

Estavam indo, Angel achou familiar o endereço. Mas continuaram indo. Quando chegaram em frente ao hotel, disse:

— O namorado da minha melhor amiga mora aqui também. Que curioso.

Como Angel sempre vinha visitar eles, o porteiro deixou-as entrarem. Ao chegar em frente à porta, disse:

— Tem certeza que é esse número?

— Sim, filha, tenho certeza.

Martha tocou a campainha. Logo Su veio atender.

— Oi, mana, veio me visitar? Quem é a sua amiga?

— Susan, esta é minha mãe biológica.

— Oi, muito prazer. Mana, fiquei feliz que veio apresentar ela primeiro para mim.

Nisso o Carlos apareceu e ficou em choque, ela estava mais bonita, um pouco mais velha, mas era ela.

— Mãe?!

Foi a vez de Su entrar em choque.

— Mana, esta é sua sogra. E, Carlos, eu sou sua irmã.

— Oi, filho, gostaria de conversar sobre o que aconteceu.

— Senta, mãe, por incrível que pareça, Angel já nos contou, o que não imaginávamos era que nós dois somos irmãos. Que mundo pequeno, estávamos tão perto, convivendo.

— Pois é, e agora minha mana está namorando com meu irmão, qual dos dois vai ser meu cunhado/a?

Todos deram gargalhadas.

— Ainda não consigo entender como consegue pensar nessas coisas nessas horas.

— Minha cabeça vive a milhão, eu nem falo tudo o que penso.

— Que bom, mana.

— Querem um café, um chá ou alguma outra coisa?

— Não, muito obrigada, minha nora.

Su ficou um pouco envergonhada, mas bem pouco. Angel deu risada, pois é a única que conhece tão bem a amiga.

— Agora temos que marcar uma janta lá em casa para apresentá-la aos meus pais adotivos.

— Outra no casarão para apresentar para as meninas.

— Verdade, Su, mas pode ser um almoço lá em casa, vai ser mais fácil reunir todas.

A conversa seguiu animada. Marcaram a janta no próximo sábado e o almoço no domingo, assim todos que eram importantes para a Angella iriam conhecer sua mãe biológica. Se sentia inteira agora, sabendo de seu passado. Agora poderia seguir sua vida por completo no presente e futuro.

Depois das apresentações, Angel teve uma ideia meio louca, juntou os pais adotivos, a mãe biológica com seu padrasto e seus irmãos com as namoradas em um almoço e fez o seguinte comunicado.

— Espero que ninguém fique chateado, mas eu preciso contar que pretendo dar entrada no pedido para adicionar meu sobrenome biológico. Então me chamarei Angella Freguéllys Fahim.

Após o susto momentâneo, a mãe adotiva disse:

— Tudo bem, filha, que bom que quer ficar com os dois sobrenomes.

— Na verdade vou colocar os quatro, mas assinarei apenas dois.

— Que loucura, An, só você para pensar nessas coisas, nem sei como ainda me surpreendo com o que pensa — *comentou Susan.*

Após muitos comentários e um almoço maravilhoso, a proposta da Angella foi aceita. À noite, em seu quarto, enquanto Angel divagava em seus pensamentos, resolveu tomar um banho, levantou-se e por um breve momento focou o baú, e uma lembrança lhe veio à mente.

— Então os fantasmas já sabiam do meu sobrenome de nascimento, foi por isso que me chamaram de Senhorita Fahim. Nada é por acaso!

Foi tomar o seu banho, depois fez uma caminhada noturna para fechar o dia.

Capítulo 47
A Florista

Do nada, na hora do almoço do domingo, quando, por milagre, todas estavam em casa, Angella falou:

— Sabem aquela sala ao lado do antiquário que está praticamente abandonada? Refleti muito e decidi que já está na hora de reformar. Recebi a proposta de alugar para uma floricultura. O que acham?

Todas ficaram empolgadas. No outro dia, já começaram a arrumar e limpar. As reformas ficariam a cargo do vizinho, não eram muitas.

Em menos de uma semana, tudo estava limpo e arrumado. A equipe da floricultura começou a trazer as prateleiras, mesas, cadeiras, balcão e outras coisas. Somente depois de tudo montado, a florista veio limpar, para depois trazerem as flores e folhagens. Mais uma semana se passou.

No sábado seguinte, seria a inauguração. Um dia antes, as meninas foram chamadas para uma aula grátis sobre as flores. E é claro que todas estavam ansiosas, torcendo para que não tivessem nenhuma missão.

Chegado o dia, às oito horas em ponto, todas estavam em frente à floricultura esperando a florista chegar.

— Olá, meninas! Me chamo Nélci, sou a florista. Vamos entrar? Tenho muito a ensinar.

Entraram, antes da aula começar, cada uma se apresentou brevemente.

— Prazer em conhecer todas. Vamos começar?

Todas concordaram. Então a florista começou:

— Cada flor possui uma característica que pode ser relacionada a sentimentos do nosso dia a dia. Além de embelezar, as flores são utilizadas em perfumes, remédios e até em banhos e poções mágicas de proteção ou sedução. Mas independentemente das crenças, flores são indispensáveis e têm sua própria floriografia.

As meninas se entreolharam. Nélci explicou:

— A floriografia é o nome dado à linguagem das flores. Dentro da arte da floriografia, cada flor possui o seu próprio significado, de acordo com a sua variedade floral ou cor. O simbolismo e o significado de cada flor representam um conceito ou qualidade abstrata, que podem estar atrelados a sentimentos, emoções, espiritualidade, virtudes e ciclos da existência. Vou passar uma lista com algumas espécies e seus significados:

Astromélia– Amizade, lealdade, felicidade plena e empatia. Simbolizam riqueza, prosperidade e fortuna.

Amor-perfeito – Associada com pensamentos e recordações, amor romântico e duradouro.

Azaleia – Elegância, riqueza, alegria, harmonia e felicidade.

Antúrio – Luxo, autoridade e exuberância.

Bambu-da-sorte – No Feng Shui, é utilizado para representar e atrair prosperidade e abundância.

Begônia – Cordialidade. Representa uma forma de agradecimento.

Boca-de-leão – Liberdade, independência e força espiritual.

Camélia – Amor romântico, carinho e admiração. Branca – virtude despretensiosa, representa adoração a quem se presenteia. Rosa – saudade.

Cravo – Amor puro e latente, respeito, bênção, dignidade, entrega e liberdade. Transmitem amor, fascínio e admiração. Vermelho – admiração; Vermelho escuro – expressa amor e afeição; Branco – amor puro, talento e boa sorte; Rosa – gratidão, amor eterno de mãe.

Crisântemo – Simplicidade, honestidade, perfeição e harmonia. Vermelho – estar apaixonado; Amarelo – amor desdenhado; Branco – sinceridade.

Dália – Representa o "Reconhecimento", gentileza, bem-estar. E vínculo duradouro e o compromisso entre duas pessoas, sendo ótima para presentear em aniversários.

Flor-de-Lis – Fogo de amor. Tem relação com honra, elevação e lealdade, usada como símbolo dos reis franceses. Significa mensagem.

Flores do Campo – Equilíbrio, ponderação.

Gardênia – Tem a ver com doçura, romantismo e amor.

Gerânio – Ligação sentimental e afeto. Uma flor originária da Europa que significa "Sentimento".

Gérbera – Com suas cores vivas, representa a alegria da vida, felicidade, pureza e simplicidade.

Girassol – Representam dignidade, glória, paixão, sugerindo altivez, alegria, amor leal, inocência e pureza, remete à dignidade e vivacidade. Seu estilo e cor trazem vida e muita energia aos ambientes. Presentear uma pessoa que acabou de abrir um negócio com um girassol pode significar ouro, fortuna. Ícone de alegria e felicidade.

Hibisco – Tem relação com sensualidade, vigor e força.

Hortênsia – Gratidão, sinceridade, compreensão, graça, abundância e compreensão. Com flores azuis, brancas ou rosadas, a hortênsia representa o "Capricho".

Jasmim – Significa transcendência espiritual, amor essencial, alegria do ser, sorte, meiguice, inocência, doçura e alegria. Possui perfume marcante que se acentua durante a noite, e, por causa disso, é conhecido como o Rei das Flores.

Lavanda – Traz a mensagem de devoção, serenidade e espiritualidade.

Lírio – Uma flor que é o antigo símbolo da pureza da alma, força do espírito, amor espiritual, inocência, fertilidade, inteligência e paz. Branco – pureza, inocência e simpatia.

Lisianthus – Sofisticação e elegância.

Lótus – Proteção, iluminação espiritual e amor.

Margarida – Significa inocência, amor inocente, sensibilidade, juventude, pureza, a paz, a bondade e afeto, é a flor das crianças.

Narciso – Remete ao enaltecimento da beleza e ao amor-próprio.

Orquídea – Beleza feminina, amor, desejo, perfeição, fascínio e sentimentos elevados. Simbolizam beleza rara e delicada, a perfeição e a pureza espiritual, além de simbolizar a riqueza, exclusividade, bom gosto e refinamento.

Rosa – Flor símbolo do amor, simboliza o sagrado, o sentimento essencial e a pureza espiritual. Vermelha – amor intenso, paixão e romance, transmite paixão duradoura; Rosa – amor puro, afeto, carinho, gratidão, apreço, admiração e respeito; Amarela – felicidade, amizade e alegria;

Branca – inocência, beleza, pureza e amor espiritual; Moscada – beleza caprichosa; Lavanda – encantamento e amor à primeira vista; Salmão – modéstia e humildade, saudade; Champanhe – respeito.

Trevo – Suas flores auguram boa sorte e proteção espiritual.

Tulipa – Significam fervoroso amor ou amor perfeito, prosperidade e vigor. Vermelhas – são as de declarações de um amor duradouro e dedicado; Amarelas – refletem alegria e luz solar, antigamente significavam amor sem esperança.

Violetas – Lealdade, modéstia, pureza, humildade e simplicidade. Brancas – mostrar dignidade e pedir perdão, podendo também significar que uma promessa está sendo feita.

— Algumas flores assumem um novo significado conforme a quantidade de flores oferecidas, como, por exemplo: uma única rosa vermelha expressa "amor à primeira vista", enquanto uma dúzia de rosas vermelhas já transmite um amor mais duradouro.

A florista deu um tempo para elas lerem. Alguns minutos depois, continuou:

— Além dos significados que conhecemos, ainda tem os significados em outras culturas, sua simbologia muda e cada um dos significados fica vinculado aos valores de um povo e às suas culturas. O crisântemo, por exemplo, é uma flor que tem vários significados em diferentes lugares; na Europa, ele representa a morte e tristeza, muito usado em velórios e levados em cemitérios; aqui no Brasil também é muito usado para esses fins, mas com o passar do tempo essa flor está tendo outros significados, como, por exemplo, é muito usada em casamentos em campos e em festas juninas; já no Japão, ele tem uma simbologia marcante e muito especial, por representar nobreza e prestígio, podendo ser notado como um símbolo da autoridade, da realeza e do poder. Outro exemplo marcante da história, no Reino Unido a papoula está relacionada aos que se sacrificaram pela pátria. Pelo fato de ela crescer em terrenos muito degradados pela ação humana, elas eram muito vistas em trincheiras no decorrer da Primeira Guerra Mundial; após o findar dessa batalha, havia muitas papoulas vermelhas, assim ela acabou sendo escolhida como símbolo do sangue que foi derramado por inúmeros soldados.

— Flores tão lindas e com significados tão tristes às vezes — *falou Dricka*.

— Depende muito de cada local e do que a flor representa para aquela cultura. Eu trouxe uma surpresa, descobri que vocês gostam muito dos signos, trouxe uma pesquisa que a astróloga Sara Koimbra escreveu sobre "Qual flor combina mais com você, de acordo com seu signo".

A florista deu a cada uma a folha com a pesquisa. Nem preciso dizer que elas ficaram entusiasmadas com a surpresa.

Áries: Madressilva — Sendo o primeiro signo do zodíaco e representando o início de uma jornada, o ariano combina com a madressilva, segundo Sara. "É uma planta que vive em temperaturas mais frias e bastante resistente, com uma coloração avermelhada e amarela, e super combina com pessoas desse signo", conta.

Touro: Lírio — Segundo a astróloga, pessoas do signo de Touro são conhecidas por serem sensuais, amorosas, afetuosas, que gostam de se sentir amadas e precisam de segurança. Por isso, a flor indicada por ela é o lírio, que representa fertilidade e pureza. "Essa é uma flor que também tem fragrância e o taurino é muito voltado para questão dos cinco sentidos", complementa.

Gêmeos: Lavanda — Em combinação com a sociabilidade do signo de Gêmeos, a lavanda é a flor indicada por Sara para os geminianos. Além de ter uma fragrância que agrada a quase todo mundo, a espécie também tranquiliza e ajuda a lidar com sintomas de ansiedade, algo comum para quem faz parte desse signo, de acordo com a especialista.

Câncer: Rosa Branca — Representando a inocência, a pureza e a juventude, as rosas brancas são as flores que combinam com o signo de Câncer, conhecido por sua sensibilidade e ligação com o feminino, segundo Sara.

Leão: Girassol — Uma das flores mais exuberantes, o girassol é a indicação perfeita para os leoninos. A astróloga ressalta que a espécie combina com a confiança, o brilho e a ousadia das pessoas nascidas sob esse signo.

Virgem: Crisântemo — Resilientes e perfeccionistas, os virginianos têm tudo a ver com o crisântemo, segundo a astróloga. "Pequena e detalhada, essa flor é resistente e ainda representa a alegria e a felicidade", destaca.

Libra: Rosa Vermelha — Compostos, equilibrados e conectados à beleza, os librianos combinam com rosas — mas, desta vez, as vermelhas. "Essa flor também representa o amor, algo muito presente no libriano, que é regido por Vênus", explica Sara.

Escorpião: Gerânio Vermelho — Intenso e regido por Plutão, o escorpiano é também conhecido por seu mistério. Segundo a astróloga, a flor que combina com o signo é o gerânio de tom vermelho-escuro, que possui a mesma profundidade das pessoas sob esse mapa.

Sagitário: Cravo — As pessoas de Sagitário se destacam por seu otimismo, entusiasmo, popularidade e encanto. Por essa razão, o cravo é ótima escolha para o signo. "Com tons de branco, rosa, amarelado e até vermelho, a flor também combina com a qualidade mutável das pessoas de sagitário", ressalta.

Capricórnio: Amor-perfeito — Para Capricórnio, a escolha perfeita para a decoração da casa é o amor-perfeito. Segundo a astróloga, essa é uma flor que representa o amor, a dedicação a outra pessoa e a amizade verdadeira, qualidades presentes nos capricornianos.

Aquário: Orquídea — Delicada, forte e exótica, a orquídea é a indicação de Sara para pessoas nascidas sob o signo de Aquário. Conhecidas por sua excentricidade, liberdade, quebra de paradigmas e rupturas, podem escolher a espécie sem erro, seja de qualquer tom.

Peixes: Lótus — Espécie aquática, a flor de lótus é indicada para quem é de Peixes, signo representado pelo arquétipo da água. "O lótus reflete a boa sorte, a paz, a verdade, e por isso é perfeita para piscianos, que são pessoas artísticas e caprichosas", destacam (Martins & Koimbra, 2021).

— Vamos fazer um intervalinho para tomar um chá e comer umas bolachinhas, depois continuaremos, pois tem mais conteúdo que quero passar.

Meia hora de intervalo, as meninas estavam empolgadíssimas com tudo, principalmente quando descobriram que cada signo tem uma flor que combina.

— Acabou o intervalo.

Todas voltaram aos seus assentos e Nélci continuou:

— As flores além de embelezarem são muito utilizadas em essências florais que trabalham diversas emoções e podem ajudar a restaurar o equilíbrio do corpo. O propósito da terapia floral é fazer com que as emoções fiquem equilibradas. Podendo buscar o auxílio da terapia para tratar os sentimentos que se encontram em conflito, que contestamos ou que precisamos modificar, como a insegurança, a incerteza, a raiva, a insatisfação, entre outros. As flores são compostos energéticos que captam por meio da água os potenciais de cura da planta. O médico inglês Dr. Bach acreditava que a natureza tinha muito a nos ensinar, então criou o primeiro sistema floral. Para cada situação emocional, havia uma flor ou planta cuja essência dispunha de um padrão oposto ou igual para proporcionar o equilíbrio.

— Alguém aqui sabe sobre chás?

— Eu sei um pouco, minha mãe tinha alguns atrás de casa — *comentou Gaby.*

— Agora vou fugir um pouco das flores e falar um pouco sobre chás, pois teremos alguns na floricultura para vender. Vocês podem achar diversos sites com significados, nós nos baseamos nos sites da Tiwa Natural e da Vitat. Vou lhes passar a nossa pesquisa, decidi fazer em folhas para poderem olhar sempre que tiverem dúvida. Porque não tem como decorar tudo, sobre tudo. Tem algumas pessoas que conseguem, mas sei que têm muita coisa já para se preocuparem e decorarem.

— Quais são os principais tipos de chás e benefícios que vamos trabalhar na loja?

"Segundo a (Anon., 2021), o chá é conhecido há milhares de anos no Oriente como a chave para uma boa saúde, felicidade e sabedoria, ele chamou atenção de pesquisadores no Ocidente, que estão descobrindo os diversos benefícios de diferentes **tipos de chás.**

Além da experiência sensorial, beber chás é uma forma simples de estar em contato com os benefícios das plantas. Algumas delas podem ajudar a controlar o diabetes, facilitar a perda de peso, diminuir o colesterol, trazer alerta mental, além de ter qualidades antimicrobianas.

Chá de hibisco — *Controle da pressão arterial. Reduzir os níveis de colesterol.*

Chá de camomila — ou *Matricaria chamomilla. Apoio ao sono. Aliviar a ansiedade. Auxílio em problemas digestivos.*

Chá de canela — *Melhora os incômodos menstruais. Ajuda seu coração. Ajuda a controlar o açúcar no sangue.*

Chá de alecrim — *Melhora o sistema digestivo. Fonte de vitaminas. Ajuda a manter o nível de açúcar no sangue.*

Chá de hortelã — *Conforto para problemas digestivos. Alívio de sintomas de resfriado e gripe.*

Chá de erva-doce —*Pode ajudar seu corpo a combater infecções. Pode ajudá-lo a relaxar. Pode ajudar na digestão.*

Chá de melissa — *Alívio da ansiedade. Reduzir a insônia. Problemas gastrointestinais.*

Diferentes formas de preparar os chás (Figueiredo, 2019):

Método tradicional: Para preparar esse tipo de chá, o indicado é adicionar as folhas da planta em uma xícara de água fervente, aguardar cinco a 10 minutos, coar e se deliciar.

Infusão: É recomendada para ervas mais delicadas. Coloque a água para ferver, e assim que ela estiver formando as primeiras bolhas, desligue o fogo. Em seguida, despeje o líquido quente nas plantas, abafe e deixe descansar de cinco a 10 minutos. Por fim, coe e beba.

Decocção: Esse método vale para partes mais grossas, como cascas e raízes. Cozinhe os ingredientes em uma panela com água de dez a 15 minutos. Desligue o fogo, tampe a panela e aguarde cinco minutos. Coe e beba.

Os chás gelados

Além de concentrarem todas as propriedades das ervas, eles ajudam a prevenir a retenção de líquidos e mantêm o corpo hidratado, fator muito importante no verão. O chá-mate, por exemplo, vai bem com limão ou pêssego; enquanto o de hibisco fica delicioso com frutas vermelhas. Ademais, você pode preparar o chá verde com hortelã, e o preto com anis e cardamomo. Para prepará-los, basta fazer o chá normalmente, e depois adicionar pedras de gelo e os outros ingredientes.

— Vamos ter alguns também chás para vender na loja. Os para imunidade são por encomenda. E, como não poderia deixar passar, trouxe os chás para cada signo; bom, as pesquisas fiz há tanto tempo que só lembro da primeira, que era da revista Claudia, a outra também é de uma revista, mas acabei não guardando ela inteira, apenas a pesquisa. Espero que me perdoem por não lhes passar a fonte correta.

Enquanto Carol a distribuía, ia lendo:

"— A psicóloga e astróloga Ana Bandeira de Carvalho mostra no livro *As Plantas e os Planetas* os problemas de saúde relacionados com o dia do nascimento. Para driblar esses males, a obra orienta sobre a utilização de plantas medicinais de acordo com cada signo, use com moderação em chás e temperos.

Áries, Leão e Sagitário – Hortelã: é refrescante e alivia os processos inflamatórios, como gripe e resfriado, comuns aos signos do elemento fogo.

Gêmeos, Libra e Aquário – Melissa: atua no sistema nervoso e aumenta as defesas do organismo dos signos do elemento ar, que tendem a sofrer com doenças que abalam os nervos.

Touro, Virgem e Capricórnio – Ginseng: melhora o metabolismo de quem é regido pelo elemento terra. São pessoas que podem ganhar peso com facilidade.

Câncer, Escorpião e Peixes – Quebra-pedra: alivia a retenção de líquidos, evitando o inchaço, comum às pessoas regidas pelo elemento de água." (Carvalho, 2000)

— Bom, falei das flores, o que elas representam, passei sobre a flor de cada signo. Sobre alguns chás, inclusive para cada signo. Mas tem mais, muito mais. Para finalizar, vou contar um pouco sobre as cores e o que elas representam, assim como sobre os assuntos anteriores, existem diversas pesquisas. Vou passar os tópicos que a nossa equipe achou mais bacana, se quiserem podem ir mais a fundo em algum desses assuntos. Bom, sobre as cores, segundo o site Significados, escrito por Laura Aidar (arte-educadora e artista visual):

Cores e seus significados (Aidar, s.d.)

A determinação de uma cor depende da luz e da forma como essa luz é absorvida e refletida em uma superfície. Os olhos vão captar as ondas eletromagnéticas que são refletidas e, dependendo dos comprimentos de onda, vemos cores diferentes. No nosso cérebro, **as cores podem despertar certas sensações**, por isso, elas têm significados diversos, no que é chamado de psicologia das cores.

Azul – *tranquilidade, serenidade e harmonia.*

Verde – *esperança, liberdade, saúde e vitalidade.*

Amarelo – *luz, calor, descontração, otimismo e alegria.*

Roxo – *espiritualidade, magia e mistério.*

Rosa – *romantismo, ternura e ingenuidade.*

Vermelho – *paixão, energia e excitação.*

Laranja – *alegria, vitalidade, prosperidade e sucesso.*

Marrom – *serenidade e integridade.*

Cinza – *neutralidade e estabilidade.*

Branco – *paz, pureza e limpeza.*

Preto – *respeito, morte, isolamento, medo e solidão.*

— Já que está na hora de encerrar a palestra, temos uns 20 minutos para conversação. Alguém tem alguma dúvida, ou ficou tudo entendido?

Todas disseram que por enquanto não tinham nada para pedir, já que havia muita informação para assimilar e entender.

— Bom, fico à disposição caso quiserem vir conversar para tirar dúvidas ou apenas tomar um chá e bater papo. Obrigada pela oportunidade de poder repassar meus conhecimentos! – *disse Nélci*.

Ficaram mais alguns minutos lá conversando, depois foram ansiosas para casa para ler a pesquisa, pediram para Gaby ler o texto.

— Que incrível. Não fazia ideia de que as cores podiam influenciar assim — *exclamou Susan*.

Muitos comentários depois...

— Meninas, hoje não teve nenhuma missão. Mas aprendemos muita coisa com a florista.

— Sim, May. Mas, se parar para analisar, foi uma missão intelectual.

— Verdade, Dricka!

A noite seguiu animada, com cada menina comentando o que achou mais bacana e mais curioso. E assim terminou mais uma missão.

Desta vez apenas coisas boas aconteceram, nenhuma luta, nada de preocupações, somente cultura e aprendizado.

Capítulo 48
Baile de Máscaras

Precisavam arrumar um jeito de entrar em uma festa à fantasia sem convite. Tinham apenas um mês para deter o James. Ele pretendia expor o que tinha descoberto delas. E de alguma forma nenhuma das meninas tinha conseguido apagar a memória dele.

— Eu tenho uma ideia. Mas a maioria não vai gostar.

Como ninguém falou nada, ela contou:

— Nós vamos tocar e cantar na festa, como a banda que abrirá o show, eu escutei o pessoal falando que as duas bandas que iriam se revezar deram para trás quando descobriram que tinham que se fantasiar.

Todas se entreolharam dizendo que realmente era um absurdo. Apenas a Carol estava animada com a ideia.

— Seria genial, fantasiadas ninguém iria nos conhecer. E com a banda não levantaríamos suspeitas. Quatro de nós sabem cantar, pelo menos duas sabem dançar muito bem, tem a Dricka que sabe tocar baixo, a Vicky e a Angel tocam teclado, a Lana toca bateria que eu sei. Tenho certeza que a Mia já até imaginou o que cada uma vestiria em uma festa assim.

— Pior que sim. Sei o figurino ideal para cada uma:

Angella de fada, blusinha roxa com mangas largas estilo morcego, detalhes na blusa em verde, a saia roxa longa com uma fenda em cada lado, cinta verde, sandália roxa estilo gladiadora um palmo abaixo do joelho. Na cabeça uma tiara roxa com uma pedra verde. No pescoço um colar roxo estilo coleira com uma pedra igual à da tiara.

Susan de diabinha, um macaquinho sexy em vermelho, atrás uma sobressaia até o chão, coleira em veludo preto, bota até a coxa em veludo preta, luvas longas vermelhas com dedos cobertos, tiara preta com chifre em vermelho.

Dricka de vampira, top preto sem manga, até o pescoço, detalhe no busto de teia em verde-musgo. Luvas longas pretas com detalhes em verde, presa apenas pelo dedo do meio, saia plissada preta com detalhes na barra e na cinta em verde, até o joelho com pontas mais longas nas laterais, bota preta com detalhes em verde, capa preta estilo asa de morcego com detalhes verdes nas bordas.

Gaby de rainha, vestido em salmão com detalhes em dourado, mangas longas estilo asa de morcego, ombros bufantes, coroa dourada, bota branca cano longo salto Anabela.

Bianca de Cleópatra, vestido preto, comprimento até abaixo do joelho, cinta abaixo do busto em dourado com tecido rosa estilo gravata na frente, colar grande em dourado, um tecido rosa em formato de gravata larga na frente, tiara dourada, brincos compridos dourados, pulseira dourada com tecido rosa preso a outra ponta preso no bracelete dourado, sandália gladiadora preta com detalhes em dourado.

Mia de bruxinha, vestido longo em azul, mangas longas com punho largo de tecido semitransparente preto, abertura no pescoço estilo gola polo preta, cinta azul com fivela preta, abaixo do joelho o vestido é estilo sereia com cauda de tecido semitransparente preto, chapéu azul com cinta igual à do vestido, bota cano longo preto, salto alto fino.

Maysa de pirata, vestido preto com fenda aberta na frente em sobrecamada, cinta em vermelho, no busto tecido sobreposto que vai até o cotovelo em duas ondas bufantes, manga com punhos largos, chapéu de pirata preto com detalhes em vermelho, bota preta cano longo, salto Anabela, com trançado na frente em vermelho.

Lana de leoa, top laranja com amarrado em preto abaixo do busto, detalhe da gola circular em preto, luvas longas pretas com dedos cobertos com detalhes em laranja, saia laranja curta com a barra em preto, cinta larga toda desenhada com manchas em preto e laranja, rabo de leão atrás da saia costurado, tiara preta com orelhas de leão em laranja, bota de cano curto com salto alto quadrado.

Victória de gênia, top azul estilo bufante no busto, tecido prateado semitransparente que liga o bustiê ao pescoço, mangas soltas bufantes em tecido prateado, calça bufante azul com cinta larga prateada, na cabeça algo semelhante a um turbante solto em tecido prateado, sandália salto baixo de amarrar na cor prata.

Patrícia de carnavalesca, blusa estilo regata em marrom-claro, no busto pedrarias em prata, saia acima do joelho em pontas na cor prata, luvas marrom-claro com dedos à mostra, na cabeça uma tiara marrom com pedrarias em prata, ligadas a um cocar de penas em marrom-claro, sandália gladiadora prateada.

Mônica de coelhinha, colant roxo, luvas de dedos cobertos curta na cor branca, meia em arrastão roxa, tiara com orelhas de coelho em roxo e branco, bota branca cano curto, salto alto.

Carol de gata, vestido preto longo com fenda na lateral esquerda com gola no pescoço, luvas pretas inteiras longas até o antebraço, tiara preta com orelha de gato, sandália gladiadora preta.

Depois de ouvirem atentamente cada detalhe da roupa que Mia havia projetado, Mônica fala:

— Uau! Parabéns à figurinista! Já tenho o nome da banda: Grupo Street Girls!

Aos poucos todas foram aceitando esta missão louca. A maioria pelo desafio, algumas pela diversão de se fantasiar. Dricka diz:

— Temos muito o que ensaiar.

— Que músicas vamos cantar? — *pergunta Gaby.*

— Flashback é o tema da festa.

— Ebaaaaa!!!!

— Sabia que iria amar, Angel. Sei que até já passou pela sua cabeça um repertório.

— Sim, Mô!

— Então poderia ficar com essa parte, escolher as músicas, lembra de pensar na menina que vai cantar.

Tinham apenas dois meses até o baile. Ensaiavam sempre que dava, entre uma missão e outra. Decidiram que a banda seria apenas cover, nada de músicas inéditas como Dri estava pensando. Elas estavam realmente animadas. Uma semana antes, Mia e Maysa trouxeram as roupas para cada uma provar e ver se precisava de ajustes. Algumas apenas, mas poucas modificações. Dois dias para o baile, foram ensaiar no palco, ver como seriam distribuídos os móveis, com a desculpa da acústica. Averiguar todas as saídas, pontos de acesso, rotas para possíveis fuga, e posicionamento de cada uma no palco, já que não era muito grande. Tudo analisado e calculado, voltaram para casa. Descansar.

No dia do baile, além das fantasias, estavam de máscaras, para que pudessem passar despercebidas. Tudo pronto. Faltando alguns minutos para começarem, avistaram o meliante.

Gaby ficou controlando o equipamento, Susan entrou como sua ajudante, mas sua função era ficar de olho, e descobrir quando iria pôr em prática seu plano, ele não fazia ideia que as meninas sabiam, muito menos que estavam com um plano malucamente divertido para o impedir. Su na ronda descobriu que ele planejava expor tudo no discurso do anfitrião, isso era logo depois que a banda parasse de tocar. Passou as informações telepaticamente às meninas. E traçaram um plano.

Tudo correu sem maiores problemas. Na hora marcada para James falar, deu um estouro no lado de fora, um caminhão bateu no poste de luz bem em frente ao salão, faltou luz, o povo apavorado começou a sair rapidamente, muito mais pela curiosidade do que pelo medo. Foi aí que Victória pegou o meliante e sumiu. Patrícia foi com eles.

O motorista falou que tentou desviar de um cachorro grande, perdeu o controle da direção e acabou batendo. Como não tinham geradores, a festa foi transferida para o outro mês. Povo foi embora. A banda recolheu os instrumentos e foram para casa.

Foi nesse momento que a missão realmente ficou mais tensa, tinham um cara preso no porão subterrâneo que foi descoberto há pouco por causa de uma rachadura no chão, que na verdade era a porta de entrada.

— Como vamos persuadi-lo a não nos expor? — *perguntou Lana às outras meninas.*

— Por enquanto ele está dormindo, induzimos ele ao sono, temos uma hora para pensarmos em alguma coisa — *respondeu Bianca.*

— Eu sou a favor de apagar a memória dele, como fizemos com o Game.

— Até que não é uma má ideia, Susan. Mas tem a parte que ele diz que tem poderes telepáticos, então pode acontecer dele lembrar e piorar a situação.

— Para isso, Gaby, eu sugiro que a Dri e a Angel sondem até onde tudo isso é verdade. Se for mentira, damos restart nele. Se for verdade, pensamos em outra coisa.

— Ok, Mia, podemos fazer isso.

As duas desceram e fizeram uma varredura mental no James. Furiosa Angel sobe e diz:

— Ele mentiu sobre ter poderes, apenas queria que ficássemos com medo para não fazermos nada. Mas ele viu algumas de nós usando nossos dons, porque estava nos seguindo. Por mim colocamos o plano de Mia em ação agora.

— Calma. Isso foi bom ter acontecido, quer dizer que estamos negligenciando muito quando e onde usamos nossos dons, eu sei que fazemos para ajudar. Mas não estamos tendo o cuidado que tínhamos no início, nem todo mundo nos aceitaria, muitas vezes por medo ou apenas inveja, como é o caso dele. Acredito que é a melhor solução por agora, retirar essas lembranças da mente de James. Depois vamos levá-lo de volta à festa antes que todos saiam. Quando ele acordar, Su dirá a ele que recebeu uma descarga elétrica do microfone na hora da explosão.

— Sim, Gaby, bem pensado. Dri, vamos descer. Vi, leva a Su de volta à festa. Nos esperem, sairemos juntas, sem que nos vejam saindo de novo.

— Ok, An.

Assim foi feito. Quando chegaram com ele no palco, Susan gritou:

— Acudam aqui, tem um moço desmaiado aqui, está parecendo que foi choque.

Algumas pessoas se aproximaram e acreditaram, claro que ela estava usando seu dom para ajudar. Nisso Angel fala:

— Está acordando, será que alguém pode levar ele no médico?

Um cara que estava com o anfitrião disse que levaria.

No hospital Bianca, que foi chamada para ajudar o plantão por causa das emergências da falta de luz no quarteirão, atendeu o James, e realmente viu que ele levou um choque, tinha sinais físicos. Quando chegou em casa, pediu se alguma das meninas havia feito isso com ele. Todas negaram, algumas disseram que teria sido uma boa ideia. Carol falou:

— Era para ser exatamente assim. Acabei de ver, nos possíveis resultados no futuro, que deveria acontecer.

Um misto de surpresa com alegria tomou conta da casa. Já era de manhã, as meninas foram aos seus afazeres e Bianca foi dormir, porque tocar em uma banda e um plantão à noite não estavam em seus planos.

A partir daquele episódio, todas voltaram a ter mais cuidado com o que faziam. Pois nem todo mundo aceita realmente como você é de verdade.

Capítulo 49
Amor Antigo

"Amor é uma palavra inexplicável, muitos o sentem, e poucos compreendem, por isso se torna tão especial.

Ah! O Amor! O que é esse sentimento que enlouquece e cega? Ainda um sentimento muitas vezes inexplicável, mas quando o encontrar vai ser para valer, vai ser de arrasar os corações e fazer flutuar na doce magia que nos rodeará e levará esse sentimento pelo mundo afora...

Não sei se é apenas o que sentimos, ou as palavras trocadas, ou o que não se fala durante o fervor da paixão, que enlouquece os corações no momento em que se conhece o significado da palavra Amor. Só sei que é lindo, ao amar profundamente não há tristeza, apenas felicidade.

Será que minha triste sina será sempre amar sem ser amada...

Diga você a mim se essa não é uma das maiores dores da alma.

Dor dilacerante... cortante, que pesa como chumbo no coração.

Quem nunca passou por isso, não sabe o que é amar. Mas tenha certeza que irá um dia descobrir. Longe de ser uma praga minha ou algo assim... simplesmente acontece com todo mundo.

Quisera eu aprender a praguejar contra. Para que ninguém sofra por um amor não correspondido.

Se pudesse reescrever ou criar um mundo novo, ele seria colorido e alegre, onde cada pessoa encontrasse de cara o amor verdadeiro quando chegasse a hora, sem outros amores frustrados, sem ilusões... apenas um amor! O único Amor, para a vida inteira!

Mas nenhuma paixão é para sempre. Só o Amor é.

Nada é por acaso. Ou por coincidência. Tudo tem sua hora e porquê.
Nada dura para sempre.
Apenas a palavra maldita, pode e terá consequências desastrosas.... Ou um ato impensado.
Tudo tem um fim, até seu amor por mim, ou meu amor por você.
Como já aconteceu.... Ou acontecerá.... Quem sabe?
Só o tempo sabe! Será que sabe.... Ou só finge.... Assim como você.
Como pode não enxergar?
De todas as vezes que nos encontramos, será que nunca viu como eu ainda amo você, por que não pode ser mais simples? Queria tanto contar tudo, dizer que sou uma guardiã, que com as meninas fazemos a nossa parte para tornar o mundo melhor a cada dia. Dizer que me orgulho do que faço e da família que formei, mas que quero uma com você...
Quem sabe um dia..."

Angel sempre que estava inspirada escrevia em seu diário, como era de seu costume, sempre que podia ia lá para pensar na vida, nesse dia ela resolveu escrever. Sentada no banco habitual, escrevendo distraidamente, em uma linda manhã de terça-feira, sem nenhuma missão, finalmente um tempo livre, estava de folga o dia inteiro.

O que ela não imaginava era que algo iria acontecer e mudar sua vida de novo.

Estava longe, em seus pensamentos, como de costume, quando escutou dois homens discutindo alteradamente. Claro que não podia deixar para lá, parecia bem sério. Podia ver de onde estava, sua reação mudou quando viu um dos dois sacar uma arma e ameaçar o outro, que estava quase de costas para ela.

— Que droga! Não posso nem sofrer em paz a falta do meu amor. Tudo bem, vamos lá.

Correu rápida e silenciosa, no momento do tiro conseguiu bater na arma, assim desviando o tiro. Imobilizou o cara no chão e sem olhar para trás falou para o outro ligar para a polícia. Como percebeu que ele ficou sem reação, ela disse devagar:

— Pega o seu telefone e liga para a polícia, esse cara é procurado, reconheci seu rosto.

— Sim.

Alguns minutos depois, chegou uma viatura, Angel explicou que estava ali na praça quando ouviu a discussão. E em um momento de adrenalina correu e se jogou para evitar uma morte, mas que não havia pensado direito.

Após relatórios na delegacia, quando estava saindo pela porta, viu o segundo homem de costas esperando-a. Falou parando ao seu lado sem olhar para o seu rosto, não queria se envolver mais naquela história.

— Se está querendo me agradecer, não precisa, apenas cometi um ato de loucura.

— Não só isso. Vou te levar ao hospital. Você ainda não percebeu que está ferida?

— Onde?

Analisando seu corpo, viu que a bala pegou de raspão no braço esquerdo para baixo do ombro. E que ninguém tinha reparado porque na hora de lutar e imobilizar o meliante quebrou seu prendedor de cabelo e suas longas madeixas estavam soltas.

— Como viu e os outros não viram? — falou ainda olhando para o ferimento.

— Quando foi ferida, estava na minha frente de cabelo preso. Lhe devo muito mais do que pensa. Poderia pelo menos me deixar levá-la para fazer o curativo? Depois pode seguir o seu caminho.

— Ok! Se insiste. Mas eu não acho necessário. Vamos?

Na rua um motorista o aguardava ao lado de um sedã azul-marinho.

— Preciso que nos leve ao hospital, essa moça precisa de curativos.

— Sim, senhor!

Depois do curativo pronto, Angel saiu da salinha. O motorista a esperava do lado de fora da porta.

— Senhorita, poderia me acompanhar? Se concordar a levaremos até em casa como forma de agradecimento. Meu senhor a está esperando no carro, ele não gosta muito de hospitais.

Apenas consentiu e o acompanhou. Foi muito severa e no mínimo um pouco grossa com o homem que só queria lhe agradar por ter salvo a sua vida.

Ao sair o viu escorado no carro olhando dentro de uma sacola. Chegando perto focou a sacola, ficou curiosa e intrigada. Ele entrou no carro, sentou-se no banco da frente, o motorista abriu a porta de trás para An entrar. Disse o endereço assim que entrou, foram em silêncio todo o caminho.

Chegando na frente do antiquário, combinou com o motorista que iria abrir a porta para a moça, que podia ficar no carro. Angel como sempre distraída com seus pensamentos não ouviu. Ao parar, desceu e abriu a porta. Assim que ela desceu, entregou a sacola dizendo:

— Não me lembrava qual era o prendedor que tinha, então comprei alguns. Fiquei com uma dúvida, por que não me olhou nenhuma vez nos meus olhos?

Que falta de respeito, Angella, não foi assim que foi educada — logo pensou. Então resolveu olhar, quase caiu no susto. O destino de novo pregando uma peça. Era ele, seu grande amor. Se ao menos pudesse falar quem era ela. Mas não.

— Desculpe, não foi por grosseria, só não queria que achasse que fiz por algum motivo pessoal ou coisa assim. Como eu disse, foi um ato de loucura.

— Mesmo assim devo minha vida a você.

— De novo — *Angel falou baixinho.*

— O que disse?

— Nada. Só que não foi nada de mais.

— Não para mim.

— Eu preciso ir, as meninas devem estar preocupadas com minha demora.

Mal deu tchau, saiu quase correndo. Como pode a vida ser tão cruel às vezes? Se não pode ficar com ele, então por que tem que o ver assim? Mas essa não era a catástrofe ainda.

Maykel, ao entrar no carro, bateu a mão em algo, um caderno. Ao pegar para olhar, viu que se tratava da agenda da moça.

— Descobri seu nome. Será que devo ler? Parece tão pessoal. Vou guardar.

— Senhor, por que não disse que sabe quem ela é?

— Não sei do que está falando.

— Sabe, sim. É a mesma moça que te salvou no hospital.

— Sério, Dan. Tem certeza?

— Sim. Vi no relatório da polícia o nome dela: Angella Cyndy Marya Freguéllys. O mesmo nome da mulher que estava no quarto esperando você acordar. Está um pouco mudada, sem óculos, sem aparelho. Cabelo mais comprido e com mechas. Mas é ela, sim.

— Como não a reconheci? Será que foi por isso que ela me evitou hoje, e quase saiu correndo agora há pouco?

— Acho que no início ela também não te reconheceu. Lembra que ela estava evitando ter contato visual.

— Que loucura, procurei tanto por uma Angella. Espera aí... você sabia o nome completo dela e nunca me falou?

— E por acaso um simples motorista poderia dizer ao patrão que sabe de coisas que não deveria? Que olhei na ficha médica da paciente que estava dormindo ao seu lado só porque desconfiei da atitude dela.

— Por que não te contrato como meu segurança?

— Acaso está tirando uma com a minha cara?

— Pior que não. Você é bem mais eficaz e pensa em todas as possibilidades que nem sequer o chefe da segurança pensou.

— Obrigado pelo elogio. Mas trabalho há dez anos para o senhor como motorista, gostaria de permanecer assim.

— Tudo bem.

— Desculpe o abuso, mas vai devolver o diário da moça antes ou depois de ler?

— Antes. Amanhã venha aqui na floricultura e sonde do que ela gosta e peça um lindo ramalhete de rosas. Vou escrever um cartão para entregar junto. Essa vai ser sua punição pelo abuso.

— Justo. Ela tem cara de quem gosta de flores mistas, e não de rosas. Principalmente cor-de-rosa. Quer apostar?

— Vamos apostar. Caso acerte te dou folga a semana inteira. Caso erre vai ter que fazer uma pesquisa de tudo o que ela gosta, aonde ela vai, com quem ela mora, se é casada ou se está namorando...

— Ok! Entendi. Um dossiê. O que aconteceu com o acaso? Ele já fez se encontrarem duas vezes.

— Melhor não arriscar. Olha quanto tempo ele demorou para arrumar o segundo encontro.

— Só mais uma pergunta.

— Apenas uma.

— Por que aquele cara o estava ameaçando? O que ele queria?

— Sabe que eu não faço ideia. Ele me chamou pelo nome e disse que minha família devia a ele, e que iria se cobrar tirando a minha vida para castigá-los.

— Que estranho. Vou pedir para o Stuart levantar o dossiê desse cara e a ligação que pode ter com os Draykylls.

— Obrigado, Dan. Te disse que seria muito melhor como segurança.

— Prefiro só especular, deixa o serviço pesado para eles.

Os dois deram risadas.

— Como previsto, senhor, chegamos no escritório com dez minutos de antecedência da hora que tem marcada para a sua reunião com os acionistas. Boa sorte!

— Valeu! Vou precisar. Vai comprar as flores, aqui está o bilhete. Volte somente às 18h para me buscar. Não esqueça da aposta!

— Jamais!

Nisso cada um foi para um lado. Dan voltou até a floricultura. E Maykel entrou no prédio para a reunião mensal com os acionistas. Desde que o pai se "aposentou", era tudo com ele. Quase não tinha tempo para ir atrás das suas coisas, inclusive procurar a mulher que tinha lhe salvado a vida.

— Pensando nisso, que tipo de príncipe eu sou? Foi a princesa que me salvou, e duas vezes ainda por cima. Já era minha vantagem no conto de fadas.

Riu muito, sozinho, enquanto o elevador subia. Reunião encerrada, viu a mensagem do motorista.

— Flores mistas, tenho uma semana de folga para tirar.

Ele riu sozinho no escritório. No fim do dia, quando Dan voltou para buscá-lo, passou as informações que lhe foram solicitadas.

— Ela mora com mais dez meninas, mais uma que morava lá, mas seguido fica com as meninas ainda.

— Por quê?

— Ela é casada e está grávida, parece que vem sempre que o marido viaja a trabalho. A casa é tipo uma república para meninas. E a Angella não tem namorado desde que perdeu seu noivo há alguns anos, em um acidente de moto. Ela é bem caseira, mas trabalha de voluntária no centro comunitário, além de trabalhar 30 horas por semana no museu e auxiliar nos projetos de patrimônios históricos da cidade e região, pois é arqueóloga formada. Está quase no fim da graduação em Biblioteconomia, iniciando a pós na mesma área, e está pensando em fazer Turismo quando acabar. Gosta de passear, e ficar horas lendo e escrevendo.

— Como descobriu tudo isso? Em poucas horas?

— A colega de moradia estava na floricultura, a Susan, me contou tudo quando eu falei que trabalhava para o senhor. E disse que a amiga está sozinha há muito tempo. Ah, ela não gosta de pessoas que ostentem e que mentem sobre quem são. Mas não era pra contar que foi ela quem contou tudo, só das flores.

— Vou te dar duas semanas de folga.

— E o senhor vai conseguir ficar tanto tempo sem mim?

— Vou. Está merecendo essa folga e um aumento.

— Aceito os dois. Obrigado!

— Poderia passar lá, mas não estaciona muito perto, quero entregar as flores pessoalmente.

Ao chegar, estacionou a quase uma quadra, viram Angel chegando com outra menina, estavam conversando e rindo. Esperaram alguns minutos, depois ele pegou as flores, o cartão e o diário. Foi até a casa e tocou a campainha. Uma moça morena muito bonita veio atender.

— Olá, sou Maykel, gostaria de conversar com a Angella, ela está?

— Oi, me chamo Dricka. Entre, ela acabou de chegar.

— Obrigado!

A casa era enorme, bonita, bem colorida, com muitas folhagens.

— Estas são Lana e Mia, que está aí deitada. Pode se sentar. Vou chamar a An.

Subiu quase correndo as escadas, foi ao quarto da amiga, eufórica. Bateu na porta e assim que ela abriu falou:

— Tem um moço muito bonito com flores te esperando lá embaixo.

— Tem certeza que é para mim?

— Sim. Ele falou Angella. Até onde eu sei, só tem você aqui com esse nome.

— Entendi, já vou descer, só vou secar o cabelo. E avisar telepaticamente as meninas que temos visita.

— Já avisei. Só não demore.

Fez que sim com a cabeça, nem fechou a porta para a Dri entender que iria fazer rápido. Assim que terminou, desceu. Quase travou quando viu quem era, Lana percebeu. Continuou descendo lentamente, sem saber ao certo o que iria dizer ou fazer. Então Lã se adiantou.

— Gata, ele veio te agradecer, estava nos contando o que fez hoje. Foi muito corajosa.

— Imagina, vocês teriam feito a mesma coisa, meninas.

Quando estava chegando perto, ele levantou-se e disse:

— Trouxe flores para lhe agradecer, a Susan disse que são suas favoritas. E trouxe seu caderninho, ele ficou no carro.

— Nossa, com tudo o que aconteceu, não tinha me dado conta de que tinha sumido. Muito obrigada por ter trazido, e pelas flores. Foi muito gentil.

— Foi um prazer. Gostaria de te fazer um convite para jantar, espero que aceite.

Ela pensou em dizer que não, nisso a Su entrou e disse:

— Sim, ela aceita. É só marcar.

— Susan.

— Para, amiga, você adora comida, e com certeza a companhia vai ser boa. Nós estamos cansadas de te ver em casa.

— Obrigada por me expulsar de casa. Peço desculpa pelas meninas. Vai ser um prazer jantar com você. Quando quiser é só marcar.

— Que tal sábado? Às oito estarei aqui para buscá-la. Pode ser?

— Sim, combinado. Se acontecer alguma coisa, eu o aviso, pois o meu trabalho é um pouco louco às vezes.

— Tudo bem.

Começaram a sair, no início uma vez por mês, depois passaram a se ver com mais frequência.

Alguns meses antes do reencontro de Angel com Maykel. An estava saindo distraída com um sorvete, e um cara estava distraído olhando para um carro antigo parado perto. Os dois acabaram se esbarrando. Ela o reconheceu na hora. Como não queria deixar a oportunidade passar, falou:

— Oi. É Carlos, né? Fazia tempo que não nos víamos. Vou ser bem direta. Ainda gosta da Susan?

— Sou eu. O quê? Como assim?

— Eu via como a olhava, ela também gosta de ti, mas aconteceu tanta coisa desde aquela época, que nem tivemos mais tempo para pensar em romance. O que acha de conversarmos e se quiser posso lhe ajudar a encontrar ela?

— Não sei se você é louca assim sempre. Mas sim, eu gosto dela, nada mudou desde aquela época. Podemos marcar um dia para conversarmos, tenho que ir trabalhar agora.

Trocaram os números de telefone, depois cada um foi para uma direção diferente. Marcaram um dia para conversar, no mesmo dia do encontro com ele, marcou com ela um pouco mais tarde. Quando Su chegou para ver a Angel, ele estava lá. Continuaram conversando um pouco, do nada An lembrou que tinha marcado com as meninas e saiu deixando os dois sozinhos. Se gostavam há tanto tempo que só precisavam de um empurrãozinho. Poucas semanas depois, começaram a namorar.

Falando em amor... as meninas da casa estão todas em relacionamentos, alguns ainda curtos como o da Su e da Angel. Outros mais longos, como a Gaby, que está casada há um ano e meio, e está esperando um bebê, ainda não sabem se vai ser menino ou menina, mas todas estão ansiosas pela sua chegada.

A Patrícia está em um relacionamento com a Priscila, que agora está morando na Espanha, ela recebeu uma bolsa de estudos, vai ficar um ano lá. Desde o início, as meninas chiparam #PaPri, elas ficam lindas juntas.

Bianca, após o seu último relacionamento com traição, está dando uma nova chance ao amor. Um colega que veio de outro país acabou conquistando o seu coração, estão se conhecendo aos poucos.

Maysa e Dricka estão namorando com irmãos gêmeos, eles se conheceram em uma conversão de professores, onde havia muitos convidados palestrantes, as escolas da região estavam participando. Já estão comemorando dez meses que se conheceram. May começou a namorar há um mês

Mônica foi passar um tempo com a avó e conheceu o Raphael. Quando voltou de viagem, trouxe o namorado e o irmão mais novo junto para conhecer a sua irmã e as meninas. Por mais incrível que pareça, ele se apaixonou pela irmã da cunhada, a Carol, e aos poucos a conquistou.

Victória, em uma de suas missões, reencontrou uma paixão da adolescência, voltaram a conversar e aos poucos se aproximaram cada vez mais. Faz sete meses que estão namorando.

Lana e Mia fizeram uma aposta, para ver quem começaria a namorar primeiro. Por ironia do destino, os dois, que eram amigos de longa data, combinaram de pedir juntos. Armaram um jantar, convidaram todas as meninas. Na hora da sobremesa, os dois se ajoelharam e pediram elas em namoro. Resultado: nenhuma ganhou a aposta, mas ganharam um namorado.

Capítulo 50
Sofhy

Sem dúvida a missão mais louca que as meninas tiveram foi no dia em que a pequena Sofhy nasceu.

Todas separadas em vários cantos do mundo, terminando missões diferentes.

Carol foi a primeira a chegar. Conforme iam terminando as missões, Lety e An teletransportavam as meninas para casa, banho rápido, lanche e hospital.

O parto demorou cinco horas, a pequena estava virada e se mexendo muito.

Do nada, depois que estavam todas na sala de espera, Angel desmaiou, Carol sentou-se bruscamente e arregalou os olhos dizendo:

— Não está pronta. Faltam coisas. Vocês têm que resolver.

Fechou os olhos, piscou e pediu o que havia acontecido.

Contaram-lhe.

— Meninas, Angel está bem, seu espírito está lá com a Sofhy.

— Como sabe, Su? — *pediu Môni.*

— Ela está falando comigo por telepatia.

— A distância? — *curiosamente quis saber Dricka.*

— Sim. Só consigo com ela. Temos que achar algumas coisas, e resolver outras, para dar certo a chegada da nossa pequena.

— É só dizer que faremos — *disse Bubi.*

Alguns minutos se passaram. An voltou a si.

— Oi!

Todas responderam oi.

— Maysa, Mônica, Mia e Susan. Preciso que vocês vão até Machu Picchu falar com Pajé Tôthi. Ele é testemunha de outra vida de Sofhy. Precisam descobrir o nome do espírito que não descansa e atrapalha.

— Patrícia, Victória, Lana e Dricka. Vocês vão até Canaã, procurar Mensé. Ele ajudará com o segundo espírito.

— Carol e Bianca, vocês irão comigo ao Cairo. Resolver problema com terceiro espírito.

— Su consegue falar comigo a qualquer distância. Dricka tem intuição e sabe exatamente o que escolher. Se precisar Lety se teletransportará até mim.

Alguns segundos em silêncio. Angel prosseguiu:

— Aqui com a Gaby ficará o marido, é claro. E espíritos médicos que me guiam sempre. Ficará em excelentes mãos.

Isso tudo aconteceu na primeira meia hora de parto.

Lá foram elas.

Em Machu Picchu foi fácil achar o Pajé, também o espírito. Difícil foi convencer a criatura de sua morte. Henry era seu nome naquela vida.

Susan perdeu a paciência e usou todo o seu poder. Fez com que ele sentisse a diferença e entendesse o que estava fazendo.

Ele sentiu-se mal por estar fazendo Sofhy sofrer.

— Eu a amo. O que devo fazer para ajudá-la?

— Se quer mesmo ajudar, deve aceitar a sua morte. E ir para uma das cidades se tratar e evoluir.

— Eu aceito!

Nisso dois espíritos de Luz, vestidos de branco e azul-celeste vieram e disseram que o levariam para ser tratado.

Henry aceitou e foi. As meninas solicitaram ajuda de An para voltar. Ela veio, as levou de volta ao hospital, refiro-me ao estacionamento lateral que não tem câmeras. Tem uma porta de acesso que vai ao edifício do necrotério.

Agora em Canaã foi um pouco mais difícil. Achar o cara foi fácil. Fazê-lo ajudar não foi fácil.

Ele parecia um velho louco que viveu além do que precisava. Na verdade, era exatamente isso.

Há algumas pessoas que são protetoras de locais sagrados que vivem muito mais do que qualquer um. Podem viver séculos, tudo conforme as profecias.

A maioria dos "Guardiões" é legal. Alguns poucos são como Mensé. Tão carismático que se torna chato. Geralmente porque não costumam receber visitas, aí são longos anos para contar o que aconteceu.

Dricka leu a mente dele enquanto Vicky mostrava a ele como consertar sua velha bengala.

— Ok! Foi bom conhecê-lo, mas se não pode ajudar... vamos procurar outro que possa — *falou Dri*.

— Não! Eu falo. Agora eu ajudo. Moça concertou meu cajado. Agora eu ajudo. Nome do elemento desprezível é Jordan. Um segundo. Trazer ele aqui.

Bateu seu cajado três vezes no chão, falou em latim antigo algumas palavras. Uma luz cinza surgiu e trouxe o elemento.

— Este é Jordan! Essas moças vieram vê-lo. Já volto.

Saiu sei lá para onde.

— Nossa! Quanta beleza em um só lugar. É pegadinha, né? Vocês moças bonitas me procurando.

— Não, você é importante. Queremos a sua ajuda — *disse Lana*.

— Por quanto?

— Pela sua vida! — *falou Paty*.

— O quê? Mato todas sem suar.

— Tente! — *respondeu Vicky*.

Ele tentou, que grande erro. Leão sempre foi o mais veloz do zodíaco, não seria deferente com a leonina do grupo. Ela o deixou se aproximar. Pegou seus braços girou algumas vezes bem rápido e o colocou sentado na cadeira perto da Dricka.

— Sua vez.

Paty foi até a entrada e fez uma porta de luz, caso ele tentasse fugir. Lana de um lado e Dricka do outro.

— Estamos aqui para ajudá-lo e você nos ajudar. Sabe que está sendo seguido pelas sombras. Não conseguirá fugir por muito tempo. Viemos para lhe dar uma chance de mudar e ir a um lugar muito melhor do que aqui.

— O que a Lana quer dizer: essa é sua última chance de se arrepender. Está a fim ou prefere ser arrastado para as sombras e não voltar nunca mais?

— Nunca mais?

— Isso. Aceitando nossa ajuda, poderá voltar aqui depois de recuperado se quiser. Mas tem tantos outros lugares que ainda não conhece para explorar.

— Parece uma oferta interessante!

— Bom! Você tem dois minutos para decidir.

— Eu aceito!

— Se arrepender de ter feito mal às pessoas.

— Na verdade, sim. Já estava me sentindo mal com as lembranças. Gostaria que eles me perdoassem.

— Quando estiver recuperado, poderá se desculpar. Apenas dois ainda não o perdoaram. Mas vão, quando perceberem que mudou.

— Sei quem são. Fiz muito mal a eles.

Desceram três espíritos de luz e o levaram em uma maca, pois seu espírito estava bastante debilitado e corrompido.

Mensé voltou, elas se despediram e foram ao hospital. Primeiro passaram em casa para um banho, e tomaram água fluidificada.

Última parte.

Carol e Bianca já haviam achado o espírito. Mas ele era muito ágil e conseguia escapar.

Quando An voltou, solicitou ajuda aos espíritos de Luz para localizá-lo e como segurá-lo.

— "Ego" — *espíritos sussurraram em seu ouvido.*

Perfeito, pensou An.

Ao achá-lo Carol e Bubi chegaram pela frente; quando ele pensou em virar-se e fugir, An surgiu e disse:

— Como está Rafhát?

— Sabe quem sou? Quem?

— Sou uma guardiã do tempo. Procuro os que se destacam entre todos, queres me ouvir? Ou devo procurar melhor?

— Eu sou o melhor Ladrão, Arqueólogo e Buscador.

— Ótimo! Acompanhe-me.

Rafhát ficou impressionado com An. Ela estava flutuando.

Na verdade Angel estava mexendo com sua mente. Fazendo-o ver coisas que mantivessem sua atenção nela.

Chegaram a um ponto onde não havia ninguém.

— Agora vamos conversar. O que você acha que tem feito de bom?

— Como assim?

— Matou, roubou, fez muita gente sofrer.

— Como sabe de tudo isso?

— Eu vejo através de você. Hoje é seu julgamento.

Angel o fez imaginar três anjos brancos com dourado, asas enormes e brilhantes.

— Eu sabia que chegaria minha hora. Ainda não estou pronto para ir. Morrer e coisa e tal.

— Já está morto. Ainda não percebeu? — *falou Bubi*.

— Não estou.

— Pessoas não te veem. Passam por você. Enxerga mais sombras do que antes — *explicou Carol*.

— Achei que tinha ganhado poderes quando tinham tentado me matar.

— Eles conseguiram tirar sua vida. Está morto. Agora precisa decidir se quer uma nova chance ou se prefere ir para o inferno e não voltar mais.

— Jamais!

An fez sinal com a cabeça.

— Não quero ser esquecido.

— E não vai ser. Lembra-se de sua mãe?

— Vagamente. Ela era carinhosa, me ninava. Contava histórias de Anjos. Sinto sua falta. Deixou-me muito cedo.

— Poderá ficar com ela. Só é preciso que se arrependa e aceite se curar. Deve abandonar tudo aqui.

— Os que me mataram também serão julgados?

— Todos têm direito a se arrepender e pedir ajuda. Mas não serão julgados hoje. Foi reservado somente a você.

— Agora ganhou meu coração.

— Terá dois minutos para decidir.

As três falaram juntas em uníssono. O que assustou ainda mais. Angel modificou seu pensamento. Fê-lo lembrar de sua mãe, de como era feliz e tudo o que fez após a sua perda. Sentiu um aperto no peito. Era arrependimento. Isso veio dele. An até sensibilizou-se com sua dor.

— Eu vou. Arrependo-me do que fiz. Não a trouxe de volta. Cada momento feliz durava cada vez menos. Não quero mais ficar. Quero poder vê-la um dia novamente.

— Se seguir corretamente o tratamento, poderá viver com ela — *explicou Carol.*

— O que ela diz é verdade. Dou minha palavra de guardiã. Vou visitá-lo quando puder — *An completou.*

Ele sorriu e assentiu. Três espíritos de luz vieram buscá-lo de maca. O que ele não viu: sua mãe era o terceiro espírito. Sorriu e agradeceu às meninas. Voltou-se para An e disse:

— Você cumpriu sua promessa de ajudar meu filho. Terá uma vida longa e muitos feitos. Cuidaremos para que nada atrapalhe sua jornada. Até!

— Até!

Após a saída deles, Angel olhou para as meninas e pediu se estavam prontas para voltar.

Fizeram que sim.

Chegaram em casa, banho tomado, água ingerida, foram ao hospital agora de maneira normal. De van. Estavam levando as coisas para a bebê.

De Machu Picchu, um Ramo Bento Sagrado entregue pelo Pajé. Em Canaã uma Cruz Santificada entregue por Mensé. No Cairo um Manto da Antiga Realeza entregue pela Protetora Nuitha.

Chamaram o pai da pequena e entregaram a mochila com as fraldas, e roupinhas. No fundo as três relíquias.

Sofhy veio ao Mundo saudável e forte.

Capítulo 51
Pedido Inusitado

    Um lindo final de tarde de primavera para uma data mais do que especial... e um pedido inesperado... a missão mais louca e difícil das meninas da casa. Ajudar a esconder um pedido de casamento da Angella. E ainda organizar tudo sem que ela descubra.

    Não será nada fácil, pois An descobre tudo, às vezes antes que aconteça.

— Temos que manter ela ocupada com alguma missão estilo quebra-cabeça, assim não vai desconfiar de nada — *comentou Dricka.*

— Mas como vamos encontrar uma missão de última hora, ainda mais complicada, ao nível dela não pensar em nós e na casa? — *refletiu Môni.*

— Acho que tenho uma ideia — *respondeu Gaby chegando com a filha nos braços.*

— Que ideia? — *pediu Mônica.*

— Chegaram os móveis do quarto da Sofhy.

— Missão estilo quebra-cabeça. Perfeito! — *comemorou Dri.*

— Do que vocês estão falando? — *Angel apareceu dizendo.*

— Dá para não fazer isso? — *Mô falou assustada.*

— Aparecer sem fazer barulho... me desculpem, sempre esqueço. Vou usar um sininho na minha pulseira, vou buscar. Vamos descobrir se funciona.

    Ela foi até o quarto, quando voltou um barulhinho suave de sino tocou quando ela apareceu.

— Muito bom, assim você não assusta a gente. Obrigada! — *Dri falou.*

— Finalmente chegou o berço e os móveis novos. E as meninas disseram que é a melhor para me ajudar.

— Sério! Vou adorar, estava sem fazer nada.

— Perfeito! Só preciso ir no mercado, e na farmácia comprar algumas coisas para ela. Depois te aviso para ir lá em casa.

— Não vai precisar de ajuda com as compras, posso ir junto já.

— Maravilhoso! Vamos!

Assim que elas saíram, as outras começaram a planejar. Chamaram o Noite e pediram se podiam fazer lá no galpão de treinamento. Prometeram arrumar tudo depois. Ele concordou. Fizeram uma lista com o que cada uma tinha que fazer. Deu muito trabalho, mesmo para elas. Mas à tardinha estava tudo pronto.

Foram fazer outras coisas, e combinaram de focar em missões os pensamentos para que a Angel não desconfiasse do plano. Deixaram apenas as luzes e as flores da entrada para colocar enquanto ela estaria no banho. No momento em que foi para o banho, ligaram para o Maykel vir, ele já estava esperando no carro de tão ansioso.

Ele foi até o galpão, estava tudo lindo, cheio de flores e luzes. As meninas já estavam todas arrumadas e terminando a decoração da entrada. Os namorados e convidados estavam chegando, todos em silêncio. Vicky entrou no quarto e pegou todas as roupas da An, deixando apenas o vestido e sandálias. E um bilhete na cama. Assim que ela saiu do banho, sentiu algo estranho, vendo o vestido e um bilhete em cima da sua cama, começou a desconfiar.

— Tem tudo para ser armação das gurias, bem que achei elas focadas demais nas missões hoje.

Pegou o bilhete, nele estava escrito:

"Se arrume e venha jantar conosco no galpão, tem comemoração hoje. Ah, se pensar em não vir, vamos ficar arrasadas por ter preparado tanta comida".

— Interessante. Vamos entrar na brincadeira. Mas vestido branco? Tudo bem, vamos lá.

Em menos de meia hora, estava pronta. Passou apenas um lápis, um batom e uma sombra, depois de secar o cabelo. Desceu, estava tudo quieto. Ao sair da porta dos fundos para o galpão, se surpreendeu.

— Quando elas fizeram isso? Durante o meu banho provavelmente. Está tão lindo. Entrou, todos continuaram conversando como se fosse apenas mais uma pessoa chegando. Susan fez sinal para ir sentar lá com ela. Chegando perto pediu:

— Que comemoração é hoje? Sei que sou meio esquecida. Mas não tem nada na minha agenda.

— Sabe que também não sei. Gente, o que estamos comemorando hoje?

Todos ficaram em silêncio, sem saber o que falar. Sua mãe chegou com o novo marido e o apresentou a todos, se sentaram ao lado de Carlos. Tocou a música favorita da Angel e, nisso, de trás de um biombo cheio de flores, saiu Maykel, lindo de terno branco, com um buquê na mão. Chegando perto da Angel, ele olhou bem fundo em seus olhos e disse:

— Trouxe flores para você.

Assim que ela pegou as flores, ele se ajoelhou, tinha um anel dentro de uma caixinha em formato de coração forrada por fora em veludo vermelho, dentro veludo preto. Respirou fundo e pediu:

— Angella Cindy Marya Freguéllys Fahim, quer se casar comigo?

Ela entrou em choque. E pensou:

"Como eles todos esconderam isso de mim. E agora o que tenho que dizer?".

Vendo a cara da amiga, Susan disse mentalmente para Angel:

"Diga sim, amiga. Ele te ama e você ama esse homem. Sorria e diga sim".

Então ela sorriu, caindo em si.

— Eu aceito!

Todos comemoraram. Maykel colocou a aliança de noivado no dedo dela. Levantou-se e a beijou. Depois foram se sentar ao lado de Su.

— Como planejaram tudo sem que eu nem desconfiasse?

— Temos nossos métodos.

Todos felizes, principalmente as meninas, que conseguiram arrumar tudo sem que a An desconfiasse de nada. Uma noite inesquecível, a primeira em que todos estavam juntos. O jantar seguiu animado.

Capítulo 52
As Escolhas Continuam

Foram muitas missões... algumas loucamente estranhas, algumas fáceis, mas a maioria desafiadoras. Com certeza esta será a missão mais importante e complicada... ou não.

Estavam planejando uma festa para comemorar o tempo que estavam juntas, mas nem sempre todas estavam em casa ao mesmo tempo.

Angella estava voltando para casa quando viu um cartaz que falava sobre o baile de gala em comemoração aos cem anos da cidade de Bosquelon, e viu que a empresa responsável seria a BeFesth, que foi contratada por meio de uma licitação para organizar tudo.

Quando chegou em casa, contou às meninas e pediu a Lana se estava correto. Confirmado, resolveram comemorar nesse dia, em que justamente completariam dez anos desde que foram morar juntas e começaram as missões como as Guardiãs.

Foi tudo tão bem organizado, parecia um baile da realeza, os homens todos de smokings, as mulheres de vestidos de gala longos, um mais lindo que o outro. No final da festa, Mônica diz:

— Só ficou a gente aqui, os seguranças vão nos mandar embora.

— Eu os contratei, não vão fazer isso. Vou dispensá-los.

Então, assim que Lana fala, sai andando até o líder da equipe e diz:

— Vamos ficar para arrumar as coisas, podem ir. Irei fazer o depósito da outra metade do pagamento na segunda. Muito obrigada pelo ótimo trabalho.

— Que bom que não ocorreu nenhum inconveniente.

— A noite foi perfeita, conforme o programado. Obrigada, pessoal. Até a próxima.

Se despediram e saíram, ficando apenas 12 garotas e muitas histórias para lembrar.

— Olha o que encontramos.

— De onde surgiram estas garrafas?

— Eu as guardei. Doze garrafas de espumante. Uma para cada. Feliz Aniversário para nós!!!

Lana surpreendeu a todas com a surpresa. Abriram todas e brindaram com as garrafas mesmo.

Todas estavam lindas. Seus vestidos maravilhosos. An e May escolheram cada modelo, conforme a personalidade de cada uma:

Angella com vestido em cetim na cor verde-água, sem mangas, o formato do busto em coração com pedrarias delicadas, do busto ao pescoço o tecido era musseline, do busto ao pé liso com uma fenda entrepassada da perna direita à perna esquerda, abrindo do joelho esquerdo para baixo. Na cintura um cinto de renda em um tom mais escuro do que o vestido, sendo preso por uma rosa com a mesma cor da cinta com alguns fios de brilho saindo por trás dela. Para incrementar o look, luvas modelo ópera (seu comprimento acima do cotovelo, até o bíceps), em cetim no mesmo tom do cinto com detalhes em renda na base da mão que apenas prende o dedo do meio. Finalizando um sapato scarpin da mesma cor com pedrarias e uma rosa menor enfeitando.

Susan com vestido tomara que caia em cetim vermelho, liso e longo, com um corpete preto abaixo do busto. Usando luvas em cetim modelo cotovelo na cor preta, presa na mão pelo dedo do meio. Um colar em cetim preto que prende na cava do busto. Sandália gladiadora na cor preta.

Dricka com vestido tomara que caia em cetim preto, o detalhe do busto em formato de coração, abaixo do busto uma cinta larga em fitas mimosas sobrepostas na horizontal em verde-musgo, abaixo um tecido sobreposto em cada lado no comprimento acima do joelho. Luvas em cetim no modelo cotovelo na cor verde-musgo no mesmo estilo das outras meninas na mão. O sapato estilo meia pata em preto com detalhes de fita mimosa em verde-musgo.

Gaby com vestido de cetim na cor salmão com alças largas, da cintura ao busto uma cinta larga com fitas mimosas em dourado sobrepostas na horizontal. Abaixo quatro camadas de tecido, um em cada tamanho, iniciando e finalizando no lado direito. Luvas em salmão modelo ópera, com detalhes em dourado, mesmo formato de mão das outras. Sapato scarpin na cor salmão com pedrarias douradas.

Bianca com vestido em cetim preto com alças largas, mas o detalhe é um tecido sobreposto em renda preta em formato de infinito, um dos círculos fica ao redor do pescoço, o outro fica acima dos joelhos circulando o vestido. Luvas em cetim no modelo punho no mesmo detalhe na mão que as outras. Sapato modelo meia pata em preto com renda preta cobrindo todo ele.

Mia com vestido em cetim preto liso e longo, com manga curta do lado esquerdo, no direito sem manga, detalhe do busto até a cintura, três tecidos em azul entrepassados em formato de triângulo, em cada ponta unida uma flor para finalizar. Luvas modelo punho, mesmo estilo na mão das outras. Sapato modelo peep toe na cor preta com pedrarias em azul.

Maysa com vestido em cetim preto, alças largas afinando até o amarrado no pescoço. Logo abaixo do busto, uma fita mimosa em vermelho com uma pedra redonda preta no centro, uma fenda na perna esquerda, detalhe da abertura todo trabalhado em renda vermelha. Luvas modelo ópera em cetim vermelho. Sandália na cor preta com pedrarias em vermelho, possuindo uma faixa em couro acima dos dedos e outra no tornozelo.

Lana com vestido em cetim preto, modelo tomara que caia, detalhe em cetim laranja no ombro direito descendo e circulando abaixo do busto ao lado esquerdo. Na cintura lado direito uma flor laranja presa na união das camadas na saia, de tecido como se fossem drapeadas. Luvas modelo punho em cetim laranja. Sapato meia pata na cor preta com pedrarias em laranja.

Victória com vestido tomara que caia em cetim azul, liso e longo, detalhe incorporado ao design: um coletinho em renda prateada com alças largas perto do busto afinando até passar por trás do pescoço, na frente bem no centro uma pedra em formato de estrela prateada. Luvas em cetim prateado modelo ópera, mesmo estilo das outras na mão. Finalizando um peep toe em azul com pedrarias em prata.

Patrícia com vestido em cetim marrom castanho avermelhado tomara que caia, modelo do busto coração com fenda sutil, abaixo do busto uma cinta em prata com pedrarias furta-cor, acima dos joelhos um trabalho em pedrarias prata e furta-cor, logo abaixo uma fenda aberta na frente mostrando um tecido prateado no mesmo comprimento do vestido. Luvas modelo cotovelo em cetim prata, mesmo estilo na mão das outras.

Mônica com vestido em cetim roxo liso e longo, alça do lado direto larga incorporada ao vestido, alça do lado esquerdo fina adicionada depois, pedrarias em cristal na borda circulando o busto e alça direita, na cintura uma cinta fina com pequenas pedrarias, saia drapeada. Luvas modelo cotovelo com pedrarias na borda, mesmo estilo na mão das outras meninas. Sapato modelo ankle boot na cor roxa.

Carol com vestido em cetim preto modelo tomara que caia reto, alças em renda preta adicionadas depois. Na cintura uma cinta larga com fitas mimosas em preto sobrepostas na horizontal com um tecido de renda preta por cima. Na saia uma fenda na frente com tecido sobreposto. Luvas modelo cotovelo em cetim preto, com detalhe de renda preta nas bordas, mesmo estilo das outras meninas na mão. Sandália Anabela na cor preta com detalhes em renda preta.

Resolveram sentar-se na beirada do palco, beberam devagar, começaram a lembrar algumas cenas de algumas missões.

— Lembram como foi emocionante quando achamos os nossos baús? — *Mia disse.*

— Sim. O pior é que nunca usamos as armas, só as máscaras, que usamos no baile de máscaras, foi bem útil — *Gaby complementou.*

— Pois é. Nunca mais ouvimos falar do James. Acho que tomou jeito. Mas a nossa pior missão foi a da pequena Sofhy, quanto medo eu tive pensando o que aconteceria se falhássemos — *Angella comentou.*

— Verdade, Angel. Foi bem intensa. E ainda teve a missão pessoal da Mia com aquele cara que fez aquela maldade com a moça — *Victória lembrou.*

— É, foi meio traumatizante. E ainda tem aquela da Djen, que foi outra loucura.

— Nem me fale, Dricka, passei por louca no início, ainda que no final deu tudo certo, falando nisso o casamento deles foi lindo, na fazenda ao ar livre, com muitas flores brancas — *Patrícia mudando de assunto.*

— Estavam divinos abaixo do arco de flores — *Carol suspirou dizendo.*

— Tem razão, Carol. E vocês lembram de como foi emocionante e estranho quando a mãe da Angella se apresentou? — *falou Mônica.*

— No início achei suspeito. Mas depois de conhecer a história dela, me emocionei também — *explanou Susan.*

— Para mim nossa aventura mais intelectual foi a da florista. Quanto conhecimento tivemos aquele dia — *Bianca falou.*

— Eu gostei muito das minhas missões extras, que foram fazer as fantasias com a Mia e escolher os vestidos para hoje com a Angel, vocês estão tão lindas — *declarou Maysa*.

— As missões foram todas emocionantes, de alguma forma. Mas para mim o que mais me marcou foi quando ganhei o medalhão e uma família, vocês, meninas.

Todas se emocionaram com as palavras da Lana. Elas começaram a contar como ganharam os medalhões, e como foi empolgante entrar nessa aventura como Guardiãs.

Ainda tem muitas aventuras que não foram contadas aqui... fora as novas missões que vão pôr à prova a amizade das meninas.

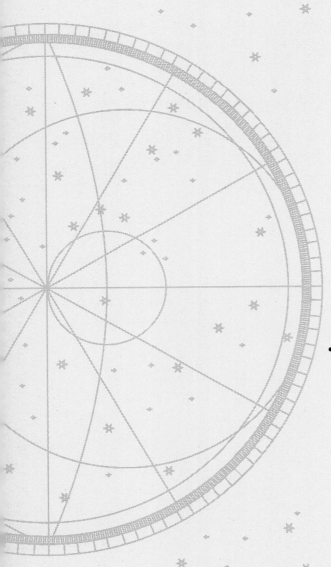

Fim

...Ou Não...

Referências

Aidar, L., s.d. Significados. Dísponivel em: https://www.significados.com.br/cores-2/. Acesso em: 13 nov. 2022

Alcântara, M., 2008. De Janeiro a Janeiro. Dísponivel em: https://maryalcantaras.wordpress.com/2008/03/23/conto-de-pascoa/. Acesso em: 24 nov. 2022.

Alves, D., s.d. Significados. Dísponivel em: https://www.significados.com.br/7-pecados-capitais/. Acesso em: 27 nov. 2022.

Anon., 2021. Tiwa Natural. Dísponivel em: https://tiwanatural.com.br/dicas-do-cha/saiba-quais-sao-os-principais-tipos-de-chas-e-seus-beneficios/. Acesso em: 13 nov. 2022.

Carvalho, A. B. As Plantas e os Planetas. Rio de Janeiro: Record, 2000.

Figueiredo, F., 2019. Vitat. Dísponivel em: https://vitat.com.br/chas/. Acesso em: 13 nov. 2022.

IBGE, 2010. Cidades.IBGE.Gov. Dísponivel em: https://cidades.ibge.gov.br/brasil/pesquisa/23/22107?detalhes=true. Acesso em: 13 mar. 2022.

Malett, M. et al., s.d. Bibiaon. Dísponivel em: https://www.bibliaon.com/pecados_capitais_versiculos/. Acesso em: 27 nov. 2022.

Martins, B. & Koimbra, S., 2021. Casa Vogue. Dísponivel em: https://casavogue.globo.com/Smart/noticia/2021/11/qual-flor-combina-mais-com-voce-de-acordo-com-seu-signo.html. Acesso em: 13 nov. 2022.

Martins, F., 2022. Gov. Dísponivel em: https://www.gov.br/saude/pt-br/assuntos/noticias/2022/setembro/anualmente-mais-de-700-mil-pessoas-cometem-suicidio-segundo-oms. Acesso em: 27 nov. 2022.

Ritzel, C., 2022. Central do Franqueado. Dísponivel em: https://centraldofranqueado.com.br/franchising/7-pecados-capitais-franquia/. Acesso em: 27 nov. 2022.

Saúde, M. d., 2022. Cidade Verde. Dísponivel em: https://cidadeverde.com/noticias/376929/anualmente-mais-de-700-mil-pessoas-cometem-suicidio-segundo-oms. Acesso em: 28 nov. 2022.

Savioli, R. Curando Emoções. São Paulo: Gaia, 2015.